Gudrun Wansing
Manuela Westphal (Hrsg.)

Behinderung und Migration

Inklusion, Diversität, Intersektionalität

Herausgeber
Prof. Dr. Gudrun Wansing
Prof. Dr. Manuela Westphal

Universität Kassel
Kassel, Deutschland

ISBN 978-3-531-19400-4   ISBN 978-3-531-19401-1 (eBook)
DOI 10.1007/978-3-531-19401-1

Die Deutsche Nationalbibliothek verzeichnet diese Publikation in der Deutschen Nationalbibliografie; detaillierte bibliografische Daten sind im Internet über http://dnb.d-nb.de abrufbar.

Springer VS
© Springer Fachmedien Wiesbaden 2014
Das Werk einschließlich aller seiner Teile ist urheberrechtlich geschützt. Jede Verwertung, die nicht ausdrücklich vom Urheberrechtsgesetz zugelassen ist, bedarf der vorherigen Zustimmung des Verlags. Das gilt insbesondere für Vervielfältigungen, Bearbeitungen, Übersetzungen, Mikroverfilmungen und die Einspeicherung und Verarbeitung in elektronischen Systemen.

Die Wiedergabe von Gebrauchsnamen, Handelsnamen, Warenbezeichnungen usw. in diesem Werk berechtigt auch ohne besondere Kennzeichnung nicht zu der Annahme, dass solche Namen im Sinne der Warenzeichen- und Markenschutz-Gesetzgebung als frei zu betrachten wären und daher von jedermann benutzt werden dürften.

Lektorat: Dr. Cori Antonia Mackrodt, Yvonne Homann

Springer VS ist eine Marke von Springer DE. Springer DE ist Teil der Fachverlagsgruppe Springer Science+Business Media.
www.springer-vs.de

Inhalt

Gudrun Wansing und Manuela Westphal
Einleitung 9

Teil I
Inklusion, Diversität und Intersektionalität

Gudrun Wansing und Manuela Westphal
Behinderung und Migration.
Kategorien und theoretische Perspektiven 17

Dominik Baldin
Behinderung – eine neue Kategorie
für die Intersektionalitätsforschung? 49

Christine Weinbach
Von personalen Kategorien zu Sozialstrukturen.
Eine Kritik der *Intersektionalitäts*-Debatte 73

Clemens Dannenbeck
Vielfalt neu denken.
Behinderung und Migration im Inklusionsdiskurs
aus der Sicht Sozialer Arbeit 83

Elisabeth Tuider
Körper, Sexualität und (Dis-)Ability
im Kontext von Diversity Konzepten 97

Teil II
Lebenslagen und Sozialraum

Matthias Windisch
Lebenslagenforschung im Schnittfeld
zwischen Behinderung und Migration.
Aktueller Stand und konzeptuelle Perspektiven 119

Monika Seifert
Sozialraumorientierte Arbeit im Schnittfeld
von Behinderung und Migration.
Ergebnisse einer regionalen Studie 139

Teil III
Schulische Bildung

Kerstin Merz-Atalik
Inklusiver Unterricht und migrationsbedingte Vielfalt 159

Justin J. W. Powell und Sandra J. Wagner
An der Schnittstelle Ethnie und Behinderung benachteiligt.
Jugendliche mit Migrationshintergrund
an deutschen Sonderschulen weiterhin überrepräsentiert 177

Teil IV
Berufliche Bildung und Arbeitsleben

Marc Thielen
Behinderte Übergänge in die Arbeitswelt.
Zur Bedeutung und pädagogischen Bearbeitung
von Diversität im Alltag schulischer Berufsvorbereitung 203

Marianne Pieper und Jamal Haji Mohammadi
Partizipation mehrfach diskriminierter Menschen am Arbeitsmarkt.
Ableism und Rassismus – Barrieren des Zugangs 221

Patrick Brzoska, Yüce Yilmaz-Aslan, Anne-Kathrin Exner, Jacob Spallek,
Sven Voigtländer und Oliver Razum
Medizinische Rehabilitation und Leistungen zur Teilhabe
am Arbeitsleben bei Menschen mit Migrationshintergrund.
Eine Bestandsaufnahme zur Zugänglichkeit und Qualität
der Versorgung 253

Teil V
Anti-Diskriminierung und Geschlecht

Julia Zinsmeister
Additive oder intersektionale Diskriminierung?
Behinderung, „Rasse" und Geschlecht im Antidiskriminierungsrecht 265

Monika Schröttle und Sandra Glammeier
Gewalt gegen Mädchen und Frauen im Kontext
von Behinderung, Migration und Geschlecht 285

Astrid Libuda-Köster und Brigitte Sellach
Lebenslagen und Diskriminierung behinderter Frauen
mit Migrationshintergrund in Deutschland.
Auswertung des Mikrozensus 309

Petra Flieger, Claus Melter, Farah Melter und Volker Schönwiese
Barrieren, Diskriminierung und Widerstand.
Erfahrungsbezogene intersektionale Analysen
und Handlungspraxen in Bezug auf Behindert-Werden und Rassismus . . . 337

Autorenverzeichnis 357

Einleitung

Gudrun Wansing und Manuela Westphal

Die Idee zum vorliegenden Sammelband entstand im kontinuierlichen wissenschaftlichen und persönlichen Austausch zwischen den Fachgebieten „Behinderung und Inklusion" (Gudrun Wansing) sowie „Sozialisation mit Schwerpunkt Migration und Interkulturelle Bildung" (Manuela Westphal) des Instituts für Sozialwesen an der Universität Kassel. In vielen Gesprächen der Fachgebietsleiterinnen wurden zum einen die Parallelen in den wissenschaftlichen Diskursen, politischen Debatten und praktischen Entwicklungen der beiden Fachgebiete deutlich. Sie stehen jeweils – zum Teil zeitlich versetzt – unter dem Einfluss von Menschenrechten, einer Politik der Inklusion/Integration und eines zunehmenden Bewusstseins für die Vielfalt und Verschiedenheit (Diversität) der Bevölkerung. Zum anderen zeigte sich, dass sich die beiden Fachdiskurse bislang kaum wechselseitig wahrnehmen und wenig aufeinander Bezug nehmen. Zugleich lässt sich eine zunehmende Aufmerksamkeit der Sozialen Praxis für die Schnittstellen von Behinderung und Migration beobachten, zum Beispiel mit Blick auf sich verändernde Adressatenkreise und auf ein darauf gerichtetes Bemühen, der Verschiedenheit gerecht zu werden. Auch im Horizont der gegenwärtigen bildungs- und sozialpolitischen Umstellungen auf Inklusion (Behinderung) und Integration (Migration) geraten diese Schnittstellen verstärkt in den Fokus. In der wissenschaftlichen Auseinandersetzung liegen hierzu jedoch bislang nur wenige Arbeiten vor. Dies betrifft eine theoretische Fundierung und die empirische Analyse gleichermaßen. In den sozialwissenschaftlichen Diskursen berühren Fragestellungen der Intersektionalität (Überkreuzung) traditionell den Dreiklang von Ethnizität, Geschlecht und Klasse. Behinderung bzw. (Dis-)Ability findet hingegen als (verkörperte) Differenzkategorie bislang noch wenig Berücksichtigung. Dies ist unter anderem einer langen wissenschaftlichen Tradition einer individualisierenden Sicht auf Behinderung als personale Eigenschaft geschuldet, welche die soziale Dimension von Behinderung weitgehend außer Acht ließ. Unter den Einflüssen der UN-Behindertenrechtskonvention, eines sich international durchsetzenden interaktiven und dynamischen Modells von Behinderung und dem Grundsatz der Inklusion verändert sich jedoch seit einigen Jahren der Blickwinkel. In den Fokus der wissenschaftlichen Analyse rücken zum einen soziokulturelle Mechanismen der Herstellung, Deutung und Bewältigung von Behinderungen und zum anderen die Verwobenheit von Behinderung mit anderen ungleichheitsrelevanten Aspekten wie Geschlecht und Alter. Noch wenige Erkenntnisse gibt es zu der Fragestellung wie die soziale Differenz Behinderung mit anderen Differenzen im Kontext von Migration und der damit verbundenen Differenzziehung entlang von nationaler, ethnisch-kultureller Herkunft individuell und gesellschaftlich verschränkt ist. Angesichts der Vielfältigkeit und Komplexität dieses neuen Forschungsfeldes wählt der vorliegende Sammelband einen interdisziplinären Zugang. Dabei werden Perspektiven und Erkenntnise aus den Erziehungs- und Sozialwissenschaften, der Sozialen Arbeit, der Gesundheitswissenschaft und der Rechtswissenschaft transdisziplinär zusammengeführt.

Das Buch gliedert sich in insgesamt fünf inhaltliche Abschnitte: Die Beiträge im *ersten Teil* zeigen verschiedene konzeptionelle und theoretische Zugänge zu Behinderung und Migration im Kontext von *Inklusion, Diversität und Intersektionalität* auf.

Gudrun Wansing und Manuela Westphal beleuchten in ihrem einführenden Beitrag zum einen, wie Kategorien von Behinderung und Migration in jeweils separaten Diskursen, Strukturen und Praktiken von Politik und Recht hergestellt werden und zum anderen, inwieweit hier bereits Schnittstellen in den Blick geraten. Als theoretische Perspektiven für die Analyse der Schnittstellen von Behinderung und Migration diskutieren sie intersektionale und differenzierungstheoretische Ansätze.

Wie die Schnittstelle von Behinderung und Migration bisher im Konzept der Intersektionalitätsforschung beachtet wurde und ob Behinderung eine neue Kategorie für diese darstellt, bearbeitet Dominik Baldin in seinem Beitrag. Hierzu stellt er die zentralen Debatten und einschlägigen Beiträge des Intersektionalitätsansatzes pointiert dar und unterbreitet mit der intersektionalen Mehrebenenanalyse einen Vorschlag, wie die Personengruppe mit Migrationshintergrund und Behinderung künftig in intersektionalen Analysen besser berücksichtigt werden könnte.

Einen Beitrag zur Diskussion um grundlegende Probleme der Intersektionalitäts-Debatte liefert Christine Weinbach, indem sie zunächst kritische Momente der Debatte rezipiert und anschließend argumentiert, dass ergiebige intersektionale Analysen eine entsprechende sozialstrukturelle Rückbindung benötigen. Als hierfür geeigneten Ansatz plädiert sie für die Gesellschaftstheorie Luhmanns. Zur Verdeutlichung ihrer Perspektive führt sie eine exemplarische Dekonstruktion der arbeitsmarktfernen Personenkategorien der Menschen mit Migrationshintergrund und Behinderung im europäischen Wohlfahrtsstaat durch.

Clemens Dannenbeck geht der Thematik des vorliegenden Sammelwerkes im Inklusionsdiskurs der Sozialen Arbeit nach. Er skizziert wesentliche Aspekte der Auseinandersetzung in Handlungsfeldern der Sozialen Arbeit und beleuchtet dessen Relevanz für die Arbeit mit Migrantinnen und Migranten. Der Autor plädiert für eine kritische Rezeption des Inklusionsdiskurses durch die Soziale Arbeit und verweist auf eine Reihe offener Fragen und Widersprüche. Vor diesem Hintergrund formuliert Dannenbeck Konsequenzen für eine reflexive Inklusionsperspektive und diskutiert das Verhältnis von Inklusions- und Diversitydiskursen.

Eine Zusammenführung der *disability studies* mit den *queer studies* wird im Beitrag von Elisabeth Tuider unternommen. Die Autorin greift theoretische Perspektiven zum Körper von Michel Foucault und Judith Butler auf und untersucht die Auffassungen der deutschsprachigen Sexualwissenschaft und Sexualpädagogik. Sie schlägt ein antinormatives, nicht essentialistisches Körper-Konzept vor, das sich zur Verwendung in der Diversity Pädagogik eignet. Ihre Ausführungen zu Intersektionalität und Diversität verstehen sich grundsätzlich als anti-kategoriales Vorgehen.

Im *zweiten Teil* des Buches geht es um die Lebenssituation von Menschen mit Behinderung und Migrationshintergrund und ihren Angehörigen zum einen im konzeptionellen Rahmen des *Lebenslagenansatzes* und zum anderen im Kontext einer *sozialraumorientierten Betrachtung*.

Die aktuelle Forschungslage und der empirische Wissensstand zu den Lebensverhältnissen von Menschen mit Behinderungen und Migrationshintergrund sowie ihren Angehörigen wird von Matthias Windisch charakterisiert. Dezidiert stellt der Autor bisherige Forschungsbemühungen dar und arbeitet konzeptuelle Desiderata heraus. Vor diesem Hintergrund formuliert der Autor grundlegende Anforderungen an künftige Forschung im Schnittfeld von Behinderung und Migration im Rahmen des Lebenslagenansatzes.

Konkrete Teilhabechancen von Menschen mit kognitiver Beeinträchtigung nicht-deutscher Herkunft werden von Monika Seifert aus einer sozialräumlichen Perspektive betrachtet. Dazu greift die Autorin auf ausgewählte Ergebnisse einer regional durchgeführten Studie zurück. Es werden Teilhabepotentiale des untersuchten Stadtteils, wie vorhandene Angebots- und Beteiligungsstrukturen, ebenso untersucht wie Problemlagen von Familien mit behinderten Angehörigen – aus Sicht der türkischen community. Als geeigneten Rahmen für die Stärkung der sozialen Teilhabe von behinderten Menschen mit migrantischem Hintergrund zeigt die Autorin sozialraumorientierte Handlungsansätze auf, die der Kooperation und Partizipation der migrantischen communities einen besonderen Stellenwert einräumen.

Die beiden Beiträge im *dritten Teil* beleuchten die Situation von Schülerinnen und Schülern an der Schnittstelle von Behinderung und Migration/Ethnie sowie Chancen und Risiken der *schulischen Bildung*.

Justin J. W. Powell und Sandra J. Wagner behandeln die andauernde strukturelle Benachteiligung von Jugendlichen mit Migrationshintergrund durch das deutsche Schulsystem. Mit einer zusammenfassenden Übersicht über vorliegende (eigene) Studien und die aktuelle Datenlage wird das sich verändernde und regional unterschiedliche Risiko für ausländische Schülerinnen und Schüler, eine Sonderschule zu besuchen, skizziert und aufgezeigt, dass durch die Klassifikation als „sonderpädagogisch förderbedürftig" und die sich oftmals anschließende räumliche Segregation „schulische Behinderungen" regelrecht erzeugt werden.

Migrationsbedingte Vielfalt vor dem Hintergrund eines inklusiven Unterrichts wird im Beitrag von Kerstin Merz-Atalik thematisiert. Die Autorin verbindet grundlegende Ansätze von Inklusion und des Umgangs mit Verschiedenheit mit den Diskursen zu migrationsbedingter Heterogenität und Vielfalt in Bildungskontexten. Vor diesem Hintergrund werden Erkenntnisse und Vorstellungen einer wünschenswerten Praxis der Gestaltung und Bewertung von (schulischen) Bildungsprozessen skizziert, die ihren Ausgang an der Diversität aller Schülerinnen und Schülern nimmt und diese grundsätzlich als Chance begreift.

Die Autorinnen und Autoren im *vierten Teil* widmen sich den Risiken und Barrieren im *Zugang zu beruflicher Bildung und dem Arbeitsmarkt,* einschließlich der beruflichen und medizinischen Rehabilitation.

Marc Thielen beleuchtet in seinem Beitrag die ungleichen Teilhabechancen von Migrantenjugendlichen am Übergang von der Schule zur beruflichen Bildung. Auf der Basis einer ethnographischen Studie untersucht er, wie Ausbildungsreife durch pädagogische Praktiken hergestellt wird und welche Bedeutung ein Migrationshintergrund (in Verbindung mit weiteren Heterogenitätsdimensionen) dabei einnimmt. Es wird am Beispiel der schulisch organisierten Vermittlung in betriebliche Praktika deutlich, dass ein Migrationshintergrund vergleichbar negative Effekte wie eine funktionale Beeinträchtigung nach sich ziehen und den Zugang zum Ausbildungsmarkt erheblich erschweren oder gänzlich behindern kann.

Ein Anstoß, das bestehende Forschungsdesiderat multipler Diskriminierungsformen zu füllen, wird von Marianne Pieper und Jamal Haji Mohammadi unternommen. Sie präsentieren erste Ergebnisse und daraus folgende Überlegungen aus ihrem laufenden Forschungsprojekt zur „Partizipation mehrfach diskriminierter Menschen am Arbeitsmarkt", das den Arbeitsmarktzugang, einstellungs- und umweltbedingte Barrieren, mögliche Diskriminierungen sowie Partizipationschancen von Personengruppe, die sozialrechtlich als „erwerbsgemindert" gelten. In seinem multiperspektivisch angelegten Unterschungsdesign verwendet das Forschungsteam das Konzept der Assemblage, um der Komplexität vorhandener Praxen gerecht zu werden.

Patrick Brzoska et al. zeigen in ihrem Beitrag anhand versorgungsepidemiologischer Studien auf, dass Menschen mit Migrationshintergrund Leistungen zur Teilhabe am Arbeitsleben sowie der medizinischen Rehabilitation deutlich seltener nutzen als Menschen ohne Migrationshintergrund und sich auch die Wirksamkeit der Versorgungssysteme hinsichtlich der beiden Gruppen unterscheidet. Mögliche Erklärungen für vorhandene Barrieren des Zugangs und der Nutzung spürt das Autorenteam mittels vorliegender qualitativer Forschungsergebnisse nach, um darauf aufbauend mögliche Verbesserungspotenziale für eine flächendeckende Inanspruchnahme von Leistungen zur Teilhabe aufzuzeigen.

Im Vordergrund des *fünften und letzten Teils* steht die *Intersektionalität* von Behinderung, Migration/Ethnizität und *Geschlecht* unter Aspekten der *Anti-Diskriminierung*.

Julia Zinsmeister beleuchtet den Rechtsschutz für Menschen, die mehrdimensionaler oder intersektioneller Diskriminierung aufgrund einer Behinderung, eines Migrationshintergrundes, eines Geschlechts oder einer Religion ausgesetzt sind. Die Autorin klärt zunächst, was rechtlich unter Diskriminierung zu verstehen ist und stellt die möglichen Benachteiligungsformen anschaulich dar. Auf dieser Grundlage skizziert sie das vorhandene Antidiskriminierungsrecht sowie die unterschiedlichen Schutzniveaus in Deutschland mit Beispielen für ausgewählte Handlungsfelder und zeigt Wege auf, die in den verschiedenen Strukturen einen wirksam Schutz vor mehrdimensionaler Diskriminierung bieten könnten.

Monika Schröttle und Sandra Glammeier erörtern die Gewaltbetroffenheit und erhöhte Vulnerabilitäten von Mädchen und Frauen im Kontext von Behinderung und Migration. Dabei greifen die Autorinnen auf die Ergebnisse eigener bundesweit durchgeführter Untersuchungen zurück. Die Forschungsergebnisse zu den Lebenssituationen, Belastungen und Erfahrungen der Frauen offenbaren ein hohes Ausmaß an Diskriminierungen und (struktureller) Gewalt in allen Lebensbereichen. In ihren Analysen verweisen Schröttle und Glammeier auf bisher ungenügend berücksichtigte Aspekte der Gewaltdiskussionen sowie auf den Bedarf und das Potential von intersektionellen Untersuchungen der Gewaltforschung.

Astrid Libuda-Köster und Brigitte Sellach stellen Diskriminierungsformen und eingeschränkte Handlungsspielräume behinderter Frauen mit Migrationshintergrund in Deutschland auf der Basis einer Auswertung des Mikrozensus dar. Die untersuchte amtliche Statistik erfasst Behinderung auf Basis einer vorliegenden offiziellen Anerkennung und bildet die fokussierte Gruppe sowie die Vielfalt der Lebensverhältnisse von Migrantinnen nur ungenügend ab. Dennoch gibt die Datenbasis Auskunft über ungleiche Verteilungsstrukturen verschieden klassifizierter Personengruppen. Diese wird in dem Beitrag für den ökonomischen, den sozialen Handlungsspielraum sowie den Bildungsspielraum der Frauen gegeben, und es werden mittels einer durchgeführten Clusteranalyse verschiedene Lebensphasen der Frauen charakterisiert.

Auf Alltagserfahrungen der Intersektion von Behindert-Werden und Rassismus gehen Petra Flieger, Claus Melter, Farah Melter und Volker Schönwiese in ihrem Beitrag ein. Aus der Position von selbst Betroffenen und Wissenschaftlerinnen respektive Wissenschaftlern generieren sie einen authentischen und theoretisch fundierten Blick auf alltägliche Phänomene von Diskriminierung an der Schnittstelle von Behinderung und Migration. Zunächst schildert das Autorenteam Diskriminierungserfahrungen ihres Alltags, analysiert diese nach den kennzeichnenden Strukturelementen von Diskriminierung und vorliegenden Gemeinsamkeiten und beschreibt typische Reaktionsweisen, die sich beobachten lassen, wenn „priviliegierte" Personen auf vorhandene Barrieren und Diskriminierung aufmerksam gemacht werden. Flieger et al. stellen sodann theoretische Zugänge dar, die sich aus ihrer Perspektive für die Analyse von Barrieren und Diskriminierungserfahrungen eignen und betonen die Bedeutung von zivilgesellschaftlichem Widerstand.

Wir bedanken uns als Herausgeberinnen bei all jenen, die zum Gelingen dieses Bandes beigetragen haben. Dies sind alle Autorinnen und Autoren, Viviane Schachler und Jan Jochmaring, die uns bei der Aufarbeitung des Forschungsstandes sowie bei der Manuskripterstellung unterstützt haben, sowie Frau Homann und Frau Dr. Mackrodt vom Verlag.

Kassel, September 2013   Gudrun Wansing und Manuela Westphal

Teil I
Inklusion, Diversität und Intersektionalität

Behinderung und Migration

Kategorien und theoretische Perspektiven

Gudrun Wansing und Manuela Westphal

Sowohl die Auseinandersetzungen mit Behinderung als auch mit Migration werden derzeit wesentlich geprägt durch gesellschafts- bzw. sozial- und bildungspolitische Entwicklungen und Programmformeln des sozialen Zusammenhalts und der sozialen Zugehörigkeit. Es geht dabei um Fragen, wie vor dem Hintergrund demografischer, ökonomischer und sozialer Entwicklungen – wie Alterungs- und Migrationsprozesse, veränderte Bedingungen am Arbeitsmarkt, Pluralisierung und Individualisierung – Chancengleichheit hergestellt, Diskriminierung und Ausgrenzung vermieden und gleichberechtigte Teilhabe für alle Menschen in allen Lebensbereichen verwirklicht werden kann. Der Verschiedenheit von Menschen soll dabei Rechnung getragen werden. Rechtlich findet die Orientierung auf Antidiskriminierung und Gleichstellung ihren Niederschlag im Allgemeinen Gleichbehandlungsgesetz (AGG), das darauf abzielt, „Benachteiligungen aus Gründen der Rasse oder wegen der ethnischen Herkunft, des Geschlechts, der Religion oder Weltanschauung, einer Behinderung, des Alters oder der sexuellen Identität zu verhindern oder zu beseitigen" (§ 1 AGG). Diese Gleichheits- und Gerechtigkeitsnorm ist aus einer konstruktivistischen Perspektive nicht lediglich als politische Reaktion auf vermeintliche Tatbestände von „Behinderung" und „Rasse/ethnischer Herkunft" (u. a.) zu verstehen, die quasi naturwüchsig in einer pluralen Gesellschaft vorzufinden wären. Vielmehr ist davon auszugehen, dass die zugrundeliegenden Kategorien von Behinderung und Migration im selbstreferentiellen Vollzug von Politik und Recht durch Beobachtung, Beschreibung und Bearbeitung (re-)produziert werden. Oder anders ausgedrückt stellen Behinderung und Migration nicht nur Gegenstände, sondern auch Erzeugnisse politisch-rechtlicher Strukturen und Praktiken dar. Wie diese Mechanismen im Einzelnen ablaufen, soll daher im ersten Teil dieses Beitrages betrachtet werden (Kapitel 1 und 2). Zunächst werden die bisher überwiegend separat geführten politischen Diskurse und Leitperspektiven von Inklusion (Behinderung) und Integration (Migration) sowie die Praktiken der Herstellung spezifischer (sozial-)politischer Zielgruppen und Interventionen dargelegt. Anschließend soll mit Blick auf die Soziale Praxis und die Sozialberichterstattung beleuchtet werden, inwieweit Schnittfelder von Behinderung und Migration Berücksichtigung finden. Der Abschnitt schließt mit einer Betrachtung von Parallelen und Divergenzen in der Konstruktion von Behinderung und Migration. Im zweiten Teil (Kapitel 3) werden theoretische Perspektiven aufgezeigt, die eine Zusammenführung der getrennten Diskurse ermöglichen und zugleich eine kritische Hinterfragung der Kategorien von Behinderung und Migration eröffnen.

1 Inklusion (Behinderung) und Integration (Migration) – Separate Diskurse und Leitbegriffe

Es fällt auf, dass politische Diskurse und Programme zur Gleichstellung und sozialen Teilhabe bei grundsätzlich gleicher Zielsetzung auf unterschiedliche Zielgruppen fokussieren und dabei mit verschiedenen Begriffskonzepten operieren. So gilt im Kontext von Behinderung „Inklusion" als neuer Schlüsselbegriff, während im Zusammenhang mit Migration „Integration" der führende Leitbegriff ist. Im Nationalen Aktionsplan der Bundesregierung zur Umsetzung der UN-Behindertenrechtskonvention („Unser Weg in eine inklusive Gesellschaft") ist formuliert: *„Inklusion* heißt, dass Menschen mit Behinderungen gleichberechtigt mit anderen wirksam und umfassend am politischen und gesellschaftlichen Leben teilhaben können" (Bundesministerium für Arbeit und Soziales – BMAS 2011, S. 17). Im Nationalen Aktionsplan Integration (NAP) mit Bezug auf Migration heißt es: „Zukunftsaufgabe der *Integrations*politik ist es, das Ziel der gleichberechtigten Teilhabe zu verwirklichen" (Beauftragte der Bundesregierung für Migration, Flüchtlinge und Integration – BfMFI 2011a, S. 21).

1.1 Behinderung und Inklusion

Nicht nur im politischen Kontext, sondern auch in wissenschaftlichen Diskursen und professionellen, insbesondere pädagogischen Handlungsfeldern im Zusammenhang mit Behinderung ist Inklusion inzwischen zu einem Schlüsselbegriff avanciert. Wesentliche Impulse gehen von der UN-Behindertenrechtskonvention (BRK) aus, die seit 2009 für Deutschland verbindlich ist und Inklusion als allgemeinen Grundsatz der Einbeziehung in die Gesellschaft („inclusion in society", Art. 3) verankert (vgl. Wansing 2012a). Als menschenrechtliches Prinzip ist Inklusion zu verstehen als „ein kategorialer Hinweis auf den menschenrechtlichen

Schutz freier sozialer Bezüge und Beziehungen, über die gesellschaftliche Zugehörigkeit erfahren und vermittelt wird" (Aichele 2013, S. 35.) Die Bundesregierung hat eine unabhängige Monitoring-Stelle am Deutschen Institut für Menschenrechte eingerichtet, die die Umsetzung der BRK in Deutschland überwacht und 2011 einen Nationalen Aktionsplan[1] vorgelegt (vgl. BMAS 2011). Teil des Aktionsplans ist auch der neue Teilhabebericht der Bundesregierung (vgl. BMAS 2013). Er beschreibt die Lebenslage beeinträchtigter Menschen in acht Dimensionen und untersucht Indikatoren gestützte Faktoren, die ihre Teilhabe fördern oder behindern. Kern des politischen Inklusionsgedankens ist ein gewandeltes Verständnis von Behinderung, das Behinderung nicht länger als individuelles Defizit, als Eigenschaft von Personen betrachtet. Es wird stärker der Einfluss von Kontextfaktoren berücksichtigt und Behinderung als Form der Benachteiligung begriffen, die „aus der Wechselwirkung zwischen Menschen mit Beeinträchtigungen und einstellungs- und umweltbedingten Barrieren entsteht, die sie an der vollen, wirksamen und gleichberechtigten Teilhabe an der Gesellschaft hindern" (BRK, Präambel, e). Die internationale „Classification of Functioning Disability and Health (ICF)" operationalisiert in ihrem bio-psycho-sozialen Modell von Behinderung Kontextfaktoren, die den gesamten Lebenshintergrund eines Menschen umfassen, nämlich sowohl Umweltfaktoren (materielle, soziale und einstellungsbezogene Faktoren) als auch Personenfaktoren (z. B. Geschlecht, Alter, Migrationserfahrungen, ethnische Zugehörigkeit, Bewältigungsstile). Kontextfaktoren können sich förderlich (Ressourcen) oder hinderlich (Barrieren) auf die Verwirklichung von Teilhabe auswirken. Behinderung beschreibt in diesem Rahmen „das Ergebnis oder die Folge einer komplexen Beziehung zwischen dem Gesundheitsproblem eines Menschen und seinen personenbezogenen Faktoren einerseits und den externen Faktoren, welche die Umstände repräsentieren, unter denen das Individuum lebt, andererseits" (DIMDI – Deutsches Institut für Medizinische Dokumentation und Information 2010, S. 22). In diesem interaktiven und dynamischen Betrachtungsrahmen von Behinderung soll der Verschiedenheit von Beeinträchtigungen und ihren unterschiedlichen Bedeutungen und Folgen in konkreten zeitlichen, materiellen und soziokulturellen Kontexten sowie der Vielfalt der Menschen in einer pluralen Gesellschaft Rechnung getragen werden. Behindertenpolitik verändert sich vor diesem Hintergrund von der Versorgung und Fürsorge für eine als behindert bezeichnete Personengruppe hin zu einer gesellschaftlichen Querschnittsaufgabe der Inklusion mit dem Ziel, Barrieren und Diskriminierungen in allen Gesellschaftsbereichen zu vermeiden und abzubauen, die beeinträchtigte Menschen in ihren Teilhabemöglichkeiten behindern.

---

1 Auch auf Ebene einzelner Länder wurden inzwischen entsprechende Aktionspläne entwickelt.

Trotz der starken politischen Vereinnahmung und inzwischen breiten Verwendung des Inklusionsbegriffes gibt es derzeit keine eindeutige Begriffsbestimmung. Es finden sich vielmehr unterschiedliche wissenschaftliche Diskurse und professionelle Ansätze, die je nach Disziplin und Diskurstradition bzw. nach Handlungsfeld ganz verschiedene Bedeutungsinhalte von Inklusion akzentuieren und diese mit weiteren Begriffskonzepten (wie Integration, Separation, Exklusion, Partizipation und Teilhabe) verknüpfen. Obwohl der menschenrechtliche Grundsatz der Inklusion für alle Lebensbereiche und Lebensphasen Gültigkeit hat, dominiert in Deutschland derzeit stark die bildungspolitische Auseinandersetzung: Konkret geht es um die Gestaltung einer inklusiven Schule für alle, resp. die Auflösung separater Förderschulen im Lichte des Art. 24 „Bildung" der BRK und die Forderung eines inklusiven Bildungssystems („inclusiv education system"). Die kontrovers geführte Diskussion ist geprägt von den fachlichen, handlungsorientierten Perspektiven der Sonder- und Heilpädagogik bzw. der Inklusiven Pädagogik, die Inklusion als qualitative Weiterentwicklung bzw. „optimierte und umfassend erweiterte Integration" (Sander 2004, S. 242) beschreibt. Die konzeptionelle Erweiterung bezieht sich auf eine Anerkennung der Unterschiedlichkeit von *allen* Kindern und Jugendlichen und auf eine entsprechende Anpassung pädagogischer Kontexte. Dabei blenden die normativen Perspektiven eines „willkommen Heißen[s] der Heterogenität von Gruppen und der Vielfalt aller Menschen" sowie die „Vision einer inklusiven Gesellschaft als Nordstern" (Hinz 2008, S. 1) jedoch vielfach reale gesellschaftliche Dynamiken aus, die entgegen aller Inklusionsrhetorik exkludierende Tendenzen zeigen (vgl. Wansing 2012b). Dies betrifft auch das auf Selektion und Allokation orientierte Bildungssystem selbst, das an der Konstruktion und Stabilisierung von „schulischer Behinderung" mitwirkt (vgl. Powell und Wagner in diesem Band; Oelkers 2013). In den Diskurskontexten der Soziologie (der Behinderung) und der Sozialen Arbeit findet hingegen eine stärker gesellschaftskritische, analytische Auseinandersetzung mit Inklusion statt, welche die Paradoxien der Exklusion mit verhandelt (vgl. Balz et al. 2012; Dannenbeck 2012; Dederich 2013; Wansing 2013).

1.2 Migration und Integration

Gesellschaftliche Vielfalt beruht zu einem großen Teil auf den Auswirkungen internationaler Migrationsprozesse, insbesondere mit Fokus auf die Beobachtung von sprachlicher und kultureller Heterogenität. Das Umgehen mit migrationsbedingter Heterogenität wird offensiv als eine strukturelle und nachhaltige Daueraufgabe Deutschlands und nicht mehr als eine „vorübergehende Sonderaufgabe" (BfMFI 2011a, S. 10) thematisiert. Diese Umstellung auf eine aktive Planung und effektive Steuerung von gesellschaftlichen Strukturveränderungen wird unter der Zielstellung gelungener Integration von Zugewanderten verfolgt. Das Politik- und Rechtssystem der Bundesrepublik Deutschland hat allerdings lange gebraucht, um internationale Migration, Einwanderung und Eingliederung als Regelfall und Normalität der Geschichte und Gegenwart moderner, europäischer Gesellschaften anzunehmen und entsprechende Grundlagen zu schaffen. Erst in den 2000er Jahren setzte sich der Begriff Integration im Kontext des Ringens um ein Ein- bzw. Zuwanderungsgesetz allmählich durch. Institutionalisiert wurde Integration in Folge des sogenannten Zuwanderungsgesetzes 2005[2], welches schließlich einen Rechtsrahmen für die Steuerung und Kontrolle von Zuwanderungs- und Integrationsprozessen schaffte.[3] Verbindliche Integrationsanstrengungen von Seiten der aufnehmenden Gesellschaft und von Seiten der Zugewanderten werden nun gefördert und gefordert (§§ 43–45 Aufenthaltsgesetz). Es gibt klare Rechtsansprüche auf die Förderung der Teilnahme an Integrationskursen, Sprach- und Orientierungskursen, sowie die Verpflichtung von Zugewanderten zur Teilnahme auch unter Einschluss von Sanktionsmöglichkeiten. Zudem werden sozialpädagogische und migrationsspezifische Beratungsangebote als Ergänzung der Integrationskurse verbindlicher. Im Jahr 2007 folgte entsprechend rechtlicher Vorgaben (§ 45 AufenthG) mit dem „Nationalen Integrationsplan" (NIP) ein Bundesintegrationsprogramm. Im Zuge dessen wird Integration als eine gesellschaftliche Schlüssel- und Querschnittsaufgabe von Bund, Ländern und Kommunen ausgerufen unter Beteiligung aller relevanten öffentlichen und privaten Träger und Akteure.[4] Dieser Plan geht über Selbstverpflichtungen und Absichtserklärungen zunächst noch wenig hinaus. Im Auftrag der Beauftragten der Bundesregierung für Migration, Flüchtlinge und Integration wird neben dem Lagebericht der Ausländerinnen und Ausländer in Deutschland (vgl. 9. Lagebericht BfMFI 2012) die Integrationsberichterstattung stetig weiter fortentwickelt. 2009 wurde mit dem Ersten Integrationsindikatorenbericht anhand von 64 Indikatoren in elf gesellschaftlichen Bereichen ein bundesweites Monitoring etabliert. Als handlungsorientierte Konkretisierung des NIP sind 2011 der Nationale Aktionsplan sowie der Zweite Integrationsindikatorenbericht (2011) vorgelegt worden. Das Integrationsmonito-

---

2   Die eigentliche Absicht dieses Gesetzes lässt sich erkennen bzw. leitet sich ab aus der offiziellen Betitelung als „*Gesetz zur Steuerung und Begrenzung der Zuwanderung und zur Regelung des Aufenthalts und der Integration von Unionsbürgern und Ausländern*" (AufenthG).
3   Die sogenannten Kriegsfolgegesetze, wie das Bundesvertriebenen- und Flüchtlingsgesetz (BVFG 1953), beinhalteten bereits umfassende rechtliche und politische Regelungen für die Gleichstellung und Integration von deutschen Vertriebenen und Aussiedlern resp. Aussiedlerinnen.
4   Asylbewerber, -bewerberinnen und Flüchtlinge sind als Zielgruppe von der Integrationsoffensive jedoch explizit ausgenommen.

ring ist orientiert am Lebenslagenansatz und untersucht Integration einerseits als erfolgreiche Zugänge zu gesellschaftlichen Teilsystemen (Recht, Bildung etc.), andererseits als jeweiliger Grad der Teilhabe von Personen mit Migrationshintergrund (vgl. BfMFI 2011b, S. 22). Inzwischen haben die Länder und viele Kommunen ebenfalls eigene Integrationsberichte/-konzepte und indikatorengestützte Monitorings entwickelt. Der Sachverständigenrat deutscher Stiftungen für Integration und Migration legt regelmäßig neben einem Jahresgutachten ein Integrationsbarometer vor. Festzuhalten ist, dass die Verantwortung für Integration insbesondere unter dem Eindruck des demografischen Wandels nicht mehr nur bei den Zugewanderten gesehen wird, sondern zunehmend bei den Strukturen, Organisationen und Institutionen der Aufnahmegesellschaft. Programme und professionelle Maßnahmen von interkultureller Öffnung, Integrations- und Diversitymanagement signalisieren aktuell einen produktiven und zukunftsfähigen Umgang mit gesellschaftlicher Vielfalt.

Wie bei dem vielfältig verwendeten Begriff Inklusion verbergen sich auch hinter dem Begriff Integration verschiedene Perspektiven und Positionen sowie Erfahrungen. Integration gestaltet sich empirisch wiederum vielgestaltig und komplex, ist eben „kein Kompaktereignis" (Bade und Bommes 2004, S. 25). Als sozialwissenschaftlich-analytische Kategorie beschreibt Integration den Eingliederungsprozess von Zugewanderten in bestehende Sozialstrukturen in differenzierter Weise, z. B. als strukturelle, kulturelle (kognitive), soziale und identifikative Integration (vgl. Heckmann 2005). Integration wird in der Migrationssoziologie zudem als ein Teilschritt in einem über mehrere Stufen ablaufenden Lern- und Assimilationsprozess von Zugewanderten in Wechselwirkung mit den Sozialstrukturen konzipiert (vgl. Esser 1980). Ferner kann Integration als eine von vier sozial-psychologischen Akkulturationsstrategien von Personen und Gruppen im kulturellen Kontakt (neben Assimilation, Separation und Marginalisierung) gefasst werden (vgl. Berry 2005), die wiederum lebensbereichsspezifisch unterschiedlich ausprägt sein können. Im alltagspolitischen Diskurs wird mit dem Integrationsbegriff vor allem die Anpassung (Assimilation) der Zugewanderten an die Handlungsmuster und Werte der (deutschen) Aufnahmekultur gemeint und gefordert (vgl. Schmid 2010). Integrationsprogrammatiken und Maßnahmen verweisen zudem regelmäßig zuerst auf die Förderung kognitiver Integrations- und Assimilationsprozesse, insofern die Förderung des Erwerbs deutscher Sprachkenntnisse als grundlegend für weitere strukturelle oder soziale Integration konzipiert wird. Kritische Migrationsforschung/-pädagogik setzt den thematischen Fokus hingegen zuerst auf Analyse und Abbau diskriminierender und rassistischer Strukturen und Mechanismen und erkennt Mehrfachzugehörigkeit statt einer (einseitigen) Angleichung (vgl. Mecheril 2004, S. 64 f.). Kritisiert werden kann, dass nur bestimmte Zuwanderungsgruppen wie z. B. Hochqualifizierte sich im Fokus von Integrationspolitik und neuer Willkommenskultur[5] befinden, während gegenüber anderen (Migrations-)Gruppen wie Flüchtlingen eine Desintegrationspolitik betrieben wird (vgl. Schönwälder 2013). Neuere Debatten diskutieren das Integrationskonzept zunehmend kritisch und plädieren für eine Verschiebung und Weiterentwicklung in Richtung von Inklusions- oder Diversitykonzepten (vgl. Scherr 2009; Filsinger 2013).

Insgesamt zeigen die skizzierten Entwicklungen, dass weder Inklusion noch Integration als politische Leit- bzw. Schlüsselbegriffe inhaltlich eindeutig sind. Vielmehr sind sie mit unterschiedlichen, teils auch widersprüchlichen Bedeutungen gefüllt. Während der Inklusionsbegriff im Kontext von Behindertenpolitik den Integrationsbegriff abzulösen scheint, wird im Kontext von Migration der Integrationsbegriff gegenwärtig politisch stabilisiert.

2 Konstruktion von Zielgruppen und Interventionen

Trotz der begrifflich-konzeptionellen Unschärfe von Inklusion und Integration fokussieren die beiden Leitbegriffe auf jeweils unterschiedliche, vermeintlich klar identifizierbare Zielgruppen der „Menschen mit Behinderung" sowie der „Menschen mit Migrationshintergrund" bzw. „Ausländerinnen und Ausländer" und hierauf bezogene Interventionen. Die folgenden Ausführungen beleuchten, wie diese separaten Zielgruppen und spezifischen Maßnahmen durch das Politik- und Rechtssystem und seine institutionellen Praktiken jeweils hergestellt werden. Dabei wird mit Blick auf Entwicklungen in der Sozialen Praxis und Sozialberichterstattung auch betrachtet, inwiefern Lebenslagen im Schnittfeld von Behinderung und Migration in den Blick gelangen.

2.1 Zur Konstruktion des Begriffs Behinderung im Sozialrecht

Der Begriff *Behinderung* ist in Deutschland wesentlich sozialrechtlich geprägt (vgl. Welti 2005) und wird im Referenzrahmen des Wohlfahrtsstaates hergestellt. Nach geltendem Sozialgesetzbuch (SGB) IX „Rehabilitation und Teilhabe" (2001 in

---

5 Die Hochqualifizierten-Richtlinie, die seit 01. August 2012 in Kraft ist, ermöglicht eine insgesamt erleichterte Zuwanderung und Integration für Hochqualifizierte („Blaue Karte EU"), die besonders willkommen geheißen werden. Darüber hinaus sind weitere Regelungen in Kraft getreten, die insbesondere ausländischen Studierenden, Studienabsolventinnen und -absolventen, Ausländerinnen und Ausländern in Berufsausbildungen sowie Selbständigen und Unternehmensgründerinnen resp. -gründern zu Gute kommen.

Kraft getreten) gelten Menschen als behindert, „wenn ihre körperliche Funktion, geistige Fähigkeit oder seelische Gesundheit mit hoher Wahrscheinlichkeit länger als sechs Monate von dem für das Lebensalter typischen Zustand abweichen und daher ihre Teilhabe am Leben in der Gesellschaft beeinträchtigt ist". Diese Definition folgt im Kern den internationalen Entwicklungen hin zu einem dynamischen und interaktiven Modell von Behinderung (vgl. Abschnitt 1.1) insofern Behinderung nicht als Merkmal einer Person betrachtet wird, sondern sich *final* an der *Beeinträchtigung der sozialen Teilhabe* orientiert. So stellt eine gesundheitliche Schädigung (z. B. psychische Erkrankung) oder funktionale Einschränkung von Aktivitäten (z. B. nicht laufen können, Schwierigkeiten beim Lernen haben) nicht per se eine Behinderung dar, sondern Behinderung konstituiert sich erst in den sozialen Folgen für die Teilhabe an der Gesellschaft (z. B. Einschränkungen der Teilhabe am Arbeitsleben, an Sport oder sozialen Beziehungen).

Die Feststellung und amtliche Anerkennung einer Behinderung erfolgt auf Antrag bei den Versorgungsämtern. Sie dient (ausschließlich) dem Zwecke der Anerkennung von Ansprüchen auf Nachteilsausgleiche und Leistungen nach SGB IX, die eine selbstbestimmte Lebensführung und Teilhabe an der Gesellschaft ermöglichen sollen. Dabei wird der Grad der Behinderung (GdB) in Zehnerschritten zwischen 20 und 100 festgelegt. Als *schwerbehindert* gelten Menschen, „wenn bei ihnen ein Grad der Behinderung von wenigstens 50 vorliegt und sie ihren Wohnsitz, ihren gewöhnlichen Aufenthalt oder ihre Beschäftigung auf einem Arbeitsplatz im Sinne des § 73 rechtmäßig im Geltungsbereich dieses Gesetzbuches haben" (§ 2 Abs. 2 SGB IX). Die Anerkennung einer *Schwer*behinderung gilt als notwendige Voraussetzung für den Anspruch auf Leistungen nach *Teil 2* SGB IX (z. B. besonderer Kündigungsschutz, technische Arbeitshilfen, Beschäftigungspflicht der Arbeitgeber und -geberinnen).[6] Die Schwerbehindertenausweise sollen befristet und längstens für einen Zeitraum von fünf Jahren ausgestellt werden. Eine unbefristete Ausstellung erfolgt, wenn eine Änderung des Gesundheitszustandes nicht zu erwarten ist. Eine amtlich anerkannte (Schwer-)Behinderung (allein) erweist sich jedoch nicht immer als ausreichende Anspruchsberechtigung. Vielmehr finden sich in verschiedenen Sozialleistungsbereichen unterschiedliche Ausformungen des Behinderungsbegriffs, die den Zugang zu Leistungen eröffnen. So erhalten Leistungen der Eingliederungshilfe (nach SGB XII und Eingliederungshilfeverordnung) nur „*wesentlich behinderte* Menschen" und im Leistungsbereich der Arbeitsförderung (SGB III, § 19) gelten Menschen als behindert „deren Aussichten, am Arbeitsleben teilzuhaben oder weiter teilzuhaben wegen Art

---

6 Schwerbehinderten Menschen gleichgestellt werden können Menschen mit einem GdB von weniger als 50, aber wenigstens 30, wenn sie infolge ihrer Behinderung ohne die Gleichstellung einen geeigneten Arbeitsplatz nicht erlangen oder nicht behalten können.

oder Schwere ihrer Behinderung (…) nicht nur vorübergehend wesentlich gemindert sind und die deshalb Hilfen zur Teilhabe am Arbeitsleben benötigen, einschließlich *lernbehinderter* Menschen". Wer jeweils als „wesentlich behindert" oder als „lernbehindert" anerkannt wird, liegt im Ermessen der jeweils zuständigen Behörden.[7]

Obwohl sich die sozialrechtliche Definition von Behinderung an den Folgen für gesellschaftliche Teilhabe orientiert und damit stets relational und relativ zu gegebenen soziokulturellen Erwartungen und Voraussetzungen zu denken ist (Behinderung und Teilhabe als zwei Seiten einer Medaille), sind dennoch personenbezogene defizitäre Zuschreibungen impliziert. So wird die Beeinträchtigung der Teilhabe als quasi „natürliche" Folge einseitig kausal der Person und der Negativabweichung ihrer Funktionen, Fähigkeiten und Gesundheit von einer altersgerechten Norm zugerechnet. Bei der gutachterlichen Feststellung einer Behinderung im sozialrechtlichen Anerkennungsverfahren nach SGB IX werden der Einfluss von (einschränkenden) Kontextfaktoren und ihre Wechselwirkungen mit Gesundheitsproblemen und individuellen Beeinträchtigungen weitgehend ausgeblendet. Obwohl sich die Bemessung des GdB an den erwarteten Auswirkungen auf die Teilhabe am Leben in der Gesellschaft orientieren soll (§ 69 Abs. 2 SGB IX), liefern nicht sozialwissenschaftliche/sozialpädagogische Analysen der Lebenslage eines Menschen die Entscheidungsgrundlage (vgl. Heinz 2011), sondern medizinische und psychologische/psychiatrische Gutachten nach Maßstäben der Versorgungsmedizinverordnung (VersMedV). Damit gerät die soziale Dynamik von Behinderung aus dem Blick zugunsten eines pauschalen biologisch-psychologischen Maßstabes eines funktional gesunden Körpers. „Die Bereiche des naturwissenschaftlichen bzw. medizinischen Wissens erscheinen dabei als eine Art kommunikationsfreier Raum einer authentischen, unverzerrten Abbildung natürlicher Gegebenheiten, um die Kontingenzen des Entscheidungsverfahrens abzudunkeln" (Bendel und Rohrmann 2003, S. 2).

Die sozialrechtliche Definition von Behinderung liegt auch bevölkerungsstatistischen Erfassungen zugrunde. So liefert die Schwerbehindertenstatistik, der zu Folge im Jahr 2011 etwa 9 Prozent der Bevölkerung (7,3 Mill. Menschen) als schwerbehindert anerkannt waren[8], Daten für die Arbeitslosenstatistik, den Mikrozensus und das Sozioökonomische Panel. Dabei werden verschiedene Personengruppen systematisch ausgeblendet, nämlich alte Menschen mit „alterstypischen" Ein-

---

[7] Im Leistungsbereich des SGB III entscheidet zum Beispiel die Bundesagentur für Arbeit, in der Regel auf der Basis psychologischer Gutachten (vgl. Ginnold 2008).
[8] Vgl. https://www.destatis.de/DE/ZahlenFakten/GesellschaftStaat/Gesundheit/Behinderte/Aktuell.html. Zugegriffen: 13. September 2013.

schränkungen, pflegebedürftige Menschen ohne anerkannte Behinderung[9], Menschen mit chronischen Erkrankungen (die in Schüben und jeweils weniger als sechs Monate lang auftreten), sowie alle Menschen mit Beeinträchtigungen, die keinen Antrag auf eine amtliche Anerkennung einer (Schwer-)Behinderung stellen. Hierfür gibt es unterschiedliche mögliche Motive, wie unzureichende Informiertheit über Rechte und Leistungen, der Wunsch keine staatliche Unterstützung in Anspruch zu nehmen oder die fehlende Notwendigkeit von Leistungen, z. B. weil Personen nicht erwerbstätig sind (Rentnerinnen und Rentner oder Personen, die Familienarbeit leisten). Zu denken ist zudem an Personen, die Nachteile/Diskriminierungen durch die Etikettierung als schwerbehindert fürchten (beispielsweise auf dem Arbeitsmarkt aufgrund von Vorbehalten von Arbeitgeberinnen und Arbeitgebern).

Aufgrund dieser konzeptionellen Lücken des sozialrechtlichen Behinderungsbegriffes für die Erfassung von Lebenslagen beeinträchtigter Menschen, nimmt der neue Teilhabebericht der Bundesregierung erstmals auch Menschen in den Blick, die zwar mit funktionalen Beeinträchtigungen leben, aber nicht als behindert oder schwerbehindert anerkannt sind (vgl. BMAS 2013, S. 42). Mit diesem neuen Ansatz erfolgt eine erhebliche quantitative Ausweitung des Bevölkerungsanteils, der in das Blickfeld der sozialpolitischen Berichterstattung gerät. So beschreibt der neue Teilhabebericht die Lebenssituation von etwa 25 Prozent der erwachsenen Bevölkerung (vgl. ebd., S. 44).

2.2 Zur rechtlichen und politischen Konstruktion von Migrationshintergrund

Migration und Zuwanderung werden über verschiedene rechtliche Regelwerke wie Staatsangehörigkeitsrecht, Asyl- und Flüchtlingsrecht sowie des Aufenthalts- und Freizügigkeitsrecht hergestellt und bearbeitet. Migration (aus dem lat. migratio = Wanderung) ist zunächst ein wissenschaftlich-deskriptiver Begriff der sehr unterschiedliche und vielfältige Wanderungsphänomene beschreibt, von Binnenmigration bis internationaler Migration, Aus- und Einwanderung sowie Pendel- und nationale Migration, Flucht und Vertreibung, von Arbeitsmigration bis (Aus-)Bildungsmigration und Heiratsmigration u.v.m. Die Bezeichnung *Migrant* oder *Migrantin* ist ein Begriff, der vermeintlich stärker auf die Wanderungs*erfahrung* konnotiert und sich teilweise von dem Begriff und der Fremdbeschreibung Ausländer oder Ausländerin abzusetzen versucht. Da er i.d.R. allerdings

---

9 Die Definition und Anerkennung von Pflegebedürftigkeit nach SGB XI unterscheidet sich vom Begriff der Behinderung nach SGB IX.

nicht auf Binnenwanderungen angewendet wird, bleibt die Markierung der nichtdeutschen Herkunft weiter bestimmend. Der Begriff *Ausländerin* oder *Ausländer* bestimmt eine politisch-rechtliche Differenz der Staatsangehörigkeit (deutsch/nicht deutsch), die im Referenzrahmen des deutschen Nationalstaates hergestellt wird. Ausländer resp. Ausländerin ist jede Person, die nicht „Deutsche" im Sinne des Artikels 116 Abs. 1 des Grundgesetzes (GG) ist. Die deutsche Staatsangehörigkeit wird durch Geburt per Abstammung („ius sanguinis") zugewiesen und in Geburts- bzw. Abstammungsurkunden, Passdokumenten, Eintrag in Registern festgeschrieben sowie fortlaufend durch Angabepflichten und dem Abfragen der Nationalität durch staatliche Institutionen und Ämter als personale Kategorie zugeschrieben und reproduziert. Migrantinnen und Migranten gelten automatisch als Ausländerinnen oder Ausländer, sofern sie nicht wie etwa (Spät-)Aussiedlerinnen und Aussiedler als deutsche Volkszugehörige eingebürgert sind.[10]

Mit dem Ausländerstatus verbindet sich ein eingeschränkter Zugang zu politischer Teilhabe, insofern das Wahlrecht zu Landtagen und Bundestag verwehrt ist. Entscheidend für die Einreiseerlaubnis, die Dauer bzw. Befristung des Aufenthalts und Zugänge zum Arbeitsmarkt sowie zu Sozialleistungen ist der jeweilige Aufenthaltsstatus/Aufenthaltstitel. Dieser wird unterschiedlich vergeben je nach Einordnung des Herkunftslandes (EU bzw. EWR sowie Schweiz/„positive Drittstaaten"/„negative Drittstaaten") und nach Zweck des Aufenthalts in Deutschland (Ausbildung, Erwerbstätigkeit, völkerrechtliche oder politische Gründe, Aufenthalt aus familiären Gründen sowie besondere Aufenthaltsrechte) (§ 16–38 AufenthG, vgl. Frings 2008). Es ist gegenwärtig davon auszugehen, dass gut die Hälfte aller Ausländer und Ausländerinnen einen Aufenthaltsstatus hat, der ihnen eine weitgehende rechtliche Gleichstellung mit Deutschen bietet. Deutliche Einschränkungen, zum Beispiel beim Zugang zum Arbeits-, Bildungs- und Wohnungsmarkt, gehen mit einer „Duldung" oder „Aufenthaltsgestattung" einher, die keine Aufenthaltstitel darstellen und für Asylbewerber, -bewerberinnen und Flüchtlinge gelten. Ansprüche auf Sozialleistungen erhalten diese Personengruppen ausschließlich über das Asylbewerberleistungsgesetz (AsylbLG). Geduldete erhalten erst bei rechtmäßigem Aufenthalt und nach vier Jahren Leistungsbezug nach AsylbLG Ansprüche auf Leistungsbezug nach SGB XII. Dies gilt auch für Leistungen bei Krankheit und Behinderung (vgl. Frings 2008, S. 312 f.). Personen im Asylverfahren (Aufenthaltsgestattung) mit Behinderung können nach Ermessen Leistungen erhalten (vgl. ebd., S. 320). Auch Personen ohne reguläre Aufenthaltspapiere können Sozial- und Gesundheitsleistungen gewährt werden, was allerdings bei der Anwendung der Meldepflicht gegenüber den Ausländerbehörden

---

10 Gemäß § 4 Bundesvertriebenengesetz (BVFG), Kriegsfolgenbereinigungsgesetz (KfbG) von 1993.

dann zur zwangsweisen Beendigung des Aufenthalts führt. Insgesamt stellt sich die sozialrechtliche Situation nach Zuwanderungsgruppen Spätaussiedler/-aussiedlerin, Unionsbürger/-bürgerin und Drittstaatenangehöriger sehr unterschiedlich dar (vgl. ebd.).

Der Ausländerstatus kann unter bestimmten Voraussetzungen durch Einbürgerung verlassen werden:

- Einen Anspruch auf Einbürgerung (Staatsangehörigkeitsgesetz, § 40b StAG) haben ausländische Personen, wenn sie seit acht Jahren dauerhaft und rechtmäßig in Deutschland leben und folgende Voraussetzungen erfüllen: Aufgabe der bisherigen Staatsangehörigkeit, ein unbefristeter Aufenthaltstitel, eine eigenständige Sicherung des Lebensunterhalts, ein Nachweis über Kenntnisse der deutschen Sprache in Wort und Schrift sowie der Rechts- und Gesellschaftsordnung (Einbürgerungstest) und ferner ein Bekenntnis zum Grundgesetz.
- Seit 2000 gilt gemäß des Staatsangehörigkeitsrechts für viele[11] in Deutschland geborenen („ius soli") ausländischen Kinder die deutsche Staatsangehörigkeit, allerdings unter Vorbehalt (§ 4 Abs. 3 StAG). Die sogenannten „Optionskinder" haben neben der deutschen auch die ausländische Staatsangehörigkeit. Die Options*pflicht* schließt Mehrstaatlichkeit in der Regel aus und zwingt sie, sich ab dem 18. Lebensjahr für eine Staatsangehörigkeit zu entscheiden. Liegt ein Nachweis über Aufgabe der ausländischen Staatsangehörigkeit bis zum 23. Lebensjahr nicht vor, geht die deutsche Staatsangehörigkeit automatisch verloren.

Begriff und Konzept *Migrationshintergrund* sind nicht rechtlich-politisch verfasst und finden sich in entsprechenden Gesetzen, wie dem Zuwanderungs- bzw. Aufenthaltsgesetz von 2005, nicht wieder. Er wurde als sozialwissenschaftlicher Begriff aufgrund der veränderten Migrationsverhältnisse seit Ende der 1990er Jahre eingeführt, um der zunehmenden Heterogenität der Migrationsgruppen und -formen zu entsprechen. Denn die Kategorie der Staatsangehörigkeit begrenzte die migrationsspezifische Forschung insofern als die Einwanderung von (Spät-)Aussiedlern und Aussiedlerinnen, aber auch die Einbürgerung von ausländischen Gastarbeitern, -arbeiterinnen und ihren Familienangehörigen, von Asylberechtigten und anerkannten Flüchtlingen sowie Kinder binationaler Ehen mit einem deutschen Elternteil ausgeblendet wurden. Diese Personengruppen wurden in

---

11 Durch die Geburt erwirbt ein Kind von ausländischen Staatsangehörigen nur dann die deutsche Staatsangehörigkeit, wenn seine Eltern einen unbefristeten Aufenthaltstitel haben und seit acht Jahren rechtmäßig in Deutschland leben. Geduldete oder Asylsuchende haben keinen unbefristeten Aufenthaltsstatus (eine Duldung ist kein Aufenthaltstitel), deswegen erfüllen sie nicht die Voraussetzung.

Wanderungs-, Bevölkerungs- und Sozialstatistiken i. d. R. als Deutsche erfasst und gezählt. Auch der steigende Anteil der Ius soli Kinder fiel ebenso heraus sowie der der Jugendlichen und Erwachsenen, die von dem erleichterten Einbürgerungsrecht (2000) Gebrauch machten. Seit Beginn der 2000er Jahre hat sich der Begriff Migrationshintergrund weitgehend in Politik, Wissenschaft und Öffentlichkeit als offenbar eingängiger Begriff durchsetzen können. Gleichwohl wird er in alltagspolitischen Kontexten meist als Synonym für den Begriff Ausländer resp. Ausländerin verwendet, obwohl weniger als die Hälfte der Personen mit Migrationshintergrund rechtlich als Ausländerin oder Ausländer gilt. Auch wer in Forschung und Sozialstatistik als mit Migrationshintergrund erfasst und gezählt wird, ist keineswegs eindeutig. Vielmehr hängt dies von jeweiligen Variablenkonstruktionen ab. D. h. es werden unterschiedliche Personengruppen als solche mit Migrationshintergrund konstruiert, mit entsprechenden Auswirkungen für den Umfang der Untersuchungsgruppe und für -ergebnisse sowie für die Vergleichbarkeit vorliegender Daten zu Migration- und Integrationsprozessen und ihren Schnittstellen (vgl. Settelmeyer und Erbe 2010; für Migration und Behinderung Westphal und Wansing 2012).[12] Migrationshintergrund wird verwendet bei Personen, die selbst zugewandert sind (Migrationserfahrung) oder Nachkommen von mindestens einem Zuwanderer/einer Zuwanderin sind (Migrationshintergrund) und deutsche sowie ausländische Staatsbürger und -bürgerinnen sein können. Erstmalig wurde im Mikrozensus 2005 mit dem Konzept „Bevölkerung mit Migrationshintergrund" gearbeitet: „alle nach 1949 auf das heutige Gebiet der Bundesrepublik Deutschland Zugewanderten, sowie alle in Deutschland geborenen Ausländer und alle in Deutschland als Deutsche Geborenen mit zumindest einem nach 1949 zugewanderten oder als Ausländer in Deutschland geborenen Elternteil" (Statistisches Bundesamt 2011).

Qualitativ bedeutet die parallele Verwendung von Migrationshintergrund und Nationalität eine Hierarchisierung: Das Staatsangehörigkeitsprinzip wirkt durch den rechtsbindenden Charakter und die daraus resultierenden konkreten rechtlichen und politischen Folgen nach wie vor stärker als der Migrationshintergrund. Die Konstruktion des Migrationshintergrunds dient dagegen primär als statistisches Zählinstrument und beobachtet eine Bevölkerungsgruppe als „Migrationsandere" (vgl. Mecheril 2004). Damit wird in kritischer Perspektive auf die Prozesse und die Strukturen der Herstellung der kulturell, ethnisch und national „Anderen" verwiesen. Deutlich ist, dass es Ausländerinnen und Ausländer, Menschen

---

12 So wird nicht nur in der Schwerbehindertenstatistik allein nach Staatsangehörigkeit (deutsch/ausländisch) erfasst, sondern gegenwärtig auch noch in der Schulstatistik, der Arbeitsmarktstatistik, der Sozialhilfestatistik und der polizeilichen Kriminalitätsstatistik. Arbeitsmarkt- und Schul-/Bildungsstatistik sind in Veränderung begriffen.

mit Migrationshintergrund immer nur in Relation zu Nicht-Ausländern/-Ausländerinnen und Menschen ohne Migrationshintergrund gibt. Ethnische-nationale Differenz und kulturelle Vielfalt wird allein als Resultat von internationaler Migration betrachtet. Die Unterscheidung in (migrationsspezifische) „Andere" und „Nicht-Andere" ruft Integrationsförderung, interkulturelle Pädagogik und Soziale Arbeit mit Migrationsgruppen auf, die sich adressaten- und gruppenspezifisch auf die Differenz(en) der Migrantenbevölkerung richtet und zugleich soziale Probleme der Benachteiligung vorrangig im Bildungs- und Erwerbssystem als pädagogische lösen will (vgl. Hormel 2011, S. 98). Das Erkennen und Zuschreiben von Migrationshintergrund erweist sich empirisch regelmäßig deutlich abhängig von der Wahrnehmung der sozialen Lage bzw. Herkunft. Im Fall von Migration liegt daher die These nahe, dass soziale Ungleichheiten und Benachteiligungen als ethnische Differenzen beobachtet werden (vgl. ebd., S. 103). In diesem Sinne ist der Begriff Migrationshintergrund sehr zwiespältig und kritisch (zu sehen), als „ein soziolinguistisches Segregationsinstrument, mit dem sich die Zugehörigkeit von bestimmten Menschen auf allen Gesellschaftsebenen permanent negieren lässt" (Utlu 2012, S. 445).

Dieser Konstruktionsprozess ist zudem in quantitativer Hinsicht bedeutend, denn mit dem Begriff und dem Konzept Migrationshintergrund ist mit einem Bevölkerungsanteil im Jahr 2011 von 19,5 % (vgl. Statistisches Bundesamt 2013) eine immense sozialstatistische Ausweitung der Gruppe der „Anderen" geschehen. Mit Michael Bommes lässt sich festhalten, dass Migranten und Migrantinnen so zunächst „zum Regelpublikum politischer Verwaltung und Migration zum regelmäßigen Strukturmerkmal der Bevölkerung geworden sind" (2008, S. 159). Insgesamt wird die Bevölkerungsgruppe mit Migrationshintergrund (im Gegensatz zu der ohne) damit unter permanente Beobachtung und öffentliche Aufmerksamkeit gestellt.

2.3 Schnittfelder von Behinderung und Migration in Sozialer Praxis und Sozialberichterstattung

Unter dem Eindruck von Diversitätskonzepten und einer Politik und Pädagogik der Vielfalt lassen sich in der Sozialen Praxis gegenwärtig verstärkt Bemühungen erkennen, die Themen Behinderung und Migration zusammen zu führen. So zeigt sich in jüngerer Zeit eine Zunahme an Fachtagungen, Themenheften einschlägiger Fachzeitschriften und Projekten zu diesem Schnittfeld.[13] Dabei kom-

---

13 Vgl. exemplarisch: Fachzeitschrift „Orientierung", Themenheft Migration und Behinderung, 2012/1; Fachtagung „Migration und Behinderung" der Fachverbände für Menschen mit Be-

men wesentliche Anfragen vorwiegend aus dem Kontext der Behindertenhilfe, während die Migrations(sozial)arbeit das Thema Behinderung bzw. die Adressatengruppe der „behinderten Migranten und Migrantinnen" bislang noch kaum im Visier hat. Es ist davon auszugehen, dass die „Entdeckung" der „migrierten Behinderten" als Adressatengruppe der Behindertenhilfe wesentlich unter dem Einfluss der BRK und ihres Grundsatzes der Achtung vor der Unterschiedlichkeit von Menschen mit Behinderung (Art. 3, d) steht. Gleichwohl stellt sich die Frage, inwiefern Migrantinnen und Migranten faktisch überhaupt ein neues oder „besonderes" Klientel darstellen, das die Behindertenhilfe vor besondere Herausforderungen stellt, für die spezielle Konzepte zu entwickeln wären. Gegenwärtig erhalten insbesondere Forderungen nach einer inter- bzw. transkulturellen Öffnung für die konzeptionelle Weiterentwicklung der sozialen Einrichtungen und Dienste ein erhebliches Gewicht. Dabei wird häufig von einer dominant herkunftskulturellen Wahrnehmung und Bearbeitung von Behinderung ausgegangen, die jedoch empirisch kaum geprüft ist (vgl. Wansing und Westphal 2012). Insgesamt ist die Datenbasis zu den Lebenslagen von Menschen im Schnittfeld von Behinderung und Migration und deren Bewältigungsmuster als nicht ausreichend einzuschätzen, um daraus politische Strategien und professionelle Handlungskonzepte ableiten zu können; dies betrifft das quantitative Ausmaß der Bevölkerungsgruppe ebenso wie qualitative Analysen (vgl. ebd.; Westphal und Wansing 2012, vgl. auch Windisch in diesem Band). Eine begrenzte Reichweite und inhaltliche Aussagekraft sozialstatistischer Quellen hängen unter anderem mit den zugrunde gelegten Konzepten von (Schwer-)Behinderung, Nationalität und Migrationshintergrund zusammen (vgl. Westphal und Wansing 2012).

In der Sozialberichterstattung wird das Schnittfeld von Behinderung und Migration in unterschiedlicher Weise berücksichtigt. Die BRK verpflichtet die Vertragsstaaten (so auch Deutschland) „zur Sammlung geeigneter Informationen, einschließlich statistischer Angaben und Forschungsdaten, die ihnen ermöglichen, politische Konzepte zur Durchführung des Übereinkommens auszuarbeiten und umzusetzen" (Art. 13). Das der BRK zugrunde gelegte dynamische Verständnis von Behinderung (vgl. Abschnitt 1.1), die allgemeinen Grundsätze von Inklusion und Teilhabe sowie die Achtung vor der Unterschiedlichkeit von Menschen machen eine neue, an Menschenrechten orientierte Form der Datenerhebung und Berichterstattung unter veränderten methodologischen Vorzeichen erforderlich (vgl. zu den Anforderungen ausführlich Hirschberg 2012). Die Bun-

---

hinderung 2011, http://www.beb-ev.de/files/pdf/2011/2011-09-01Migration_FT.pdf; Pilotprojekt des Bundesverbandes für körper- und mehrfachbehinderte Menschen zur Initiierung von Elterngruppen behinderter Kinder mit Migrationshintergrund, http://www.bvkm.de/arbeitsbereiche-und-themen/migration-und-behinderung.html

desregierung hat deshalb in ihrem neuen Teilhabebericht (vgl. BMAS 2013, siehe auch Abschnitt 1.1) grundlegend konzeptionelle Änderungen ihrer seit 1984 erfolgenden Berichterstattung zu den Lebenslagen behinderter Menschen (seit 2001 im SGB IX pro Legislaturperiode rechtlich verpflichtend) geschaffen. Zugleich wurden erhebliche Missstände in der empirischen Datenbasis identifiziert, die in den folgenden Jahren über neue Studien beseitigt werden sollen (vgl. ebd.). Die bisherigen Berichte wurden auf Basis verfügbarer Statistiken, Informationen der politischen Ressorts, der Länder und Rehabilitationsträger sowie Stellungnahmen von Verbänden (der Behindertenhilfe) erstellt und sind im Hinblick auf die Forderungen der BRK konzeptionell unzureichend. So „sind die dem Bericht zugrunde liegenden Statistiken medizinisch und damit defizitär orientiert sowie uneinheitlich. Zudem sind die Informationen weder nach Geschlecht noch nach Art der Behinderung differenziert. Auch Barrierefreiheit ist zu wenig berücksichtigt. Weiter werden die Lebensbereiche behinderter Menschen selektiv dargestellt, wobei die zitierten Informationen schwer nachvollziehbar sind" (Hirschberg 2012, S. 6). Gemäß des Nationalen Aktionsplans der Bundesregierung zur Umsetzung der BRK beleuchtet der neue Teilhabebericht innerhalb der verschiedenen Themenfelder auch Querschnittsthemen wie Migrationshintergrund, Alter und Geschlecht. Zuvor wurden Migrationsaspekte nur wenig in der Berichterstattung berücksichtigt (vgl. Hornberg et al. 2011). Umgekehrt wurde Beeinträchtigung/Behinderung in der Integrationsindikatoren- und Ausländerberichterstattung (vgl. Abschnitt 1.2) kaum bzw. nicht berücksichtigt. Wenn Behinderung überhaupt in den Blick gerät, dann vor allem als bio-physischer Zustand im Kontext von Gesundheit. So wird im ersten Integrationsbericht im Lebensbereich Gesundheit eine amtlich anerkannte Behinderung als „Indikator für eingeschränkte Teilhabemöglichkeiten infolge gesundheitlicher Einschränkungen" (BfMFI 2009, S. 120 f.) einbezogen. Obwohl der Bericht zeigt, dass eine anerkannte (Schwer-)Behinderung in der Migrationsbevölkerung deutlich seltener vorliegt als in der Bevölkerungsgruppe ohne Migrationshintergrund[14], wird der Indikator Behinderung als nicht aussagekräftig für Integration eingeschätzt. Stattdessen wird seine Streichung empfohlen, weil „eine Angleichung der Anteile der amtlich anerkannten Behinderungen von Personen mit Migrationshintergrund an die Gesamtbevölkerung kein Fortschritt, sondern eine Verschlechterung darstellen würde" (ebd., S. 97). Dem ist jedoch entgegenzuhalten, dass die Unterrepräsentanz der Migrationsbevölkerung in der amtlichen Statistik nicht automatisch als Indikator für faktisch weniger vorhandene Beeinträchtigungen und Behinderungen zu deuten ist. Vielmehr kann dieser Befund auch dahingehend interpretiert werden, dass Menschen mit

---

14 Behinderung 7,0 % zu 13,0 %, Schwerbehinderung 5,2 % zu 10,2 %, 2005 nach den Berechnungen der Sonderauswertung des Mikrozensus 2005 (zitiert nach: BfMFI 2009, S. 120 f.).

Migrationshintergrund seltener eine amtliche Anerkennung beantragen. Mögliche Gründe hierfür wie unzureichende Informationen über Rechte und Leistungen, bürokratische Hürden und institutionelle Diskriminierung oder eine geringe Erwerbsbeteiligung (von Frauen) (vgl. 2.1) können durchaus als Hinweise für unzureichende Integration interpretiert werden (vgl. hierzu ausführlich Westphal und Wansing 2012). Es wäre daher zu untersuchen, ob und inwiefern die Unterrepräsentanz der Migrantinnen und Migranten bei der Erfassung von Schwerbehinderung als Ausdruck von Diskriminierung im Zugang zu sozialstaatlichen Leistungen zu werten ist. Möglicherweise spielen auch unterschiedliche Kulturkonzepte und Wahrnehmungsmuster von Behinderung sowie Aspekte wie Scham eine Rolle. Auch diese Zusammenhänge gilt es empirisch näher zu beleuchten.

2.4 Parallelen und Divergenzen der Konstruktion von Behinderung und Migration

Politische Ausweitung der Personengruppen

Behinderung und Migration erfahren in sehr unterschiedlichen rechtlichen Zusammenhängen Relevanz. Rechtliche Ansprüche, Regelungen und Zugriffe sind durch unterschiedliche politische und historische Referenzrahmen bestimmt. In einem Fall (Behinderung) tritt vorrangig der Wohlfahrtsstaat mit Zusicherung von Ansprüchen auf Leistungen zur Teilhabe und Nachteilsausgleichen auf und im anderen Fall (Migration) der deutsche Nationalstaat mit Verweigerung von Ansprüchen bei nicht-deutscher Staatsangehörigkeit, je nach Aufenthaltstitel. Die rechtliche Zuschreibung einer Behinderung kann prinzipiell zu jedem Zeitpunkt im Lebenslauf erfolgen, nämlich immer dann, wenn gesundheitliche Beeinträchtigungen und längerfristige Behinderungen der Teilhabe am Leben der Gesellschaft eintreten und Leistungen zur Teilhabe notwendig und erwünscht sind. Auch wenn der rechtliche Status der (Schwer-)Behinderung nur auf Antrag und von daher grundsätzlich freiwillig erworben wird, hält sich die Entscheidungsfreiheit doch in engen Grenzen, insofern die amtliche Anerkennung unverzichtbar ist, um Nachteilsausgleiche und (notwendige) Unterstützung in Anspruch nehmen zu können. Aus ökonomischer Perspektive dienen diese sozialrechtlichen Praktiken immer auch der Begrenzung anspruchsberechtigter Personen. Der politisch (im Kontext der Berichterstattung) inzwischen weit gefasste Begriff der Beeinträchtigung hingegen hat keinerlei rechtliche Verbindlichkeit und geht mit einer erheblichen quantitativen Ausweitung des Personenkreises einher. Anders als der rechtliche Status Behinderung wird Staatsangehörigkeit per Geburt vergeben, ist nur durch Antrag auf Wechsel der Staatsangehörigkeit bzw. Einbürgerung veränderbar und wird durch staatliche Institutionen und Ämter fortwährend abgefragt und je nach (sozialstatistischer) Definitionsgrundlage als Merkmal für Migrationshintergrund gezählt. Die sozialstatistische Zuschreibung von Migrationshintergrund erfolgt nicht nur aufgrund der Erfahrung einer Migration, sondern auch genealogisch. Integrationsleistungen werden entlang von Aufenthaltstiteln gewährt bzw. nicht gewährt. Durch spezifische rechtliche Regelungen wie z. B. die Hochqualifizierten-Richtlinie (vgl. Fußnote 5) können Leistungszugänge für bestimmte Zuwanderergruppen ausgeweitet, ermöglicht oder auch eingeschränkt werden. Ähnlich dem Begriff der Beeinträchtigung ist der Begriff Migrationshintergrund rechtlich unverbindlich und führt zu einer zahlenmäßigen Ausweitung des Personenkreises.

Institutionelle vs. alltagsweltliche Herstellungsprozesse
Auch wenn die rechtliche Anerkennung und Tituliererung von Behinderung und Staatsangehörigkeit von grundlegender und weitreichender Bedeutung für Zugänge zu gesellschaftlicher Teilhabe sind, ist davon auszugehen, dass die Konstruktionen nicht nur in anderen institutionellen Zusammenhängen, sondern vor allem in alltags- und lebensweltlichen Interaktionen in anderer, teilweise zum Rechts- und Politiksystem völlig differenter Weise erfolgen. So werden Personen anhand verschiedener, variabler und teilweise willkürlicher Merkmale als „behindert", „ausländisch" oder „mit Migrationshintergrund" identifiziert und adressiert, wie z. B. nationale, geopolitische Herkunft, Hautfarbe, körperliches Aussehen, Gesundheit/Krankheit, Name, Sprache, Religion, Einstellungen, Lern- und Leistungsfähigkeit (dis/ability), Förderbedürftigkeit, formale Bildung, Qualifikation u. a. m. So kann Personen, die weder selbst noch deren Eltern und Großeltern Migrationserfahrung aufweisen, in lebensweltlichen und institutionellen Kontexten ein Migrationshintergrund zugeschrieben werden, wiederum muss bei Personen mit faktischen (auch statistisch und amtlich relevanten) Migrationserfahrungen dies nicht automatisch zur Wahrnehmung und Zuschreibung eines Migrationshintergrunds führen. In ähnlicher Weise werden einerseits Personen mit sichtbaren körperlichen/ästhetischen Abweichungen und Auffälligkeiten in der Alltagsbeobachtung als „behindert" wahrgenommen (vgl. Dederich 2013), auch wenn dieses Etikett möglicherweise weder mit der Selbstwahrnehmung, noch mit dem sozialrechtlichen Status übereinstimmt. Andererseits gibt es Menschen, die mit selbst wahrgenommenen und rechtlich anerkannten Beeinträchtigungen und Behinderungen leben, aber in alltäglichen Kontexten nicht als solche wahrgenommen werden, weil die Einschränkungen nicht sichtbar sind oder nicht mit „Behinderung" assoziiert werden. Dies gilt beispielsweise für Menschen mit psychischen Krankheiten/Behinderungen, einschließlich Sucht oder mit chronischen Erkrankungen der inneren Organe. Vor diesem Hintergrund stößt eine isolierte Perspektive auf politisch-rechtliche Kontexte auf analytische Grenzen. Um der Komplexi-

tät der Herstellung von Behinderung und Migration gerecht zu werden, bedarf es der Berücksichtigung von Konstruktionsprozessen auf unterschiedlichen Ebenen in verschiedenen sozialen Zusammenhängen (vgl. Abschnitt 3.2).

Behinderung und Migration als Soziale Probleme
Im Kontext politischer Diskurse fällt auf, dass Behinderung und Migration vorrangig als „soziale Probleme" kommuniziert werden, die erst durch die Differenzkonstruktion als „Anderes" und damit Normabweichendes zu einem gesellschaftspolitisch relevanten Faktum werden. Dabei fallen die (Be-)Wertungen unterschiedlich aus: So werden mit Migrationsprozessen noch immer weitgehend Risiken und Probleme für die soziale Integration sowohl für die zugewanderten Personen als auch für die aufnehmende Gesellschaft verbunden[15], häufig abgelöst von konkreten Erfahrungen individueller und kollektiver Migration, ihren Ursachen und Folgen. Menschen mit Behinderung wird trotz des sich aktuell in Veränderung begriffenen Verständnisses von Behinderung (vgl. Abschnitt 1.1) faktisch immer noch häufig pauschal eine umfassende Problemlage bzw. Hilfebedürftigkeit unterstellt, die sich auf den gesamten Lebenslauf und alle Lebensbereiche erstreckt. Auf dem Arbeitsmarkt wird Behinderung beispielsweise häufig immer noch pauschal mit verminderter Leistungsfähigkeit gleich gesetzt, es wird den Menschen keine Erwerbsarbeit zugetraut, oder anders formuliert: es wird nichts von ihnen erwartet. Im Falle von Migration verhält es sich nahezu umgekehrt, mit erfolgreicher Integration sind immer auch Erwartungen von bzw. Verpflichtungen zur Leistung verbunden, die im Fall der Nichterbringung mit Sanktion einhergehen können.

Verschiedenheit als Regelfall und Querschnittsaufgabe
Parallel zur Bearbeitung von Behinderung und Migration als soziale Probleme lassen sich in beiden Kontexten in jüngerer Zeit veränderte Perspektiven in Richtung einer Anerkennung als Normal- bzw. Regelfall pluraler Gesellschaften ausmachen. Beeinflusst durch eine Politik der Inklusion und der Anerkennung von Verschiedenheit werden mit Behinderung und Migration nicht mehr einseitig Probleme und spezifische Zielgruppen von Sozialpolitik assoziiert, sondern beide Phänomene werden als Ausdruck von Verschiedenheit und auch als Bereicherung in ei-

---

15 Die jüngst im Rahmen der Integrationsprogrammatik initiierten Willkommenskulturen zeigen einen Bewusstseinswandel, insofern gegenwärtige (neue) Arbeitsmigrantinnen und -migranten (z. B. aus den südeuropäischen Ländern) nun unter dem Druck von demografischem Wandel und Fachkräftemangel nicht mehr zuerst als potentielles Problem wahrgenommen werden. Allerdings gilt dies schon nicht mehr für die aus den osteuropäischen Ländern migrierten Personen, diese werden pauschal als Armutsmigrantinnen und -migranten problematisiert und abgewehrt (vgl. Deutscher Städtetag 2013).

ner insgesamt heterogenen Bevölkerung betrachtet.[16] Damit gehen in beiden Feldern veränderte Strategien zur Verwirklichung gleichberechtigter Teilhabe einher. So wird das „Gelingen" von Integration/Inklusion nicht mehr nur als Zuständigkeit separater Politikfelder und spezifischer Professionen betrachtet (vgl. Abschnitt 2), sondern zunehmend als gesellschaftliche Querschnittsaufgabe in allen Bereichen (Wirtschaft, Erziehungs- und Bildungssystem, Gesundheit, Sport) gesehen. Ziel dieser Gesellschaftspolitik ist es, „allen Bürgerinnen und Bürgern die Möglichkeit für einen selbstbestimmten Platz in einer barrierefreien Gesellschaft zu geben" (BMAS 2011, S. 10). Gleichwohl fällt auf, dass in beiden Diskurszusammenhängen (Behinderung einerseits und Migration andererseits) gegenwärtig der Fokus stark auf die Umgestaltung des Erziehungs- und Bildungssystem gerichtet wird. In der internationalen Bildungspolitik verständigte man sich bereits Mitte der 1990er Jahre auf das Leitprinzip einer inklusiven Bildung (inclusiv education) das besagt, „dass Schulen alle Kinder, unabhängig von ihren physischen, intellektuellen, sozialen, emotionalen, sprachlichen oder anderen Fähigkeiten aufnehmen sollen. Das soll behinderte und begabte Kinder einschließen, Straßenebenso wie arbeitende Kinder, Kinder von entlegenen oder nomadischen Völkern, von sprachlichen, kulturellen oder ethnischen Minoritäten sowie Kinder von anders benachteiligten Randgruppen oder -gebieten" (UNESCO 1994, S. 4).[17] Derzeit werden jedoch die konzeptionellen Versprechungen der interkulturellen und inklusiven Pädagogik, eine „Pädagogik für Alle" und keine mit jeweils speziellen Konzepten für den Umgang mit Personen mit Migrationshintergrund bzw. mit Behinderung sein zu wollen in Deutschland nach wie vor nicht hinreichend eingelöst. So werden Konzepte der interkulturellen Pädagogik sowie Öffnung erst dort und dann relevant, wenn ein gehäuftes Vorkommen von Menschen mit Migrationshintergrund beobachtet und diesbezügliche Konflikte und Probleme unterstellt werden. In institutionellen Praktiken etwa im Kindertagesstättenbereich hat sich die Angabe der Anzahl von Kindern mit mindestens einem ausländischen Elternteil und einer vorwiegend nicht-deutschen Familiensprache etabliert, um zusätzliche (finanzielle) Landeszuwendungen für interkulturelle Maßnahmen zu erhalten.[18] In ähnlicher Weise erfolgt der Zugriff auf Konzepte inklusiver Pädagogik immer dann, wenn Kinder als „behindert" bzw. besonderes förderbedürftig im

---

16 So will zum Beispiel die Initiative „Charta der Vielfalt" Anerkennung, Wertschätzung und Einbeziehung von Vielfalt in der Unternehmenskultur in Deutschland voranbringen (vgl. http://www.charta-der-vielfalt.de/startseite.html. Zugegriffen: 13.09.2013).
17 Ergebnis der UNESCO Weltkonferenz „Pädagogik für besondere Bedürfnisse: Zugang und Qualität"), zuletzt auf der internationalen Bildungskonferenz „Inclusiv Education: The Way of future" 2008 in Genf bekräftigt.
18 Vgl. hier z. B. das Gesetz- und Verordnungsblatt für das Land Hessen 2007 zur Kindertagesstätten Förderung.

Sinne einer Abweichung von kindlichen Entwicklungsnormen identifiziert werden. Diese Etikettierung der Kinder ist vielerorts immer noch Voraussetzung für die Bereitstellung zusätzlicher Ressourcen.

3 Theoretische Perspektiven auf die Schnittstelle von Behinderung und Migration

Die Diskurse zu Migration/Integration und zu Behinderung/Inklusion nehmen entgegen der aktuellen Inklusions- und Diversityrhetorik wechselseitig wenig Notiz voneinander. Dies gilt für Politik, Wissenschaft und professionelle Handlungsfelder gleichermaßen. Augenscheinlich ist vielmehr eine nach wie vor überwiegend separate Verhandlung, der die Annahme zugrunde zu liegen scheint, es ließen sich eindeutig abgrenzbare soziale Gruppen der „Menschen mit Behinderung" und der „Menschen mit Migrationshintergrund" beschreiben, die als Adressaten und Adressatinnen jeweils spezifischer Konzepte und sozialer Interventionen identifiziert werden könnten. Dieses faktische Beharren könnte ein Hinweis darauf sein, dass Verschiedenheiten nach wie vor als personale Kategorien gedacht werden, die Personen quasi als Existenzweisen, als ihr „So-Sein" zugeschrieben werden. Sowohl Behinderung als auch Migrationshintergrund erscheinen als individuelle Merkmale, die den Menschen anhaften[19], gleichsam als gesellschaftsexterne Tatbestände, die außerhalb jener soziokulturellen Strukturen und Funktionsweisen beobachtet werden könnten, die an der Herstellung, Definition, Bearbeitung und Bewertung der Kategorien beteiligt sind. Zugleich wird eine gewisse Homogenität all jener Personen unterstellt, die jeweils einer der Gruppen zugeordnet werden („mit Behinderung", „mit Migrationshintergrund"). Dabei wird ausgeblendet, dass die als „behindert" bezeichneten Personen höchst unterschiedliche Voraussetzungen zeigen etwa im Hinblick auf Ursachen, Art und Umfang von Beeinträchtigungen und deren soziale Folgen in verschiedenen Lebensbereichen sowie den biografischen Zeitpunkt des Eintretens von Beeinträchtigungen/Behinderungen. Für beide Personengruppen (mit Migrationshintergrund, mit Behinderung) gilt zudem generell, dass es sich um Personen handelt, die etwa im Hinblick auf Alter, Geschlecht, sozialer Schicht und Milieu sowie ethnischer, sexueller oder religiöser Orientierungen, Fertigkeiten und Fähigkeiten (abilities) höchst verschiedene Zugehörigkeiten, Identitäten und Lebenslagen ausbilden. Pauschale Zuschreibungen eines „Migranten-" bzw. „Behindertendaseins"

---

19 Aktuelle sprachliche Neuregelungen – wie „Menschen mit Behinderung", „Menschen mit Migrationshintergrund" – untermauern diesen Eindruck entgegen ihrer eigentlichen Intention der Dekonstruktion.

und zielgruppenspezifische Handlungskonzepte werden dieser Vielfalt keinesfalls gerecht.

3.1 Intersektionale Perspektiven

In Wissenschaft und sozialer Praxis gewinnen aufgrund der Kritik an einer isolierten Betrachtung einzelner Differenzkategorien Konzepte von Diversität und Intersektionalität zunehmend an Bedeutung, die davon ausgehen, dass Personen in ihrer Identität und gesellschaftlichen Positionierung stets verschiedene soziale Zugehörigkeiten gleichzeitig ausbilden, die anhand von Gruppenkategorien (Geschlecht, Nicht/Behinderung, Alter, Ethnizität/Kultur usw.) begrifflich gefasst und als sozial hervorgebracht gedacht werden (vgl. Walgenbach 2007; Jakob et al. 2010). Zugespitzt wäre hier etwa an die Beschreibung einer „alten behinderten Frau mit Migrationshintergrund" zu denken, die auf vier Differenzkategorien gleichzeitig Bezug nimmt. Intersektionale Analysen richten sich auf das Zusammenspiel verschiedener Differenzkategorien und auf ihre Wechselwirkungen auf soziale Ungleichheit. Das Intersektionalitätsparadigma ist eng verbunden mit kritischen Diskussionen der angloamerikanischen „women of color Bewegung" über Gender als Kategorie sozialer Ungleichheit und über die Benachteiligung von Frauen. Es wurde die Zentralperspektive auf die Kategorie Gender als ethnozentristisch und mit einem bürgerlichen Klassenbias versehen kritisiert und um Klasse und Ethnizität/Rasse erweitert. Die Trias „class, race und gender" steht seither im Zentrum von Ungleichheitsanalysen. Im deutschen Kontext wird oft von Geschlecht, Ethnizität und Klasse gesprochen und der Intersektionalitätsansatz theoretisch um weitere soziale Heterogenitätsdimensionen wie dis-/ability, Religion, Stadt/Land, Sprache ausgeweitet (z. B. Lutz und Leiprecht 2006). Dabei wird soziale Benachteiligung jedoch nicht als eine Addition von verschiedenen Ungleichheiten verstanden, wie dies etwa die Annahme einer „doppelten Behinderung" im Kontext von Migration und Behinderung bzw. Geschlecht und Behinderung unterstellt. Grunderkenntnis der Intersektionalitätsforschung ist vielmehr, dass weder die Summe von möglichen Differenzen noch eine spezifische Hierarchisierung die Funktions- und Wirkungsweisen sozialer Ungleichheit adäquat erklären können. Eine intersektionale Perspektive ist daran interessiert, die sozialen Positionierungen und Lebenswirklichkeiten von Menschen im Lichte des dynamischen Wechselspiels der verschiedenen Heterogenitätsdimensionen, ihrer Überlagerungen, Überschneidungen und Effekte der gegenseitigen Verstärkung, Abschwächung oder des Ausgleichs in verschiedenen Lebensbereichen und -phasen zu beleuchten. Allerdings sind bislang mögliche Anschlussstellen, Verbindungsstücke und vor allem das Verhältnis der Differenzen zueinander weder theoretisch noch empirisch gut geklärt. Behinderung wird als soziale und kulturelle Kategorie bislang noch kaum in den Intersektionalitätsdebatten aufgegriffen (vgl. Baldin in diesem Band), obschon etwa die Forschungsperspektive der Disability Studies vielfältige Anschlussstellen liefert (vgl. Raab 2012). Insbesondere über das Zusammenspiel von Behinderung und Migration ist bislang wenig bekannt (vgl. Wansing und Westphal 2012), während über die Zusammenhänge von Migration und Geschlecht (vgl. Westphal 2007; Bereswill et al. 2012) sowie von Behinderung und Geschlecht (vgl. Jakob et al. 2010) bereits verschiedene Untersuchungen vorliegen.

3.2 Differenzierungstheoretische Perspektiven

Eine intersektionale Perspektive einzunehmen bedeutet, die Komplexität sozialwissenschaftlicher Theoriebildung zu sozialer Ungleichheit erheblich zu steigern und vielfältige methodologische Zugänge in der Erforschung von Lebenslagen zu beschreiben. Bislang liegen in der Intersektionalitätsforschung vorrangig biografisch-rekonstruktive Studien vor. Diese generieren Differenzen bspw. von Geschlecht und Migration im Kontext individueller Erfahrungen und kontextueller Bedeutsamkeiten und arbeiten deren subjekttheoretischen Bezüge und sozialen Verortungszusammenhänge heraus (vgl. Bereswill et al. 2012). Eine Rekonstruktion intersektional geprägter Ungleichheitsverhältnisse im Kontext sozialstruktureller Voraussetzungen steht jedoch noch weitgehend aus. So fordert u.a. Cornelia Klinger in ihrer Kritik an einer Verortung von Kategorien auf der „Ebene der Subjekte und ihrer Existenzweisen" (2003, S. 23, zit. n. Weinbach 2008, S. 172) eine makro-soziologische Fundierung des Intersektionalitäts-Paradigmas (vgl. ebd.). Nach Christine Weinbach bedarf es hierfür eines Konzeptes von Gesellschaft, das in der Lage ist, der gegenwärtigen Dynamik (makro-)struktureller Bedingungen und deren (möglicherweise veränderten) Effekte für die Ausbildung sozialer Ungleichheit gerecht zu werden. Sie geht davon aus, dass das Modell einer bürgerlich-partriarchalen, nationalstaatlich verfassten und kapitalistischen Gesellschaft und eine darauf bezogene „a priori Festlegung" (2008, S. 173) auf die Trias von gender, race, class als „per se soziale Ungleichheit stiftende Kategorien" (ebd., S. 174) diese konzeptionelle Offenheit nicht zu leisten vermag. Denn auch wenn davon auszugehen ist, dass Lebenslagen weiterhin maßgeblich von der Position im Erwerbsleben und die hieran gebundene ökonomische Partizipation geprägt werden, so gilt es doch auch den Einfluss wohlfahrtsstaatlicher Programme und Interventionen zu berücksichtigen. Familienverhältnisse lassen gegenwärtig eine erhebliche Dynamik erkennen, „und können nicht länger fraglos als ‚bürgerlich-patriarchal' bezeichnet werden" (ebd., S. 173). Zudem befinden sich auch Konzepte von Nationalstaat in einem Wandel mit Folgen für die Strukturierung sozialer Ungleichheit. Aufgrund dieser gesellschaftlichen Komplexität und Dynamik sollte Abstand genommen werden von einer (empirisch ungeprüften) Annahme, es ließe sich ein Bündel an klar umrissenen personalen Masterkategorien ausmachen, die von universaler Aussagekraft für soziale Ungleichheit wären. Für die empirische Erforschung intersektional geprägter Ungleichheitsverhältnisse sollte der Fokus vielmehr auf konkrete soziokulturelle Kontexte gerichtet werden, die soziale Ungleichheit generieren. Als einen gesellschaftstheoretischen Zugang, der die nötige Differenziertheit und Offenheit erlaubt, schlägt Weinbach Luhmanns Systemtheorie vor, die verschiedene Gesellschaftsbereiche (Funktionssysteme) und unterschiedliche soziale Ebenen (Gesellschaft, Organisation und Interaktion) unterscheidet (vgl. Weinbach 2008, S. 175 ff.). Hier ergeben sich Anschlussstellen an systemtheoretische Ansätze zur Konstruktion von Behinderung im Kontext gesellschaftlicher Inklusions- und Exklusionsverhältnisse (vgl. Wansing 2005, 2007, 2012b). Die Autorinnen folgen dem systemtheoretischen Perspektivenwechsel Weinbachs „von Personenkategorien zu Sozialstrukturen" (vgl. in diesem Band) und schlagen vor, Lebenslagen an der Schnittstelle von Behinderung und Migration in einem differenzierungstheoretischen Lichte zu betrachten. Nach der Theorie funktionaler Differenzierung ist die Gegenwartsgesellschaft nicht als ein geschlossenes, homogen strukturiertes Gebilde mit einer stabilen einheitlichen Ordnung zu begreifen, an der sich die Identität und soziale Zugehörigkeit von Personen in ihrer gesamten Lebensführung ausrichten könnte. Vielmehr ist von unterschiedlichen Teilsystemen (etwa Bildung, Wirtschaft, Recht, Politik, Sport, Gesundheit) auszugehen, die jeweils gemäß ihrer eigenen Leitdifferenzen, Programme und Handlungslogiken Zugänge regulieren und Personen (ungleiche) Positionen zuweisen. So geben etwa das Bildungssystem und seine Institutionen die Bedingungen vor, in welcher Art und Weise und mit welcher Aussicht auf Erfolg Personen ihr verbrieftes Inklusionsrecht auf Bildung verwirklichen können und das Wirtschaftssystem entscheidet (auch in globaler Perspektive) über Möglichkeiten des Zugangs zum Arbeitsmarkt, einschließlich erreichbarer ökonomischer Partizipation. Es ist folglich davon auszugehen, dass (Kategorien von) Behinderung und Migration nicht per se Ungleichheit generieren, sondern erst im Horizont jeweils konkreter *sozialer Kontexte* „als Kategorien sozialer Ungleichheit aufscheinen (können)" (Weinbach 2008, S. 174). Anstatt von pauschalen Diskriminierungsunterstellungen von grundsätzlicher bzw. additiver Benachteiligung über alle Lebensbereiche hinweg auszugehen, sollte sich das empirische Interesse daher darauf richten, ob und auf welche Weise Differenzen im Zusammenhang von Behinderung und Migration in den einzelnen Gesellschaftskontexten hergestellt werden, wie diese kategorisiert werden und welche Relevanz und (Wechsel-)Wirkung sie entfalten.

Verschiedenheit und Ungleichheit

Personale Teilhabe vollzieht sich vor dem Hintergrund funktionaler Differenzierung als „Multiinklusion" (Nassehi 2004, S. 111) im Sinne der Einbindung von Personen in verschiedene Gesellschaftsbereiche gleichzeitig, und zwar in Form funktionalisierter Rollen (etwa als Schülerin, Arbeitnehmer, Bürgerin, Wählerin, Sportlerin). Durch die teil- und zeitweise Bindung von Teilidentitäten an die verschiedenen Gesellschaftssysteme wird historisch die elementare Voraussetzung dafür geschaffen, dass sich Menschen als selbstbestimmt erleben können (und müssen) und sich eine zunehmende Vielfalt (Diversität) an Identitäten, Lebensformen und Lebenslagen entwickeln kann. Auf funktionale Differenzierung bezogene Verschiedenheiten lassen sich folglich auch jenseits der traditionellen Kategorien von Klasse, Geschlecht und Ethnizität als vielfältige, individuelle Konstellationen der (Nicht-)Partizipation und (Nicht-)Zugehörigkeit beschreiben, ohne dabei Verschiedenheit als Existenzweise von Personen oder per se als soziale Problemlage fassen zu müssen. „Die Differenzierungstheorie kann hier der Ungleichheitsforschung eine theoretische Erweiterung für die Thematisierung von ‚Vielfalt' bieten" (Schwinn 2006, S. 1294). Zugleich stellen sich jedoch aus Perspektive der Ungleichheitsforschung Fragen an die Differenzierungstheorie, nämlich wie es unter Bedingungen funktionaler Differenzierung und trotz des wohlfahrtsstaatlichen „Postulats der Vollinklusion" (im Sinne eines universellen Teilhabeanspruchs der gesamtem Bevölkerung gegenüber allen Teilsystemen, vgl. Luhmann 1999, S. 630) zu multidimensionalen Diskriminierungen und Ausgrenzungen entlang *funktionsunspezifischer* Differenzen und askriptiver Kriterien kommt, die sich im Lebenslauf über die einzelnen institutionellen Bereiche hinweg zu stabilen Ungleichheitslagen verfestigen können (für Behinderung vgl. Wansing 2007). Oder anders formuliert, anhand welcher Unterscheidungskriterien in den verschiedenen Gesellschaftsbereichen faktisch vom Inklusionsgebot abgewichen wird. So hat etwa die Differenz mit/ohne gesicherten Aufenthaltsstatus zwar funktional keine Relevanz für den Arbeitsmarkt, gleichwohl werden Personen ohne gesicherten Aufenthaltsstatus formal-rechtlich vom Zugang ausgeschlossen, und zwar ungeachtet ihrer funktionsspezifischen Voraussetzungen wie berufliche Qualifikation. Auch lassen sich Diskriminierungen am Arbeitsmarkt bzw. im Zugang zu beruflicher Bildung (vgl. Thielen in diesem Band) entlang der Differenzen „Staatsangehörigkeit" bzw. Migrationshintergrund beobachten, gleichwohl diese per se weder von funktionaler Relevanz für den Arbeitsmarkt sind noch rechtlich entscheidend sind für den Zugang. Auch qualifizierte und leistungsfähige Menschen mit (anerkannter) Schwerbehinderung werden zum Teil von der Teilhabe am Arbeitsleben ausgeschlossen. Zusammenhänge zeigen sich hier zum Beispiel mit Einstellungsvorbehalten von Arbeitgebern und -geberinnen. Ohne diese Beobachtung faktischer Diskriminierungen und Ausgrenzungen entgegen jeder funktionalen

Logik „stünde die diversity-Semantik in Gefahr, zu verharmlosenden Sprachregelungen zu verflachen, in denen Unrechtserfahrungen (…) keinen Ort mehr hätten" (Bielefeldt 2009, 8). Somit erscheint es notwendig, analytisch grundsätzlich zu unterscheiden zwischen Kategorien von Behinderung und Migration, die sich gesellschafts- und diskurskritisch dekonstruieren lassen und den faktischen, materialen Ungleichheiten seitens individueller Lebenslagen, „die man nur analysieren, nicht jedoch als bloßes soziales Konstrukt „entlarven kann" (Eppenstein und Kiesel 2012, S. 105). Als insgesamt zielführend für eine Analyse multidimensionaler, auch intersektional verschränkter Ungleichheitsverhältnisse könnte es sich erweisen, differenzierungs- und ungleichheitstheoretische Ansätze zusammen zu führen (vgl. Schwinn 2008). Hier ginge es darum, die eigenständigen Selektionskriterien (Inklusions- und Exklusionsregeln) der gesellschaftlichen Teilsysteme und ihre Organisationen sowie deren Ungleichheitseffekte in den Blick zu nehmen und zu untersuchen, wie diese jeweils mit spezifischen Ressourcenlagen, askriptiven Kriterien bzw. diskriminierenden Klassifikationen – auch in intersektionaler Perspektive – zusammen wirken (vgl. Scherr 2012). Ein solcher Zugang berücksichtigt auch, „dass die wichtigen Fragen des Intersektionalitäts-Paradigmas erst durch die empirische Analyse beantwortet werden können, nämlich: welche Kategorien in welchem Kontext auf welche Weise soziale Ungleichheit ‚stiften', in welchem Kontext die Intersektionalität bestimmter Kategorien existiert, und ob soziale Ungleichheit mikro-, meso- und/oder makrosozial generiert wird" (Weinbach 2008, S. 175). Ergebnisse solcher offenen Untersuchungen liefern möglicherweise ganz neue Antworten und Perspektiven auf Unterschiede die einen Unterschied machen. Bis diese empirisch gestützten Antworten vorliegen, warnen wir davor, spezifische Lebenslagen, die durch Behinderungserfahrungen einerseits und Migrationserfahrungen andererseits beeinflusst werden gleich zu setzen bzw. im allgemeinen Rauschen gegenwärtiger Inklusions- und Diversitätsdebatten unsichtbar werden zu lassen.

Perspektiven

Vor dem Hintergrund der skizzierten rechtlich-politischen Diskurse und theoretischen Perspektiven sollte das künftige Forschungsinteresse einer intersektionalen Betrachtung von Behinderung und Migration nach Ansicht der Autorinnen einer dreifachen Fragestellung folgen, nämlich

1) wie Behinderung und Migration/shintergrund jeweils im Rahmen soziokultureller Strukturen, Diskurse und Praktiken der verschiedenen gesellschaftlichen Teilsysteme (z. B. Politik, Recht, Bildung) als Kategorien hervorgebracht werden und welche Gemeinsamkeiten, Unterschiede und Wechselwirkungen diese Mechanismen zeigen,

2) welche ungleichheitsgenerierende Bedeutung die Kategorien und ihre intersektionalen Verschränkungen in konkreten Lebensbereichen, Lebensphasen sowie bei Übergängen im Lebenslauf entfalten, also „ob und inwieweit sich der Zugang der Individuen zu einem bestimmten Gesellschaftsbereich an partikularistischen Personenmerkmalen statt universalistischen Rollenprinzipien ausrichtet" (Weinbach 2008, S. 174) und
3) wie Lebenslagen im Schnittfeld von Behinderung und Migration subjektiv bewältigt und gesellschaftlich (insb. wohlfahrtsstaatlich) bearbeitet werden und wie die sozialen Ungleichheiten in einem rekursiven Prozess auf soziale Verhältnisse zurück wirken.

Literatur

Aichele, Valentin. 2013. Inklusion als menschenrechtliches Prinzip: der internationale Diskurs um die UN-Behindertenrechtskonvention. *ARCHIV für Wissenschaft und Praxis der sozialen Arbeit* 8 (3): 28–36.
Bade, Klaus J., und Michael Bommes. 2004. Einleitung: Integrationspotentiale in modernen europäischen Wohlfahrtsstaaten – der Fall Deutschland. In *Migrationsreport 2004. Fakten – Analysen – Perspektiven*, hrsg. Klaus J. Bade, Michael Bommes, und Rainer Münz, 11–42. Frankfurt a. M. u. New York: Campus.
Balz, Hans-Jürgen, Benjamin Benz, und Carola Kuhlmann. Hrsg. 2012. *Soziale Inklusion. Grundlagen, Strategien und Projekte in der Sozialen Arbeit*. Wiesbaden: VS Verlag für Sozialwissenschaften.
Bendel, Klaus, und Albrecht Rohrmann. 2003. Die Zuschreibung einer Behinderung im sozialrechtlichen Anerkennungsverfahren. In *Entstaatlichung und Soziale Sicherheit. Verhandlungen des 31. Kongresses der Deutschen Gesellschaft für Soziologie in Leipzig 2002*, hrsg. Jutta Allmendinger, o. S. Opladen: Leske + Budrich (Beiträge aus den Arbeitsgruppen, Sektionssitzungen und Ad-hoc-Gruppen. CD-ROM).
Bereswill, Mechthild, Peter Rieker, und Anna Schnitzer. Hrsg. 2012. *Migration und Geschlecht, Theoretische Annäherungen und empirische Befunde*. Weinheim u. Basel: Beltz Juventa.
Berry, John W. 2005. Acculturation: Living successfully in two cultures. *International Journal of Intercultural Relations* 29 (6): 697–712.
BfMFI. Hrsg. 2009. *Erster Integrationsindikatorenbericht*. Berlin. http://www.bundesregierung.de/Content/DE/Publikation/IB/2009-07-07-indikatorenbericht.pdf?__blob=publicationFile. Zugegriffen: 12. September 2013
BfMFI. Hrsg. 2011a. *Nationaler Aktionsplan Integration (NAP)*. Berlin. http://www.bundesregierung.de/Content/DE/_Anlagen/IB/2012-01-31-nap-gesamt-barrierefrei.pdf?__blob=publicationFile&v=5. Zugegriffen: 12.September 2013

BfMFI. Hrsg. 2011b. *Zweiter Integrationsindikatorenbericht*. Berlin. http://www.bundesregierung.de/Content/DE/_Anlagen/2012/01/2012-01-12-integrationsbericht.pdf?__blob=publicationFile . Zugegriffen: 12. September 2013

BfMFI. Hrsg. 2012. *9. Bericht der Beauftragten über die Lage der Ausländerinnen und Ausländer in Deutschland (9. Lagebericht)*. Berlin. http://www.bundesregierung.de/Content/DE/Publikation/IB/2012-12-18-9-Lagebericht.pdf?__blob=publicationFile&v=3. Zugegriffen: 12.September 2013

Bielefeldt, Heiner. 2009. Zum Innovationspotential der UN-Behindertenrechtskonvention. Deutsches Institut für Menschenrechte, Essay No. 5. http://www.institut-fuer-menschenrechte.de/uploads/tx_commerce/essay_no_5_zum_innovationspotenzial_der_un_behindertenrechtskonvention_aufl3.pdf. Zugegriffen: 12. September 2013.

BMAS. 2011. Unser Weg in eine inklusive Gesellschaft. Der Nationale Aktionsplan der Bundesregierung zur Umsetzung der UN-Behindertenrechtskonvention. http://www.bmas.de/SharedDocs/Downloads/DE/PDF-Publikationen/a740-nationaler-aktionsplan-barrierefrei.pdf?__blob=publicationFile. Zugegriffen: 12. September 2013.

BMAS. 2013. Teilhabebericht der Bundesregierung über die Lebenslagen von Menschen mit Beeinträchtigungen. Teilhabe – Beeinträchtigung – Behinderung. http://www.bmas.de/SharedDocs/Downloads/DE/PDF-Meldungen/2013-07-31-teilhabebericht.pdf?__blob=publicationFile. Zugegriffen: 12. September 2013.

Bommes, Michael. 2008. „Integration findet vor Ort statt" – über die Neugestaltung kommunaler Integrationspolitik. In *Migrationsreport 2008. Fakten – Analysen – Perspektiven*, hrsg. Michael Bommes, und Marianne Krüger-Potratz, 159–196. Frankfurt a. M. u. New York: Campus.

Dannenbeck, Clemens. 2012. Wie kritisch ist der pädagogische Inklusionsdiskurs? Entpolitisierungsrisiko und theoretische Verkürzung. In *Disability Studies. Kritische Perspektiven für die Arbeit am Sozialen*, hrsg. Kerstin Rathgeb, 55–68. Wiesbaden: VS Verlag für Sozialwissenschaften.

Dederich, Markus. 2013. Gibt es Grenzen der Inklusion von Menschen mit geistiger Behinderung? *ARCHIV für Wissenschaft und Praxis der sozialen Arbeit 8* (3): 58–69.

Deutscher Städtetag. 2013. Positionspapier des Deutschen Städtetages zu den Fragen der Zuwanderung aus Rumänien und Bulgarien, Pressemitteilung vom 14. 02. 2013. http://www.staedtetag.de/presse/mitteilungen/064517/index.html. Zugegriffen: 09. September 2013.

DIMDI. 2010. *ICF – Internationale Klassifikation der Funktionsfähigkeit, Behinderung und Gesundheit. Deutsche Ausgabe der 2001 von der WHO veröffentlichten englischsprachigen Originalversion*. Genf: WHO.

Eppenstein, Thomas, und Doron Kiesel. 2012. Intersektionalität, Inklusion und Soziale Arbeit – ein kongeniales Dreieck. In *Soziale Inklusion. Grundlagen, Strategien und Projekte in der Sozialen Arbeit*, hrsg. Hans-Jürgen Balz, Benjamin Benz, und Carola Kuhlmann, 95–111. Wiesbaden: VS Verlag für Sozialwissenschaften.

Esser, Hartmut. 1980. *Aspekte der Wanderungssoziologie: Assimilation und Integration von Wanderern, ethnischen Gruppen und Minderheiten*. Darmstadt: Luchterhand.
Filsinger, Dieter. 2013. Integrationsmonitoring – Entwicklung, Kritik und Perspektiven. *Migration und Soziale Arbeit* 35 (3): 229–235.
Frings, Dorothee. 2008. *Sozialrecht* für Zuwanderer. Baden-Baden: Nomos.
Gesetz- und Verordnungsblatt für das Land Hessen. 2007. *Verordnung zur Landesförderung für Kindertageseinrichtungen und Kindertagespflege, vom 2.01.2007*. Wiesbaden.
Ginnold, Antje. 2008. *Der Übergang Schule – Beruf von Jugendlichen mit Lernbehinderung. Einstieg – Ausstieg – Warteschleife*. Bad Heilbrunn: Klinkhardt.
Heckmann, Friedrich. 2005. Bedingungen erfolgreicher Integration, Bayerisches Integrationsforum „Integration im Dialog – Migranten in Bayern" bei der Regierung von Oberfranken am 28.01.2005 in Bayreuth. http://www.stmas-test.bayern.de/migration/integrationsforum/0fr0128h.pdf. Zugegriffen: 12. September 2013.
Heinz, Dirk. 2011. Der Behinderungsbegriff des SGB IX und die neue Aufgabenstellung für Soziale Arbeit. Diskussionsforum Rehabilitations- und Teilhaberecht der Deutschen Vereinigung für Rehabilitation, Diskussionsbeitrag Nr. 7/2011. http://www.reha-recht.de/fileadmin/download/foren/d/2011/D7-2011_Neuer_Behinderungsbegriff_Soziale_Arbeit.pdf. Zugegriffen: 12. September 2013.
Hinz, Andreas. 2008. Inklusive Pädagogik und Disability Studies – Gemeinsamkeiten und Spannungsfelder. Überlegungen in neun Thesen. Vortrag im Rahmen der Ringvorlesung im Zentrum für Disability Studies der Universität Hamburg im Sommersemester 2008. http://www.zedis.uni-hamburg.de/www.zedis.uni-hamburg.de/wp-content/uploads/2008/05/hinz_thesen_inkled_disabstud.pdf. Zugegriffen: 09. September 2013.
Hirschberg, Marianne. 2012. Menschenrechtsbasierte Datenerhebung – Schlüssel für gute Behindertenpolitik. Anforderungen aus Artikel 31 der UN-Behindertenrechtskonvention (Policy Paper 19). http://www.institut-fuer-menschenrechte.de/uploads/tx_commerce/Policy_Paper_Menschenrechtsbasierte_Datenerhebung_Schluessel_fuer_gute_Behindertenpolitik_01.pdf. Zugegriffen: 09. September 2013.
Hormel, Ulrike. 2011. Differenz und Diskriminierung: Mechanismen der Konstruktion von Ethnizität und sozialer Ungleichheit. In *Kulturelle Differenzen und Globalisierung: Erziehung und Bildung*, hrsg. Johannes Bilstein, Jutta Ecarius, und Edwin Keiner, 91–111. Wiesbaden: VS Verlag für Sozialwissenschaften.
Hornberg, Claudia, Monika Schröttle et al. 2011. Vorstudie zur Neukonzeption der Behindertenberichterstattung in Deutschland. http://www.bmas.de/SharedDocs/Downloads/DE/PDF-Publikationen/fb-fb408-vorstudie-zur-neukonzeption-des-behindertenberichtes.pdf;jsessionid=CCE1455DBA64655D1369C4D0AD037E78?__blob=publicationFile. Zugegriffen: 09. September 2013.
Jacob, Jutta, Swantje Köbsell, und Eske Wollrad. Hrsg. 2010. *Gendering Disability. Intersektionale Aspekte von Behinderung und Geschlecht*. Bielefeld: transcript.
Leiprecht, Rudolph, Helma Lutz. 2006. Intersektionalität im Klassenzimmer: Ethnizität, Klasse und Geschlecht. In Schule in der Einwanderungsgesellschaft. Hrsg.

Leiprecht, Rudolph und Anne Kerber, 218–234, Wochenschau Verlag: Schwalbach.
Luhmann, Niklas. 1999. *Die Gesellschaft der Gesellschaft.* Bd. 2. Frankfurt a. M.: Suhrkamp.
Mecheril, Paul. 2004. *Einführung in die Migrationspädagogik.* Weinheim u. Basel: Beltz.
Mikrozensus.2005. https://www.destatis.de/DE/Publikationen/Thematisch/Bevoelkerung/MigrationIntegration/Migrationshintergrund2010220057004.pdf?__blob=publicationFile. Zugegriffen: 09. September 2013.
Nassehi, Armin. 2004. Die Theorie funktionaler Differenzierung im Horizont ihrer Kritik. *Zeitschrift für Soziologie 33* (2): 98–118.
Oelkers, Jürgen. 2013. Inklusion im selektiven Schulsystem. *ARCHIV für Wissenschaft und Praxis der sozialen Arbeit 8* (3): 38–48.
Raab, Heike. 2012. Intersektionalität und Behinderung – Perspektiven der Disability Studies. http://portal-intersektionalitaet.de/theoriebildung/schluesseltexte/raab/. Zugegriffen: 09. September 2013.
Sander, Alfred. 2004. Konzepte einer inklusiven Pädagogik. *Zeitschrift für Heilpädagogik 73* (5): 240–244.
Scherr, Albert. 2009. Leitbilder in der politischen Debatte: Integration, Mulitkulturalismus und Diversity. In *Lokale Integrationspolitik in der Einwanderungsgesellschaft,* hrsg. Frank Gesemann, und Roland Roth, 71–88. Wiesbaden: VS Verlag für Sozialwissenschaften.
Scherr, Albert. 2012. Diskriminierung: Die Verwendung von Differenzen zur Herstellung und Verfestigung von Ungleichheiten. Vortrag 36. Kongress der Deutschen Gesellschaft für Soziologie. http://portal-intersektionalitaet.de/theoriebildung/schluesseltexte/scherr/. Zugegriffen: 09. September 2013.
Schmid, Stefan. 2010. *Integration als Ideal – Assimilation als Realität.* Göttingen: Vandenhoeck & Ruprecht.
Schönwälder, Karin. 2013. Integration – no integration? Worüber das Streiten (nicht) lohnt. *Migration und Soziale Arbeit 35* (3): 217–221.
Schwinn, Thomas. 2006. Ungleichheitsstrukturen versus Vielfalt der Lebensführung. Warum die Ungleichheitsforschung die Differenztheorie konsultieren sollte. In *Soziale Ungleichheit, kulturelle Unterschiede: Verhandlungen des 32. Kongresses der DGS in München,* hrsg. Karl-Siegberg Rehberg, Dana Giesecke, Susanne Kappler, und Thomas Dumke, 1283–1297. Frankfurt a. M.: Campus.
Schwinn, Thomas. Hrsg. 2008. *Differenzierung und soziale Ungleichheit. Die zwei Soziologien und ihre Verknüpfung.* Frankfurt a. M.: Humanities Online.
Settelmeyer, Anke, und Jessica Erbe. 2010. *Migrationshintergrund. Zur Operationalisierung des Begriffs in der Berufsbildungsforschung. Schriftenreihe des Bundesinstituts für Berufsbildung Bonn.* Bonn: Bundesinstitut für Berufsbildung.
Statistisches Bundesamt. 2012. https://www.destatis.de/DE/PresseService/Presse/Pressemitteilungen/2012/09/PD12_326_122.html;jsessionid=6B57B12B0CCF5603C35322DE8B8AF659.cae1 . Zugegriffen: 09. September 2013.
Statistisches Bundesamt. 2011. https://www.destatis.de/DE/Publikationen/Thematisch/Bevoelkerung/MigrationIntegration/Migrationshintergrund2010220107004.pdf?__blob=publicationFile. Zugegriffen: 09. September 2013.

UNESCO: Die Salamanca Erklärung und der Aktionsrahmen zur Pädagogik für besondere Bedürfnisse, http://www.unesco.at/bildung/basisdokumente/salamanca_erklaerung.pdf. Zugegriffen: 13. September2013)
Utlu, Deniz. 2012. Migrationshintergrund. In *Wie Rassismus aus den Wörtern spricht. Kerben des Kolonialismus im Wissensarchiv deutscher Sprache,* hrsg. Susan Arndt, und Nadja Ofuatey-Alazard, 445–448. Münster: Unrast.
Walgenbach, Katharina. 2007. Gender als interdependente Kategorie. In *Gender als interdependente Kategorie. Neue Perspektiven auf Intersektionalität, Diversität und Heterogenität,* hrsg. Walgenbach, Katharina und Gabriele Dietze, Antje Hornscheid, Kerstin Palm, 23–64. Opladen: Budrich Verlag.
Wansing, Gudrun. 2005. *Teilhabe an der Gesellschaft. Menschen mit Behinderung zwischen Inklusion und Exklusion.* Wiesbaden: VS Verlag für Sozialwissenschaften.
Wansing, Gudrun. 2007. Behinderung: Inklusions- oder Exklusionsfolge? Zur Konstruktion paradoxer Lebensläufe in der modernen Gesellschaft. In *Disability Studies, Kultursoziologie und Soziologie der Behinderung: Erkundungen in einem neuen Forschungsfeld,* hrsg. Anne Waldschmidt, und Werner Schneider, 275–297. Bielefeld: transcript.
Wansing, Gudrun. 2012a. Der Inklusionsbegriff in der Behindertenrechtskonvention. In *UN-Behindertenrechtskonvention mit rechtlichen Erläuterungen,* hrsg. Antje Welke, 93–103. Berlin: Eigenverlag des Deutschen Vereins für öffentliche und private Fürsorge e. V.
Wansing, Gudrun. 2012b. Inklusion in einer exklusiven Gesellschaft. Oder: Wie der Arbeitsmarkt Teilhabe behindert. *Behindertenpädagogik 51* (4): 381–396.
Wansing, Gudrun. 2013. Der Inklusionsbegriff zwischen normativer Programmatik und kritischer Perspektive. *ARCHIV für Wissenschaft und Praxis der sozialen Arbeit 8* (3): 16–27.
Wansing, Gudrun, und Manuela Westphal. 2012. Teilhabeforschung, Disability Studies und Migrationsforschung verbinden. Konzepte von Behinderung und Migration in der Forschung. *Orientierung 36* (4): 12–15.
Weinbach, Christine. 2008. „Intersektionalität": Ein Paradigma zur Erfassung sozialer Ungleichheitsverhältnisse? Einige systemtheoretische Zweifel. In *ÜberKreuzungen, Fremdheit, Ungleichheit, Differenz,* hrsg. Cornelia Klinger, und Gudrun-Axeli Knapp, 171–193. Münster: Verlag Westfälisches Dampfboot.
Welti, Felix. 2005. *Behinderung im sozialen Rechtsstaat.* Tübingen: Mohr Siebeck.
Westphal, Manuela. 2007. Migration und Gender Aspekte. *Migration und Soziale Arbeit 29* (1): 4–15.
Westphal, Manuela, und Gudrun Wansing. 2012. Zur statistischen Erfassung von Migration und Behinderung – Repräsentanz und Einflussfaktoren. *Migration und Soziale Arbeit 34* (4): 365–373.

Behinderung – eine neue Kategorie für die Intersektionalitätsforschung?[1]

Dominik Baldin

1 Einleitung

Intersektionalitätsforschung ist en vogue. Hauptsächlich in der Geschlechterforschung, aber auch in Teilen der deutschen Soziologie sozialer Ungleichheit (vgl. Lutz et al. 2010, S. 16) gehört es mittlerweile zum guten Ton, mehrere miteinander verwobene, ungleichheitsrelevante Kategorien zu berücksichtigen (vgl. Winker und Degele 2009, S. 15). In den Cultural Studies, Post-Colonial Studies und Critical Race Studies erfreut sich das Konzept ebenfalls großer Beliebtheit (vgl. Raab 2007, S. 131). Das Ausmaß der Begeisterung reicht dabei bisweilen so weit, dass Intersektionalität retrospektiv als „the most important theoretical contribution that women's studies (…) has made so far" (McCall 2005, S. 1771) dargestellt wird. Prospektiv steht folgerichtig die Frage im Raum, ob nicht im „Intersektionalitätsansatz die Zukunft feministischer Wissenschaft und Politik" (Lutz et al. 2010, S. 16; vgl. auch Bührmann 2009, S. 29; skeptisch Villa 2010) liegt.

Es kann hier nicht angemessen auf diese und viele andere mit der Intersektionalitätsforschung verbundene Kontroversen eingegangen werden, obgleich es wegen der charakteristischen Vagheit und Unbestimmtheit des Konzeptes (vgl. Davis 2008, S. 69) unmöglich ist, diese Debatten zu ignorieren. Vielmehr soll in meinem Beitrag das Ziel verfolgt werden, eine Schnittstelle in den Blick zu nehmen, die bislang in den einschlägigen Artikeln der Intersektionalitätsforschung weitestgehend übersehen wurde: die Situation von Menschen mit Migrationshintergrund und Behinderung in der (deutschen) Gesellschaft. Ich entwickle einen Vorschlag, wie diese bislang „weitgehend unsichtbaren" (Seifert und Harms 2012, S. 71) Personen in intersektionalen Analysen angemessen berücksichtigt werden können.

---

1   Ich danke meiner Kollegin Laura Dobusch für viele hilfreiche Hinweise und Gespräche.

Mein Artikel gliedert sich in drei inhaltliche Kapitel, die von einem Fazit mit weiterführenden Fragen abgerundet werden: Im Anschluss an diese Einleitung skizziere ich anhand zentraler Debatten die Entwicklung und den aktuellen Stand der Intersektionalitätsforschung. Auf diese Weise soll auch eine genauere, extensionale Bestimmung des „buzzword" (Davis 2008) erfolgen. Darauf aufbauend thematisiere ich im dritten Kapitel die in den Debatten bis in die jüngere Vergangenheit stark vernachlässigte Kategorie Behinderung (vgl. Raab 2007, S. 135; Wollrad et al. 2010, S. 7). Denn eine Vielzahl der Beiträge unter dem Label Intersektionalität bezieht lediglich die „klassische" Triade der Kategorien Geschlecht, Klasse und „Rasse" (vgl. z. B. Walgenbach 2007, S. 42; Winker und Degele 2009, S. 15; Waldschmidt 2010, S. 36) in die Analyse ein. Im vierten Kapitel soll schließlich, aufbauend auf den dargestellten Erkenntnissen, gezeigt werden, wie die Intersektionalitätsforschung auch Menschen mit Behinderung und Migrationshintergrund angemessen berücksichtigen kann. Das zentrale Analyseinstrument bildet dabei die in den letzten Jahren kontinuierlich weiterentwickelte Intersektionale Mehrebenenanalyse (vgl. Degele und Winker 2007, 2008, 2011; Winker und Degele 2009).

2 „Alter Wein in neuen Schläuchen"?[2] Kontroversen um *die* Intersektionalitätsforschung

Der von Kimberlé Crenshaw (1989) geprägte Begriff *Intersektionalität* bildete für Autor_innen[3] der Geschlechterforschung, die sich gegen eine isolierte Betrachtung von Geschlecht und für die Berücksichtigung von Überschneidungen mit anderen gesellschaftlichen Strukturkategorien (wie Klasse, „Rasse"/Ethnizität etc.[4]) aussprechen, eine entscheidende Zäsur. In den vermutlich meist zitierten Sätzen

---

[2] Diese Diagnose wird in dieser zugespitzten Form bei Helma Lutz et al. (2010, S. 10) präsentiert, von den Autorinnen jedoch nicht geteilt.

[3] Diese aus der Queer Theory stammende und meist als *Gender_Gap* bezeichnete Schreibweise bildet einen Versuch, sprachlich auch jene Personen zu inkludieren, die durch das zweigeschlechtliche Mann/Frau-Schema nicht repräsentiert würden, namentlich intersexuelle, transsexuelle und Transgender-Personen (vgl. Herrmann 2003; vgl. weiterführend Hornscheidt 2012). Gerade vor dem Hintergrund der im weiteren Verlauf des Artikels aufgezeigten Tendenz, gesellschaftliche Minderheiten auch in progressiven Kontexten zu ignorieren, habe ich mich bewusst für den Gender_Gap und gegen eine Zweigenderung (hier: Autorinnen und Autoren) entschieden.

[4] An dieser Stelle verwende ich bewusst das berüchtigte „verlegene usw." (Butler 1991, S. 210) am Ende meiner unvollständigen Aufzählung. Die Kontroverse, welche Kategorien wie in intersektionale Analysen einbezogen werden müssen, wird aus Gründen der Lesbarkeit weiter unten thematisiert, eine indirekte Positionierung meinerseits erfolgt in Kapitel 4.

in Bezug auf mehrfache gesellschaftliche Benachteiligungen illustriert die Rechtswissenschaftlerin das spezifische Diskriminierungsrisiko Schwarzer[5] Frauen anhand einer Straßenkreuzung:

> „Consider an analogy to traffic in an intersection, coming and going in all four directions. Discrimination, like traffic through an intersection, may flow in one direction, and it may flow in another. If an accident happens in an intersection, it can be caused by cars traveling from a number of directions and, sometimes, from all of them. Similarly, if a Black Woman is harmed because she is in the intersection, her injury could result from sex discrimination or race discrimination" (ebd., S. 149).

Die erlebte Form der Benachteiligung folgt also einer eigenen Logik, die sich von den Diskriminierungserfahrungen Schwarzer (Männer) und (weißer) Frauen unterscheidet (vgl. ebd.). Diese Logik wurde bis Ende der 1980er Jahre jedoch weder im Mainstream der Geschlechterforschung, noch in der schwarzen Bürgerrechtsbewegung (vgl. Lutz 2001, S. 217) angemessen berücksichtigt. Crenshaws „catch-all-phrase" (Lenz 2007, S. 99) steht somit auch stellvertretend für eine Fokusverschiebung in der Geschlechterforschung: „‚Intersectionality' addresses the most central theoretical and normative concern within feminist scholarship: namely, the acknowledgement of differences among women" (Davis 2008, S. 70). Denn während die Aufmerksamkeit des „weißen Mittelschichtsfeminismus"[6] (Degele 2008, S. 97) der Nachkriegszeit in erster Linie der Differenz zwischen Frauen und Männern galt, gerieten Ende der 1980er Jahre zunehmend Differenzen *zwischen* Frauen in den Fokus (vgl. Klinger 2003, S. 14).

Dennoch lassen sich Crenshaws Arbeiten für viele Autor_innen weder mit dem Beginn intersektionalen Denkens gleichsetzen (vgl. etwa Walgenbach 2007, S. 25 ff.; Davis 2008, S. 72), noch führte die Begriffsschöpfung zu einer großen Homogenität der verschiedenen Ansätze. Nachfolgend sollen daher zunächst die Gemeinsamkeiten, anschließend aber auch die zentralen Kontroversen innerhalb der intersektionalen Forschung in aller gebotenen Kürze dargestellt werden.

---

5   Mit der Großschreibung des Adjektivs schwarz wird in deutschsprachigen Publikationen versucht, dessen politisches bzw. ungleichheitsrelevantes Verständnis hervorzuheben und sich von biologistischen Konstruktionen abzugrenzen (vgl. Walgenbach 2007, S. 38; Lutz et al. 2010, S. 10).

6   Eingedenk der Zielsetzung meines Artikels müsste hier wohl tatsächlich vom Feminismus weißer, zweigeschlechtlich denkender Frauen des globalen Nordens im erwerbsfähigen Alter, ohne Behinderung und Migrationshintergrund sowie mit christlichem Glaubensbekenntnis und gesichertem Zugang zu gesellschaftlichen Ressourcen wie Bibliotheken gesprochen werden (vgl. auch Walgenbach 2007, S. 28). Und auch an diese Aufzählung müsste selbstverständlich ein „usw." angehängt werden.

2.1 Die gemeinsame Basis: Grundprinzipien intersektionaler Forschung

Nach Andrea Bührmann (2009, S. 37 f.) lassen sich mindestens drei zentrale Prinzipien der Intersektionalitätsforschung identifizieren, die von allen konkurrierenden Forschungsansätzen geteilt werden: Es herrscht Übereinstimmung darüber, dass eine additive, multiplikative oder reduktive Verknüpfung der berücksichtigten Kategorien unzulässig ist (*Regel der Konstitution;* vgl. ebd., S. 37). Von besonderem Interesse für die Fokussierung auf Menschen mit Behinderung und Migrationshintergrund ist dabei der Standpunkt, dass alle betrachteten Kategorien historisch hervorgebracht sind, also als kontingent begriffen werden müssen, und deshalb in unterschiedlichen Kontexten unterschiedliche Auswirkungen haben können (*Regel der kategorialen Konnexion;* vgl. ebd., S. 37 f.). Wichtig ist dabei, dass Ungleichheitsverhältnisse auch Chancen und Privilegien eröffnen. Schließlich werden auch die gesellschaftlichen Ebenen als miteinander vermittelt betrachtet (*Regel der kategorialen Provisorien;* vgl. ebd., S. 38).

2.2 Uneinheitliche Positionen: Zentrale Debatten um die Intersektionalitätsforschung[7]

Die Intersektionalitätsforschung spricht, vorsichtig ausgedrückt, eine uneinheitliche Sprache. In den aktuellen Diskursen der Intersektionalitätsforschung werden u. a. Auseinandersetzungen darüber geführt,

- ob Intersektionalität bereits ein eigenständiges Paradigma ist (vgl. etwa Walgenbach 2010, S. 246; widersprechend Davis 2008; abwartend Bührmann 2009, S. 30) und auf welchem Gründungsnarrativ sie beruht (vgl. etwa Lutz et al. 2010, S. 9 ff.),
- ob und ggf. welche Kategorien in die Analyse einbezogen (vgl. etwa Bührmann 2009, S. 32 ff.) und wie diese, insbesondere die Kategorie Gender, gewichtet werden müssen (vgl. z. B. ebd., S. 35 ff.),
- in welchem Verhältnis die Intersektionalitäts- zur Geschlechterforschung steht (vgl. etwa Knapp 2008),
- schließlich ob die Metapher der Straßenkreuzung eigentlich geeignet ist, die Idee der Verwobenheit von Ungleichheitskategorien angemessen zu beschrei-

---

7 Die nachfolgende Aufzählung erhebt keinesfalls einen Anspruch auf Vollständigkeit.

ben[8] und ob bzw. wie diese Ansätze auch im Hinblick auf inklusive Strategien genutzt werden sollten (vgl. Burman 2004).

Bührmann (2009) folgend, möchte ich an dieser Stelle drei dieser Auseinandersetzungen herausgreifen: Die Debatte um den Startpunkt der Intersektionalitätsforschung, die Frage nach den zu berücksichtigenden Ebenen sowie jene nach dem Umgang mit Kategorien. Diese Auswahl soll einerseits meine Vorstellung des Intersektionalitätskonzepts abrunden, andererseits ist sie zentral für meine weiterführende Argumentation.

Wie der ausführliche Rückblick Walgenbachs (2007, S. 25 ff.) zeigt, lassen sich die grundlegenden Gedanken der Intersektionalitätsforschung sehr viel weiter in die Vergangenheit zurückverfolgen als zu den Arbeiten Crenshaws. So bildet im *us-amerikanischen Kontext* die Rede der Schwarzen Sklavin Soujourner Truth auf der Women's Rights Convention in Ohio im Jahre 1851 (vgl. Brah und Phoenix 2004, S. 76 f.) eine der ältesten überlieferten gleichzeitigen Thematisierungen der Kategorien „Rasse"/Ethnizität und Geschlecht.[9] Als Meilenstein des dortigen Gründungsmythos gilt jedoch die 1974 erfolgte Gründung des „Combahee River Comitees" durch Schwarze, lesbische und sozialistische Feministinnen. In ihrem viel beachteten Statement (Combahee River Collective 1982, S. 210) sprachen sich die Aktivistinnen eindeutig gegen eine bloße Addition der Diskriminierungserfahrungen marginalisierter Frauen aus. Vielmehr müssten die Kategorien „Rasse", Gender, Heteronormativität und Klasse als ineinandergreifende Unterdrückungsmechanismen verstanden werden:

> „The most general statement of our politics at the present time would be that we are actively committed to struggling against racial, sexual, heterosexual, and class oppression, and see as our particular task the *development of integrated analysis and practice* based on the fact that the *major systems of oppression are interlocking*" [Hervorhebungen: DB].

Über das konkrete Vorgehen bei einer solchen Analyse wird freilich dies- und jenseits des Atlantiks bis heute diskutiert. Beispielhaft dafür stehen die Debatten um die sich anschließende „Triple oppression"-Theorie, mit der sich entlang der Trias

---

8   So kritisiert etwa Katharina Walgenbach (2007, S. 49), dass das Bild der Straßenkreuzung eine isolierte Betrachtung der Kategorien vor und nach dem Zusammentreffen nahelegt. Sie selbst präferiert aus diesem Grund den Terminus „Interdependenzen" (ebd., S. 61), wodurch die fortwährende gegenseitige Abhängigkeit sozialer Kategorien unterstrichen werden soll.
9   Weiße Teilnehmerinnen der Versammlung hatten sich aus Sorge darüber, dass die Aufmerksamkeit verstärkt auf Probleme der Sklaverei gelenkt werden könnte, gegen eine Rede Trouths ausgesprochen. Diese antwortete in ihrer Stellungnahme mit dem wiederholten Gebrauch der Frage „Ain't I a woman?" (vgl. Crenshaw 1989, S. 153).

Klasse, „Rasse" und Geschlecht erstmalig komplexere Unterdrückungskonstellationen identifizieren ließen (vgl. Lutz 2001, S. 218), als dies zuvor anhand des alleinigen Fokus auf das „weltweite Patriarchat" möglich war (vgl. Walgenbach 2007, S. 28). Beispielhaft wird dabei auf die „Mit-Täterinnenschaft" weißer Frauen im Kolonialismus und Neokolonialismus (vgl. Lutz 2001, S. 218), im Nationalsozialismus (vgl. ebd., S. 223) oder auf marginalisierte Männlichkeit (vgl. Walgenbach 2007, S. 28) verwiesen. Kritisch wurde von verschiedener Seite angemerkt, dass das Modell de facto erneut ein additives sei und etwa Rassismus und Sexismus auf ein einheitliches Muster reduziere (vgl. Lutz 2001, S. 218; Raab 2007, S. 131) sowie auf einem dualistischen Macht- und Herrschaftsverständnis beruhe (vgl. Raab 2007, S. 131). Zudem wurde, ähnlich wie bei aktuellen Ansätzen der Intersektionalitätsforschung, die Beschränkung auf nur drei Kategorien hinterfragt (vgl. Lutz 2001, S. 215).

Für den *deutschen Kontext* lassen sich verschiedene Gründungsmythen identifizieren. So verweist Walgenbach (2007, S. 25 f.) exemplarisch auf die Arbeiten Clara Zetkins, Vertreterin der (ersten) Frauenbewegung der 1920er Jahre. Zetkin bemängelte die „Froschperspektive" (ebd. 1979, S. 148) bürgerlicher Feministinnen, die das „Problem der Frauenbefreiung nicht in seinen vielverzweigten sozialen Zusammenhängen erfassen [würden]" (ebd.). Diese Kritik zielte in erster Linie auf die Nichtberücksichtigung der neben den Geschlechterverhältnissen wirksamen kapitalistischen Vergesellschaftung. Denn während von einer formalrechtlichen Gleichberechtigung nur bürgerliche Frauen profitierten, sei Freiheit für *alle* Frauen nur in einer klassenlosen Gesellschaft möglich (vgl. Lutz 2001, S. 218). Auch die zweite Frauenbewegung in den 1970er Jahren sah sich der Kritik ausgesetzt, die Erfahrungen privilegierter Frauen zu universalisieren. So kritisierten etwa Migrantinnen, Schwarze Frauen, Frauen jüdischen Glaubens, aber auch Frauen mit Behinderung (siehe dazu Kapitel 3) ihre Nichtberücksichtigung bzw. die Bagatellisierung ihrer spezifischen Situation (vgl. Walgenbach 2007, S. 30 ff.; zusammenfassend ebd., S. 38) in eigenen Veröffentlichungen. Folgerichtig wurde auch eine Vereinnahmung durch ein „feministisches Wir" (ebd.) oder sogar der Begriff Feminismus insgesamt (vgl. ebd., S. 27) zurückgewiesen. Generell betonen verschiedene Autor_innen, dass sich die deutsche Frauenforschung auch nach Crenshaws Veröffentlichungen nur sehr zögerlich auf eine Erweiterung ihres Analysefokus über die Kategorie Gender hinaus eingelassen habe (vgl. überblicksartig Lutz 2001, S. 222). Die Gründe für diesen „Sonderweg" (ebd.) im Gegensatz zur internationalen Debatte werden etwa in der fehlenden staatsbürgerlichen Integration von Migrantinnen und ihrer damit einhergehenden politischen Schwäche und Unterrepräsentanz in der Frauenbewegung, aber auch mit der alltagssprachlichen Verknüpfung des Begriffs Rassismus mit dem Nationalsozialismus gesehen (vgl. ebd., S. 222 ff.). Letztere führe dazu, dass Formen des Alltagsrassismus und der deutsche Kolonialismus als „geringeres Übel" gegenüber den Verbrechen des Nationalsozialismus verblassten (vgl. Rommelspacher 1999, S. 22).

Im Hinblick auf die Frage, welche *Ebenen* eine intersektionale Analyse berücksichtigen muss, lassen sich mit Bührmann (2009, S. 32 ff.) mindestens vier Positionen identifizieren: Auf der soziologischen *Makroebene* zu verortende Ansätze thematisieren insbesondere die Überlagerung sozialer Strukturkategorien und deren ungleichheitsrelevante Folgen (vgl. ebd., S. 33). Für auf der *Mikroebene* operierende Forscher_innen stehen hingegen Fragen der individuellen Identitätsbildung im Vordergrund ihres Erkenntnisinteresses. Sie gehen meist der Frage nach, wie unterschiedliche Ungleichheitskategorien aufeinander einwirken (vgl. ebd., S. 33 f.). In den letzten Jahren häuften sich die Forderungen, beide Perspektiven miteinander zu verbinden (vgl. Yuval-Davis 2010, S. 189), also sowohl die Struktur-, als auch die Handlungsebene in die Analyse einzubeziehen. Bührmann (2009, S. 34) spricht in diesem Zusammenhang von „intermediären Ansätzen". Der vierte Diskursstrang richtet den Fokus schließlich auf die Ebene der symbolischen Ordnung und versucht, individuelle und kollektive Deutungsmuster in ihrer Verwobenheit zu rekonstruieren (vgl. ebd., S. 34). Dabei ist stets zu berücksichtigen, dass die verschiedenen Ebenen ebenfalls in Wechselwirkung zueinander stehen (siehe S. 52).

In enger Verbindung mit der Fokussierung auf gesellschaftliche Ebenen steht das Problem, wie viele und welche *Kategorien* in der Analyse berücksichtigt werden sollten. Zentral für die meisten Ansätze der Intersektionalitätsforschung ist insbesondere die Trias Geschlecht, „Rasse" und Klasse (vgl. Bührmann 2009, S. 35). Während sich die Auswahl genau dieser drei Kategorien mit Cornelia Klinger (2003, S. 26) ungleichheitstheoretisch durch den Bezug auf Arbeit begründen lässt, fragt Walgenbach (2007, S. 39) kritisch, „ob die theoretische Berücksichtigung sozialer Kategorien nicht auch eine politische Lobby brauch[e]". Dabei verweist sie beispielhaft auf fehlende Artikulationen von Sinti- und Roma-Frauen. Ferner wird auch auf spezifische Forschungsinteressen sowie auf die Bedeutung historischer, geografischer und kultureller Faktoren verwiesen (vgl. ebd., S. 42). Lutz und Norbert Wenning (2001, S. 20) identifizieren auf der Mikroebene mit den Kategorien Geschlecht, Sexualität, „Rasse"/Hautfarbe, Ethnizität, Nation/Staat, Klasse, Kultur, Gesundheit, Alter, Sesshaftigkeit/Herkunft, Besitz, Nord-Süd/Ost-West und gesellschaftlicher Entwicklungsstand nicht weniger als 13 Differenzlinien und betrachten ihre Liste – Judith Butlers „verschämtes usw." (siehe Fußnote 4) im Hinterkopf – dennoch keinesfalls als vollständig. Gerade vor dem Hintergrund dieser Debatten erscheint mir die Vorgehensweise der „Intersektionalen Mehrebenenanalyse" von Gabriele Winker und Nina Degele, welche sich durch einen Fokus auf *alle Ebenen* und ein *prinzipiell induktives* Vorgehen in der Kategorienfrage einlässt, besonders interessant und zielführend (siehe S. 63 f.).

Auch der vielbeachtete Versuch von Leslie McCall (2005), den bunten Strauß an unter dem Label „Intersektionalität" versammelten Ansätze zu ordnen, nimmt den Umgang mit Kategorien zum Ausgangspunkt (vgl. ebd., S. 1773). Idealtypisch werden drei methodologische Positionen identifiziert: Interkategoriale, antikategoriale sowie die Residualkategorie der intrakategorialen Ansätze. Forscher_innen *interkategorialer Ansätze* bekennen sich zur Arbeit mit den existierenden Analysekategorien (vgl. ebd.) und fokussieren „relationships of inequality among already constituted social groups" (ebd., S. 1784f.). Bührmann (2009, S. 33) konstatiert angesichts der verfügbaren Literatur, dass insbesondere Analysen auf der Makroebene interkategorial vorgehen. *Antikategoriale Ansätze*, die insbesondere bei einem Fokus auf die symbolische Ordnung zur Anwendung kommen (ebd., S. 34), stellen hingegen die Verwendung von apriorischen Kategorien fundamental in Frage (vgl. McCall 2005, S. 1777). In dekonstruktivistischer Tradition wird auf die historische Kontingenz von Kategorien verwiesen und das ihnen zugrunde liegende essentialistische Verständnis scharf kritisiert. Anstelle der gemeinhin vermuteten Objektivität wird daher „the artificiality of social categories" (ebd., S. 1778) betont. *Intrakategoriale Ansätze* haben schließlich ein ambivalentes Verhältnis zu Kategorien und stehen somit zwischen den beiden Extremversionen intersektionaler Forschung (vgl. ebd., S. 1783). Insbesondere auf der Mikroebene angewandt (vgl. Bührmann 2009, S. 33), teilen die Vertreter_innen dieser Richtung der Intersektionalitätsforschung zwar die Kritiken ihrer antikategorial arbeitenden Kolleg_innen an der Kategorisierung, nutzen diese aber dennoch als Ausgangspunkte ihrer Analysen (vgl. McCall 2005, S. 1783). Dabei liegt der Fokus insbesondere auf „new or invisible group[s]" (ebd., S. 1782), die nicht zuletzt durch den unreflektierten Gebrauch von Kategorien kaum Aufmerksamkeit erlangten. Nicht zu Unrecht verweist McCall (ebd., S. 1779) diesbezüglich auf die Ursprünge der Intersektionalitätsforschung und die Kritik Schwarzer Frauen am Mainstream-Feminismus (siehe S. 50 ff.).

Vorangehend wurden Gemeinsamkeiten und Unterschiede zwischen den verschiedenen Ansätzen intersektionaler Forschung thematisiert. Nachfolgend soll nun, aufbauend auf meinen Ausführungen zur Genese des Intersektionalitätskonzepts sowie zur „Kategorienfrage", das Hauptaugenmerk auf die Kategorie Behinderung gelegt werden. Im übernächsten Kapitel komme ich schließlich auf die Debatte um die zu berücksichtigenden gesellschaftlichen Ebenen zurück.

3 Behinderung – eine neue Kategorie für die Intersektionalitätsforschung?

Frauen mit Behinderung wendeten sich, wie bereits im vorangegangenen Kapitel kurz dargestellt, zunehmend gegen eine Vereinnahmung durch den Mainstream-Feminismus.[10] Diese Kritik wurde sowohl grundsätzlich, im Hinblick auf dessen Themensetzung (z. B. Schönheitsideale oder Geschlechterstereotype; vgl. Köbsell 1993, S. 33) geäußert, aber auch an ganz praktischen Problemen – wie der fehlenden Barrierefreiheit von Veranstaltungen der Frauenbewegung – festgemacht (vgl. Lux 1993, S. 19; Rütter 1993, S. 29). Angesichts des damit verbundenen Einzelkämpferinnenstatus (vgl. Rütter 1993, S. 30) von Frauen mit Behinderung überrascht dann die Feststellung Lux (1993, S. 18) nicht, dass auch feministische Zusammenhänge nicht frei von exkludierenden Körpernormen und Schönheitsidealen sind. Eine zögerliche Annäherung ergab sich erst im Rahmen der feministischen Kritik an Gen- und Reproduktionstechnologien, wobei etwa in Bezug auf selektive Abtreibungen tiefe Gräben zwischen engagierten Frauen mit und ohne Behinderung fortbestehen (vgl. Köbsell 1993, S. 39, 2006, S. 14). Auf akademischer Ebene konstatiert Heike Raab (2007, S. 135), dass feministische Forschung zu Behinderung nach wie vor nur einen randständigen Bereich der Gender Studies darstellt.

Zugleich häufte sich auch Kritik von Frauen mit Behinderung an der Behindertenbewegung. Zwar orientierte sich diese eindeutig an der Frauenbewegung, doch geriet das Anliegen, die „doppelte Diskriminierung" von Frauen mit Behinderung thematisieren zu wollen, bald in Vergessenheit (vgl. Köbsell 2006, S. 13). Und obwohl bereits seit 1976 etwa die Hälfte aller Menschen mit (anerkannter) Behinderung als weiblich ausgewiesen wird (vgl. Schildmann 2003, S 32; aktuelle Zahlen vgl. Statistisches Bundesamt 2012, S. 5)[11], beschrieb Köbsell (1993, S. 39) das Vorgehen der Behindertenbewegung auch in den 1990er Jahren noch als „männerorientierte Gleichmacherei". Wenig überraschend zeigte sich auch die dama-

---

10 Wie Swantje Köbsell (1993, S. 33) aufzeigt, setzte die wissenschaftliche Thematisierung von Geschlecht und Behinderung Anfang der 1980er Jahre etwa zeitgleich sowohl im deutschsprachigen als auch im angelsächsischen Raum ein. Aus diesem Grund kann hier auf eine getrennte Darstellung wie in Kapitel 2 verzichtet werden.
11 Der Verweis auf die statistische Häufigkeit der Merkmalskombination „Frau mit Behinderung" soll keinesfalls induzieren, dass eine Thematisierung von Problemlagen nur bei ausreichender Anzahl an Betroffenen angezeigt sei. Da sich angesichts der Zahlen aber seit langer Zeit kaum mehr von einem „Minderheitenproblem" innerhalb der Behindertenbewegung sprechen lässt, überrascht deren langjährige Vernachlässigung der Kategorie Geschlecht umso mehr.

lige akademische Forschung *über*[12] Menschen mit Behinderung „geschlechtsblind" (vgl. etwa Goeke 2010, S. 11). Infolgedessen blieben Frauen mit Behinderung lange Zeit „unsichtbar" (Köbsell 1993, S. 33) und wurden mit ihren Diskriminierungserfahrungen alleine gelassen.

Aufgrund des anfangs skizzierten Ursprungs intersektionaler Forschung in der Geschlechterforschung sowie der aufgezeigten Nichtberücksichtigung von Frauen mit Behinderung im dortigen Mainstream und im politischen Feminismus überrascht es nicht, dass Behinderung in den meisten Veröffentlichungen der Intersektionalitätsforschung bislang keine Rolle spielt.[13] Vielmehr bezog und bezieht diese in einer Vielzahl ihrer Beiträge nach wie vor lediglich die Triade der Kategorien Geschlecht, Klasse und „Rasse" in ihre Analyse ein (vgl. Knapp 2008, S. 46 f.). Erschwerend kommt hinzu, dass Geschlecht auch in wissenschaftlichen Diskursen oft als „relativ stabile, sozial gefestigte Strukturkategorie" (Schildmann 2003, S. 30) angesehen wird[14], während Behinderung „eine flexiblere Gestalt aufweist und durch Vielschichtigkeit charakterisiert ist" (Schildmann 2001, S. 8). Das auch heute noch feststellbare Fehlen einer allgemein anerkannten Definition von Behinderung (vgl. Bleidick und Hagemeister 1998, S. 18; Kastl 2010, S. 107 ff.) erschwert eine inter- bzw. intrakategoriale Analyse unter Einbeziehung von Behinderung erheblich.

Dem Alltagsverständnis folgend, wurde Behinderung zunächst als physisches Phänomen und individuelles Defizit verstanden, dessen Behandlung Aufgabe der Medizin war (vgl. Kastl 2010, S. 42 ff.). Elemente eines solchen, medizinisch dominierten Verständnisses finden sich etwa nach wie vor in § 2 Abs. 1 des Neunten Buchs Sozialgesetzbuchs (SGB IX), wonach Menschen als behindert gelten,

> „(...) wenn ihre körperliche Funktion, geistige Fähigkeit oder seelische Gesundheit mit hoher Wahrscheinlichkeit länger als sechs Monate von dem für das Lebensalter typischen Zustand abweichen und *daher* ihre Teilhabe am Leben in der Gesellschaft beeinträchtigt ist." [Hervorhebung: durch DB]

---

12 Ich wähle diese Formulierung absichtlich, um einen wesentlichen Kritikpunkt der Behindertenbewegung der damaligen Zeit aufzugreifen (vgl. dazu etwa Rütter 1993, S. 23). Im Gegensatz dazu steht der Gedanke „Wir forschen selbst" der Disability Studies.
13 Die bereits erwähnten Aufsätze von Lutz (2001), Lutz und Wenning (2001) und Walgenbach (2007) gehören ausdrücklich nicht in diese Aufzählung.
14 Diese Bewertung entspricht zwar dem sozialwissenschaftlichen Mainstream, ignoriert jedoch die Erkenntnisse und Einwände der dekonstruktivistisch orientierten Geschlechterforschung (vgl. insbesondere Butler 1991; vgl. auch die Kritik von Raab 2007, S. 136). Ulrike Schildmann (2003, S. 31) konstatiert dies in ihrem Beitrag, geht aber nicht näher auf diese Sichtweise ein.

Im Laufe der 1970er Jahre intensivierten sich insbesondere in Großbritannien die politischen Debatten (vgl. Kastl 2010, S. 49) über die Relationalität und damit eine soziale Komponente des Behinderungsbegriffs. Diese werden heute meist unter dem breiten Label des *sozialen Modells von Behinderung* (vgl. Oliver 1990, 1996; Waldschmidt 2005) diskutiert. Zentral erscheint dabei die Unterscheidung zwischen der (scheinbar) objektiven Schädigung anatomischer Strukturen oder körperlicher Prozesse *(impairment)*, und der Einschränkung der gesellschaftlichen Teilhabe durch physische Barrieren sowie Stigmatisierungen, Stereotype und Vorurteile *(disability)*. Der Behinderungsbegriff der zum sozialen Modell von Behinderung gerechneten Ansätze verweist somit nicht auf ein individuelles Defizit, sondern ist vielmehr gesellschaftlich induziert (vgl. Kastl 2010, S. 49 f.). Dementsprechend bildet Behinderung einen sozialen Tatbestand (vgl. Durkheim 1980), der eine soziologische Analyse erfordert und somit (auch) in intersektionalen Analysen berücksichtigt werden kann und sollte.

In jüngerer Vergangenheit erfuhr auch das soziale Modell von Behinderung zunehmend Kritik, etwa aus interaktionistischer, phänomenologischer und sozialkonstruktivistischer Perspektive. Dabei steht die oben beschriebene Differenz zwischen *impairment* und *disability* ebenso zur Debatte wie die postulierte Objektivität einer körperlichen Schädigung *(impairment;* vgl. Kastl 2010, S. 52 ff.). Neueste Publikationen beziehen sich stärker auf das Wohlbefinden (vgl. Kahane und Savulescu 2009) bzw. das objektive Wohlergehen von Menschen mit Behinderung (vgl. Felder 2012, S. 81 f.). Vor dem Hintergrund dieser Vielfalt an Positionen überrascht es folglich nicht, dass sich auch in der UN-Konvention über die Rechte von Menschen mit Behinderungen keine offiziell ausgewiesene Definition von Behinderung finden lässt (vgl. dazu aber Art. 1 Satz 2 der Behindertenrechtskonvention).

Auch die voranschreitende Rezeption und Institutionalisierung der Disability Studies (vgl. Waldschmidt 2005; Dederich 2007) im deutschsprachigen Raum änderte an der Nichtbeachtung von Behinderung in intersektionalen Analysen zunächst wenig. So bildet zwar die „Analyse und Kritik der historisch und kulturell bedingten gesellschaftlichen Situation Behinderter" (Dederich 2007, S. 18) das zentrale Anliegen der Disability Studies, die Relevanz auch anderer Analysekategorien als Behinderung wurde hingegen lange Zeit nicht berücksichtigt (vgl. Raab 2007, S. 127 ff.; vgl. auch Wansing und Westphal 2012, S. 12). Erst in den letzten Jahren finden sich zunehmend Beiträge der Disability Studies, die sich in die Intersektionalitätsforschung einmischen und diese weiterentwickeln wollen (vgl. Raab 2007; Jacob et al. 2010).

Die erste wissenschaftliche Beschäftigung mit den Lebensbedingungen von Frauen mit Behinderung im deutschsprachigen Raum geht auf Ulrike Schildmann (1983) zurück und verortet sich im damals noch vorherrschenden Diskurs der multiplen Diskriminierung (vgl. ebd., S. 41). Nach McCall lässt sich Schildmanns Arbeit der Gruppe der intrakategorialen Ansätze der Intersektionalitätsforschung zurechnen, wenngleich der Begriff Intersektionalität zu diesem Zeitpunkt noch nicht den Diskurs bestimmte. Schildmann (2004, S. 535) betrachtet sowohl Behinderung als auch Geschlecht als ungleichheitsrelevante Strukturkategorien. Diese weisen jedoch große Unterschiede im Hinblick auf ihre soziale Stabilität und die Größe der durch die Kategorisierung gebildeten Untergruppen auf. Deutliche Übereinstimmungen bestehen hingegen in der hierarchischen Anordnung der Ausprägungen beider Kategorien (vgl. ebd. 1983, S. 37, 2001, S. 8, 2003, S. 30). Dabei eint beide vermeintlich besonderen Ausprägungen, weibliches Geschlecht und Behinderung, ihre zugeschriebene Unvollständigkeit im Vergleich zur Norm, vulgo männliches Geschlecht und körperliche Normalität (vgl. ebd. 2003, S. 31, 2004, S. 536). In patriarchalischen Gesellschaften existiert somit ein „an der Geschlechtszugehörigkeit orientierter Doppelstandard von Normalität" (ebd. 1983, S. 36). Frauen mit Behinderung weichen wiederum von der so konstruierten weiblichen Normalität ab, was zu einer Potenzierung der Behinderung führt (ebd., S. 41). Die angestoßene Debatte um Geschlechterverhältnisse in der Förderschule, sexualisierte Gewalt gegen Mädchen und Frauen mit Behinderung (vgl. ebd. 2003, S. 34 f.) sowie deren Benachteiligung im Hinblick auf die familiale Reproduktionsarbeit (ebd. 1983, S. 57 ff.) finden auch in den neuesten Publikationen der Intersektionalitätsforschung ein Echo (vgl. Jacob et. al. 2010).

Heike Raab (2007, S. 135) fokussiert mit der Überlagerung von Behinderung, Heteronormativität und Geschlecht auf eine Triade, die zuvor eine „systematische Nichtberücksichtigung" durch die Intersektionalitätsdebatte der Geschlechterforschung erfahren hatte. In der Klassifikation von McCall steht Raabs Artikel, im Gegensatz zu Schildmanns Überlegungen, stellvertretend für ein antikategoriales Vorgehen:[15] Sie richtet ihren Fokus unter Rückgriff auf Brigitte Kossek (1996) und Lutz (2001) auf die Konstruktionsbedingungen der in anderen Ansätzen oftmals unreflektiert verwandten Differenzkategorien (vgl. Raab 2007, S. 133 f.). Damit einher geht die besondere Betonung der Bedeutsamkeit gesellschaftlicher Macht- und Herrschaftsrelationen:[16] „Differenzkategorien entstehen innerhalb soziokultureller Kontexte und umgekehrt. Es handelt sich (…) nicht um zwei getrennt

---

15 Dabei sei jedoch erwähnt, dass Raab (2007, S. 132) selbst McCalls idealtypisches Vorgehen aufgrund deren ausschließlicher Orientierung am Umgang mit Kategorien scharf kritisiert: Sie verweist dabei insbesondere auf die diesem Vorgehen inhärente Nichtberücksichtigung von Macht- und Herrschaftsverhältnissen, die Nichtbeachtung der historischen Bedingtheit und die damit verbundene Veränderbarkeit von Kategorien.

16 Dabei betont Raab (2007, S. 133 f.) im Foucaultschen (1991) Sinne die „netzwerkartig[e], multidimensional[e] und paradox[e] Struktur spätmoderner Machtverhältnisse".

aufeinander einwirkende Ebenen" (ebd., S. 133). Im von ihr entwickelten Intersektionalitätsmodell plädiert sie folglich für

- eine Aufgabe des „binär-naturalistische[n] Behinderungsbegriff[s] zugunsten eines multiplen Verständnisses von Behinderung" (ebd., S. 134),
- die Notwendigkeit der Einbeziehung anderer Kategorien als Behinderung in die Disability Studies (vgl. ebd.) sowie
- das Verständnis von Differenzkategorien als „Kreuzungspunkt und Effekt soziokultureller Macht- und Herrschaftspraktiken" (ebd.).

Dabei spricht die Autorin ganz konkret die Bedeutung der Überschneidung von Behinderung u. a. mit Ethnizität (vgl. ebd.) an, die ich im nachfolgenden Kapitel thematisieren werde.

Ist Behinderung nun also eine neue Kategorie für die Intersektionalitätsforschung? Die Frage verweist implizit erneut auf die im vorangegangenen Kapitel angesprochene, schwierige Abgrenzung *der* Intersektionalitätsforschung. Wie Schildmann aufzeigt, fand bereits in den 1980er Jahren eine Beschäftigung der Geschlechterstudien mit der Überlagerung von „Geschlecht" und „Behinderung" statt, auch wenn diese durch den Mainstream der Forschungsrichtung nicht wahrgenommen wurde. Ein ähnliches Bild zeigt sich heute in der Intersektionalitätsforschung: Wie oben aufgezeigt gehörte die Überlagerung von Geschlecht und Klasse bereits zu den Gründungsnarrativen der deutschsprachigen Diskussion. Im internationalen Vergleich verspätet, etablierte sich seit den 1990er Jahren (vgl. Gümen 1998, S. 188) zunehmend die aus dem angelsächsischen Raum bekannte Triade Geschlecht, Klasse, Rasse, wobei „Rasse" oftmals durch „Ethnizität" ersetzt wurde.[17] Diese steht heute für „die" Intersektionalitätsforschung. Erst in den letzten Jahren wurde Pionier_innenarbeit im Hinblick auf die Kategorie Behinderung geleistet. Trotz erster Veröffentlichungen (vgl. Raab 2007), einer zunehmenden Thematisierung auf Tagungen (vgl. z. B. Jacob und Wollrad 2007) und eines ersten Sammelbands (vgl. Jacob et al. 2010) ist die selbstverständliche Einbeziehung von Behinderung in intersektionale Ansätze jedoch noch weit von einer Etablierung entfernt. Wie dieses Kapitel aufzeigen sollte, wird es dabei insbesondere auf die Öffnung der Disability Studies für andere Analysekategorien als Behinderung sowie deren Positionierung innerhalb der Intersektionalitätsdebatte ankommen.

---

17 Dabei wird zunehmend auch explizit das Thema Migration und Geschlecht aufgegriffen (vgl. etwa Bednarz-Braun und Heß-Meining 2004; Hausbacher et al. 2012; Spies 2012).

4 Menschen mit Behinderung und Migrationshintergrund – ein Forschungsprogramm

Wie soeben aufgezeigt wurde, nimmt die Kategorie Behinderung allenfalls eine Randstellung innerhalb der Intersektionalitätsdebatte ein. Nach Artikeln, welche sich mit der Überlagerung von Behinderung und Migrationshintergrund bzw. Ethnizität befassen, sucht man nahezu vergeblich. Dieses Urteil bleibt jedoch nicht nur auf die Intersektionalitätsforschung beschränkt: Judy Gummich (2010, S. 141) spricht im Hinblick auf ihre Erfahrungen als Schwarze Deutsche Mutter eines Kindes mit Down-Syndrom von „schwarze[n] Löcher[n] im Universum der Lebenswirklichkeiten". Ihre Beobachtung, wonach migrations- und behinderungsbezogene Fragestellungen auf Veranstaltungen, bei Unterstützungsorganisationen, aber auch im politischen Feld in den allermeisten Fällen getrennt behandelt werden (vgl. ebd, S. 141 f.), ist nach wie vor gültig.[18] Nicht unerheblich ins Gewicht fallen dürfte dabei die Devise „united we stand – divided we fall" (ebd., S. 136), wobei sich, wie im zweiten Kapitel ausgeführt, erneut die Frage nach dem „Wir" der privilegierten Gruppenmitglieder stellt (vgl. auch ebd.).

Im universitären Kontext lässt sich die Mehrheit der wenigen vorhandenen Literatur[19] bislang im Feld der Sonder- und Heilpädagogik sowie der Sozialen Arbeit verorten, wobei auch hier das Konzept der „doppelten Benachteiligung" Verwendung findet (vgl. z. B. Hohmeier 2003). Erst in letzter Zeit werden zunehmend Rufe nach einer stärker interdisziplinären Herangehensweise laut (vgl. Wansing und Westphal 2012, S. 12). Oftmals wird dabei auf den akuten Forschungsbedarf aufgrund des auch vor Menschen mit Migrationshintergrund nicht haltmachenden demografischen Wandels verwiesen (vgl. z. B. Kohan 2012, S. 14 f.). In den letzten beiden aktuellen Veröffentlichungen zum Thema von Ellen Karacayli und Filiz Kutluer (2012) sowie Kohan (2012) wird jedoch kein expliziter Bezug auf die Intersektionalitätsforschung genommen. Die beiden Soziologinnen Karacayli und Kutluer sind in ihrem Projekt der Frage nachgegangen, warum Menschen mit Behinderung und Migrationsgeschichte von der Inanspruchnahme angebotener Un-

---

18 In letzter Zeit lässt sich ein gestiegenes Interesse am Thema feststellen. Verwiesen sei etwa auf die (eher praxisorientierten) Tagungen „Behinderung und Migration Miteinander – Füreinander" im Juli 2011 in Bielefeld-Bethel, „Doppelt diskriminiert? Migrantinnen und Migranten mit Behinderung und ihre Teilhabe am Erwerbsleben" der Friedrich-Ebert-Stiftung im Februar 2012 in Berlin sowie die Werkstatt „Türen öffnen – Berufliche Perspektiven für Menschen mit Behinderungen und Zuwanderungsgeschichte" der Stadt Dortmund (November 2011). Dabei stieß das Thema meiner Wahrnehmung nach insbesondere bei mit dem Thema Behinderung befassten Menschen auf Resonanz, während etwa Unterstützungseinrichtungen von und für Migrant_innen kaum vertreten waren.

19 Dinah Kohan (2012, S. 340) spricht von einem „weiße[n] Fleck in dem wissenschaftlichen Forschungsfeld".

terstützungsleistungen abgehalten werden (vgl. ebd. 2012, S. 4). Dabei konzentrierten sie sich auf die türkische und russische Community in Bielefeld (vgl. ebd., S. 5). Als zentrale Faktoren konnten kulturell bedingte Interpretationen von sowie der Umgang mit Behinderung, mangelnde Informationen über das deutsche Hilfesystem, ein fehlendes Vertrauen gegenüber Institutionen, Sprach- und Kommunikationsprobleme sowie die Diskrepanz zwischen den Angeboten der Behindertenhilfe und den Bedarfen der Familien identifiziert werden (vgl. ebd., S. 6 ff.).

Dinah Kohan (2012, S. 9 ff.) wählt in ihrer Dissertation hingegen eine dezidert soziologische Herangehensweise und vermutet prinzipiell eine doppelte Belastung für Familien mit Migrationserfahrung, die ein Kind mit Behinderung haben. Sie registriert bei den von ihr thematisierten Familien jüdischen Glaubens, die aus der ehemaligen Sowjetunion nach Deutschland eingewandert sind, dass die vermutete Doppelbelastung nicht zutrifft (vgl. ebd.). Unter Rückgriff auf Pierre Bourdieus Habituskonzept kann sie anhand der von ihr geführten qualitativen Interviews zeigen, dass die von allen Befragten in der Sozialisation erworbenen Deutungs- und Handlungsmuster auch nach dem Migrationsprozess fortbestehen (vgl. ebd., S. 334). Dabei identifiziert sie eine Vielzahl an wirksamen Faktoren, etwa die gleiche soziale Herkunft, den hohen Stellenwert, der Bildung beigemessen wird, und die jüdische Religionszugehörigkeit (vgl. ebd., S. 341). Sie verpasst es aber zugleich, die Erkenntnisse (im engeren Sinne) in ein intersektionales Modell einzuordnen und betrachtet die einzelnen Kategorien rein additiv. Exemplarisch dafür steht ihre Stellungnahme zu Hinweisen, dass auch eine Dreifachdiskriminierung der befragten Personen vorliegen könnte (Kohan 2012, S. 341).

Allein Judy Gummich (2010) nimmt in ihrem Artikel explizit Bezug auf die Intersektionalitätsforschung. Ähnlich wie Schildmann identifiziert sie zunächst Gemeinsamkeiten und Unterschiede, die auf den verschiedenen gesellschaftlichen Ebenen zwischen Menschen mit Migrationshintergrund und Menschen mit Behinderung gezogen werden (vgl. ebd., S. 137 ff.). Auch verweist sie zu Recht auf die vielfältigen Migrationshintergründe und Formen von Beeinträchtigungen, die sich hinter den scheinbar eindeutigen Kategorien verbergen (vgl. ebd., S. 141).

Nicht zuletzt aus diesem Grund schlage ich vor, die besondere Situation von Menschen mit Behinderung und Migrationshintergrund mit Hilfe der Intersektionalen Mehrebenenanalyse (Degele und Winker 2007; Winker und Degele 2009) zu analysieren. Deren Besonderheit liegt darin, dass sie versucht, die verschiedenen Positionen innerhalb der Intersektionalitätsforschung miteinander in Einklang zu bringen: Im Hinblick auf die Frage nach den verschiedenen gesellschaftlichen *Ebenen* wird weder die Ebene der Sozialstrukturen noch die Ebene sozial konstruierter Identitäten noch die Ebene symbolischer Repräsentationen privilegiert (vgl. Winker und Degele 2009, S. 18 ff.). Zugleich wird die Verwobenheit aller Ebenen berücksichtigt (ebd., S. 23). Nach Bührmanns Klassifikation (siehe Abschnitt 2.1) handelt es sich im weitesten Sinne um einen intermediären Ansatz, der jedoch zusätzlich auch die symbolische Repräsentationsebene berücksichtigt. In Bezug auf die Auswahl relevanter *Kategorien* beklagen auch Winker und Degele (2009, S. 15) das oftmalige Fehlen „eine[r] schlüssige[n] theoretische[n] Begründung, warum gerade Rasse, Klasse und Geschlecht die zentralen Linien der Differenz markieren sollen". Auf der strukturellen Ebene argumentieren die beiden Autorinnen ähnlich wie Klinger (siehe Abschnitt 2.2) und betonen ihrerseits, dass alle drei Kategorien im Kapitalismus zur kostengünstigen Verwertung von Arbeitskraft beitragen (vgl. Winker und Degele 2009, S. 51). Besonders interessant für das Anliegen, Behinderung in intersektionalen Analysen eine stärkere Bedeutung zukommen zu lassen, ist jedoch die Tatsache, dass beide Autorinnen Körper als vierte zentrale gesellschaftliche Strukturkategorie einführen und dies ebenfalls mit Blick auf die Verwertung von Arbeitskraft begründen (vgl. ebd., S. 49 ff.). Dabei wird kein mit den Kategorien in Verbindung stehendes Herrschaftsverhältnis (Klassismen, Heteronormativismen, Rassismen und Bodyismen) dominant gesetzt (vgl. ebd., S. 53). Mehr als in anderen Ansätzen erhält Behinderung somit eine zumindest indirekte Anerkennung als gesellschaftliche Strukturkategorie (vgl. ebd., S. 50 f.). Während die beiden Autorinnen die Anzahl der einbezogenen Kategorien also begründet und theoriegeleitet (vgl. ebd., S. 68) auf vier beschränken, wählen sie im Hinblick auf symbolische Repräsentationen (vgl. ebd., S. 58) und Identitätskonstruktionen (vgl. ebd., S. 59) ein offenes, induktives Vorgehen (vgl. ebd., S. 68). In der im zweiten Kapitel aufgeführten Liste mit der größten Anzahl an Differenzkategorien (vgl. Lutz und Wenning 2001, S. 20) erscheinen auf der Ebene der Identitätskonstruktionen einerseits die Kategorien „Rasse"/Hautfarbe, Ethnizität, Nation/Staat, Kultur, Sesshaftigkeit/Herkunft, Nord-Süd und gesellschaftlicher Entwicklungsstand, andererseits Gesundheit als potenziell relevant. Zugleich kann durch das induktive, offene Vorgehen auf ein „usw." verzichtet werden.

Im Gegensatz zu vielen anderen Theoretiker_innen entwickeln Degele und Winker, was den zweiten Vorteil ihres Ansatzes darstellt, eine elaborierte *Methodologie,* wie ihr Ansatz für empirische Analysen genutzt werden kann. Deren Grundlage bildet Bourdieus Theorie der Praxis (vgl. insb. Bourdieu 1976; 1987; 1993; 1998). Zentrale Forderung ist dabei, empirische Analysen mit sozialen Praxen statt mit theoretischen Konzepten zu beginnen, denn: „Nicht alles ist klassifizierbar, theoretische Kategorien sind nicht unbedingt Kategorien der Empirie" (Winker und Degele 2009, S. 64). Theoriebildung muss demnach empirisch gesättigt verlaufen (vgl. ebd., S. 63) und im Alltag der Menschen verortet sein. Dies impliziert ein strikt relationales Vorgehen (vgl. Bourdieu 1998, S. 15), denn soziale Tatsachen erklären sich erst durch Beziehungen zu anderen Elementen, nicht aus ihrem „singulären Sosein" (Winker und Degele 2009, S. 64). In der „Leseweise" (ebd., S. 63) der beiden Autorinnen konstruieren soziale Praxen schließlich die drei in die Analyse einbezogenen gesellschaftlichen Ebenen (Strukturen, Repräsentationen, Identitäten) und werden ihrerseits von diesen hervorgebracht (vgl. ebd., S. 66). Die Wechselwirkungen zwischen den Ebenen von Handlung und Struktur werden schließlich im Rahmen von Bourdieus Habituskonzept und Anthony Giddens (1995) Strukturationstheorie analysiert.

Bei aller Eignung für die Untersuchung der Situation von Menschen mit Behinderung lassen sich jedoch auch mindestens zwei *Kritikpunkte* am Vorgehen von Degele und Winker identifizieren: Zwar stellt die Erweiterung der Triade Geschlecht, Rasse, Klasse durch die Strukturkategorie Körper eine indirekte Berücksichtigung von Behinderung dar, doch zeigt bereits der Ansatz Schildmanns, dass Behinderung auch als eigenständige Strukturkategorie verstanden werden kann und muss. Dabei lässt sich die Begründung für die Auswahl der Strukturkategorien durch Winker und Degele auch im Hinblick auf Behinderung aufrechterhalten, argumentierten doch politökonomische Vertreter_innen der Sozialpädagogik bereits in den 1970er Jahren, dass Menschen mit Behinderung „Arbeits[kräfte] minderer Güte" bilden (vgl. Jantzen 1974, S. 21). In den Disability Studies (vgl. exemplarisch Raab 2007) wird Nicht-/Behinderung (bzw. dis-/ability) ohnehin als gesellschaftliche Strukturkategorie mit allgegenwärtiger Bedeutung aufgefasst (vgl. Yuval-Davis 2010, S. 209).

Der zweite Kritikpunkt bezieht sich auf die generelle Eignung der Theorie Bourdieus zur Beschreibung der Gesellschaften des 21. Jahrhunderts. Exemplarisch sei dabei auf Ulrich Becks (z. B. 2007) nicht nur auf Bourdieu bezogene Kritik am methodologischen Nationalismus der Soziologie verwiesen, die trotz der voranschreitenden Transnationalisierung Gesellschaft mit Nationalstaat gleichsetzt. Zu diesem Punkt muss erwähnt werden, dass zwar auch von wohlgesonnenen Schüler_innen Bourdieus inzwischen Kritik geäußert wird (vgl. Lahire 2011), die Theorie der Praxis hier jedoch „nur" der methodologischen Rechtfertigung der Intersektionalen Mehrebenenanalyse dient. Der generellen Infragestellung der Existenz von Klassen (vgl. Beck 1983, 2007) kann hingegen nur dahingehend ausgewichen werden, dass lediglich auf Klassen an sich bzw. „Klassen auf dem Papier" (Bourdieu 1998, S. 23) rekurriert wird. Dennoch lässt sich dieser Kritikpunkt, gerade vor dem Hintergrund der Thematisierung von Migration, nicht zufriedenstellend widerlegen. Denn die auch von Intersektionalitätsforscher_innen zunehmend geforderte Anerkennung der „wachsende[n] Bedeutung des Transnationalen" (Hearn 2010, S. 117) wurde bislang kaum theoretisch oder empirisch aufgegriffen.

5 Fazit

Auf den vorangegangenen Seiten habe ich versucht, intersektional informierte Beobachtungs- und Analyseperspektiven auf die Situation von Menschen mit Behinderung und Migrationshintergrund zu thematisieren. Aufbauend auf grundlegenden Debatten und Erkenntnissen intersektionaler Forschung wurde dazu zunächst die Frage beantwortet, ob Behinderung eine neue Kategorie der Intersektionalitätsforschung ist. Ähnlich wie sich kein fester Zeitpunkt für den Beginn intersektionaler Forschung identifizieren lässt, gab es auch vor der Erfindung des (Mode-)Begriffs „Intersektionalität" bereits Forschungsarbeiten, welche die Kategorie Behinderung mit anderen ungleichheitsrelevanten Kategorien verknüpft haben (vgl. Kapitel 3). Dennoch spielt Behinderung bis heute eine eher marginale Rolle in den meisten der Intersektionalitätsforschung zugerechneten Arbeiten. So existiert bislang nur ein einziger (explizit) im Intersektionalitätsparadigma verorteter Artikel zum Thema Migration und Behinderung von Gummich (2010), was den großen Bedarf an weiterer Forschung verdeutlicht.

Eine vertiefte intersektional informierte Betrachtung von Behinderung und zugleich eine stärkere Etablierung der Kategorie Behinderung innerhalb der Intersektionalitätsforschung sind dabei aus meiner Sicht unbedingt anzustreben. Eine zentrale Vermittlungsrolle dürfte dabei den Disability Studies zukommen, sofern es gelingt, die Relevanz auch anderer Analysekategorien als Behinderung stärker als bislang zu berücksichtigen. Der emanzipatorische Charakter der Disability Studies und deren Herangehensweise an das soziale und kulturelle Phänomen Behinderung weist nicht zu übersehende Gemeinsamkeiten mit den Anliegen vieler Vertreter_innen der Intersektionalitätsforschung auf. Die Forderung Gudrun Wansings und Manuela Westphals (2012), Teilhabeforschung, Disability Studies und Migrationsforschung miteinander zu verbinden, sollte demnach auf theoretischer und empirischer Ebene um die Intersektionalitätsforschung (ebenso wie die Diversityforschung) erweitert werden. Nur mit einer solchen interdisziplinär informierten und multiperspektivischen Herangehensweise lassen sich die Vielschichtigkeit von Behinderung sowie deren Wechselwirkung mit anderen Ungleichheitsfaktoren in der Gesellschaft adäquat berücksichtigen.

Literatur

Beck, Ulrich. 1983. Jenseits von Stand und Klasse? Soziale Ungleichheiten, gesellschaftliche Individualisierungsprozesse und die Entstehung neuer sozialer Formationen und Identitäten. In *Soziale Ungleichheiten. Soziale Welt. Sonderband 2*, hrsg. Reinhard Kreckel, 35–74. Göttingen: Schwartz.

Beck, Ulrich. 2007. Beyond class and nation: reframing social inequalities in a globalizing world. *British Journal of Sociology 58* (4): 679–705.

Bednarz-Braun, Iris, und Ulrike Heß-Meining. 2004. *Migration, Ethnie und Geschlecht. Theorieansätze – Forschungsstand – Forschungsperspektiven*. Wiesbaden: VS Verlag für Sozialwissenschaften.

Bleidick, Ulrich, und Ursula Hagemeister. 1998. *Einführung in die Behindertenpädagogik I. Allgemeine Theorie der Behindertenpädagogik*. 6. Aufl. Stuttgart, Berlin u. Köln: Kohlhammer.

Bourdieu, Pierre. 1976. *Entwurf einer Theorie der Praxis*. Frankfurt a. M.: Suhrkamp.

Bourdieu, Pierre. 1987. *Die feinen Unterschiede. Kritik der gesellschaftlichen Vernunft*. Frankfurt a. M.: Suhrkamp.

Bourdieu, Pierre. 1993. *Sozialer Sinn. Kritik der theoretischen Vernunft*. Frankfurt a. M.: Suhrkamp.

Bourdieu, Pierre. 1998. *Praktische Vernunft. Zur Theorie des Handelns*. Frankfurt a. M.: Suhrkamp.

Brah, Avtar, und Ann Phoenix. 2004. Ain't I A Woman? Revisiting Intersectionality. *Journal of International Women's Studies 5* (3): 75–86.

Bührmann, Andrea. 2009. Intersectionality – ein Forschungsfeld auf dem Weg zum Paradigma? Tendenzen, Herausforderungen und Perspektiven der Forschung über Intersektionalität. *Gender. Zeitschrift für Geschlecht, Kultur und Gesellschaft 1* (2): 28–44.

Burman, Erica. 2004. From difference to intersectionality: challenges and resources. *European Journal of Psychotherapy, Counselling & Health 6* (4): 293–308.

Butler, Judith. 1991. *Das Unbehagen der Geschlechter*. Frankfurt a. M.: Suhrkamp.

Combahee River Collective. 1982. A Black Feminist Statement. In *This Bridge Called my Back. Writings by Radical Women of Color*, hrsg. Cheri Moraga, und Gloria Anzaldua, 210–218. New York: Persephone Press.

Crenshaw, Kimberlé. 1989. Demarginalizing the Intersection of Race and Sex: a Black feminist Critique of Antidiscrimination Doctrine. Feminist Theory and Antiracist Politics. *University of Chicago Legal Forum 139*: 139–167.

Davis, Kathy. 2008. Intersectionality as buzzword. A Sociology of science perspective on what makes a feminist theory successful. *Feminist Theory 9* (1): 67–85.

Dederich, Markus. 2007. *Körper, Kultur und Behinderung. Eine Einführung in die Disability Studies*. Bielefeld: transcript.

Degele, Nina. 2008. *Gender/Queer Studies*. Paderborn: Wilhelm Fink (UTB).

Degele, Nina, und Gabriele Winker. 2007. Intersektionalität als Mehrebenenanalyse. http://www.tu-harburg.de/agentec/winker/pdf/Intersektionalitaet_Mehrebenen.pdf. Zugegriffen: 11. November 2012.

Degele, Nina, und Gabriele Winker. 2008. Praxeologisch differenzieren. Ein Beitrag zur intersektionalen Gesellschaftsanalyse. In *ÜberKreuzungen: Fremdheit, Ungleichheit, Differenz*, hrsg. Cornelia Klinger, und Gudrun-Axeli Knapp, 194–209. Münster: Westfälisches Dampfboot.

Degele, Nina, und Gabriele Winker. 2011. Intersektionalität als Beitrag zu einer gesellschaftstheoretisch informierten Ungleichheitsforschung. *Berliner Journal für Soziologie 21* (1): 69–90.

Durkheim, Emile. 1980. *Die Regeln der soziologischen Methode.* München: Luchterhand.

Felder, Franziska. 2012. *Inklusion und Gerechtigkeit. Das Recht behinderter Menschen auf Teilhabe.* Frankfurt a. M. u. New York: Campus.

Foucault, Michel. 1991. *Der Wille zum Wissen. Sexualität und Wahrheit 1.* Frankfurt a. M.: Suhrkamp.

Goeke, Stephanie. 2010. *Frauen stärken sich. Empowermentprozesse von Frauen mit Behinderungserfahrung. Eine Studie im Stil der Grounded Theory Methodology.* Marburg: Lebenshilfe-Verlag.

Giddens, Anthony. 1995. *Die Konstitution der Gesellschaft. Grundzüge einer Theorie der Strukturierung.* Frankfurt a. M. u. New York: Suhrkamp.

Gümen, Sedef. 1998. Das Soziale des Geschlechts. Frauenforschung und die Kategorie ‚Ethnizität'. *Das Argument 40* (1-2): 187–202.

Gummich, Judy. 2010. Migrationshintergrund und Beeinträchtigungen. Vielschichtige Herausforderungen an einer diskriminierungsrelevanten Schnittstelle. In *Gendering Disability. Intersektionale Aspekte von Behinderung und Geschlecht*, hrsg. Jutta Jacob, Swantje Köbsell, und Eske Wollrad, 131–151. Bielefeld: transcript.

Hausbacher, Eva, Elisabeth Klaus, Ralph Poole, Ulrike Brandl, und Ingrid Schmutzhart. 2012. *Migration und Geschlechterverhältnisse. Kann die Migrantin sprechen?* Wiesbaden: VS Verlag für Sozialwissenschaften.

Hearn, Jeff. 2010. Vernachlässigte Intersektionalitäten in der Männerforschung: Alter(n), Virtualität, Transnationalität. In *Fokus Intersektionalität. Bewegungen und Verortungen eines vielschichtigen Konzeptes*, hrsg. Helma Lutz, Vivar Herrera, Teresa Maria, und Linda Supik, 105–123. Wiesbaden: VS Verlag für Sozialwissenschaften.

Herrmann, Steffen Kitty (s_he). 2003. Performing the Gap. Queere Gestalten und geschlechtliche Aneignung. *arranca 2003* (28): 22–26.

Hohmeier, Jürgen. 2003. Gleich doppelt behindert? *Neue Caritas 104* (7): 24–28.

Hornscheidt, Lann. 2012. *feministische w_orte: ein lern-, denk- und handlungsbuch zu sprache und diskriminierung, gender studies und feministischer linguistik.* Frankfurt a. M.: Brandes & Apsel.

Jacob, Jutta, und Eske Wollrad. Hrsg. 2007. *Behinderung und Geschlecht – Perspektiven in Theorie und Praxis. Dokumentation einer Tagung Oldenburger Beiträge zur Geschlechterforschung.* Oldenburg: BIS.

Jacob, Jutta, Swantje Köbsell, und Eske Wollrad. Hrsg. 2010. *Gendering Disability. Intersektionale Aspekte von Behinderung und Geschlecht.* Bielefeld: transcript.

Jantzen, Wolfgang. 1974. *Sozialisation und Behinderung. Studien zu sozialwissenschaftlichen Grundfragen der Sozialpädagogik.* Gießen: Focus.

Kahane, Guy, und Julian Savulescu. 2009. The Welfarist Account of Disability. In *Disability and Disadvantage*, hrsg. Kimberle Brownlee, und Adam Cureton, 14–53. Oxford: Oxford University Press.

Karacayli, Ellen, und Filiz Kutluer. 2012. Projektabschlussbericht. Projekt „Behinderung und Migration". http://www.bethel.de/fileadmin/Bethel/downloads/zum_thema/Abschlussbericht_Projekt_Behinderung_und_Migration.pdf. Zugegriffen: 02. Dezember 2012.

Kastl, Jörg. 2010. *Einführung in die Soziologie der Behinderung*. Wiesbaden: VS Verlag für Sozialwissenschaften.

Klinger, Cornelia. 2003. Ungleichheit in den Verhältnissen von Klasse, Rasse und Geschlecht In *Achsen der Differenz. Gesellschaftstheorie und feministische Kritik II*, hrsg. Gudrun-Axeli Knapp, und Angelika Wetterer, 14–48. Münster: Westfälisches Dampfboot.

Knapp, Gudrun-Axeli. 2008. „Intersectionality" – ein neues Paradigma der Geschlechterforschung? In *Was kommt nach der Genderforschung? Zur Zukunft der feministischen Theoriebildung*, hrsg. Rita Casale, und Barbara Rendtorff, 33–53. Bielefeld: transcript.

Köbsell, Swantje. 1993. Eine Frau ist eine Frau ist eine Frau … Zur Lebenssituation von Frauen mit Behinderung. In *„Unbeschreiblich weiblich!?". Frauen unterwegs zu einem selbstbewussten Leben mit Behinderung*, hrsg. Gerlinde Barwig, und Christiane Busch, 33–40. München: AG SPAK.

Köbsell, Swantje. 2006. Gegen Aussonderung – für Selbstvertretung: zur Geschichte der Behindertenbewegung in Deutschland. Vortrag im Rahmen der Ringvorlesung „Disability Studies I" des Zentrums für Disability Studies (ZeDiS) am 26. April 2006 in Hamburg. http://www.zedis.uni-hamburg.de/wp-content/uploads/2007/01/bewegungsgeschichte_kobsell.pdf. Zugegriffen: 21. November 2012.

Kohan, Dinah. 2012. *Behinderung und Migration: eine doppelte Belastung? Eine empirische Studie zu jüdischen Kontingentflüchtlingen mit einem geistig behinderten Familienmitglied*. Freiburg i. Br.: Centaurus.

Kossek, Brigitte. 1996. Rassismen und Feminismen. In *Rassismen und Feminismen*, hrsg. Brigitte Fuchs, und Garbiele Habinger, 11–24. Wien: Promedia.

Lahire, Bernard. 2011. *The Plural Actor*. Cambridge: Polity Press.

Lenz, Ilse. 2007. Power People, Working People, Shadow People … Gender, Migration, Class and Practices of (In)Equality. In *Gender Orders Unbound? Globalisation, Restructuring and Reciprocity*, hrsg. Ilse Lenz, Charlotte Ulrich, und Barbara Fersch, 99–120. Opladen: Barbara Budrich.

Lutz, Helma. 2001. Differenz als Rechenaufgabe: über die Relevanz der Kategorien Race, Class, Gender. In *Unterschiedlich verschieden. Differenz in der Erziehungswissenschaft*, hrsg. Helma Lutz, und Norbert Wenning, 215–229. Opladen: Leske + Budrich.

Lutz, Helma, und Norbert Wenning. 2001. Differenzen über Differenz – Einführung in die Debatten. In *Unterschiedlich verschieden. Differenz in der Erziehungswissenschaft*, hrsg. Helma Lutz, und Norbert Wenning, 11–24. Opladen: Leske + Budrich.

Lutz, Helma, Vivar Herrera, Teresa Maria, und Linda Supik. 2010. Fokus Intersektionalität – eine Einleitung. In *Fokus Intersektionalität. Bewegungen und Verortungen eines vielschichtigen Konzeptes,* hrsg. Helma Lutz, Vivar Herrera, Teresa Maria, und Linda Supik, 9–30 Wiesbaden: VS Verlag für Sozialwissenschaften.

Lux, Ulrike. 1993. Frauen – Körper – Politik. Die Würde der Frau ist (un-)antastbar. Politik für Frauen mit Behinderung. In „*Unbeschreiblich weiblich!?". Frauen unterwegs zu einem selbstbewussten Leben mit Behinderung,* hrsg. Gerlinde Barwig, und Christiane Busch, 9–21. München: AG SPAK.

McCall, Leslie. 2005. The Complexity of Intersectionality. *Signs* 30 (3): 1771–1800.

Oliver, Mike. 1990. *The Politics of Disablement.* London: Palgrave Macmillan.

Oliver, Mike. 1996. *Understanding Disability. From Theory to Practice.* London: Palgrave Macmillan.

Raab, Heike. 2007. Intersektionalität in den Disability Studies. Zur Interdependenz von Behinderung, Heteronormativität und Geschlecht. In *Disability Studies, Kultursoziologie und Soziologie der Behinderung. Erkundungen in einem neuen Forschungsfeld,* hrsg. Anne Waldschmidt, und Werner Schneider, 127–148. Bielefeld: transcript.

Rommelspacher, Birgit. 1999. Ethnizität und Geschlecht. Die feministische Debatte in Deutschland. In *Ethnizität, Differenz und Geschlechterverhältnisse. Dokumentation des Workshops,* hrsg. Helma Lutz, Karin Amos, und Encarnación Gutiérrez Rodríguez, 19–32. Frankfurt a. M.: Zentrum für Frauenstudien und die Erforschung der Geschlechterverhältnisse.

Rütter, Jutta. 1993. Kein Ort – Nirgends. Frauen zwischen Behinderten- und Frauenbewegung. In „*Unbeschreiblich weiblich!?". Frauen unterwegs zu einem selbstbewussten Leben mit Behinderung,* hrsg. Gerlinde Barwig, und Christiane Busch, 23–31. München: AG SPAK.

Schildmann, Ulrike. 1983. *Lebensbedingungen behinderter Frauen: Aspekte ihrer gesellschaftlichen Unterdrückung.* Gießen: Focus.

Schildmann, Ulrike. 2001. Es ist normal verschieden zu sein? Einführende Reflexionen zum Verhältnis zwischen Normalität, Behinderung und Geschlecht. In *Normalität, Behinderung und Geschlecht. Ansätze und Perspektiven der Forschung,* hrsg. Ulrike Schildmann, 7–15. Opladen: Leske + Budrich.

Schildmann, Ulrike. 2003. Geschlecht und Behinderung. *Aus Politik und Zeitgeschichte 2003* (B8): 29–35.

Schildmann, Ulrike. 2004. Behinderung: Frauenforschung in der Behindertenpädagogik. In *Handbuch Frauen- und Geschlechterforschung. Theorie, Methoden, Empirie,* hrsg. Ruth Becker, und Beate Kortendiek, 535–539. Wiesbaden: VS Verlag für Sozialwissenschaften.

Seifert, Monika, und Janna Harms. 2012. Migration und Behinderung. Teilhabebarrieren und Teilhabechancen aus Sicht der türkischen Community in Berlin. *Teilhabe 50* (2): 71–78.

Spies, Tina. 2012. Gewalt, Geschlecht und Ethnizität. Intersektionalität im diskursiven Kontext. In *Migration und Geschlecht. Theoretische Annäherungen und empirische Befunde,* hrsg. Mechthild Bereswill, Peter Rieker, und Anna Schnitzer, 105–125. Weinheim u. Basel: Beltz Juventa.

Statistisches Bundesamt. Hrsg. 2012. Statistik der schwerbehinderten Menschen 2009. Kurzbericht. https://www.destatis.de/DE/Publikationen/Thematisch/Gesundheit/BehinderteMenschen/SozialSchwerbehinderteKB227101099004.pdf?__blob=publicationFile. Zugegriffen: 21. November 2012.

Villa, Paula Irene. 2010. Verkörperung ist immer mehr. Intersektionalität, Subjektivierung und der Körper. In *Fokus Intersektionalität. Bewegungen und Verortungen eines vielschichtigen Konzeptes,* hrsg. Helma Lutz, Vivar Herrera, Teresa Maria, und Linda Supik, 203–221 Wiesbaden: VS Verlag für Sozialwissenschaften.

Waldschmidt, Anne. 2005. Disability Studies: Individuelles, soziales und/oder kulturelles Modell von Behinderung? *Psychologie und Gesellschaftskritik Nr. 113* 29 (1): 9–31.

Waldschmidt, Anne. 2010. Das Mädchen Ashley oder: Intersektionen von Behinderung, Geschlecht und Körper. In *Gendering Disability. Intersektionale Aspekte von Behinderung und Geschlecht,* hrsg. Jutta Jacob, Swantje Köbsell, und Eske Wollrad, 35–60. Bielefeld: transcript.

Walgenbach, Katharina. 2007. Geschlecht als interdependente Kategorie. In *Gender als interdependente Kategorie. Neue Perspektiven auf Intersektionalität, Diversität und Heterogenität,* hrsg. Katharina Walgenbach, Gabriele Dietze, Antje Hornscheidt, und Kerstin Palm, 23–64. Opladen: Barbara Budrich.

Walgenbach, Katharina. 2010. Postscriptum: Intersektionalität – Offenheit, interne Kontroversen und Komplexität als Ressourcen eines gemeinsamen Orientierungsrahmens. In *Fokus Intersektionalität. Bewegungen und Verortungen eines vielschichtigen Konzeptes,* hrsg. Helma Lutz, Vivar Herrera, Teresa Maria, und Linda Supik, 245–256. Wiesbaden: VS Verlag für Sozialwissenschaften.

Wansing, Gudrun, und Manuela Westphal. 2012. Teilhabeforschung, Disability Studies und Migrationsforschung verbinden. *Orientierung 36* (4): 12–15.

Winker, Gabriele, und Nina Degele. 2009. *Intersektionalität. Zur Analyse sozialer Ungleichheiten.* Bielefeld: transcript.

Wollrad, Eske, Jutta Jacob, und Swantje Köbsell. 2010. Einleitung. In *Gendering Disability. Intersektionale Aspekte von Behinderung und Geschlecht,* hrsg. Eske Wollrad, Jutta Jacob, und Swantje Köbsell, 7–13. Bielefeld: transcript.

Yuval-Davis, Nira. 2010. Jenseits der Dichotomie von Anerkennung und Umverteilung: Intersektionalität und soziale Schichtung. In *Fokus Intersektionalität. Bewegungen und Verortungen eines vielschichtigen Konzeptes,* hrsg. Helma Lutz, Vivar Herrera, Teresa Maria, und Linda Supik, 185–201. Wiesbaden: VS Verlag für Sozialwissenschaften.

Zetkin, Clara. 1979. *Zur Geschichte der proletarischen Frauenbewegung Deutschlands.* Frankfurt a. M.: Verlag Marxistische Blätter.

Von personalen Kategorien zu Sozialstrukturen

Eine Kritik der *Intersektionalitäts*-Debatte

Christine Weinbach

1 Einleitung

Der vorliegende Text versteht sich als Beitrag zur Diskussion um grundlegende Probleme der Intersektionalitäts-Debatte, wie sie beispielsweise in dem vor wenigen Jahren erschienenen, von Cornelia Klinger und Gudrun-Axeli Knapp herausgegebenen, Sammelband „*Über Kreuzungen. Ungleichheit, Fremdheit, Differenz*" (2008) thematisiert werden. Dazu gehören vor allem Fragen zur Bestimmung derjenigen Personenkategorien, die für eine intersektionale Gesellschaftsanalyse relevant sein sollen, sowie das Verhältnis dieser Personenkategorien zueinander. Im vorliegenden Text wird argumentiert, dass solche Fragen erst im *Rückgriff auf Sozialstrukturen* beantwortet werden können, weil es Sozialstrukturen sind, die Personenkategorien für den wiederholten Gebrauch bereit halten. Aus diesem Grunde, so das Argument, ist eine intersektionale Analyse erst im Rahmen einer konstruktivistischen Gesellschaftstheorie befriedigend realisierbar.

2 Der Gegenstand intersektionaler Analyse

Die Beobachtungstheorie Niklas Luhmanns geht davon aus, dass alle soziale Wirklichkeit durch die Beobachtungen eines Beobachters respektive Beobachterin hervorgebracht werden; in diesem Sinne wirken nach Michel Foucault der Diskurs oder nach Pierre Bourdieu das Feld produktiv. Darauf basiert das konstruktivistische Moment aller Gesellschaftsanalyse: In der Grundannahme, dass alles, was in der Welt ist, durch Operationen in einem sozialen Geflecht hervorgebracht wird und dass dieses identifizierbar und gesellschaftlich verstandortet ist. Diese Grundannahme hat beispielsweise Theresa Wobbe (2012) in empirische Forschung übersetzt und gezeigt, wie der nationale Wohlfahrtsstaat des 19. Jahrhunderts Berufsklassifizierungen entlang der Differenz von wirtschaftlich produktiven und nicht-produktiven Personen vorgenommen und sich wesentlich an männlichen und weiblichen Attributen orientiert, wenn er zwischen Fabrikarbeitern und Dienstmädchen unterschieden hat.

Im Unterschied zu diesen konstruktivistischen Einsichten blenden die Beiträge zur Intersektionalitäts-Debatte die Produktion kategorisierter Subjekte durch den Gebrauch von Personenkategorien durch soziale Distinktionsprozesse meist aus. Das wird beispielsweise deutlich, wenn Leslie McCall (2005) die US-amerikanische Intersektionalitätsdiskussion nach dem *anti-*, dem *intra-* und dem *inter*categorical approach differenziert und keiner der genannten Ansätze den produktiven Gebrauch von Sozialstrukturen berücksichtigt: Der *anti*categorical approach nimmt an, das soziale Leben sei „too irreducibly complex – to make fixed categories" (McCall 2005, S. 1773). Der *intra*categorical approach fokussiert „on differences and inequalities within a frame of one of the respective categories, be in class, race, ethnicity or gender" (Knapp 2005, S. 259). Dem *inter*categorical approach geht es darum, „to document relationships of inequality among social groups and changing configurations of inequality along multiple and conflicting dimensions" (McCall 2005, S. 1773). Alle genannten Ansätze verzichten auf die sozialstrukturelle Rückbindung personenkategorialer Identifizierung, sie schneiden die Personenkategorien als Produkt sozialen Handelns von ihren sozialen Wurzeln ab und kreisen nun um die entwurzelten Personenkategorien. Die konzeptionelle Schwäche einer solchen Perspektive ist evident, hält man sich die „Natur" von *Personenkategorien als Anknüpfungspunkte für spezifische Handlungsstrategien* (bezogen auf Organisationen z. B. Schreyögg 2012, S. 211) vor Augen: Ohne personenbezogene Handlungsstrategien gäbe es die Personenkategorien überhaupt nicht. Aus dieser defizitären Perspektive resultiert also nicht zufällig eine Konzeptlosigkeit, die von Knapp als Frage nach dem „epistem(olog)ische[n] Status" des Intersektionalitäts-Konzepts konkretisiert wird: Handelt es sich beim Intersektionalitäts-Konzept um eine *theory*, um ein *Paradigma*, ein *heuristisches Instrument* oder gar eine zu meidende, weil *verdinglichende Perspektive* (vgl. Knapp 2013, Absatz 19)? Welches sind die Kategorien sozialer Ungleichheit und wie viele gibt es (vgl. ebd., Absatz 24)? In welchem Verhältnis stehen diese Kategorien sozialer Ungleichheit zueinander, was macht ihr inneres Band aus, das eine intersektionale Perspektive überhaupt erst legitimiert?

3 Von personalen Kategorie zu Sozialstrukturen

Die Geschichtsvergessenheit und gesellschaftstheoretische Blindheit vieler Beiträge zur Intersektionalitäts-Debatte sind in der deutschsprachigen Debatte vor allem von Klinger und Knapp kritisiert worden. Klinger bemängelt die Verortung der Personenkategorien auf der „Ebene der Subjekte und ihrer Existenzweisen" (Klinger 2003, S. 23). Knapp meint, „dass das mit der Intersektionalitätsperspektive verbundene Potential nicht ausgeschöpft werden kann, solange die Diskussion sich begrifflich vor allem auf soziale Gruppenkategorien *(social categories)* und die dazugehörigen Identitäten *(social identities)* konzentriert und übergeordnete Fragen nach einer Einbettung unterschiedlicher und gleichwohl verflochtener Teilungsverhältnisse in der Gegenwartsgesellschaft weitgehend ausblendet" (ebd. 2013, Absatz 40).

Sowohl Klinger als auch Knapp führen die makrosoziale Anbindung der Kategorien Rasse/Ethnizität, Geschlecht und Klasse auf eine Gesellschaft zurück, die sie in historischer Perspektive beschreiben. Grundgedanke sei, „dass ‚Bevölkerung' nicht im luftleeren Raum definiert werde, sondern in der Moderne über ‚Politics of Belonging' (…) national(istisch), ethnisch und rassistisch bestimmt ist" – und dies ins Zentrum der Analyse zu stellen bedeute, „historisch zu situierende, normative Konterbande des materialistisch-funktionalen Blicks auf gesellschaftliche Reproduktion erkennbar" zu machen (Knapp 2013, Absatz 28). Danach „formieren bzw. entfalten sich" europäische „Gesellschaften (…) mit dem 19. Jahrhundert als *zugleich* moderne, bürgerlich-patriarchale, nationalstaatlich verfasste und kapitalistische Gesellschaften – eine Konstellation von Attributen, die auf einen komplexen, widersprüchlichen und dynamischen Zusammenhang deutet und in denen sich unschwer auch Hinweise auf unsere begriffliche Triade [von Rasse/Ethnizität, Geschlecht und Klasse; CW] erkennen lassen" (Klinger und Knapp 2005, S. 80). In diesem Sinne hält Knapp ein „Plädoyer für eine vom Intersektionalitätsgedanken und der klassischen Triade von *Race, Class* und *Gender* angeregte (…) Archäologie der Europäischen Moderne" (Knapp 2013, Absatz 3).

Auch die Autorin des vorliegenden Textes hat an anderer Stelle darauf hingewiesen, dass personale Kategorien erst im Rahmen spezifischer *sozialer Kontexte* als Kategorien sozialer Ungleichheit aufscheinen (können) (vgl. Weinbach 2008). Im Anschluss an z. B. Pierre Bourdieu (Bourdieu und Wacquant 1996, S. 138 f.) gelte es vielmehr, den Fokus von den personalen Kategorien abzuwenden und auf die sozialstrukturellen Kontexte zu richten, um *nicht* den Akteur respektive die Akteurin, sondern das Feld in den Vordergrund der sozialwissenschaftlichen Analyse zu stellen; ähnlich argumentiert Stefan Hirschauer, wenn er Gender als „Gewebe" definiert, „in dem Männer und Frauen als Phänomene erst aufscheinen" (ebd. 2003, S. 468). Erst ein Perspektivenwechsel, der nicht länger auf die Subjekte fokussiert, sich statt dessen den Ungleichheit implizierenden Sozialstrukturen zuwendet, berücksichtigt, dass Personenkategorien soziale Konstruktionen sind, die soziale Erwartungen bündeln und auf diese Weise als Anknüpfungspunkte institutionalisierter Handlungsstrategien fungieren. Erst ein solcher Perspektivwechsel berücksichtigt, dass die Identifikation machtvoller intersektionaler Personenkategorien auf eine systematische Analyse von Sozialstrukturen angewiesen ist.

4 Reflexivität des europäisierten Wohlfahrtsstaatsprogramms

Um zu verstehen, wie und auf welche Weise soziale Strukturen welche Personenkategorien wie vorrätig halten, ist eine *gesellschaftstheoretische Rückbindung* der eigenen Perspektive vorteilhaft. Die Wahl der Gesellschaftstheorie ist aus meiner Sicht *zurzeit* eher zweitrangig; Vorzüge und Nachteile ließen sich im Anschluss an eine umfassendere Forschung letztlich am Forschungsertrag erkennen. Allerdings sollte eine gesellschaftstheoretisch informierte intersektionale Perspektive bestimmte Merkmale aufweisen: Sie sollte konstruktivistisch gebaut sein und sowohl aktuelle gesellschaftliche Entwicklungen als auch die historische Genese bestehender Gesellschaftsstrukturen systematisch erfassen können.

Eine solche Gesellschaftsperspektive lässt sich aus den ansonsten berechtigten Forderungen von Klinger und Knapp nicht herauslesen. Ihre intersektionale Analyse ist weiterhin wesentlich an einer Wohlfahrtsstaatsprogrammatik des 19. Jahrhunderts orientiert. In dieser Zeit wurden bis heute sozialstrukturell relevante Personenkategorien wie Geschlecht, Ethnizität/Rasse oder Behinderung bekanntlich naturwissenschaftlich fundiert und somit sozial und individuell indisponibel (siehe z. B. Honegger 1991). Die heutige Wohlfahrtsstaatsprogrammatik weicht von diesem naturalisierenden Zugriff auf Personen dramatisch ab: Heute setzen sich *europäisierte* wohlfahrtsstaatliche Programme kritisch mit diesen naturalisierten Personenkategorien, die wesentlich im Kontext des erstarkenden *nationalen* Wohlfahrtsstaates hergestellt wurden, auseinander. Der *europäisierte* Wohlfahrtsstaat nimmt vielmehr eine *reflexive* Haltung zu seinen arbeits- und beschäftigungs-, sowie sozialpolitischen Programmatiken ein, mit dem Ziel, sie *aufzubrechen,* um traditionelle Personenkategorien zu *dekonstruieren* (vgl. z. B. Kantola 2010).

Der wohlfahrtsstaatlichen Policy, wie sie im Rahmen einer eigenständigen europäischen Arbeitsmarkt- und Beschäftigungspolitik durch den *Amsterdamer Vertrag* von 1997 angestoßen und durch eine sozialpolitische Programmatik im Zuge der *Lissabon Strategie* von 2000 sowie der *Strategie Europa 2020* im Jahre 2010 erweitert wurde, unterliegt die Zielsetzung, *Europa in der Zukunft* den Platz als erfolgreichste und innovativste Wirtschaftsregion der globalen Welt zu sichern. Als ein Meilenstein auf diesem Weg gilt die *Erhöhung der Beschäftigungsquote* in den europäischen Mitgliedsländern. Alle seitdem anvisierten und durchgesetzten sozialpolitischen Reformen – Ausbau des Kinderbetreuungssystems, Erhöhung des Renteneintrittsalters, Hartz IV, die Teilhabe schwerbehinderter Menschen in

z. B. inklusiven Bildungssystemen – sind *deshalb* darauf ausgerichtet, traditionell arbeitsmarktferne Personengruppen wie Frauen mit Kindern, Ältere, Schwerbehinderte, Migranten u. a. durch die Reformen im Arbeitsrecht und der sozialen Sicherungssysteme *(Flexicurity)* in den Arbeitsmarkt zu integrieren. Diese „buchstäblich marktschaffende und marktnahe Sozialpolitik" (Bernhard 2010, S. 115) ist ausdrücklich wirtschafts- und arbeitsmarktpolitischen Zielsetzungen untergeordnet. *Im Unterschied dazu* hielt das klassische Sozialmodell den Status sozialer Staatsbürgerschaft nur für den in Vollzeit arbeitenden Arbeiternehmer vor, während Arbeitnehmer oder Arbeitnehmerinnen mit minimierter arbeitsmarktlicher Produktivität Anreize erhielten, dem Arbeitsmarkt fern zu bleiben: Frauen erhielten soziale Rechte über ihre Vollzeit arbeitenden Männer oder der Staat sprang notfalls ein; Ältere erhielten Anreize, Arbeitsplätze für Jüngere zu räumen; Behinderte wurden vom regulären Arbeitsmarkt durch z. B. spezielle Werkstätten ferngehalten (vgl. Annesley 2007, S. 197). Diese sozialpolitische Perspektive gehört der Vergangenheit an: Die individuelle und sozialpolitische Orientierung an naturalisierten Personenkategorien gilt nun vielmehr als *Hindernis* bei der Umsetzung einer Politik, die auf die systematische Erhöhung der Beschäftigungsquote abzielt.

5 Zur Dekonstruktion arbeitsmarktferner Personenkategorien im europäischen Wohlfahrtsstaat

Im Zuge der Europäisierung der nationalen Wohlfahrtsstaaten der europäischen Mitgliedsstaaten findet somit eine *reflexive Zuwendung* des nationalen Wohlfahrtsstaates auf seine selbst geschaffenen Personenkategorien statt, um sie für eine europäische Zielsetzung zu dekonstruieren. In diesem Zusammenhang kommt es zu Anstrengungen, die auf die systematische Integration der bislang vom Arbeitsmarkt weitgehend abgehaltenen Personengruppen abzielen und ihnen dabei einen vollen Zivil- und Sozialbürgerstatus einzuräumen bemüht sind.

Am Beispiel der bislang arbeitsmarktdiskriminierten Personengruppe der *Migranten und Migrantinnen mit verfestigtem Aufenthaltsstatus* kann gezeigt werden, wie für ihre gleichberechtigte Erwerbsintegration ihre volle soziale und zivile Gleichstellung geschaffen werden soll. Mit dem Amsterdamer Vertrag von 1997 strebt die EU die soziale Gleichbehandlung von Drittstaatenangehörigen an, die dauerhaft in einem europäischen Mitgliedsland leben: „Drittstaatenangehörigen sollen, wie EU-Bürgern, in allen Mitgliedsstaaten dieselben sozialen Rechte und Pflichten zuerkannt werden und die Nichtdiskriminierung und Bekämpfung von Rassismus und Fremdenfeindlichkeit oberste Priorität haben" (Weinbach 2005, S. 210). Und doch galt bis Ende 2004 in Deutschland die Arbeitsmarkt- bzw. Vorrangprüfung, der zufolge ein Arbeitgeber bei der Besetzung einer Stelle mit einem (Drittstaaten-)Ausländer respektive Ausländerin – auch mit verfestigtem Aufenthalt, auch der zweiten oder dritten Generation – nachweisen musste, dass kein gleichermaßen qualifizierter Deutscher respektive Deutsche (oder EU-Bürger/Bürgerin) verfügbar sei. Pünktlich zum in Kraft treten des Sozialgesetzbuchs Zweites Buch (SGB II, Hartz IV) am 01. Januar 2005 wurde diese Verfügung abgeschafft: Drittstaaten-Ausländer und Ausländerinnen mit verfestigtem Arbeitsmarktstatus unterliegen nun dem *Fördern und Fordern* des aktivierenden Sozialstaates genauso wie Staatsangehörige oder EU-Bürger respektive Bürgerinnen.

Auch in Bezug auf *behinderte Menschen* entsteht auf der Folie dieser europäischen Wohlfahrtsstaatsreformen ein völlig neues Verständnis von Behinderung, das auf die volle Sozialbürgerschaft dieser Personengruppe abstellt und seinen Ausdruck in verschiedenen programmatischen und gesetzlichen Regelungen findet. In der *Charta der Grundrechte der Europäischen Union* von 2000 ist in Artikel 26 festgelegt, dass behinderte Menschen das Recht haben, „von Maßnahmen zu profitieren, die ihre Unabhängigkeit, soziale und berufliche Eingliederung und Beteiligung am Gemeinschaftsleben sichern". 2002 tritt in Deutschland das *Gesetz zur Gleichstellung von Menschen mit Behinderungen* in Kraft, dessen Kernanliegen auf eine umfassend verstandene Barrierefreiheit abzielt, die sich nicht auf bauliche Barrieren beschränkt. Vielmehr sollen Menschen mit Behinderung alle Lebensbereiche ohne besondere Erschwernisse und ohne fremde Hilfe zugänglich gemacht werden. Mit Aufgreifen der *UN-Behindertenrechtskonvention* (BRK) 2008, die seit 2009 in der Bundesrepublik in Kraft ist, soll die Teilhabe behinderter Menschen realisiert werden. Der Grundsatz der *Inklusion* (Artikel 3 BRK) zielt im Vergleich zu *Integration* nicht länger auf die Anpassung der Menschen an institutionalisierte Strukturen ab, sondern verlangt weit reichende Änderungen dieser Strukturen, innerhalb derer eine umfassende Barrierefreiheit Behinderung als positiven Bestandteil von Normalität der Gesellschaft ermöglichen soll (vgl. Bielefeldt 2009, S. 7).

6 Das Intersektionalitäts-Konzept des europäischen Wohlfahrtsstaates

Die europäische Arbeitsmarkt- und Sozialprogrammatik umfasst nicht nur eine reflexive Perspektive im Umgang mit Personenkategorien, wobei möglichst alle Individuen gleichermaßen als erwerbsfähige Personen kategorisiert werden und rechtliche Regelungen und institutionelle Hürden abgebaut werden sollen. Diese Policy ist darüber hinaus *intersektional*.

Da sind zum einen die *europäischen Anti-Diskriminierungsregelungen* zu nennen: Wie Johanna Kantola hervorhebt, hat sich die EU als Förderer einer rechtlichen und politischen Entwicklung im Feld des Schutzes vor multipler Diskriminierungen herausgestellt und durch rechtliche Regelungen im Bereich primärer und sekundärer Gesetzgebung untermauert (vgl. ebd. 2010, S. 168 ff.). Dadurch sei es möglich geworden, nicht nur auf Gender, sondern ebenfalls auf Rasse und Ethnizität, Religion, Alter, Behinderung und sexuelle Orientierung zu fokussieren. Diskriminierungen könnten somit auch in Kombination miteinander behandelt werden, womit ein intersektionaler Ansatz in die Diskussion gelange, der von der EU als *Multiple Diskriminierung* bezeichnet werde (vgl. ebd., S. 168). Ihren nationalen Niederschlag in Deutschland hat diese Anti-Diskriminierungsperspektive z. B. im Allgemeinen Gleichbehandlungsgesetz gefunden.

Über diese Anti-Diskriminierungsregelungen hinaus ist zum anderen die *arbeitsmarktliche Policy der EU*, welche die Erwerbsintegration aller erwerbsfähigen Erwachsenen im Blick hat, intersektional ausgerichtet. Die Leitlinien der Europäischen Beschäftigungsstrategie fokussieren auf Personenkategorien, die im Zusammenhang mit ungleichen Arbeitsmarktchancen stehen. Explizit genannt werden Frauen, Ältere, Jugendliche, Migrantinnen und Migranten, (Schwer-)Behinderte, aber auch Langzeitarbeitslose oder Schulabbrecherinnen respektive -abbrecher. Ihre intersektionale Verschränkung findet sich z. B. darin, dass die Personenkategorie Geschlecht stets im Verein mit anderen Personenkategorien behandelt wird.

Innerhalb der einzelnen Mitgliedsstaaten wird die intersektionale Verschränkung von Personenkategorien primär auf der regionalen Ebene vorgenommen – als für den regionalen Arbeitsmarkt relevante *Zielgruppen* (dazu Larsen et al. 2008, S. 12). Ein wichtiges Beispiel ist die Praxis der lokalen Behörden der nationalen Arbeitsverwaltung: Die intersektionale Perspektive findet in Deutschland z. B. in den Jobcentern (Hartz IV-Behörde) im jährlichen Integrations- und Arbeitsmarktprogramm ihre Berücksichtigung und Konkretisierung. Das Jobcenter führt auf, welche Eingliederungsleistungen es für seine „Kundschaft" bereitstellt, um ihre Integrationshemmnisse abzubauen und diese in den Arbeitsmarkt zu integrieren. Jedem Jobcenter steht dabei, jenseits gesetzlich genannter Personenmerkmale wie Geschlecht, Behinderung oder Alter, relativ frei, anhand welcher (intersektionalen) Personenkategorien es seine Kundschaft nach *Zielgruppen* differenziert: Alleinerziehende Frauen, schwerbehinderte Menschen mit Migrationshintergrund, männliche Jugendliche, Kunden die ihren Alltag nicht strukturieren können, etc. Indem für diese Zielgruppen auf ihre Personenmerkmale abgestimmte Eingliederungsleistungen zur Verfügung gestellt werden (so sind bei Bedarf z. B. Maßnahmen für schwerbehinderte Menschen mit Migrationshintergrund denkbar, die sich aus Sprachkursen, auf diesen Personenkreis abgestimmte psychosoziale Beratung und einem begleiteten Praktikum zusammensetzen), sollen spezifische Erwerbshemmnisse abgebaut und die Chance zur Erwerbsaufnahme gesteigert werden.

7 Zur sozialwissenschaftlichen Analyse intersektionaler Personenkategorien

Diese grobe Skizze verdeutlicht bereits, dass spezifische Personenkategorien erst auf der Grundlage spezifischer Gesellschaftsstrukturen – hier sind das der europäisierte Wohlfahrtsstaat und seine Arbeitsverwaltung – in die Welt kommen, und dass sie in Abhängigkeit von diesen Gesellschaftsstrukturen an Gewicht gewinnen oder verlieren können. Eine intersektionale Analyse dieser Gesellschaftsstrukturen und ihrer Personenkategorien bedarf der systematischen Berücksichtigung aktueller gesellschaftlicher Entwicklungen. So hat der Fokus auf die reflexive Verwendung von Personenkategorien durch einen europäisierten Wohlfahrtsstaat gezeigt, dass die von Klinger und Knapp eingeforderte historische Rekonstruktion der Genese von Personenkategorien, die im Zusammenhang mit dem modernen Nationalstaat des 19. Jahrhunderts entstanden sind, für eine Intersektionalitäts-Debatte, die zeitgenössische soziale Ungleichheitsverhältnisse verstehen will, notwendig, aber *unzureichend* ist. Eine tiefer gehende sozialwissenschaftliche Analyse dieser Entwicklung setzt vielmehr eine gesellschaftstheoretisch abgestützte Perspektive voraus, die zugleich zeitdiagnostisch angelegt ist. Eine solche gesellschaftstheoretisch und zeitdiagnostisch fundierte Perspektive sollte in der Lage sein, die Komplexität der heutigen Gesellschaft, z. B. ihre soziale Differenziertheit, aber auch Entwicklungen wie die Globalisierung der Gesellschaft oder die Europäisierung bestimmter Nationalstaaten im Zusammenhang mit der Ausbildung einer transnationalen Ebene zu begreifen und in einen geschichtlichen Zusammenhang zu stellen: Die naturalisierten Personenkategorien des nationalen Wohlfahrtsstaats gehören ebenso in einen spezifischen zeitgeschichtlichen und sozialstrukturellen Kontext wie ihre De-Konstruktion unter europäischem Einfluss.

Zugleich muss eine brauchbare gesellschaftstheoretische Rückbindung der intersektionalen Forschung wesentlich konstruktivistisch konzipiert sein: Erst die konstruktivistische Anlage einer Gesellschaftstheorie macht sichtbar, dass Personenkategorien und ihr (intersektionales) Verhältnis zueinander durch sozialstrukturell verortete Beobachtungsperspektiven – ganz gleich ob als Diskurs (Foucault), System (Luhmann), Feld (Bourdieu) o. ä. begriffen – bedingt sind (dazu auch Weinbach 2013). Personenkategorien erscheinen dann nicht länger als natürliche und beobachterunabhängige Entitäten, sondern als soziale Konstruktionen mit kontingentem Charakter. Vollends der hier skizzierten aktuellen Politik eines europäischen Wohlfahrtsstaates angemessen ist die analytische Verwendung von Personenkategorien aber erst, wenn auch den kategorisierten Individuen konstruktive und reflexive Kompetenzen zugestanden werden: Solche *individualisierten Individuen* müssen nämlich die Zumutungen dieses europäisierten Wohlfahrtsstaates eigenständig und reflexiv bewältigen, da dieser von ihnen verlangt, ihre Identität, sei es als Mann oder Frau, als behindert oder nicht-behindert, als mit „eingeborenen" Wurzeln oder Migrationshintergrund versehen, in Orientierung an Arbeitsmarktchancen aufzubrechen und nicht länger zur Grundlage ihres Lebensentwurfs zu machen.

Bislang wehrt sich die Geschlechterforschung, die das Intersektionalitäts-Konzept maßgeblich vorantreibt, weitgehend gegen dessen Rückbindung an bereits vorliegende Gesellschaftstheorien, in der voreiligen Annahme, „dass für Fragestellungen mit einem intersektionalen Zuschnitt an keine der großen Traditionsstränge der soziologischen Gesellschaftstheorie ohne Weiteres angeknüpft werden kann" (so z. B. Knapp 2013, Absatz 40). Der *Beweis* allerdings steht noch aus. Aus meiner Sicht stünde vielmehr allmählich an, das Potential, das uns die etablierten Gesellschaftstheorien bereitstellen, für die intersektionale Fragestellung auszuloten, bei Bedarf umzubauen und zu nutzen (dazu mit Bezug auf Gesellschaftstheorie und Gender z. B. Gildemeister und Hericks 2012; Kahlert und Weinbach 2013). Denn die Fokussierung der Intersektionalitäts-Debatte auf Individuen statt auf Sozialstrukturen führt sicherlich *nicht* zur Entwicklung eines begriffscharfen Intersektionalitäts-Paradigmas.

Literatur

Annesley, Claire. 2007. Lisbon and Social Europe: Towards a European ‚Adult Worker Model' Welfare System. *Journal of European Social Policy 17* (3): 195–205.
Bernhard, Stefan. 2010. *Die Konstruktion von Inklusion. Europäische Sozialpolitik aus soziologischer Perspektive*. Frankfurt a. M. u. New York: Campus.
Bielefeldt, Heiner. 2009. Zum Innovationspotenzial der UN-Behindertenrechtskonvention. http://www.institut-fuer-menschenrechte.de/uploads/tx_commerce/essay_no_5_zum_innovationspotenzial_der_un_behindertenrechtskonvention_aufl3.pdf. Zugegriffen: 29. April 2011.
Bourdieu, Pierre, und Loic Wacquant. 1996. *Reflexive Anthropologie*. Frankfurt a. M.: Suhrkamp.
Gildemeister, Regine, und Katha Hericks. 2012. *Geschlechtersoziologie. Soziologische Zugänge zu einer vertrackten Kategorie des Sozialen*. München: Oldenbourg Verlag.
Hirschauer, Stefan. 2003. Wozu ‚Gender Studies'? *Soziale Welt 54*: 461–482.
Honegger, Claudia. 1991. *Die Ordnung der Geschlechter. Die Wissenschaften vom Menschen und das Weib 1750–1850*. Frankfurt a. M.: Campus Verlag.
Kahlert, Heike, und Christine Weinbach. Hrsg. 2013. *Zeitgenössische Gesellschaftstheorie und Gender. Einladung zum Dialog*, Wiesbaden: VS Verlag für Sozialwissenschaften.
Kantola, Johanna. 2010. Gender and the European Union. Basingstoke: Palgrave.

Klinger, Cornelia. 2003. Ungleichheit in den Verhältnissen von Klasse, Rasse und Geschlecht. In *Achsen der Differenz. Gesellschaftstheorie und feministische Kritik II*, hrsg. Gudrun-Axeli Knapp, und Angelika Wetterer, 14–48. Münster: Westfälisches Dampfboot.

Klinger, Cornelia, und Gudrun-Axeli Knapp. 2005. Achsen der Ungleichheit – Achsen der Differenz. Verhältnisbestimmungen von Klasse, Geschlecht, ‚Rasse'/Ethnizität. *Transit. Europäische Revue 29:* 72–95.

Klinger, Cornelia, und Gudrun-Axeli Knapp. Hrsg. 2008. *Über Kreuzungen. Ungleichheit, Fremdheit, Differenz*. Münster: Westfälisches Dampfboot.

Knapp, Gudrun-Axeli. 2005. Race, Class, Gender. Reclaiming Baggage in Fast Travelling Theories. *European Journal of Women's Studies 12* (3): 249–265.

Knapp, Gudrun-Axeli. 2013. Zur Bestimmung und Abgrenzung von ‚Intersektionalität'. Überlegungen zu Interferenzen von ‚Geschlecht', ‚Klasse' und anderen Kategorien sozialer Teilung. *Erwägen. Wissen. Ethik. Forum für Erwägungskultur 13* (2): *(im Erscheinen)*.

Larsen, Christa, Waldemar Mathejczyk, Jenny Kipper, und Alfons Schmidt. Hrsg. 2008. *Target Group Monitoring in European Regions. Empirical Findings and Conceptual Approaches*. München: Rainer Hampp Verlag.

McCall, Leslie. 2005. The Complexity of Intersectionality. *Society 30* (3): 1771–1800.

Schreyögg, Georg. 2012. *Grundlagen der Organisation. Basiswissen für Studium und Praxis*. Opladen: Springer Gabler.

Weinbach, Christine. 2005. Europäische Konvergenzen: Zur Restitution von Staatsangehörigkeit in Deutschland, Frankreich und Großbritannien. *Berliner Journal für Soziologie 15* (2): 199–218.

Weinbach, Christine. 2008. „Intersektionalität": Ein Paradigma zur Erfassung sozialer Ungleichheitsverhältnisse? Einige systemtheoretische Zweifel. In *Über Kreuzungen. Ungleichheit, Fremdheit, Differenz*, hrsg. Cornelia Klinger, und Gudrun-Axeli Knapp, 171–193. Münster: Westfälisches Dampfboot.

Weinbach, Christine. 2013. Intersektionalität als *Beobachtungsschema*. *Erwägen. Wissen. Ethik. Forum für Erwägungskultur 13* (2): *(im Erscheinen)*.

Wobbe, Theresa. 2012. Making up people: Berufsstatistische Klassifikation, geschlechtliche Kategorisierung und wirtschaftliche Inklusion. *Zeitschrift für Soziologie 41* (1): 41–57.

Vielfalt neu denken
Behinderung und Migration im Inklusionsdiskurs aus der Sicht Sozialer Arbeit[1]

Clemens Dannenbeck

1 Einleitung

Es scheint ein Kennzeichen des Inklusionsdiskurses in der Gegenwart zu sein, dass er unterschiedliche und nicht bruchlos und ohne Weiteres aufeinander bezogene Ebenen erfasst und dabei zwangsläufig Widersprüchlichkeiten hervorbringt – gleichzeitig aber auch Optionen eröffnet, besagte Ebenen gegeneinander auszuspielen und damit (so meine Befürchtung) kritisches Potenzial zu verspielen droht.

Es handelt sich einmal um die Ebene der wissenschaftlich fundierten Verwendung von Inklusion/Exklusion als vornehmlich systemtheoretisch informierte Analysekategorie für beobachtbare gesellschaftliche Differenzierungsprozesse, zum anderen um die Ebene des konkreten politischen und fachlichen (etwa pädagogischen) Handelns und schließlich um die Ebene einer normativ begründeten Perspektive gesellschaftlicher Verfasstheit. Der vorliegende Text spricht sich dafür aus, in den *Wechselwirkungen* zwischen diesen Ebenen – gerade durch die dabei zutage tretenden Widersprüche – positive Effekte vermuten zu wollen.

So könnte der kritisch-reflexive Gebrauch eines theoretisch fundierten Inklusionsverständnisses den gegenwärtig vorherrschenden politischen Inklusionsrhetoriken und dem Risiko fachlicher Beliebigkeiten wirksam entgegentreten, ohne

---

[1] Dieser Beitrag schließt an Überlegungen des Autors an, die zuerst anlässlich des Fachtags Migration und Behinderung der Bundesarbeitsgemeinschaft der Freien Wohlfahrtspflege gemeinsam mit den Fachverbänden für Menschen mit Behinderung am 02. und 03. November 2011 in Berlin formuliert wurden, vgl.: http://www.bagfw.de/no_cache/spezialseiten/artikeldetail/browse/1/article/fachtagung-migration-und-behinderung-wege-der-interkulturellen-oeffnung/?type=13&tx_ttnews%5BbackPid%5D=158&cHash=7709894b30. Zugegriffen: 03. Mai 2013.

die aus der UN-Behindertenrechtskonvention (UN-BRK) abzuleitende Inklusionsorientierung als menschenrechtlich begründete Perspektive aufzugeben.

2 Merkmale des Inklusionsdiskurses

Der folgende Beitrag nähert sich seiner Thematik aus einer diskurstheoretischen Perspektive (vgl. u. a. Pongratz 2004). Um *Behinderung* (vgl. u. a. Röh 2009; Windisch und Loeken 2013) und *Migration* (vgl. u. a. Eppenstein und Kiesel 2008) konfiguriert sich für die praktische Soziale Arbeit eine ganze Bandbreite von Handlungsfeldern. Die entsprechenden Handlungsfelder sind zum einen zielgruppenspezifisch strukturiert und organisiert, etwa in der *Sozialen Arbeit mit Menschen mit (spezifischen Formen von) Behinderungen* (vgl. zum Beispiel mit Blick auf geistig behinderte Menschen Lindmeier 2008) oder in der *Sozialen Arbeit mit Menschen mit Migrationshintergrund bzw. -erfahrung* (vgl. zum Beispiel Handlungsansätze interkultureller Kompetenz, etwa bei Freise 2005).[2] Zum anderen sind Handlungsfelder Sozialer Arbeit dadurch gekennzeichnet, dass sich praktische Soziale Arbeit potenziell stets mit Behinderungs- und/oder Migrationsphänomenen im Sinne einer Querschnittsaufgabe konfrontiert sehen muss.

Dabei dominiert bislang in Bezug auf *Behinderung* eine Orientierung an Empowerment- (vgl. Herringer 2010; Schwalb und Theunissen 2010) und Normalisierungskonzepten (vgl. bspw. Thimm 2005) mit der Ausrichtung, individuellen Benachteiligungen und Diskriminierungen entgegenzuwirken – in Bezug auf *Migration* dominiert demgegenüber eine Integrationsperspektive (vgl. kritisch hierzu Mecheril et al. 2010), die davon geprägt ist, langjährige Versäumnisse der Politik gewissermaßen nachholend auszugleichen.

In der Wissenschaftsdisziplin Soziale Arbeit kritisch diskutiert wird in Bezug auf *Behinderung* der in der professionellen Praxis der Behindertenhilfe häufig anzutreffende Grundton einer meist unterreflektierten defizitorientierten Fürsorgehaltung (vgl. z. B. Schilling und Zeller 2010) und in Bezug auf *Migration* eine mal ungebrochen optimistische Multikulti-Mentalität, mal aufklärerisch-antirassistische Handlungsmotivation (worauf Mecheril et al. 2010 hinweisen). Gespeist wird die innerdisziplinäre (und innerprofessionelle) Kritik an den eigenen Theoriekonzepten und Praxisansätzen vom Unbehagen an der vermuteten oder tatsächlich

---

2 Im Beitrag ist von Migrationshintergrund die Rede, wenn auf den diskursiven Gebrauch des Begriffs rekurriert wird. Kritisch sei angemerkt, dass der Begriff des Migrationshintergrunds mittlerweile an deskriptiver Schärfe eingebüßt hat und nicht frei von Homogenisierungstendenzen ist. Um Typisierungen und Kategorisierungen zu vermeiden, ist dort von Migrationserfahrung die Rede, wo Migration als individuelle und subjektive Erfahrung aufgefasst und als solche wertgeschätzt werden soll.

als suboptimal empfundenen Effektivität des eigenen Handelns (vgl. etwa die Arbeiten der Arbeits- und Forschungsstelle Rechtsextremismus und Fremdenfeindlichkeit am Deutschen Jugendinstitut, z. B. Glaser und Elverich 2008) und von der leisen Ahnung, dass diesem Mangel möglicherweise nur eine konsequent transdisziplinäre und intersektional informierte Perspektive entgegenwirken könnte (vgl. Anhorn et al. 2008, 2012). Ihre Grenze findet die Fachkritik hingegen in der Bereitschaft, die praktisch wirkmächtige Anwendung der Kategorien Behinderung und Migration reflexiv in Frage zu stellen (eine Ausnahme bilden hier Mecheril et al. 2010) – d. h., sich kritischen Diskursen gegenüber zu öffnen, die Behinderung und Migration als sozial, politisch, rechtlich und kulturell hergestellte gesellschaftliche Phänomene begreifen, deren jeweilige (auch interdependente) Bedeutung(en) stets im Wandel begriffen sind und die zudem nicht unabhängig von den disziplinären und professionellen Eigentheorien, die in der Praxis *Sozialer Arbeit* Anwendung finden, ihre Wirkung(en) entfalten (vgl. dazu Rathgeb 2012).

Vor diesem Hintergrund gewinnt der Inklusionsdiskurs, wie er sich seit der Ratifizierung der *UN-Konvention über die Rechte von Menschen mit Behinderungen* durch Bund und Länder der Bundesrepublik Deutschland im Jahre 2009 herausgebildet hat, eine spezifische Bedeutung für die Soziale Arbeit.[3] Im Vergleich zu anderen pädagogischen Disziplinen (etwa der Schulpädagogik) trifft er hier auf die Bedingung, dass in der Sozialen Arbeit die *Integration* von Menschen mit Behinderung zwar eine längere Tradition der Aufmerksamkeit aufweist (etwa in der Kinder- und Jugendhilfe oder hinsichtlich der Integration in das Erwerbsleben), dass dies aber gleichzeitig in der Praxis nicht zur Außerkraftsetzung eines medizinischen Modells oder zur Überwindung eines rein sozialen Modells von Behinderung (vgl. hierzu die Arbeiten von Waldschmidt und Schneider 2007 oder Bösl et al. 2010) geführt hat. Insofern werden auch in der Sozialen Arbeit die Rolle der eigenen Disziplin und die Bedeutung des eigenen professionellen Handelns in Bezug auf die Reproduktion von Behinderung als *kulturelle* Differenzkategorie (entlang der körperbezogenen Unterscheidungen normal/abweichend, gesund/krank, legitim/diskreditiert) bislang selten thematisiert. Aus dieser Perspektive zielt der gegenwärtige politische, aber auch pädagogische Inklusionsdiskurs (lediglich) auf eine wünschenswerte (gegebenenfalls politisch zu forcierende) Fortschreibung der Integrationsbemühungen und eine optimierte gesellschaftliche Teilhabe für Menschen mit Behinderung (vgl. Dannenbeck und Dorrance 2009). Inklusion ist damit auf eine Forderung beschränkt, die auf Menschen mit Behinderung zielt – und bekommt damit erst dann und insofern eine Relevanz für die Arbeit

---

3 Zu den Originaldokumenten sowie zum Stand der Umsetzung der UN-BRK in der Bundesrepublik Deutschland, vgl. das Deutsche Institut für Menschenrechte (www.institut-fuer-menschenrechte.de) – insbesondere die Arbeit der dort angesiedelten Monitoring-Stelle.

mit Migrantinnen und Migranten, wenn auch in diesem Handlungsfeld bzw. in der Beschäftigung mit dieser Zielgruppe Menschen mit Behinderungen sichtbar werden. Interdependenzen zwischen den beiden Differenzkategorien mögen zwar in der einschlägigen Fachliteratur oder auch von Interessenverbünden „Betroffener" durchaus vermutet und vielleicht auch erkannt werden, allerdings dann lediglich additiv in der Gestalt von *Behinderten mit Migrationshintergrund* oder *Migrantinnen und Migranten mit Behinderungen und/oder chronischen Erkrankungen*. Die fachliche Reaktion tendiert in diesen Fällen zur Anwendung eines rein additiven Modells, das bereits aus der geschlechtersensiblen Sozialen Arbeit mit Menschen mit Behinderung bekannt ist (vgl. als maßgebliches Werk für die Geschlechtersensibilisierung etwa Ewinkel und Hermes 1992) und sich in Vorstellungen einer doppelten Benachteiligung erschöpft. Dies entspricht dann folgerichtig der Entdeckung und Berücksichtigung eines Migrationshintergrunds bei Teilen des eigenen Klientels. Auf der anderen Seite mag durch die Rezeption der UN-BRK und die sich auf sie berufenden Diskurse auch in der Arbeit mit Migrantinnen und Migranten eine verstärkte Wahrnehmung tatsächlicher oder drohender Beeinträchtigungen erfolgen. Eine solche bereichsübergreifende wechselseitige Kenntnisnahme schlägt sich etwa in Diskussionen über eine interkulturelle Öffnung der Behindertenhilfe oder auch in einer verstärkten Integrationsorientierung interkultureller Sozialer Arbeit (vgl. beispielsweise Isik und Zimmermann 2010) nieder.

Demgegenüber böte die kritische Rezeption des (häufig pädagogisch verkürzten) Inklusionsdiskurses – nicht zuletzt unter Berücksichtigung seiner (nicht selten ausgeblendeten) systemtheoretischen Konnotationen – Chancen, nicht nur die professionspolitische Position der Sozialen Arbeit zu stärken, sondern auch und in erster Linie einen Beitrag zur Kritik sozialer Praxis in einer trotz aller politischen Lippenbekenntnisse keineswegs inklusionsorientierten Gesellschaft (vgl. Dorrance und Dannenbeck 2013) zu leisten. Diese Kritik bezöge sich auch auf die Hinterfragung eines normativen Inklusionsverständnisses, auf das die UN-BRK in dieser Form gar nicht abzielt und das Inklusion mal in vereinzelten Best-Practice-Modellen schon realisiert sieht (ohne freilich daraus eine gesamtgesellschaftliche Entwicklungsaufgabe erwachsen zu lassen), mal als bloße Utopie erscheinen lässt, die an den begrenzten finanziellen oder eben nun mal leider nicht kurzfristig veränderbaren Verhältnissen scheitern muss.

3 Kritische Rezeption des Inklusionsdiskurses durch die Soziale Arbeit

Ich möchte folgende – durchaus mancherorts bereits formulierte, aber in der Praxis immer wieder tendenziell übersehene – Markierungen setzen, an denen sich die oben geforderte kritische Rezeption des Inklusionsdiskurses durch die Soziale Arbeit, wie er sich im Zuge der Umsetzungsbemühungen der UN-BRK darstellt, orientieren kann.

Zum einen wäre daran festzuhalten, dass sich Inklusion als politische Herausforderung nicht schon in einer Erhöhung von Integrationsquoten in die Regelschule oder den allgemeinen Arbeitsmarkt von Menschen mit Behinderungen oder chronischen Erkrankungen manifestiert, sondern vielmehr als menschenrechtlich grundierte Wertorientierung allen sozialen Handelns zu begreifen ist und damit eine fortdauernde gesamtgesellschaftliche Herausforderung darstellt.

Zum Zweiten erschöpfen sich (als solche ausgerufene) „Inklusions"maßnahmen auch nicht in der Optimierung der Partizipationschancen von als begrenzt integrierbar angesehenen marginalisierten Zielgruppen. Im Gegenteil stellen Inklusionsmaßnahmen, die ihren Namen verdienen, die Frage nach den Bedingungen und Voraussetzungen des Integrationspotenzials bestehender struktureller und institutioneller Verhältnisse, einschließlich der in ihnen handelnden Akteure. Dabei geht es um die Prinzipien der Verfügbarkeit, Zugänglichkeit, Akzeptierbarkeit und Anpassungsfähigkeit (vgl. hierzu Deutsches Institut für Menschenrechte 2011) ebenso wie um die Ermöglichung und Sicherstellung von Selbstbestimmung und einen anerkennenden Umgang (zu anerkennungstheoretischen Überlegungen vgl. u.a. Honneth 2010; Stojanov 2010) miteinander in sämtlichen Lebensbereichen über alle biografischen Phasen und Übergänge hinweg.

Und zum Dritten realisiert sich eine Inklusionsorientierung in der sowohl politischen wie pädagogisch-professionellen Bereitschaft, sich des dialektischen Verhältnisses von *Anerkennung von Vielfalt* und *Reproduktion von Differenz* zu stellen. Denn jeder universalistisch motivierte theoretische Anspruch „alle" Menschen willkommen zu heißen, scheitert quasi notwendigerweise an einer Praxis, die den Effekt der Reproduktion von Differenzbeziehungen ausblendet und der Reflexion entzieht (vgl. dazu beispielhaft noch einmal Mecheril et al. 2010).

„Eine inklusive Gesellschaft schätzt die Vielfalt menschlicher Eigenschaften und Fähigkeiten als ihren eigentlichen Reichtum. Menschen mit Migrationshintergrund und Menschen mit Behinderung gehören dazu." Migration *und* Behinderung – so hieß es in der Ankündigung zur Fachtagung der Bundesarbeitsgemeinschaft der Freien Wohlfahrtspflege gemeinsam mit den Fachverbänden für Menschen mit Behinderung am 02. und 03. November 2011 in Berlin (vgl. für die Quellenangabe Fußnote 1 in diesem Text). Programmatische Ankündigungen und Absichtserklärungen dieser Art assoziieren eine Inklusionsforderung mit der erforderlichen Anerkennung von Vielfalt, was zu einem Ansatz führt, der es erlaubt, eine Interdependenz zwischen Differenzkategorien wie Behinderung und Migration in den Blick zu nehmen. Um sich ihrer selbst zu vergewissern, muss sich eine solchermaßen adressierte *inklusive* Gesellschaft folgerichtig auf die Suche nach zwei bislang zu wenig berücksichtigte Bevölkerungsgruppen begeben – was als fachliche Herausforderung empfunden wird. Welcher Art aber sind die konkreten Qualitäten eines nicht näher beschriebenen Migrationshintergrunds und einer so genannten Behinderung, die beide Phänomene zu schätzenswerten menschlichen Eigenschaften werden lassen? Überwindet die bloße inklusionsmotivierte Entdeckung von Menschen mit Migrationshintergrund und Behinderung bereits die Zielgruppenlogik heil-, sonder-, aber auch allgemeinpädagogischer Denktraditionen und ist es in diesem Zusammenhang mit einem gut gemeinten sowie fachlich begründeten *Willen zur Anerkennung von Vielfalt* schon getan? Begründen Migrationshintergrund und Behinderung überhaupt menschliche Eigenschaften und Fähigkeiten? Und weiter: Ist die handlungsmethodisch motivierte Suche nach einer „richtigen" (sprich: fachlich auf der Höhe der Zeit sich verstehenden) Umgangspraxis auf der Basis (an-)erkannter Vielfalt angesichts der real existierenden Ungleichheitsverhältnisse eigentlich dem Problem angemessen? Reproduziert sich nicht eine im Sinne der Inklusion eigentlich zu überwindende Integrationslogik bereits dann, wenn die Möglichkeit des Scheiterns im Umgang mit Vielfalt als Ergebnis suboptimierter Fachlichkeit verbucht wird (und nicht zum einen als „normales" und in Kauf zu nehmendes Risiko jedweder Interaktion, zum anderen aber gleichzeitig als defizitäre Umsetzung des unveräußerlichen Menschenrechts auf volle selbstbestimmte gesellschaftliche Teilhabe zu werten wäre)? Was ist gewonnen, wenn statt des Inklusionsbegriffs, die Kategorie *Diversity* ins Zentrum der Betrachtung rückt? Ist damit die Beobachtung menschlicher Heterogenität theoretisch angemessener und handlungspraktisch vollständiger eingefangen? Und schließlich: Gibt es überhaupt einen „richtigen" Umgang mit Vielfalt im Falschen – sprich: in einer nicht inklusiven Gesellschaft?

Die geforderte kritische Rezeption des Inklusionsdiskurses (nicht zu verwechseln mit einer Infragestellung von Sinnhaftigkeit, Zumutbarkeit oder Realisierbarkeit von Inklusion als menschenrechtlicher Grundsatz im Sinne der UN-BRK) führt unhintergehbar zur Auseinandersetzung mit den skizzierten Fragestellungen. In ihr manifestiert sich der oft beschworene Paradigmenwechsel vom Blick auf benachteiligte, diskreditierbare oder diskreditierte Marginalisierte und deren Anpassungsfähigkeit und (zugeschriebene) -willigkeit hin zur Fokussierung auf gesellschaftspolitische Gestaltungsfähigkeit und -willigkeit. Inklusionsorientierung stellt Soziale Arbeit vor die Aufgabe, sich ihrer politischen (Mit-)Verantwortung für die Gestaltung eines Gemeinwesens, das Menschen, ungeachtet ihrer fremd- oder selbstzugeschriebenen Zugehörigkeiten, selbstbestimmte Teilhabe ermöglicht und erhält, bewusst zu werden und ihre Handlungspraxis danach auszurichten. Das Selbstverständnis Sozialer Arbeit als Menschenrechtsprofession (vgl. etwa Staub-Bernasconi 1998) macht diese Herausforderung fachlich anschlussfähig, ist aber noch keineswegs deren Einlösung. Diese bedarf vielmehr der

Aufrechterhaltung eines selbstreflexiven kritischen Anspruchs, um in dem unter inklusiven Vorzeichen sich vollziehenden gesellschaftlichen Wandel unter Berücksichtigung der eigenen fachlichen Anteile die Funktion einer widerständigen Akteurin einnehmen zu können.

4 Fünf Konsequenzen aus der Verfassung des gegenwärtigen Inklusionsdiskurses

1. Die Orientierung an der Inklusionsforderung der UN-BRK erfordert eine Verabschiedung der Zielgruppenorientierung. Nur unter dieser Voraussetzung können bisherige, mehr oder weniger gut gemeinte (unter Finanzierungsvorbehalt stehende) politische Integrationsbemühungen durch eine Inklusionsperspektive ersetzt werden, die ihren Namen verdient. Dabei handelt es sich um ein Argument, das die Ebenen des gesellschaftlichen Wertekonsenses und der politischen Willensbildung berührt. Konkrete Maßnahmen können, ja müssen angesichts fortbestehender Teilhabebarrieren und Benachteiligungen nach wie vor durchaus auch zielgruppenspezifische Förderstrategien bedingen. Diese sind aber nicht als Selbstzweck, sondern stets nur als zweckdienliche Mittel auf dem Weg zu einer Gesellschaft zu verstehen, die sich am Ziel der vollen selbstbestimmten Teilhabe aller orientiert. Inklusion muss ein reflexiver Prozess bleiben und darf nicht zu einer mal als schwärmerisch verschrien, mal unter Ideologieverdacht stehenden Utopievorstellung, zu einem ewigen Versprechen auf eine ferne Zukunft verfabelt werden.

2. Migrationserfahrung und Behinderung sind vor dem Hintergrund des Inklusionsgedankens weder als Eigenschaftssyndrome angemessen zu begreifen, noch verhalten sie sich zueinander ohne weiteres additiv – etwa nach dem Muster einer doppelten Benachteiligung. Umsetzungsüberlegungen der UN-BRK müssten sich infolgedessen nicht zuletzt auch in den Handlungsfeldern Sozialer Arbeit sowohl auf Basis einer kritischen Reflexion der unserem fachlichen Handeln immanenten Kulturbegriffe (etwa wenn sie von typisierbaren und kategorialen Migrations„hintergründen" ausgehen und dabei die Vielschichtigkeit und Subjektivität individueller Migrationserfahrungen ignorieren) bewegen, als auch Behinderung konsequent im Kontext eines sozio-kulturellen Modells, wie es dem Behinderungsverständnis der UN-BRK entspricht (vgl. Aichele 2010), verorten. Mit der Einsicht, dass in der handlungspraktischen Anerkennung von Vielfalt stets auch die Möglichkeit der *Reproduktion von Differenz* mitzudenken wäre, erfährt die anerkennungstheoretische Perspektive eine differenztheoretische Ergänzung – womit eine Reflexionsebene und theoretische Position beschrieben wäre, die jenseits überkommener multikultureller und integrationseuphorischer professioneller Grundhaltungen angesiedelt wäre. Eine solchermaßen ausgerichtete fachliche Position beantwortet die Frage nach den Bedingungsfaktoren eines gelingenden Umgangs mit Vielfalt unter Einbeziehung des Faktors Macht – auf politischer Ebene ebenso wie auf der Ebene fachlicher Interaktion.

3. Aus einem differenztheoretisch informierten sozio-kulturellen Modell von Behinderung lassen sich folgende übergeordnete Aufgaben ableiten, die sich für alle Akteure in der Sozialen Arbeit stellen:

- Kritik von Diskriminierungs- und Benachteiligungspraxen
- Wertschätzung von Vielfalt als handlungsrelevante Ressource
- Analyse binärer Logiken von Differenzsetzungsprozessen
- Reflexion des eigenen fachlichen Handelns und politischen Agierens.

4. Inklusion stellt nicht die Berechtigung von Spezialqualifikationen in Frage, wie häufig leichtfertig unterstellt und/oder befürchtet wird, wenn z. B. über die Zukunft der Sonderpädagogik in einer inklusionsorientierten Reform pädagogischer Ausbildungsgänge diskutiert wird. Allerdings stellt sich die Frage nach den professionellen Zuständigkeiten und somit nach den wirklichkeitserzeugenden Konsequenzen funktionaler Differenzierung. Als Beispiel sei die Problematik der überkommenen Arbeitsteilung zwischen Sonder- und Allgemeinpädagogik oder die professionelle Aufteilung des Förder- und Therapiemarktes genannt. Die Umsetzung der UN-BRK im Bildungssektor erfordert zunächst mehr Kooperation zwischen den bislang für getrennte Systeme ausgebildeten Professionellen – darüber hinaus jedoch wird die Vermittlung transdisziplinärer Perspektiven zu einem wesentlichen Moment zukünftiger inklusionsorientierter Ausbildung werden müssen. „Inklusion" darf dabei nicht zu einer weiteren Spezial- oder Zusatzqualifikation werden. Vielmehr stellt sich die Frage nach den Modellen von Differenz und deren Bedeutung in der Praxis, die in Ausbildungsgängen Sozialer Arbeit vermittelt werden. Bei der Auseinandersetzung mit den jeweiligen Inklusions- und Exklusionsverhältnissen und ihren gesellschaftlich, praktisch und politisch hergestellten Reproduktionsbedingungen handelt es sich um eine echte Querschnittsaufgabe.[4] Erst wenn sich die gesamte (sozial-)pädagogische Aus- Fort- und Weiterbildung dieser Querschnittsausgabe stellt, kann hier von einem Aufbruch im

---

4 Vgl. hierzu etwa an der Regensburger Hochschule den Master-Studiengang Inklusion – Exklusion in der Sozialen Arbeit, http://www.hs-regensburg.de/fakultaeten/angewandte-sozialwissenschaften/studiengaenge/master-soziale-arbeit-inklusion-und-exklusion.html. Zugegriffen: 03. Mai 2013.

Sinne der UN-BRK gesprochen und die althergebrachte Integrationsperspektive als überwunden angesehen werden.

5. Kulturalisierungs- und Ethnisierungsstrategien sowie die Anwendung eines medizinisch-individuellen Modells von Behinderung sind geeignet, von sozialen Exklusionsmechanismen abzulenken. Ein theoretisch verkürzter Inklusionsdiskurs, der sich systematischer Selbstreflexion verschließt und einer normativ aufgeladenen Integrationsperspektive verpflichtet ist, weiß diesen Tendenzen bislang nur unzureichend zu begegnen.

5 Kampf der Diskurse – Inklusion und Diversity

In der vierten völlig neu bearbeiteten Auflage des Handbuchs Soziale Arbeit (vgl. Otto und Thiersch 2011) sucht man das Stichwort *Inklusion* vergeblich – trotz der seit der Ratifizierung der UN-BRK überaus virulenten öffentlichen Debatte um Teilhabebarrieren und Selbstbestimmungsoptionen von Menschen mit Behinderung. In dieser Debatte wird der Inklusionsdiskurs, der sich mit Blick auf Kinder und Jugendliche vornehmlich um Fragen nach den Bedingungen schulischer Integration dreht, allerdings häufig verkürzt als in erster Linie bildungspolitisch relevant verstanden. Während in der Allgemeinen wie in der Sonderpädagogik das Thema Inklusion primär sowohl als Herausforderung für ein nach dem Prinzip der äußeren Differenzierung organisiertes Bildungssystem als auch für eine pädagogische Praxis verstanden wird, die sich bislang keineswegs an individueller Förderung orientiert hat, scheint sich die Soziale Arbeit bestenfalls am Rande am (pädagogischen) Inklusionsdiskurs zu beteiligen. Entdeckt(e) die Pädagogik real existierende Vielfalt gewissermaßen erst seit geraumer Zeit (vgl. u. a. Prengel 2006, zuerst 1995), ist die Soziale Arbeit mit Kindern und Jugendlichen sehr viel stärker von der Erfahrung gesellschaftlicher Disparität(en) veranlasst und geprägt. Das Verhältnis von Vielfalt und Teilhabe wird infolgedessen in Fachdiskursen Sozialer Arbeit eher unter Rückgriff auf den Diversity-Begriff diskutiert, während in pädagogischen Diskursen auf ein Inklusionsverständnis rekurriert wird, das dazu neigt, Heterogenität als pädagogisch lediglich anzuerkennende Handlungsbedingung hochzuhalten und dabei die strukturellen wie praktischen Reproduktionsbedingungen gesellschaftlicher Ungleichheitsverhältnisse tendenziell ausblendet (vgl. Dorrance 2013).

Diversityansätze im Kontext Sozialer Arbeit berücksichtigen, dass sich in der Gegenwartsgesellschaft soziale Ungleichheitsverhältnisse und damit Fragen nach sozialer Gerechtigkeit nicht mehr ohne Bezugnahme auf das Spannungsverhältnis von Identität und Differenz beantworten lassen (vgl. Mecheril und Plößer 2011;

Mecheril und Vorrink 2012). Ein pädagogisches Inklusionsverständnis hingegen sucht die dominante Integrationslogik aufzubrechen und umzukehren, indem es die gesellschaftlichen Struktur- und Organisationsbedingungen auf deren Exklusionseffekte, Teilhabebarrieren und Selbstbestimmung verhindernde Bedingungen überprüft und in Frage stellt. Beide Diskurse berücksichtigend, ergibt sich ein Erkenntnisgewinn: Der (sozial-)pädagogische Umgang mit Heterogenität wirft angesichts fortbestehender sozialer Ungleichheitsverhältnisse eine kritische Perspektive auf deren gesellschaftspolitische Prozessdynamik – und erfordert ebenso eine Bereitschaft zur Selbstreflexion des eigenen Handelns aufgrund unhintergehbarer Verstrickungen in die Konstruktionsbedingungen von Differenz. Sowohl anerkennungs- wie ungleichheitstheoretische Perspektiven für sich genommen bleiben hinter einer solchen Anforderung tendenziell zurück.

Einer selbstbewussten identitätspolitisch motivierten Selbstpositionierung – etwa in den Deaf Studies – begegnen pädagogische Inklusionsakteurinnen und -akteure häufig indifferent, bisweilen auch hilflos. Denn aus dem Recht auf gesellschaftliche Teilhabe und Selbstbestimmung auch ein identitätspolitisch begründetes Recht auf (Selbst-)Exklusion ableiten zu wollen, muss unter einem institutionenkritischen Blickwinkel als eine Form falschen Bewusstseins erscheinen. In der Tat läuft eine partikulare Identitätspolitik stets Gefahr, die strukturellen Bedingungen ihrer Artikulations- und Repräsentationsmöglichkeit zu unterschätzen, ebenso wie umgekehrt die Strukturkritik Gefahr läuft, unbemerkt ihrerseits zur Reetablierung von Bevormundung und damit von Teilhabehindernissen beizutragen. Inklusion und Diversity erscheinen in pädagogischen Fachdiskursen als überwiegend opake Kategorien, die typischerweise um ihre theoretischen Traditionen und Begriffsgenesen gebracht werden.

Gerade die Genese des Diversity-Begriffs zeigt, mit welchen Risiken weitgehend theorielose semantische Aneignungen durch unterschiedliche Diskurskontexte verbunden sind. Unter dem Aspekt einer betriebswirtschaftlichen Verwertungslogik wird spätestens seit der Jahrtausendwende unter dem Vorzeichen von „Managing Diversity" identitäre Vielfalt (häufig reduziert auf ihre essentialistischem Denken entstammende vorgeblich kulturelle Dimension) als vorteilhafte Bedingung für Innovation, Effizienz und ökonomischen Erfolg identifiziert. Damit scheint der neuen Unübersichtlichkeit in der Analyse Sozialer Ungleichheit (Berger 1987) mit der Entdeckung einer reinen Vielfalt von Unterschieden begegnet zu werden, deren Verhältnis zueinander und deren Wechselwirkungen jedoch theoretisch unterbelichtet bleiben, solange ihre Berücksichtigung die Hoffnung auf Profitmaximierung in Aussicht stellt. Bezeichnenderweise sind die im Zuge von Managing-Diversity-Ansätzen beachteten Dimensionen von Vielfalt keineswegs von einem teilhabeorientierten Interesse an verbesserter Repräsentation bislang marginalisierter Gruppen geprägt, sondern allemal abhängig von der gesellschaftlichen Bedeutung einer jeweils als bereichernd „anerkannten" Differenz. So ist es ja keinesfalls die kulturelle Vielfalt an sich, die hier vorzugsweise in Szene gesetzt wird, ebenso wenig wie beispielsweise Menschen ungeachtet der Art und Schwere ihrer Behinderung von Managing-Diversity-Prozessen generell profitieren. Die gesellschaftlich hierarchisch geordneten Bedeutungen kultureller Differenzen bleiben davon ebenso unberührt wie die Hierarchien unterschiedlicher Formen von Schädigungen, die sich in jeweils spezifischen Integrationschancen in Abhängigkeit von Form und Grad der „Behinderung" niederschlagen. Anerkennung findet allein, was die Chance auf Profitmaximierung in Aussicht stellt.

Gefordert ist schließlich ein erneutes Nachdenken über die Wirksamkeit immanenter rassistischer Logiken in Politik, Medien, Öffentlichkeit und auch den verschiedenen Handlungsfeldern professioneller Praxis. Auch hier geht es nicht (nur) um das Entdecken, Entlarven und Bekämpfen der rassistischen Haltung des jeweils Anderen als einer mehr oder weniger unveräußerlichen Eigenschaft, sondern um die Analyse und Reflexion der Wirksamkeit von Diskursen, an denen gegebenenfalls auch die eigene Profession teilhat.

In Deutschland weist etwa jeder vierte Mensch unter 25 Jahren eine transnationale Migrationsgeschichte auf. Eine Herausforderung stellt diese Ausgangssituation für all diejenigen gesellschaftlichen Institutionen dar, deren Funktionieren von der Herstellung homogener Zielgruppen abhängt. Allen voran ist hier das Bildungssystem zu nennen. Für unsere Schulen etwa ist Vielfalt stets ein Problem (gewesen), Anlass für fortgesetzte Selektion und Separierung sowie ausgemachte Ursache für Konflikte und beständiges Risiko für pädagogischen Erfolg.

Paul Mecheril et al. (2010) entwerfen mit rassismuskritischem Anspruch die Grundzüge einer Migrationspädagogik, die ihre Konsequenzen aus der Migrationstatsache zieht und dabei die Chancen auszuloten versucht, wie national verengte Perspektiven angegangen, reflektiert und überwunden werden können. „Migrationspädagogik beschäftigt sich mit Zugehörigkeiten und deren Bedingungen und Konsequenzen ihrer Herstellung" (ebd., S. 13). Das herausragende Moment dieser Perspektive besteht in der konsequenten *Reflexivität* ihres Entwurfs: Welche Pädagogik ist einer Einwanderungsgesellschaft angemessen, bzw. wie gestaltet sich pädagogisches Handeln unter den Bedingungen einer Migrationsgesellschaft?

Gerade für Bildung und Erziehung hat die jahrelange politische Verweigerung einer aktiven Integrationspolitik und die Leugnung der Tatsache, dass Deutschland faktisch ein Einwanderungsland ist, dazu geführt, dass die sozialen Folgen von Migration verkannt wurden (zur kritischen Debatte innerhalb der Migrationsforschung der Bundesrepublik vgl. auch die Positionen von Beck-Gernsheim 2007, zuerst 2002 sowie 1999).

Warum tendiert der (inklusions-)pädagogisch mehr oder weniger geschulte Blick in der Praxis immer noch dazu, im Schulversager mit Migrationshintergrund zwar nicht mehr ausschließlich *kulturelle Defizite,* aber doch noch überwiegend *kulturbedingte* Belastungsfaktoren am Werk zu sehen? Die Einsicht in die Normalität von Migration hat bisher weder die pädagogische Praxis noch die Bildungspolitik nachhaltig erreicht. Aber auch der Reflex, die mangelnde Effizienz des Bildungssystems immer wieder auf kulturelle Belastungsfaktoren und eine kulturbedingt defizitäre Integrationsbereitschaft zurückzuführen, ist hierfür Beleg.

In einem bildungspolitisch unhinterfragten selektiven Schulsystem, in dem Vorstellungen von längerem gemeinsamem Lernen als Ausdruck (post-)sozialistischer Gleichmacherei diffamiert werden, ist es hingegen mit der tatsächlich gemeinsam verbrachten Zeit von Kindern und Jugendlichen mit und ohne Migrationshintergrund nicht weit her. So sind die Konzentrationen der Schülerschaft mit Migrationshintergrund in spezifischen Regionen sehr schulartenspezifisch – und damit nicht Resultat von Überfremdung, sondern Konsequenz der Selektions- und Separationslogik des Bildungssystems.

Das Problem des Umgangs mit kultureller Vielfalt liegt nicht im *Modus des Fremdverstehens,* sondern in der *Notwendigkeit und Schwierigkeit, die Logik kultureller Differenzsetzung zu dekonstruieren.* Und diese Logik tritt sowohl in der politischen Rhetorik wie in den institutionalisierten Strukturprinzipien des Bildungssystems (Gomolla und Radtke 2007) offen zutage.

Wir kommen wohl nicht umhin, uns mit gesellschaftlich dominanten Diskursen auseinanderzusetzen, die sich in einer Gesellschaft abspielen, die ihrem eigenen Anspruch nach im Begriff ist, sich (zumindest rhetorisch) auf den „Weg der Inklusion" zu machen.

Literatur

Aichele, Valentin 2010. Behinderung und Menschenrechte. Die UN-Konvention über die Rechte von Menschen mit Behinderungen. *Aus Politik und Zeitgeschichte* 2010 (23): 13–19.

Anhorn, Roland, Frank Bettinger, Cornelis Horlacher, und Kerstin Rathgeb. Hrsg. 2012. *Kritik der Sozialen Arbeit – kritische Soziale Arbeit.* Wiesbaden: VS Verlag für Sozialwissenschaften.

Anhorn, Roland, Frank Bettinger, und Johannes Stehr. Hrsg. 2008. *Sozialer Ausschluss und Soziale Arbeit. Positionsbestimmungen einer kritischen Theorie und Praxis Sozialer Arbeit.* 2. Aufl. Wiesbaden: VS Verlag für Sozialwissenschaften.

Beck-Gernsheim, Elisabeth. 1999. *Juden, Deutsche und andere Erinnerungslandschaften.* Frankfurt a. M.: Suhrkamp.

Beck-Gernsheim, Elisabeth. 2007. *Wir und die Anderen: Kopftuch, Zwangsheirat und andere Missverständnisse.* Frankfurt a. M.: Suhrkamp.

Berger, Peter A. 1987. Klassen und Klassifikationen: zur „neuen Unübersichtlichkeit" in der soziologischen Ungleichheitsdiskussion. *Kölner Zeitschrift für Soziologie und Sozialpsychologie 39* (1): 59–85.

Bösl, Elsbeth, Anne Klein, und Anne Waldschmidt. Hrsg. 2010. *Disability History. Konstruktionen von Behinderung in der Geschichte. Eine Einführung*. Bielefeld: Transcript.

Dannenbeck, Clemens, und Carmen Dorrance. 2009. Inklusion als Perspektive (sozial) pädagogischen Handelns – eine Kritik der Entpolitisierung des Inklusionsgedankens. Inklusion-online. Zeitschrift für Inklusion 3 (2): http://www.inklusion-online.net/index.php/inklusion/article/view/24. Zugegriffen: 03. Mai 2013.

Deutsches Institut für Menschenrechte. 2011. Stellungnahme der Monitoring-Stelle vom 31. März 2011: Eckpunkte zur Verwirklichung eines inklusiven Bildungssystems (Primarstufe und Sekundarstufen I und II). Empfehlungen an die Länder, die Kultusministerkonferenz und den Bund. http://www.institut-fuer-menschenrechte.de/uploads/tx_commerce/stellungnahme_der_monitoring_stelle_eckpunkte_z_verwirklichung_eines_inklusiven_bildungssystems_31_03_2011.pdf. Zugegriffen: 03. Mai 2013.

Dorrance, Carmen. 2013. Zugehörigkeit und soziale Differenz im Elementarbereich. Inklusion in Zeiten der Entsolidarisierung. *Gemeinsam Leben. Zeitschrift für Inklusion 21* (3): 141–151.

Dorrance, Carmen, und Clemens Dannenbeck. Hrsg. 2013. *Doing Inclusion. Inklusion in einer nicht inklusiven Gesellschaft*. Bad Heilbrunn: Klinkhardt.

Eppenstein, Thomas, und Doron Kiesel. 2008. *Soziale Arbeit interkulturell. Theorien – Spannungsfelder – reflexive Praxis*. Stuttgart: Kohlhammer.

Ewinkel, Carola, und Gisela Hermes. Hrsg. 1992. *Geschlecht behindert – besonderes Merkmal: Frau. Ein Buch von behinderten Frauen.* 5. Aufl. München: AG SPAK.

Freise, Josef. 2005. *Interkulturelle Soziale Arbeit. Theoretische Grundlagen – Handlungsansätze – Übungen zum Erwerb interkultureller Kompetenz*. Schwalbach/Ts.: Wochenschau Verlag.

Glaser, Michaela, und Gabi Elverich. Hrsg. 2008. *Rechtsextremismus, Fremdenfeindlichkeit und Rassismus im Fußball. Erfahrungen und Perspektiven der Prävention*. Halle: Deutsches Jugendinstitut.

Gomolla, Mechthild, und Frank-Olaf Radtke. 2007. *Institutionelle Diskriminierung. Die Herstellung ethnischer Differenz in der Schule*. 2. Aufl. Wiesbaden: VS Verlag für Sozialwissenschaften.

Herringer, Norbert. 2010. *Empowerment in der Sozialen Arbeit. Eine Einführung*. 4. Aufl. Kohlhammer: Stuttgart.

Honneth, Axel. 2010. *Kampf um Anerkennung: Zur moralischen Grammatik sozialer Konflikte*. 6. Aufl. Frankfurt a. M.: Suhrkamp.

Isik, Seyda, und Gudrun Zimmermann. 2010. Behinderung und Migration. Ein Impuls zum Dialog für alle, die eingewanderte Menschen mit einer Behinderung/eingewanderte Familien mit einem behinderten Angehörigen begleiten. Kultursensible Beratung braucht Wissen und Verständnis füreinander. http://www.lebenshilfe-bremen.de/files/Impuls_zum_Dialog2010_04.pdf. Zugegriffen: 03. Mai 2013.

Lindmeier, Christian. 2008. *Biografiearbeit mit geistig behinderten Menschen. Ein Praxisbuch für Einzel- und Gruppenarbeit.* 3. Aufl. Weinheim u. Basel: Beltz Juventa.
Mecheril, Paul, und Melanie Plößer. 2011. Diversity und Soziale Arbeit. In *Handbuch Soziale Arbeit,* hrsg. Hans-Uwe Otto, und Hans Thiersch, 4. Aufl., 278–287. München: Reinhardt.
Mecheril, Paul, und Andrea J. Vorrink. 2012. Diversity und Soziale Arbeit: Umriss eines kritisch-reflexiven Ansatzes. *Archiv für Wissenschaft und Praxis der Sozialen Arbeit 43* (1): 92–101.
Mecheril, Paul, Maria do Mar Castro Varels, Inci Dirim, und Annita Kalpaka. 2010. *Bachelor I Master. Migrationspädagogik.* Weinheim u. Basel: Beltz.
Otto, Hans-Uwe, und Hans Thiersch. Hrsg. 2011. *Handbuch Soziale Arbeit.* 4. Aufl. München: Reinhardt.
Pongratz, Ludwig A. 2004. *Nach Foucault: Diskurs- und machtanalytische Perspektiven der Pädagogik.* Wiesbaden: VS Verlag für Sozialwissenschaften.
Prengel, Annedore. 2006. *Pädagogik der Vielfalt. Verschiedenheit und Gleichberechtigung in Interkultureller, Feministischer und Integrativer Pädagogik.* 3. Aufl. Wiesbaden: VS Verlag für Sozialwissenschaften.
Rathgeb, Kerstin. Hrsg. 2012. *Kritische Perspektiven für die Arbeit am Sozialen.* Wiesbaden: VS Verlag für Sozialwissenschaften.
Röh, Dieter. 2009. *Soziale Arbeit in der Behindertenhilfe.* Stuttgart: Reinhardt UTB.
Schilling, Johannes, und Susanne Zeller. 2010. *Soziale Arbeit. Geschichte – Theorie – Profession. Studienbuch für soziale Berufe.* 4. Aufl. Stuttgart: Reinhardt UTB.
Schwalb, Helmut, und Georg Theunissen. 2010. *Inklusion, Partizipation und Empowerment in der Behindertenarbeit. Best-Practice-Beispiele: Wohnen – Leben – Arbeit – Freizeit.* 2. Aufl. Stuttgart: Kohlhammer.
Staub-Bernasconi, Silvia. 1998. Soziale Arbeit als „Menschenrechtsprofession". In *Profession und Wissenschaft Sozialer Arbeit. Positionen in einer Phase der generellen Neuverortung und Spezifika in den neuen Bundesländern,* hrsg. Armin Wöhrle, 305–331. Pfaffenweiler: Centaurus.
Stojanov, Krassimir. 2010. *Bildung und Anerkennung: Soziale Voraussetzungen von Selbst-Entwicklung und Welt-Erschließung.* 2. Aufl. Wiesbaden: VS Verlag für Sozialwissenschaften.
Thimm, Walter. 2005. *Das Normalisierungsprinzip. Ein Lesebuch zu Geschichte und Gegenwart eines Reformkonzepts.* Berlin: Lebenshilfe-Verlag.
Waldschmidt, Anne, und Werner Schneider. Hrsg. 2007. *Disability Studies, Kultursoziologie und Soziologie der Behinderung.* Bielefeld: Transcript.
Windisch, Matthias, und Hiltrud Loeken. 2013. *Behinderung und Soziale Arbeit. Konzepte – Kompetenzen – Arbeitsfelder.* Stuttgart: Kohlhammer.

Körper, Sexualität und (Dis-)Ability im Kontext von Diversity Konzepten

Elisabeth Tuider

> „Am Anfang war der Dildo. Der Dildo war vor dem Penis."
> (Preciado 2003, S. 12)

1 Queeres & Diversität

In ihrem kontrasexuellen Manifest (2003) bearbeitet und verwirrt in queer-dekonstruktivistischer Weise die us-amerikanische, sich selbst als „radikal lesbisch" bezeichnende Philosophin Beatriz Preciado den Zusammenhang von Geschlecht, Sexualität und Körper. Preciado liefert mit ihrem so skizzierten Körperkonzept Anregungen, die queer studies mit den disability studies in antikategorialer Diversity-Perspektive zusammen zu führen, was auch das Anliegen des vorliegenden Beitrages ist. Preciado streicht die der Heteronormativität zugrunde liegende Ordnung, d. h. die Vorstellung von eindeutigen zweigeschlechtlichen Körpern, die ein bestimmtes sexuelles Begehren hervorrufen, durch. Anstatt der Penis-Phallus-Logik zu folgen, die auch queere Theorien nach Judith Butler, Teresa de Lauretis, Jacques Derrida, Jacques Lacan und Monique Wittig charakterisieren, führt Preciado den Dildo als „strategischen Platz zwischen Phallus und Penis ein" (ebd., S. 56). Dabei wirft sie kritisch und provozierend die Fragen auf, wo sich das Geschlecht eines Körpers befindet, der einen Dildo trägt und ob der Dildo ein weibliches oder ein männliches Attribut sei (vgl. ebd., S. 53). Ist der Dildo also Imitation (des Penis), Instrument oder Technologie der Lustproduktion?

> „Spätestens seit dem 18. Jahrhundert muss man den Sex als biopolitische Technologie denken. Das heißt als ein komplexes System regulatorischer Strukturen, die das Verhältnis zwischen den Körpern, den Instrumenten, den Maschinen, ihren Verwendungsweisen und Benutzer/innen kontrollieren. Der Dildo tritt also nicht nur als

Nachahmung des lebendigen Gliedes auf, sondern als ein Instrument unter anderen organischen und nicht-organischen Maschinen (Hände, Peitschen, Penis, Keuschheitsgürtel, Kondome, Zungen etc.)." (ebd., S. 60)

Den Dildo weder als Ersatz für den Penis (als Organ) noch als Mittel des Phallozentrismus (als abendländische hegemoniale Logik) lesend – Preciado (2004) nennt es die „Genealogie des Dildos"[1] –, fordert sie, sexuelle Praxis und Beziehungspraxen queerer Subjektpositionen und kontemporärer Körper neu zu denken, nämlich jenseits heteronormativer Strukturen. Cyborgs und Dykes wären darin nicht mehr „monströse Körper" (vgl. Mehlmann 2006), BDSM und Fetischismus nicht weiterhin marginalisierte „Perversionen" (vgl. Lautmann 2002). Der Dildo wird bei Preciado vielmehr zu einer auf Universalien und Entitäten verzichtenden partikularisierten Eigenschaft, die im Feld der Kontra-Körperlichkeit agiert (vgl. Bourcier 2003, S. 161). Auf diesem Wege werden Bezeichnungen und An-Ordnungen in maskulin *oder* feminin abgeschafft, der Körper aus seiner heterosexistischen Begrenzung und seiner Reduktion auf sexuelle Zonen befreit und schließlich der Orgasmus systematisch parodiert.

Das „kontrasexuelle Manifest" von Preciado als Anregung eines queer-feministischen Körperkonzepts und queerer Körperpolitiken nehmend, frage ich in meinem Beitrag danach (1.), welche Vorstellungen von eindeutig vergeschlechtlichten und (im Sinne heterosexueller Akte) funktionstüchtigen d. h. *abled* Körpern bisherigen Konzeptualisierungen von Sexualität zugrunde liegen. Dazu greife ich auf Überlegungen und Konzepte der deutschsprachigen Sexualwissenschaft und Sexualpädagogik zurück. Mit queer-theoretischen Erkundungen bei Michel Foucault und Judith Butler möchte ich sodann (2.) den Körper historisieren und fragmentieren sowie als Praxis im Spannungsfeld von Fremd- und Selbsttechnologien analysieren und zuletzt (3.) ein antinormatives, nicht essentialistisches Körper-Konzept im Rahmen von Diversity Pädagogik stark machen. Meine Arbeiten im Kontext der Intersektionalitäts- und Diversity-Debatten verstehen sich grundsätzlich als anti-kategoriales Vorgehen.[2] Innerhalb der Intersektionalitätsdebatten ist die Schnittstelle von Gender, Sexualität und *Ability* wenig thematisiert. Ein antinormatives und antikategoriales Körperkonzept könnte hierbei eine notwendige und sinnvolle Brücke schlagen zwischen der Analyse von

---

1 „Dildo ist ein Begriff, um diese biopolitische Produktion des Körpers als soziale Prothese zu fassen." (Preciado in Jungle World 2004)
2 Hierbei rekurriere ich auf die Unterscheidung Leslie McCalls (2005), die zwischen einem inter-kategorialen Zugang, der die Wechselwirkung zwischen den Kategorien fokussiert, einem intra-kategorialen Zugang, der nach der Differenz innerhalb einer Kategorie fragt und zuletzt einem anti-kategorialen Zugang, wie er in dekonstruktivistischen und poststrukturalistischen Theorien – und auch in *Queer*-Theorie – vertreten wird, differenziert.

intersektionell verschränkten Herrschaftsverhältnissen und Machtrelationen und dem *doing diversity* auf der Identitätsebene. In diesem Sinne werde ich im ersten Teil meines Beitrages die unhinterfragte Kausalität und Normativität von Sexualität, Geschlecht und *abled bodies* ausleuchten. Im Schlusskapitel werde ich sodann diese Überlegungen zu Entnormierungen mittels queerer Körperkonzepte für ein antikategorial verstandenes Diversity in der Pädagogik und für die Soziale Arbeit fruchtbar machen.[3] Denn die fehlende Übereinstimmung von Körper-Identität-Sexualität zum Ausgangspunkt zu nehmen, kann unterschiedliche strategische und pädagogische Perspektiven eröffnen.[4]

Grundsätzlich folge ich hierbei einem Verständnis von Sexualität und Behinderung, dass beide als kulturelles Phänomen sowie als Ausdruck sozialer Ordnungen definiert und deren kulturelle Problematisierungsweise analysiert. Damit wende ich mich auch gegen die im sog. sozialen Modell von Behinderung vorgenommene Teilung in „Disability" und „Impairment", das als „Ursache für das ‚Vergessen' des Körpers im Diskurs" (Köbsell 2010, S. 25) kritisiert wird. Die Verbindung von *Ability*, Heteronormativität und Geschlecht in den *queer disability-studies* (vgl. Raab 2010; Dietze et al. 2007) haben – gegen die vorherrschende Sicht eines universell gegebenen Körpers – die Historizität und Kulturalität von weiblichen/männlichen Körpern sowie von *abled/diabled bodies* aufgezeigt (vgl. Köbsell 2010).

2 Sexualität in Sexualpädagogik und Sexualwissenschaft

„(…) Sexualität ist bei Behinderten nichts anderes als bei Nicht-Behinderten auch: eine Energie, die Beziehungen aufnehmen, Zärtlichkeit und Liebe erfahren und geben lässt. Sexualität existiert nie als Abstraktum, sondern immer in der individuellen Ausformung durch einzelne Menschen. Und so, wie jeder Mensch einmalig und einzigartig ist, mit oder ohne irgendwie geartete Behinderung, so erhält die Sexualität eines Menschen durch seine Behinderung, lediglich eine weitere Facette an individueller Eigenart." (Walter 1996, S. 35)

Explizite Veröffentlichungen zum Thema Behinderung und Sexualität – aber auch zu Sexualität und Migration (vgl. Kunz und Wronska 2013; Bundeszentrale für ge-

---

3   Die aktuelle Thematisierung von „Gendering disability" (Jacob et al. 2010) und die Frage, wie die intersektionelle Verwobenheit von Geschlecht und Behinderung zu konzipieren ist, gehen auf die Betonung der spezifischen Lebenssituation von behinderten Frauen seit den frühen 1980ern zurück (vgl. Ewinkel und Hermes 1985).
4   Zugleich ist es für die Analyse und Kritik unumgänglich, Differenzkategorien zu benennen und zu benutzen, um auf Ausschließungen und intersektionelle Verschränkungen von Machtverhältnissen hinzuweisen (vgl. dazu Tuider 2012).

sundheitliche Information, BZgA 2010a) – in den sexualpädagogischen und sexualwissenschaftlichen Fachdebatten sind rar. Obwohl Sexualpädagogik seit ihrer Institutionalisierung in Schule und Sozialer Arbeit seit 1968 von einer Fokussierung auf die reproduktiven Aspekte der Sexualität deutlich Abstand genommen und stattdessen auf die gesellschaftspolitische (vgl. Willhelm Reich), die emanzipatorische (vgl. Helmut Kentler) oder identitätsstiftende (vgl. Uwe Sielert) Funktion von Sexualität gesetzt hat, bleibt eine gegenwartsanalytische Reflexion von natio-kulturell-ethnischer Mehrfachzugehörigkeit, Hybridität und In-Betweeness im Rahmen der Sexualpädagogik weitgehend aus.

Auch das Thema Behinderung spielt bis auf wenige Ausnahmen (vgl. in diesem und dem folgenden Absatz) weder in der empirischen Forschung (vgl. z. B. BZgA 2010b; Schmidt 2000; Schmidt et al. 2006; Matthiesen 2007; Dekker 2012) noch in der avancierten Theoriebildung, die gegenwärtig unter dem Stichwort „Sexuelle Bildung" (Schmidt und Sielert 2013) und „Vielfalt" (Hartmann 2002; Tuider et al. 2012) geführt wird, eine große Rolle. Denn im Handbuch Sexuelle Bildung widmet sich nur ein Beitrag von Ralf Specht dem Thema „Sexualität und Behinderung" und im aktuellen sexualpädagogischen Praxismethodenbuch Sexualpädagogik der Vielfalt ist nur eine Methode explizit mit „Behinderte Sexualität" übertitelt. Zugleich, so hält Ralf Specht (2013, S. 288) fest, war Sexualität in der Behindertenhilfe lange Zeit tabuisiert oder von repressiven sexualpädagogischen Konzepten in Theorie und Praxis dominiert. Heute werde das Grundrecht eines jeden Menschen auf Sexualität[5] sowie die Selbstbestimmung und das Empowerment von behinderten Menschen betont: „War der Leitgedanke der unterstützenden Arbeit früher das Helfen und Fördern hin zur Norm, so sind heute alle pädagogischen Bemühungen darauf ausgerichtet, Menschen mit Behinderung ein Höchstmaß an Selbstbestimmung und gesellschaftliche Teilhabe zu ermöglichen." (ebd., S. 289)

Auch Renate Berenike Schmidt und Uwe Sielert (2012) betonten in ihrem Lehrbuch „Sexualpädagogik in beruflichen Handlungsfeldern" das seit März 2009 von Deutschland ratifizierte Übereinkommen über die Rechte von Menschen mit Behinderung, in dem eine inklusive Bildung garantiert wird, und definieren diese: „Inklusive Pädagogik geht ausdrücklich nicht mehr davon aus, dass es eine menschlich-homogene Norm oder einen am Ende einengenden ‚Normalzustand' gibt. Allenfalls ist menschliche Heterogenität die zu beschreibende Norm." (ebd., S. 165) Sexualassistenz und Sexualbegleitung, Elternschaft bei Menschen mit geis-

---

5 Dieses Grundrecht wird in Zusammenhang mit dem im Deutschen Grundgesetz, dem Amsterdamer Vertrag und dem im Gleichbehandlungsgesetz formulierten Verbot zur Benachteiligung von Menschen u. a. aufgrund ihrer Behinderung gestellt. Für die Diversity Debatten sind diese Rechtsgrundlagen insofern auch interessant, weil darin die sechs Hauptdimensionen (Geschlecht, Sexualität, Alter, Behinderung, Nationalität, Klasse) gleichberechtigt nebeneinander genannt werden.

tiger Behinderung sowie die Arbeit mit den Eltern von behinderten Menschen zählen für sie zu den thematischen Bereichen in der Auseinandersetzung mit diesem Handlungsfeld. Einerseits thematisieren sie dabei die „besonderen Akzente im Sexualleben von Menschen mit Behinderung" (ebd., S. 167) und andererseits betonen sie, dass es „kein richtiges Sexualverhalten im Sinne einer zu erfüllenden sexuellen Norm gibt" (ebd., S. 168).

In der Definition dessen, was Sexualität ist, arbeitet sich sowohl die sexualpädagogische als auch die sexualwissenschaftliche Fachdebatte nach wie vor an Differenz von „Kultur/Natur" ab und fragt nach dem Natürlichen von Sexualität (vgl. Dekker 2012; Schmidt 2004) bzw. danach, was kulturell „überformt" sei. Sexualität bleibt darin zum einen innere Natur (für manche auch Trieb) des Menschen, Kernbestandteil von Identität und natürlicher Körperausdruck. Zum anderen reihen sich die Versuche, Sexualität und Transformation von Sexualitätenverhältnissen zeitdiagnostisch zu bestimmen, u. a. zählen dazu die Konstatierung von „Postsexualität" (Berkel 2009) sowie die von „Metrosexualität" (Simpson 1996). Volkmar Sigusch hat den Strukturwandel der Sexualität in den letzten Jahrzehnten des ausgehenden 20. Jahrhundert unter dem Stichwort „Neosexualität" zusammengefasst. Er vertritt dabei die Ansicht, dass es zu einer „Dissoziation der alten sexuellen Sphäre", einer „Dispersion der sexuellen Fragmente" und einer „Diversifikation der sexuellen Beziehung" gekommen sei (ebd. 2005, S. 27 ff.). Während sich die sexuelle Revolution um 1968 zur Kommerzialisierung der Porno- und Sexografie geführt habe, das bis dahin Normale pathologisiert und die Technologisierung der Fortpflanzung sowie die Resexualisierung der Frau und die Psychologisierung des heterosexuellen Paares voran getrieben hätte, ist die Neosexualität u. a. durch Fragmentierung und einer gleichzeitigen Ent- und Verkörperlichung gekennzeichnet. Denn zur Dissoziation der sexuellen Sphäre zählt nach Sigusch nicht nur die Trennung von sexueller und reproduktiver Sphäre sowie die Fragmentierung der Fortpflanzung sondern v. a. auch die Prothetisierung, d. h. die Entkörperlichung von Sexualität. Diese Entkörperlichung werde insbesondere über die Anonymisierung und Entwurzelung mittels www ersichtlich.

Der Verdienst der *queer-studies* ist es wiederum an der Schnittstelle von Geschlechterforschung und Sexualitätsforschung deren Zusammenwirken und gegenseitige Bedingtheit unter dem Stichwort der Heteronormativität verhandelt und dekonstruiert zu haben. Im Fokus queerer Kritiken und Analysen steht die Selbstverständlichkeit der dualen, hierarchisch angeordneten Geschlechter und die Selbstverständlichkeit heterosexueller Zweigeschlechtlichkeit, d. h. die normative Verbindung von *sex-gender-desire* (vgl. Rich 1983; McClintock 1995). Die erste zentrale These von Queer-Theorie verweist darauf, dass Geschlecht und Sexualität nicht natürliche und a-kulturelle Entitäten sondern diskursive Effekte wirkmächtiger Bezeichnungs-, Regulierungs- und Normalisierungsverfahren sind (Butler

1991; Bublitz 1998; Bührmann 1998). Die zweite zentrale These von Queer-Theorie besagt, dass „die Zwei-Geschlechter-Ordnung und das Regime der Heterosexualität sich wechselseitig bedingen" und stabilisieren sowie sich wechselseitig ihrer „Naturhaftigkeit" vergewissern (vgl. Hark 1999; Wagenknecht 2003).

Mit *queer-theory und -politics* ist eine machtanalytische Perspektive verbunden, die verschiedenen Differenzkategorien entlang von Geschlecht, Sexualität und Körper normenkritisch zu analysieren und zu destabilisieren trachtet. Doch kritisch anzumerken bleibt nach wie vor, dass es sich bei *queer* im deutschsprachigen Kontext um einen akademischen Theorieimport aus den USA handelt, der bei seinem ersten Aufkommen Mitte der 1990er Jahre nicht auf bewegungspolitische Strukturen zurückgreifen konnte. In den letzten 20 Jahren haben sich aber inspiriert durch *queere* Infragestellung und Kritiken neue politische Praktiken (Stichwort: Bündnispolitiken) und Lebensformen (Stichwort: *pacto civil* statt eingetragene Lebenspartnerschaft) gebildet. Zugleich sieht sich *queer* auch immer wieder der Kritik ausgesetzt, den eigenen Ansprüchen nicht zu genügen und die Perspektive weißer schwuler Männer zu privilegieren. D. h. die spezifischen Politiken und Lebensweisen von *people of color* sowie von lesbischen und schwulen Migranten, Migrantinnen und Migrant_innen[6] bleiben auch in *queer-theory* und -politics z. T. nur theoretisch proklamierte Einschlüsse.

Behinderung wird meist in den *disability-studies* als verkörperlichte Differenz aufgefasst (vgl. Waldschmidt 2007). Doch „(…) was immer wir von unserem Körper wissen, welche Bedeutung wir ihm zuschreiben, was wir mit ihm tun, wie wir ihn leibhaftig empfinden, spüren und das als ‚natürlich' Erfahrene unseres Körpers – unser leibliches Sein – bewerten, ist von den je herrschenden gesellschaftlichen Werten und Normen, den verfügbaren Technologien sowie den dazugehörenden institutionellen Strukturen und Praktiken geprägt" (Gugutzer und Schneider 2007, S. 33). Erst in dem der „kranke", „behinderte", „behandlungsbedürftige" Körper in Abgrenzung zum vollständigen, funktionstüchtigen Körper gesetzt wird, konstituiert sich die therapeutische und rehabilitative Praxis. Robert Gugutzer und Werner Schneider (2007) betonen, dass je nachdem, ob von einem sozialen oder einem kulturellen Modell von Behinderung ausgegangen wird, verschiedene Körper hervorgebracht bzw. verdeckt werden, dazu zählen sie u. a. „den defizitären Körper", „den behinderten Körper" oder „den anderen Körper".

---

6   Der Unterstrich („_") markiert und besetzt den in der Zweigeschlechtlichkeit ausgelassenen Raum, d. h. diejenigen geschlechtlichsexuellen Positionen, die im heteronormativen Arrangement nicht vorgesehen sind und ausgelassen werden.

3 Queere Körperkonzepte: Zur Verschiebung von Körpernormen

An der Erforschung von Norm/Abnorm setzen die poststrukturalistisch queeren Körpertheorien von Foucault und Butler an. Denn ersterer arbeitet heraus, dass und wie gesellschaftliche Verhältnisse historisch-kulturell geformt und zweitere arbeitet sprachphilosophisch heraus, wie und welche Körper mit Heteronormativität verwoben sind.

3.1 Der kontrollierte Körper

Foucault rekonstruiert die Geschichte der Moderne als ein Programm der gesamtgesellschaftlichen normalisierenden Subjektivierung, „(…) in der die Subjekte mit Hilfe einer spezifisch historischen Macht-Wissens-Struktur sowohl als Objekte wie als Instrumente einer Disziplinar- und Regulierungsmacht behandelt und eingesetzt werden" (Reuter 2011, S. 68). Wissensproduktion, Machtverhältnisse und Subjektempfinden wirken dabei zusammen und bedingen den Aufstieg der Norm im 19. Jahrhundert als Mittel einer sozialen Regulierung (vgl. Butler 2004, S. 52). Im Zuge seiner Straf- und Gefängnisanalysen konnte Foucault (1976) zeigen, dass zum Ende des 18. und mit Beginn des 19. Jahrhundert der Körper zunehmend nicht mehr die Hauptzielscheibe der strafenden Repression, das Strafschauspiel, des Spektakels, der Inszenierung des Leidens und der öffentlichen Abbitte war. Sondern peinigende Strafen wurden sukzessive durch Praktiken ersetzt, die nicht mehr direkt an den Körper rührten. Somit wurde der Körper zum Vermittler bzw. zum Instrument, dem Individuum seine Freiheit zu rauben. Nicht mehr das Verbrechen, sondern die Seele des Verbrechers steht seither vor Gericht.

Der Körper wird damit aber keineswegs obsolet, sondern vielmehr schreibt sich Macht nun direkt in den Körper ein (vgl. Krasmann 1995, S. 244), er wird zur Zielscheibe der sozialen Kontrolle und es entwickelt sich eine „Körperlichkeit der Norm" (Reuter 2011, S. 74).[7] Nicht äußere Verbote, Zwänge oder Kontrollen sondern die gesellschaftlich auferlegte und verinnerlichte *Selbstregierung* stelle die

---

7   Am Beispiel des Benthamschen Modell des Panopticons, ein ringförmiges Gebäude mit einsichtigen Zellen/Zimmern und einem Wachturm in der Mitte, verdeutlicht Foucault die Verschiebung der Macht hin zur Selbstüberwachung und ihre Einschreibung in den Körper. Nicht wissend, ob und wann die Insassen von Wärtern kontrolliert werden, sehen sie sich „gezwungen", diesen kontrollierenden Blick zu internalisieren und sich de facto selbst zu überwachen.

neue Form des Regierens und Herrschens dar (vgl. Foucault 2000).[8] Die normalisierende Wirkung der Disziplinargesellschaft beruht gerade in ihrem Glauben an die Norm. Robert McRuer (2002) hat dabei gezeigt, wie körperliche Gesundheit, Leistungsfähigkeit und Heterosexualität verbunden und zur hegemonialen Norm werden. „[D]ie unterstellte Natürlichkeit des Körpers wird als normativer Anspruch von soziokulturellen Körperkonzeptionen enttarnt." (Raab 2010, S. 80)

Im ersten Band seiner Geschichte der Sexualität konzentriert sich Foucault auf die christliche Prägung der Sexualkontrolle, d. h. auf die Askesegebote und Verdammungsgebärden. In den beiden nachfolgenden Bänden zeigt er am Beispiel der griechischen und der römischen Antike, den „Übergang von Sexualität als ‚Dispositiv der Macht' zur Sexualität als ‚Kultur seiner Selbst'" (Lautmann 2002, S. 252). Alle diskursiven Strategien, die Sexualität und Geschlecht in der Moderne ordnen, regulieren und eine Grenze zwischen dem Normalen und dem Pathologischen etablieren, fasst Foucault unter der Bezeichnung „Sexualitätsdispositiv" zusammen.[9] Die Macht der Norm, die Normalisierung, stellt die moderne Kontroll- und Disziplinartechnik dar, wobei sich die moderne Disziplinarmacht der Normalisierung des Körpers bedient und als ständige Selbstüberprüfung wirkt. Es handelt sich, so Hinrich Fink-Eitel, um eine „Körper-Kontroll-Politik" (1997, S. 76).

Foucault arbeitete insbesondere in seinen Studien zur modernen Klinik heraus, dass und wie mit der Wende zur Moderne der Körper „gezwungen" wurde, das, was ihm äußerlich war, als sein Inneres zu begreifen. Und entsprechend der Verheißung von individuellem Lebensglück traten die Disziplinen in den Dienst der Beseitigung und Linderung von Krankheiten. Der „klinische Blick" dominiert(e) auch das „moderne Krankheitsverständnis auf das Phänomen Behinderung" und hat „dieses immer schon als ein medizinisches und pädagogisches Problem konstituiert, d. h. seine ‚Behandlung' eingefordert wie auch legitimiert" (Waldschmidt und Schneider 2007, S. 9). Die Disability Studies mit Bezug auf Foucault gehen infolgedessen auch davon aus, dass Körper nicht das Andere der Gesellschaft sind, sondern vielmehr Körper als Effekte von Körperdiskursen und vielfältigen Norma-

---

8   Der anhaltende Zwang, sich selbst zu überprüfen, sich seiner selbst zu vergewissern und noch die geheimsten Regungen des Begehrens und der Lüste zu bekennen, dieser Zwang brachte die Individuen überhaupt erst in ein beständiges Verhältnis zu sich und das sexuelle Subjekt als solches hervor. D. h. Sexualität wurde nicht verboten und verheimlicht, sondern in all ihren Details ans Licht gezerrt. Wahrheitssuche, Überwachung und Normierung (normierende Sanktion) verbinden sich hierbei zur subjektivierenden Unterwerfung (vgl. Dreyfus und Rabinow 1987, S. 189).

9   Erst in der Fortführung Foucaults in der feministischen Forschung wurde das Sexualitätsdispositiv mit einem Geschlechterdispositiv zusammengebracht (vgl. dazu Bührmann 1998; Bublitz 1998).

lisierungspraktiken, als „Produkt wie auch als Produzent von Gesellschaft" (ebd., S. 16) zu fassen sind (vgl. Gugutzer und Schneider 2007; Waldschmidt 2007). Den fortwährenden Prozess der Naturalisierung – auch aber nicht nur – von Behinderung kann mit Rüstzeug aus der poststrukturalistischen Theorie kritisch nachgegangen werden. Zugleich ergeben sich hierbei wichtige Anknüpfungspunkte zu queer-feministischen Überlegungen.

3.2 Der vernatürlichte (Geschlechts-)Körper

Denn auch der queer-feministischen Forschung geht es um die Problematisierung von vernatürlichten Körper-, Sexualitäts- und Geschlechternormen. Butler hat die These, dass Körper und Geschlechter ebenso wie Subjekte und Begehren die sozialen Effekte von Machtpraktiken sind, in herrschaftskritischer Manier in die queerfeministische Debatten eingebracht. Erst im Rahmen gesellschaftlicher Diskurse, Bezeichnungs-, Regulierungs- und Normierungsverfahren formiert sich das sexuelle und vergeschlechtlichte Subjekt, so Butler. Dabei ist Geschlecht einerseits eine normative Anweisung an den Menschen, der fortwährend in Kleinstarbeit entsprochen werden muss. Andererseits ist

> „(...) ‚gender' (...) weder genau das, was man ‚ist', noch das, was man ‚hat'. ‚Gender' ist der Apparat, durch den die Produktion und Normalisierung des Männlichen und Weiblichen vonstatten geht." (ebd. 2004, S. 46)

Obwohl Mensch das normativ vorgegebene Geschlechterideal *Mann/Frau* nie erfüllen kann, wird das Subjekt[10] erst durch den ständigen Versuch, dieser Norm zu entsprechen, wahrnehmbar und erkennbar *(intelligibel)*. Diesen Prozess der zwanghaften Wiederholung der Geschlechternorm hat Butler mit dem Begriff der Performativität erfasst. Und diese regulierenden Normen hinsichtlich der Zweigeschlechtlichkeit werden durch die sedimentierte Wirkung der Wiederholung *materialisiert*. D. h. erst die zitierende Wiederholung der Norm „biologisches Geschlecht" errichtet das, worauf sich diese zugleich scheinbar bezieht: Die Materialität, ihre Grenzen und Oberflächen. Körper und Geschlechter stellen sich damit

---

10 Im Anschluss an Foucault grenzt sich Butlers Subjektbegriff von Identitätskonzepten und Individualisierungsdenken ab, stattdessen fußt Butlers Subjektkonzept auf einer Zusammenführung von Macht- und Normenanalyse. Das Subjekt versteht Butler als ein im Prozess der Unterwerfung und des Unterworfenwerdens hervorgebrachtes. In einer symbolischen Ordnung wird Mensch zum „intelligiblen Subjekt", d. h. durch performative Akte und „Aufführungen" im Rahmen der gegebenen normativen Schemata vollzieht sich „Subjektivierung". Butler denkt Subjektwerdung damit als Unterwerfung und Hervorbringung.

als Produkte einer permanenten Materialisierung heraus, wobei der Prozess zur Hervorbringung dieser Wirkung aber verschleiert wird, indem er als „Natur" ausgegeben wird.

Die Vorstellung eines natürlich gegebenen Geschlechtskörpers und einer ebensolchen *natürlichen* gegengeschlechtlichen Sexualität ist dabei Teil der machtvollen „rituellen gesellschaftlichen Inszenierung" (ebd. 1991, S. 206), die Butler als eine soziale Strategie der Verschleierung näher bestimmt. Ja, die Illusion eines wahren Wesenskerns von Geschlecht oder Sexualität (vgl. ebd. 2001, S. 136) ist schon ein Produkt der Performativität.

Die Vorstellung, dass die Unterscheidung in Frauen und Männer, von geschlechtlich eindeutigen Körpern oder von defizitären Körpern, „von Natur aus" existiert, ist demnach eine nachträgliche Wirkung von Konventionen und Normen. Der Prozess einer solchen Materialisierung ist mithin nichts weniger als der Wirkungsort der Macht. Diskurse haben performative Wirkung; sie bringen das erst hervor was zu bezeichnen nur sie vorgeben, dazu zählt der „durchtrainierte Körper" ebenso wie der „krank-behinderte Körper". Die Macht der Diskurse funktioniert durch die Formung *brauchbarer* und *unbrauchbarer* Subjekte (sog. „Abjekte", vgl. Kristeva 1982). Körper, Identitäten, Begehren, die den gängigen Normen nicht entsprechen, werden zwar an den Rand der gesellschaftlichen Ordnung verwiesen. So wurde und wird „das Unnatürliche", das „sittlich Verwerfliche" und „das Perverse" geschaffen und die über diese Ausgrenzung hergestellte Normalität wird zur Natur erklärt. Doch „das Anormale" ist das immer schon verworfene *Andere,* das die Norm für ihren Geltungsanspruch braucht. D. h. die Norm benötigt ein Außerhalb, ihre *Ab-Norm,* um als Normalität zu funktionieren.

Im Kontext queer-feministischer Debatten wurde auf die Diversität der Sexualitäten, Geschlechter und der sexuellen Praktiken hingewiesen, die sich eben nicht auf eine bipolare Gender-Folie beschränken lassen, u.a sind das polysexuelle, multisexuelle, pansexuelle Sexualitäten. Zum anderen wurde auch die Möglichkeiten von Gender betont, die sich nicht durch Heterosexualität ableiten und begründen lassen, u. a. sind dies Transgender, transsexuelle und intersexuelle Menschen. Zugleich wurde in queer-feministischen Debatten darauf hingewiesen, dass polysexuelle, multisexuelle, pansexuelle, fetischistische, homo- und bisexuelle, transgender und BDSM-Beziehungen und Begehren sich im Spannungsfeld von Entnormierung und der Re-Normierung wiederfinden. Transsexualität, Intersexualität und Transgender werden bis heute als außerhalb der Norm platziert, da sie immer schon in Relation zur Norm des heterosexuellen fortpflanzungsfähigen Mannes definiert werden.

Der Anknüpfungspunkt von *queer-* und den *disability-studies* liegt nun darin, dass letztere „die Figur der behinderten Frau als normative Abgrenzungsfolie gegenüber *normalen* weiblichen und männlichen Körpern" (Raab 2010, S. 79) herausgearbeitet und dabei darauf hingewiesen haben, dass es doch die Heteronormativität und die befähigten Körper *(able-bodiedness)* sind, die die Abnormalität der „behinderten lesbischen Frau" erst hervorbringen (vgl. McRuer 2006). „Historisch gesehen war immer der männliche (nichtbehinderte) Körper der ‚eine', der der Frau als Abweichung von diesem der ‚andere', wie auch der beeinträchtigte Körper. Die Darstellung bzw. Beschreibung dieser ‚anderen' Körper folgt stereotypen Mustern und ist in der Regel abwertend." (Köbsell 2010, S. 24) D. h. in die Thematisierung und Problematisierung von Behinderung ist Heteronormativität eingelassen. D. h. aber auch, dass Heteronormativität, die vereindeutigten Geschlechter und ihr vermeintlich wechselseitiges Begehren, immer auch auf geschlechtlich vereindeutigte *abled bodies* rekurrieren und als ihr Anderes den asexuellen und ageschlechtlichen *disabled body* platzieren. Heteronormativität ist also immer auch eine Vorstellung und Norm von *abled bodies* eingeschrieben, und die Kehrseite dessen ist, dass Heteronormativität auch Behinderung (ko-)konstituiert.

4 Zur Intersektionalität von Behinderung, Geschlecht und Körper

„Inwieweit wird eine behinderte lesbische Frau mit Migrationshintergrund wegen ihrer Behinderung, ihrer ethnischen Herkunft, aufgrund von Geschlecht oder wegen ihrer Homosexualität diskriminiert? Gibt es gar eine gesellschaftliche Diskriminierungshierarchie, die dazu führt, dass z. B. Behinderung als soziokulturelles Differenzmerkmal grundsätzlich immer im Vordergrund steht, während den anderen genannten Differenzmerkmalen eine nachrangige Rolle zukommt? Oder spielen je nach Kontext und Situation verschiedene Differenzmerkmale eine abwechselnd dominante Rolle, die sich jedoch unter gewissen Umständen aber auch gegenseitig verstärken können? Außerdem gilt es zu fragen, ob sich diese Frau in ihrem Selbstbild in erster Linie als Lesbe, als Migrantin oder als Behinderte definieren würde." (Raab 2010, S. 78)

Auf der Basis der (politischen) Interventionen von *lesbians of color, third world women,* der Frauen mit Behinderung oder der Frauen der Arbeiterschicht hat sich in der Geschlechterforschung in den letzten Jahren der Begriff der Intersektionalität *(Intersectionality)* etabliert. Denn im feministischen *Mainstream* wurde eine Definition von „Frau" vorausgesetzt, die andere marginalisierte Formen sowohl subsumierte, als auch ausschloss und dethematisierte. Die Organisierung von Frauen mit Behinderungen sowie von Migrantinnen oder Jüdischen oder Schwarzen Frauen intervenierte in die Ausdifferenzierung von Feminism*en* und die daran anknüpfende Theoriebildung (vgl. Walgenbach 2007, S. 30 ff.).[11]

Über die Kritik am Feminismus als Weißen, eurozentrischen Mittelschichtsfeminismus entstanden Begriffe wie diejenigen der „Mehrfachunterdrückung" oder der „triple oppression". Die Betonung von „Erfahrung" im Rahmen der These der Mehrfachunterdrückung erwies sich aber als problematisch, wohnt ihr doch auch eine Tendenz zur Essentialisierung von Unterdrückung inne.[12] Kritiken bezogen sich auch auf die unspezifische Betrachtung von verschiedenen Diskriminierungsformen.[13] Diese Einwände, die seit Ende der 1980er starke Kontroverse um Identitätspolitiken und der zunehmende Einfluss der poststrukturalistischen und dekonstruktivistischen Theoriebildung verschoben die Perspektive von „Unterdrückung und Erfahrung" hin zu „Differenzen".

Eine der Grundannahmen der Intersektionalitätsdebatten ist heute, dass in einer intersektionellen Perspektive das Zusammenspiel verschiedener Regime der Normalisierung, der Hierarchisierungen, Privilegierungen, der Grenzziehungen und der Ausschlüsse und Privilegierungen analysiert werden kann. Vor allem geht es hierbei um die Ausdifferenzierung des Zusammenwirkens von Rassismus, Antisemitismus, Sexismus und Heteronormativität, Klassismus, Ageism und Behindertenfeindlichkeit (vgl. Anthias und Yuval-Davis 1992). Im vorliegenden Beitrag wurde hierfür das *doing difference* mit einem *doing normativity* zusammengebracht.[14] Mit einem intersektionellen Zugang konnte die wechselseitige Verschrän-

---

[11] Dabei stellten sich die selbstdeklarierten „Krüppelfrauen" gegen die Summierung unter feministische *Mainstream*-Themen bzw. erweiterten diese. Zum Beispiel brachten sie in die Diskussion um den § 218 das Thema der Zwangssterilisation von behinderten Frauen ein sowie das Thema Eugenik (vgl. Walgenbach 2007, S. 32; Waldschmidt 2004). Des Weiteren unterzogen sie die feministischen Betrachtungen von „Gewalt" oder die Bearbeitung von „Schönheitsidealen" von Seiten der feministischen Forschung einer Kritik.

[12] Vgl. dazu die Kritiken u. a. von Mary Maynard (1994) oder Floya Anthias und Nira Yuval-Davis (1983 und 1992).

[13] Als ein Versuch, diesen Reduktionismus zu durchbrechen, hat die Philosophin Iris Young (1996) fünf Kategorien der Unterdrückung unterschieden: Ausbeutung, Marginalisierung, Machtlosigkeit, kultureller Imperialismus und Gewalt.

[14] In ethnomethodologischer Manier übertrugen Candace West und Sarah Fenstermaker bereits 1995 die Überlegungen zum *doing gender* auf die Differenzen *class* und *race* und lieferten damit einen einflussreichen Versuch, die additive Bearbeitung der unterschiedlichen Differenzkategorien zu überwinden. In erster Linie ging es ihnen darum, wie *race, class* und *gender* hervorgebracht bzw. wahrnehmbar gemacht werden *(accomplished)*. *Gender, race* und *class* gelten ihnen als soziale Prozesse, die sich in Interaktionen bzw. durch soziale Praktiken herstellen, wobei diese Hervorbringung je nach Kontext und Situation variieren kann, aber sich zugleich immer an normativen gesellschaftlichen Erwartungen orientieren muss. Damit verbinden West und Fenstermaker die Ebene der sozialen Interaktionen und Praktiken mit derjenigen der Institutionen und Normen und liefern ein methodologisches Erklärungsmodell, das auf die Gleichzeitigkeit von Differenzen hinweist, d. h. sie als simultane Prozesse erfasst.

kung von Heteronormativität, Sexualität und *abled bodyness* ausgeleuchtet werden. Auf diesem Wege hat sich gezeigt (vgl. Kapitel 3), dass Heteronormativität immer auch auf vergeschlechtlichte *abled bodies* rekurriert, und mit Behinderung in diesem Sinne „Konstruktionsweisen von Asexualität und Ageschlechtlichkeit" (Raab 2010, S. 81) einhergehen. Zugleich zeigt sich, dass nicht nur „Geschlecht" und „Sexualität" machtvolle Differenzverhältnisse erfassen, deren Zusammenwirken Heteronormativität hervor bringen, sondern auch die Kategorie Behinderung eben jene produziert.

Deutlich wird damit, dass eine lediglich additive Bearbeitung verschiedener Differenzmarker (z. B. von zuerst Geschlecht, dann Sexualität, dann Migration) in der empirischen Analyse sowie in (Körper-)Theorie und Politiken nicht ausreichend ist, um gerade das machtvolle normative Verwobensein, die spezifischen Formen der Diskriminierung aber auch die Einfallstore für widerständige Praktiken zu erfassen. Entgegen der analysierten Betrachtung von Menschen mit Behinderung als „sexuelle und geschlechtliche Neutren" (ebd.), liegt in ihrer Vergeschlechtlichung, Sexualisierung und Verkörperung das Potenzial für die Dekonstruktion von vorher vereindeutigten *heternormativ abled bodys*.

Dazu ist es lohnend, die Überlegungen aus den *disability-studies* mit jenen aus den *queer-studies* zusammen zu führen und sie gegenseitig zu ergänzen. Denn sowohl *queer-theory* als auch die *disability-studies* fokussieren Prozesse der Normierung sowie der Privilegierung und Marginalisierung und sie haben den Anspruch, ihre Analysen gesellschaftstheoretisch und -kritisch zu fundieren. Doch innerhalb der Intersektionalitätsdebatten bleibt die Schnittstelle von Gender, Sexualität und Ability – bis auf die oben genannten Arbeiten – ein selten erforschtes. Ein antinormatives und antikategoriales Körperkonzept könnte hierbei eine notwendige und sinnvolle Brücke schlagen zwischen der Analyse von intersektionell verschränkten Herrschaftsverhältnissen und Machtrelationen und dem *doing diversity* auf der Identitätsebene, denn beide sind Effekte ihrer gegenseitigen Konstitution.

Nina Degele und Gabriele Winker haben dabei in ihrer Mehrebenenanalyse nicht nur einen methodologisch-methodischen Vorschlag vorgelegt, um die intersektionelle Verschränkung verschiedener Differenzkategorien auf verschiedenen analytischen Ebenen einzuholen. Sondern sie erweitern auf der von ihnen benannten Strukturebene die Herrschaftsverhältnisse von Klassismus, Sexismus/Heteronormativität und Rassismus um jene von Bodyismus (vgl. ebd. 2009). Darüber hinaus könnte die Betonung der unsichtbar gemachten Zwischenräume, der Auslassungen und ihrer (widerständischen) Besetzungen sowie der an den gesellschaftlichen Rand gedrängten, marginalisierten Geschlechter, Sexualitäten und Körper (den sog. „dritten gendern" und *transgendern*) für so eine intersektionelle Forschungs- und Theorie-Perspektive inspirierend sein. Denn bisher wird in den Intersektionalitätsdebatten mit einer Selbstverständlichkeit die duale Teilung von

Differenzen und ihre polarisierende Zuweisung rekonstruiert und die damit vorhandene Uneindeutigkeit, Hybridität oder performative, d. h. zwanghaft erforderliche Ordnung und Positionierung in einem der beiden zur Verfügung gestellten Pole nicht thematisiert.

5 Ausblick: Diversity Pädagogik

Ein anti-kategoriales, dekonstruktivistisches Herangehen geht hinaus über die in der Erziehungswissenschaft aufzufindenden Vorstellungen von „Vielfalt" und „Heterogenität" unter denen – allen voran von Annedore Prengel (1995) – Ansätze aus der Integrationspädagogik, der feministischen Pädagogik und der Interkulturellen Pädagogik ausformuliert und z. T. zusammen geführt werden (vgl. dazu auch Schad 2007; Schmidtke 2006; Leiprecht und Kerber 2005; Leiprecht 2011). Bisherige Ansätze in Sozialpädagogik und Sozialer Arbeit folgten einer gewissen Pfadlogik in der Bearbeitung und Thematisierung von Differenzverhältnissen (die potenzielle immer auch als Machtverhältnisse konzipiert werden). Unter Diversity Pädagogik werden monolithischen Betrachtungen – z. B. von Geschlecht in den *gender-studies,* von Nationalität und Ethnizität in der Migrationsforschung, von Sexualität in der Sexualwissenschaft – zurückgewiesen und statt dessen die Verbindung bzw. Kreuzung verschiedener machtvoller Differenz- und Machtkonstruktionen in der pädagogischen Arbeit fokussiert.

In den Konzeptualisierungen von Diversity-Ansätzen kann unterschieden werden zwischen jenen Ansätzen, die a.) Differenz*en*/Unterschiedlichkeit*en* thematisieren, b.) die Vielfalt und Differenzen in Zusammenhang mit Macht und Herrschaftsverhältnissen („matrix of domination") thematisieren und c.) jenen, die die Uneindeutigkeiten, das InBetween der Entweder-Oder-Möglichkeiten, das Mehrfachzugehörige analysieren. An letztgenannte Überlegungen zur In-Betweenness anknüpfend wird deutlich, dass es mit einer sozialpädagogischen Betrachtung und Konzipierung des Themas „Geschlecht = Männer & Frauen" und einer daraus resultierenden Geschlechterpädagogik in Form der „Mädchenarbeit" und „Jungenarbeit" nicht getan sein kann, ebenso wenig wie es mit der Bearbeitung von Sexualität in Schulklassen und mit der Thematisierung von Homosexualität in schwullesbischen Coming-Out-Gruppen getan sein kann.[15] Sozialpädagogik und Soziale Arbeit sind heute vielmehr mit der Herausforderung konfrontiert, die verschiedenen Grenzziehungsprozesse, Normierungsweisen und Mehrfachzu-

---

15 Anregungen für die „Soziale Arbeit als Arbeit mit dem Anderen" finden sich in Fabian Kessl und Melanie Plößer 2010.

gehörigkeiten *innerhalb* von Differenzkategorien zu reflektieren und diesbezüglich Überlegungen im Rahmen von Diversity-Pädagogik voran zu treiben. *Queere* Kritiken und anti-kategoriale und anti-normative Perspektiven haben der Pädagogik wichtige Anregungen gegeben, denn sie haben zum einen gezeigt, wie auf der Basis der Unterstellung eines eindeutigen biologischen Körpers *(sex)*, auf eine eindeutige geschlechtliche Identität *(gender)* und auf das sexuelle Begehren *(desire)* des jeweils „anderen" Geschlechts geschlossen wird. Und sie haben zum anderen betont, dass von den geschlechtlichsexuellen Grenzgänger_innen, d. h. den „Perversen, *Queers* und Problematischen" (Anzaldúa 2008, S. 45), neue Räume jenseits vergeschlechtlichter, nationalisierter und rassifizierter Grenzen besetzt werden. In entgrenzten Räumen lösen sich auch die Dualitäten von Mann/Frau auf, und sowohl rassifizierende als auch das vergeschlechtlichende Klassifikationssysteme verlieren ihre Wirkmacht. An diese queer-dekonstruktivistischen Überlegungen anknüpfend hat Jutta Hartmann (2002) ihre „Pädagogik Vielfältiger Lebensweisen" begründet, haben Bettina Fritzsche et al. (2001) Überlegungen zu einer „Dekonstruktiven Pädagogik" präsentiert, und ich selbst habe Eckpfeiler einer „Ver*queer*en (Sexual-)Pädagogik" diskutiert (Tuider 2004).

Dekonstruktion wird dabei als ein ständiger, kontextabhängiger und prozesshafter Perspektivenwechsel verstanden. Dekonstruktionen, so die Soziologin Degele, „versehen Phänomene [wie Geschlecht, Sexualität oder Körper – d. V.] mit einem Fragezeichen, setzen sie unter Bedingtheitsvorbehalt, spielen den Gedanken durch, es könnte auch ganz anders sein" (ebd. 2008, S. 104). Geschlechter, Sexualitäten und Körper werden also nicht verneint, sondern Dekonstruktion zielt auf die Verschiebung, auf die VerUneindeutigung und auf die strategische Auflösung der Gegensätze von Norm/Abnorm. Diversity Education in Anlehnung an queere Überlegungen geht es also darum, „Differenzen zu benennen und Artikulationsräume für nicht-normgerechte oder dissidente Geschlechter und Sexualitäten [und Körper – d. V.] zu schaffen. Es geht darum, Differenz in Form von Zuschreibungen und Kategorisierungen zurückzuweisen, aber zugleich Anspruch darauf zu erheben, Unterschiede zum Ausdruck zu bringen und sozial anerkannt zu finden" (Engel et al. 2005, S. 10). Im Prozess der Überwindung normativer (binärer) Orientierungsmuster und -praktiken braucht es aber auch dekonstruktive Wachsamkeit und Verunsicherung. Vielleicht ist es *die* pädagogische Herausforderung, zu lernen, dieses z. T. verunsichernde In-Between auszuhalten und damit umzugehen.

Den pädagogischen Blick auf einzelne Merkmale – wie z. B. auf „die Behinderten", auf „die Frauen", auf „die Homosexuellen" oder auf „die Migranten" – der Sonderpädagogiken verlassend, thematisiert Diversity Pädagogik die wechselseitige Verschränkung von unterschiedlichen Macht- und Differenzverhältnissen. Dabei löst sich Diversity Pädagogik von identitären, essentialistischen Konzeptualisierungen von Differenzen. In so einer dekonstruktivistisch queeren Lesart von Diversity ist ein verändertes Verständnis von Macht- und Herrschaftsverhältnissen maßgeblich, das diese in Zusammenhang mit Akten und Praxen der Subversion und der Unterlaufung denkt. In Diversity Pädagogik kann aber nicht nur die Interkulturelle mit der Geschlechter- und der Sexualpädagogik oder mit der Behinderten- bzw. Inklusionspädagogik zusammen geführt werden, sondern im Thematisieren und Reflektieren von gesellschaftlichen Normen, Normalitäten und Identitätszwängen eröffnen sich auch Räume für das Ambivalente. Der Ort, an denen sich verschiedene Differenzen entfalten, ist der Körper. An ihm werden kulturelle Normen und Normalisierungen festgemacht, aber auch in Frage gestellt. Denn der Körper ist auch der Ort der Ambivalenz.

„Der Körper ist der Nullpunkt der Welt, der Ort, an dem Wege und Räume sich kreuzen. Der Körper selbst ist nirgendwo. Er ist der kleine utopische Kern im Mittelpunkt der Welt, von dem ich ausgehe, von dem aus ich träume, spreche, fantasiere, die Dinge an ihrem Ort wahrnehme und auch durch die grenzenlose Macht der von mir erdachten Utopien negiere." (Foucault 2005, S. 33 f.)

Literatur

Anthias, Floya, und Nira Yuval-Davis. 1983. Contextualising feminism – gender, ethnic and class divisions. *Feminist Review 1983* (15): 62–75.
Anthias, Floya, und Nira Yuval-Davis. 1992. *Racialized boundaries: Race, nation, gender, colour and class and the anti-racist struggle.* London: Routledge
Anzaldúa, Gloria. 2008. The Homeland Aztlán/El otro México. In *The Transnational Studies Reader. Intersections & Innovations,* hrsg. Sanjeev Khagram, und Peggy Levitt, 44–49. New York u. London: Routledge.
Berkel, Irene. Hrsg. 2009. *Postsexualität. Zur Transformation des Begehrens.* Gießen: Psychosozial Verlag.
Bourcier, Marie-Héléne. 2003. Nachwort Kontrasexuelles Manifest. In *Kontrasexuelles Manifest,* hrsg. beatrix preciado, 159–164. Berlin: b_books.
Bublitz, Hannelore. 1998. Das Geschlecht der Moderne – Zur Genealogie und Archäologie der Geschlechterdifferenz. In *Das Geschlecht der Moderne,* hrsg. Hannelore Bublitz, 26–47. Frankfurt a. M. u. New York: Campus.
Bührmann, Andrea Dorothea. 1998. Die Normalisierung der Geschlechter in Geschlechterdispositiven. In *Das Geschlecht der Moderne,* hrsg. Hannelore Bublitz, 71–93. Frankfurt a. M. u. New York: Campus.
Butler, Judith. 1991. *Das Unbehagen der Geschlechter.* Frankfurt a. M.: Suhrkamp.
Butler, Judith. 1996. Imitation und Aufsässigkeit der Geschlechtsidentität. In *Grenzen lesbischer Identitäten,* hrsg. Sabine Hark, 15–37. Berlin: Querverlag.

Butler, Judith. 2001. *Psyche der Macht. Das Subjekt der Unterwerfung*. Frankfurt a. M.: Suhrkamp.
Butler, Judith 2004. Gender-Regulierungen. In *under construction? Konstruktivistische Perspektiven in feministischer Theorie und Forschungspraxis*, hrsg. Urte Helduser, Daniela Marx, Tanja Paulitz, und Katharina Pühl, 44–57. Frankfurt a. M. u. New York: Campus.
BZgA. 2010a. *Sexualität und Migration: Milieuspezifische Zugangswege für die Sexualaufklärung Jugendlicher. Ergebnisse einer repräsentativen Untersuchung der Lebenswelten von 14- bis 17-jährigen Jugendlichen mit Migrationshintergrund*. Köln: Bundeszentrale für gesundheitliche Aufklärung.
BZgA. 2010b. Sexualität und Behinderung. *Forum Sexualaufklärung und Familienplanung 2010* (1).
Degele, Nina. 2008. *Gender/Queer Studies*. Paderborn: UTB.
Degele, Nina, und Gabriele Winker. 2009. *Intersektionalität. Zur Analyse sozialer Ungleichheiten*. Bielefeld: transcript.
Dekker, Arne. 2012. *Online Sex. Körperliche Subjektivierungsformen in virtuellen Räumen*. Bielefeld: transcript.
Dietze, Gabriele, Elahe Haschemi Yekani, und Beatriz Michaelis. 2007. „Checks and Balances". Zum Verhältnis von Intersektionalität und Queer Theory. In *Gender als interdependente Kategorie. Neue Perspektiven auf Intersektionalität, Diversität und Heterogenität*, hrsg. Katharina Walgenbach, Gabriele Dietze, Antje Hornscheidt, und Kerstin Palm, 107–140. Opladen: Verlag Barbara Budrich.
Dreyfus, Hubert L., und Paul Rabinow. 1987. *Michel Foucault. Jenseits von Strukturalismus und Hermeneutik*. Weinheim: Beltz Athenäum.
Engel, Antke, Nina Schulz, und Juliette Wedl. 2005. Queere Politiken. Analysen, Kritiken, Perspektiven. Kreuzweise queer: Eine Einleitung. *femina politica 2005* (1): 9–23.
Ewinkel, Carola, und Gisela Hermes. 1985. *Geschlecht behindert – besonderes Merkmal Frau*. München: AG SPAK.
Fink-Eitel, Hinrich. 1997. *Foucault zur Einführung*. Hamburg: Junius.
Foucault, Michel. 1976. *Überwachen und Strafen. Die Geburt des Gefängnisses*. Frankfurt a. M.: Suhrkamp.
Foucault, Michel. 2000. Die Gouvernementalität. In *Gouvernementalität der Gegenwart: Studien zur Ökonomisierung des Sozialen*, hrsg. Ulrich Bröckling, Susanne Krasmann, und Thomas Lemke, 41–76. Frankfurt a. M.: Suhrkamp.
Foucault, Michel. 2005. *Die Heterotopien. Der utopische Körper. Zwei Radiovorträge*. Frankfurt a. M.: Suhrkamp.
Fritzsche, Bettina et al. Hrsg. 2001. *Dekonstruktive Pädagogik. Erziehungswissenschaftliche Debatten unter poststrukturalistischer Perspektive*. Opladen: Leske + Budrich.
Gugutzer, Robert, und Werner Schneider. 2007. Der ‚behinderte' Körper in den Disability Studies. In *Disability Studies, Kultursoziologie und Soziologie der Behinderung. Erkundungen in einem neuen Forschungsfeld*, hrsg. Anne Waldschmidt, und Werner Schneider, 31–54. Bielefeld: transcript.

Hark, Sabine. 1999. *deviante Subjekte. Die paradoxe Politik der Identität.* Opladen: Leske + Budrich.
Hartmann, Jutta. 2002. *Vielfältige Lebensweisen. Dynamisierungen in der Triade Geschlecht-Sexualität-Lebensform. Kritisch-dekonstruktive Perspektiven für die Pädagogik.* Opladen: Leske + Budrich.
Jacob, Jutta, Swantje Köbsell, und Eske Wollrad. Hrsg. 2010. *Gendering Disability. Intersektionale Aspekte von Behinderung und Geschlecht.* Bielefeld: transcript.
Kessl, Fabian, und Melanie Plößer. Hrsg. 2010. *Differenzierung, Normalisierung, Andersheit. Soziale Arbeit als Arbeit mit den Anderen.* Wiesbaden: VS Verlag für Sozialwissenschaften.
Köbsell, Swantje. 2010. Gendering Disability: Behinderung, Geschlecht und Körper. In *Gendering Disability. Intersektionale Aspekte von Behinderung und Geschlecht,* hrsg. Jutta Jacob, Swantje Köbsell, und Eske Wollrad, 17–33. Bielefeld: transcript.
Krasmann, Susanne. 1995. Simultaneität von Körper und Sprache bei Michel Foucault. *Leviathan 23* (2): 240–262.
Kristeva, Julia. 1982. *Powers of Horror: An Essay on Abjection.* New York: Columbia University Press.
Kunz, Daniel, und Lucyna Wronska. 2013. Interkulturelle Sexualpädagogik: Menschenrechte als Motor der Integration. In *Handbuch Sexualpädagogik und sexuelle Bildung.* 2. Aufl., hrsg. Renate-Berenike Schmidt, und Uwe Sielert, 275–287. Weinheim u. München: Juventa.
Lautmann, Rüdiger. 2002. *Soziologie der Sexualität. Erotischer Körper, intimes Handeln und Sexualkultur.* Weinheim: Juventa.
Leiprecht, Rudolf. 2011. *Diversitätsbewusste Soziale Arbeit.* Schwalbach i. T.: Wochenschauverlag.
Leiprecht, Rudolf, und Anne Kerber. Hrsg. 2005. *Schule in der Einwanderungsgesellschaft.* Schwalbach i. T.: Wochenschauverlag.
Matthiesen, Silja. 2007. *Wandel von Liebesbeziehungen und Sexualität. Empirische und theoretische Analysen.* Gießen: Psychosozialverlag.
Maynard, Mary. 1994. Race, gender and the concept of „difference" in feminist thought. In *The dynamics of race and gender,* hrsg. Haleh Afshar, und Mary Maynard, 9–25. London: Taylor & Francis.
McCall, Leslie. 2005. The Complexity of Intersectionality. *Signs. Journal of Women in Culture and Society 30* (3): 1771–1800.
McClintock, Anne. 1995. *Imperial Leather. Race, Gender, and Sexuality in the Colonial Conquest.* New York: Routledge.
McRuer, Robert. 2002. Compulsory Able-Bodiedness and Queer/Disabled Existence. In *Disability Studies. Enabling The Humanities,* hrsg. Sharon L. Snyder, Brenda Jo Brueggemann, und Rosemarie Garland Thomson, 88–109. New York: Modern Language Association of America.
McRuer, Robert. 2006. *Crip Theory. Cultural Signs of Queerness and Disability.* New York u. London: New York University Press.
Mehlmann, Sabine. 2006. *Unzuverlässige Körper. Zur Diskursgeschichte des Konzepts geschlechtlicher Identität.* Königstein i. T.: Ulrike Helmer Verlag.
preciado, beatriz. 2003. *kontrasexuelles manifest.* Berlin: b_books.

preciado, beatriz. 2004. Proletarier des Anus. Interview von Tim Stüttgen in Jungle World Nr. 50, 1. Dez. 2004. http://jungle-world.com/artikel/2004/49/14200.html. Zugegriffen: 09. August 2013.

Prengel, Annedore. 1995. *Pädagogik der Vielfalt: Verschiedenheit und Gleichberechtigung in Interkultureller, Feministischer und Integrativer Pädagogik.* Opladen: Leske + Budrich.

Raab, Heike. 2010. Shifting the Paradigm: „Behinderung, Heteronormativität und Queerness". In *Gendering Disability. Intersektionale Aspekte von Behinderung und Geschlecht,* hrsg. Jutta Jacob, Swantje Köbsell, und Eske Wollrad, 73–94. Bielefeld: transcript.

Reuter, Julia. 2011. Geschlecht und Körper. Studien zur Materialität und Inszenierung gesellschaftlicher Wirklichkeit. Bielefeld: transcript.

Rich, Adrienne. 1983. Zwangsheterosexualität und lesbische Existenz. In *Macht und Sinnlichkeit. Ausgewählte Texte von Adrienne Rich und Audre Lorde,* hrsg. Dagmar Schultz, 138–169. Berlin: Sub-Rosa-Frauenverlag.

Schmidt, Gunter. 2004. *Das neue Der Die Das. Über die Modernisierung des Sexuellen.* Gießen: Psychosozial.

Schad, Ute. 2007. „Anders anders". Geschlecht und Ethnizität in einer Pädagogik der kulturellen Vielfalt. In *Eva ist emanzipiert, Mehmet ist ein Macho. Zuschreibung, Ausgrenzung, Lebensbewältigung und Handlungsansätze im Kontext von Migration und Geschlecht,* hrsg. Chantal Munsch, Marion Gemende, und Steffi Weber-Unger Rotino, 193–206. Weinheim u. München: Juventa.

Schmidt, Gunter. Hrsg. 2000. *Kinder der sexuellen Revolution. Kontinuität und Wandel studentischer Sexualität 1966–1996. Eine empirische Untersuchung.* Gießen: Psychosozial-Verlag.

Schmidt, Gunter et al. 2006. *Spätmoderne Beziehungswelten. Report über Partnerschaft und Sexualität in drei Generationen.* Wiesbaden: VS Verlag für Sozialwissenschaften.

Schmidt, Renate-Berenike, und Uwe Sielert. 2012. *Sexualpädagogik in beruflichen Handlungsfeldern.* Köln: Bildungsverlag 1.

Schmidt, Renate-Berenike, und Uwe Sielert. 2013. *Handbuch Sexualpädagogik und sexuelle Bildung.* 2. Aufl. Weinheim: Beltz Juventa.

Schmidtke, Hans-Peter. 2006. Entwicklung der pädagogischen Betrachtungsweise – Ausländerpädagogik, interkulturelle Pädagogik, Pädagogik der Vielfalt. In *Schule in der Einwanderungsgesellschaft,* hrsg. Rudolf Leiprecht, und Anne Kerber, 2. Aufl., 142–161. Schwalbach: Wochenschauverlag.

Sigusch, Volkmar. 2005. *Neosexualitäten. Über den kulturellen Wandel von Liebe und Perversion.* Frankfurt a. M.: Campus.

Simpson, Mark. 1996. *It's a Queer World.* London: Vintage.

Specht, Ralf. 2013. Sexualität und Behinderung. In *Handbuch Sexualpädagogik und sexuelle Bildung.* 2. Aufl., hrsg. Renate-Berenike Schmidt, und Uwe Sielert, 288–300. Weinheim u. München: Juventa.

Tuider, Elisabeth. 2004. Identitätskonstruktionen durchkreuzen. Queer – Hybridität – Differenz in der Sexualpädagogik. In *Grenzverwischungen. Vielfältige Lebens-*

weisen im Gender-, Sexualitäts- und Generationendiskurs, hrsg. Jutta Hartmann, 179–192. Innsbruck: Studia-Verlag.

Tuider, Elisabeth. 2012. Geschlecht und/oder Diversität? Das Paradox der Intersektionalitätsdebatten. In *Differenz, Diversität und Heterogenität in erziehungswissenschaftlichen Diskursen,* hrsg. Elke Kleinau, und Barbara Rendtorff, 79–102. Opladen: Verlag Barbara Budrich.

Tuider, Elisabeth, Mario Müller, Stefan Timmermanns, Petra Bruns-Bachmann, und Carola Koppermann. Hrsg. 2012. *Sexualpädagogik der Vielfalt. Praxismethoden zu Identitäten, Beziehungen, Körper und Prävention für Schule und Jugendarbeit.* 2. Aufl. Weinheim: Beltz Juventa.

Wagenknecht, Peter. 2003. Heteronormativität. In *Historisch-Kritisches Wörterbuch des Feminismus. Band 1,* hrsg. Frigga Haug, 627–652. Hamburg: Argument.

Waldschmidt, Anne, und Werner Schneider. 2007. Disability Studies und Soziologie der Behinderung. Kultursoziologische Grenzgänge – eine Einführung. In *Disability Studies, Kultursoziologie und Soziologie der Behinderung. Erkundungen in einem neuen Forschungsfeld,* hrsg. Anne Waldschmidt, und Werner Schneider, 9–28. Bielefeld: transcript.

Waldschmidt, Anne. 2004. ‚Behinderung revisited' – das Forschungsprogramm der Disability Studies aus soziologischer Sicht. *Vierteljahreszeitschrift für Heilpädagogik und ihre Nachbargebiete* 73 (4): 365–376.

Waldschmidt, Anne. 2007. Behinderte Körper: Stigmatheorie, Diskurstheorie und Disability Studies im Vergleich. In *Marginalisierte Körper. Beiträge zu einer Soziologie und Geschichte des anderen Körpers,* hrsg. Torsten Junge, und Imke Schmincke, 27–43. Münster: Unrast.

Walgenbach, Katharina. 2007. Gender als interdependente Kategorie. In *Gender als interdependente Kategorie. Neue Perspektiven auf Intersektionalität, Diversität und Heterogenität,* hrsg. Katharina Walgenbach, Gabriele Dietze, Antje Hornscheidt, und Kerstin Palm, 23–64. Opladen: Verlag Barbara Budrich.

Walter, Joachim. Hrsg. 1996. *Sexualität und geistige Behinderung.* Heidelberg: Schindele.

West, Candace, und Sarah Fenstermaker. 1995. Doing Difference. In *Race, class and gender: common bonds, different voices,* In hrsg. Ngan-Ling Esther Chow, Doris Wilkinson, und Maxine Baca Zinn, 357–384. London: SAGE.

Young, Iris. 1996. Fünf Formen der Unterdrückung. In *Politische Theorie. Differenz und Lebensqualität,* hrsg. Herta Nagl-Docekal, und Herlinde Power-Studer, 99–139. Frankfurt a. M.: Suhrkamp.

ást
Teil II
Lebenslagen und Sozialraum

Lebenslagenforschung im Schnittfeld zwischen Behinderung und Migration
Aktueller Stand und konzeptuelle Perspektiven

Matthias Windisch

1 Einleitung

Die UN-Behindertenrechtskonvention (BRK) mit ihrem normativen Fokus auf eine inklusive Gestaltung aller Bereiche der Gesellschaft ist in Deutschland seit 2009 rechtlich wirksam und stellt innovative Anforderungen an die Wissenschaft, Praxis und Politik. Artikel 31 der BRK fordert generell zur Bereitstellung von geeigneten Informationen und Forschungsdaten über die Lebensbedingungen der Menschen mit Behinderung, ihre Teilhabehindernisse und -möglichkeiten auf. Wissenschaftliche Erkenntnisse und Informationen sollen zum einen zur Entwicklung von fundierten Konzepten dienen, die auf die Umsetzung der BRK ausgerichtet sind. Zum anderen wird ihnen die Funktion zugeschrieben, Umsetzungsprozesse der BRK zu überprüfen und Barrieren offen zu legen, die der Realisierung der Teilhaberechte von Menschen mit Behinderung entgegenstehen.

Mit der Aufforderung des Artikels 31 der BRK korrespondiert das Vorhaben der Bundesregierung, den Bericht über die Lage von Menschen mit Behinderung unter Berücksichtigung der verbreiteten Kritik an dessen fehlender indikatorenbezogenen Datenbasis zu einem indikatorengestützten Berichtsformat zu verändern.[1] Ein verändertes Berichtskonzept soll künftig auf einem Indikatorenspektrum basieren, das die gesamte Breite wesentlicher Dimensionen der realen Lebenssituation von Menschen mit Behinderung einschließlich von jenen mit Migrationshintergrund erfasst (vgl. BMAS 2011a, auch BMAS 2013). In diesem Kontext ist eine

---

[1] Vgl. Nationaler Aktionsplan zur Umsetzung der BRK (Bundesministerium für Arbeit und Soziales, BMAS 2011a), erster Staatenbericht vom August 2011 (BMAS 2011b), Endbericht „Vorstudie zur Neukonzeption des Behindertenberichtes" von Claudia Hornberg et al. (2011) und Teilhabebericht der Bundesregierung über die Lebenslagen von Menschen mit Beeinträchtigungen (BMAS 2013).

indikatorengestützte, empirische Analyse folgender Dimensionen bzw. Lebensbereiche und Handlungsfelder avisiert: Arbeit, Bildung, Gesundheit – Prävention, Rehabilitation sowie Pflege, Kinder und Jugendliche sowie Familie und Partnerschaft, Frauen, ältere Menschen, Bauen und Wohnen, Mobilität, Freizeit und Kultur, gesellschaftliche und politische Teilhabe und Persönlichkeitsrechte (wie auch über den nationalen Kontext hinaus: die internationale Zusammenarbeit).

Dabei soll dem methodischen Ansatz Rechnung getragen werden, die Lebensrealität von Menschen mit Behinderungen und Migrationshintergrund multidimensional bzw. ihre Teilhabe in der Gesellschaft aufbauend auf den Implikationen des im Rahmen der Sozialberichterstattung oder Sozialindikatorenforschung anzutreffenden sozialwissenschaftlichen Konzepts der Lebenslage (vgl. Bartelheimer und Kädtler 2012) empirisch zu erhellen. Gegenüber diesem programmatischen Anspruch ist indessen festzustellen, dass gegenwärtig noch wenig empirisch fundiertes Wissen über die Lebensverhältnisse, konkreten Bedarfe und Ressourcen von Menschen mit Behinderungen und Migrationshintergrund wie auch ihrer Familien bzw. Angehörigen vorliegt (vgl. Seifert 2010; Westphal und Wansing 2012; Halfmann 2012, BMAS 2013). Zum Abbau dieses Wissensdefizits finden sich allerdings in dem postulierten veränderten Berichtskonzept wegweisende Anforderungen.

Vor diesem Hintergrund richtet sich der Beitrag darauf, einmal die Forschungslage zu den Lebensverhältnissen von Menschen mit Behinderungen und Migrationshintergrund sowie ihrer Angehörigen zu charakterisieren. Darüber hinaus ist im Anschluss daran der Frage nachzugehen, welche konzeptuellen Anforderungen bzw. Zugänge für die empirische Analyse ihrer Lebenslage und Teilhabe insbesondere unter Bezugnahme auf die Diskussion um das Lebenslagenkonzept zu berücksichtigen sind.

2 Stand und Formate bisherigen empirischen Wissens zum Zusammenhang von Behinderung und Migration

Obgleich Behinderung und Migration als intersektionaler Gegenstand wissenschaftlicher Auseinandersetzungen bislang empirisch unterbelichtet und entwicklungsbedürftig ist, lassen sich zumindest einige Bemühungen festhalten, die etwas Licht auf die Schnittmenge bzw. den Zusammenhang von Behinderung und Migration werfen. Neben Ergebnissen der empirischen Bildungsforschung bzw. Statistik zu Kindern und Jugendlichen mit Migrationshintergrund und leichten intellektuellen Beeinträchtigungen vor allem im Kontext der sonderpädagogischen Förderung in Schulen (vgl. Halfmann 2012; Ständige Konferenz der Kultusminister der Länder in der Bundesrepublik Deutschland, KMK 2012a, b) zeichnen sich grob zusammengefasst folgende Formate der bisherigen Bemühungen ab, die unterschiedliche Qualitätsebenen bzw. methodische Grundlagen und Reichweiten empirischen Wissens beinhalten:

- Dokumentationen von Einzelfällen, Erfahrungen und Sichtweisen von Professionellen aus der Beratung von Familien mit Migrationshintergrund und behinderten Angehörigen in Fachaufsätzen sowie kleinere Untersuchungen und unveröffentlichte Hochschulabschlussarbeiten oder Dissertationen zu spezifischen Problemstellungen (vgl. Seifert 2010; Halfmann 2012; Sarimski 2013).
- Einzelne Untersuchungen zu Nutzung, Zugangsmöglichkeiten und -barrieren von Angeboten der Behindertenhilfe bei Menschen mit Behinderung und Migrationshintergrund sowie zu Aspekten ihrer Lebenssituation (vgl. All Inclusive Project 2009; Heiden et al. 2009; Bader und Kohan 2009; Kohan 2012; Seifert 2010; Seifert und Harms 2012).
- Bundesweite repräsentative Erhebungen mit Daten zu Migrationshintergrund und Behinderung im Rahmen der Schwerbehindertenstatistik, des Mikrozensus und des Sozioökonomischen Panels (SOEP) (vgl. zusammenfassend und kritisch Wansing und Westphal 2012; Westphal und Wansing 2012).

Gemeinsam ist den bisherigen Bemühungen, dass ihre methodischen Voraussetzungen und davon abhängigen Erkenntnisse sich als sehr begrenzt darstellen. Sie bieten keinen Spiegel mit grundlegenden und differenzierten Informationen zu Zusammenhängen von Behinderungs- und Migrationshintergrund, ihren Auswirkungen auf Teilhabemöglichkeiten in der Gesellschaft und Ausgrenzungstendenzen bzw. den Lebensverhältnissen und Formen der Alltagsbewältigung von Menschen mit Migrationshintergrund und Behinderung sowie ihren Angehörigen oder Herkunftsfamilien. Abgesehen von den dokumentierten Erfahrungen in bestimmten professionellen Handlungssegmenten Sozialer Arbeit im Kontext von Migration und Behinderung sind die bisherigen Untersuchungsansätze methodisch eingeschränkt. So handelt es sich meist um

- qualitativ basierte Einzelfallanalysen bzw. Untersuchungen zu spezifischen Fragestellungen,
- vereinzelte quantitative Erhebungen zu einigen lebenssituationsbezogenen Merkmalen mit nur kleinen Stichproben
- eine Fokussierung auf Migrantinnen und Migranten mit Behinderung aus einem bestimmten Herkunftsland,
- amtliche Statistiken bzw. repräsentative Erhebungen mit einem eindimensionalen, defizitären und wenig differenzierenden Behinderungsverständnis (basierend auf der Messung des Grades der Behinderung, GdB in 10er Schritten bis 100)

- oder um eine unklare und zu wenig differenzierte Erfassung von Menschen mit Migrationshintergrund, vor allem in der amtlichen Schwerbehindertenstatistik durch die Kategorisierung der Bevölkerung mit Schwerbehinderung nach Deutschen versus Ausländerinnen und Ausländern (ebd.), aber auch in den statistischen Veröffentlichen der KMK (2012a, b) zur sonderpädagogischen Förderung in Schulen.

Dennoch lohnt sich ein genauerer Blick auf das bisherige empirische Wissen, das trotz der gegebenen Defizite eine Reihe rudimentärer Hinweise auf Zusammenhänge von Migration und Behinderung enthält.

3 Zur Bewältigung von Behinderung in Familien mit Migrationshintergrund

Aus den Erfahrungen der Beratung von Familien mit Migrationshintergrund und behinderten Angehörigen geht im Kern hervor, dass ihre Inanspruchnahme von Angeboten des Hilfesystems für Menschen mit Behinderung und ihre Angehörigen in Deutschland gering ist. Als verantwortlich dafür werden defizitäres Informationsniveau, Kommunikationsbarrieren aufgrund fehlender oder unzureichender deutscher Sprachkenntnisse sowie kulturdifferente Interpretationsmuster und Bewältigungsformen bei Behinderung in den Familien bzw. Betroffenenkreisen der sehr unterschiedlichen Herkunftsländer und -kulturen angesehen (vgl. Kauczor 2002; Halfmann 2012).

Im Ergebnis ihrer Erfahrungen in der Beratung von muslimischen Migrantenfamilien mit behinderten Kindern kommt Cornelia Kauczor (2002, S. 62 f.) zu fünf Familientypen mit verschiedenen Formen der Bewältigung von Behinderung. Diese überschneiden sich zwar zum Teil und ähneln in ihrem Bewältigungsprozess manchen Familien ohne Migrationshintergrund, sie können aber als Erklärungs- und Orientierungsgrundlage für den Zugang und die Inanspruchnahme im Hinblick auf Hilfeangebote dienen. Bei diesen Familientypen handelt es sich um: „Typ 1 – Wir können alles alleine regeln, Typ 2 – Aufopfernd, Typ 3 – Informations-Sammler, Typ 4 – Verantwortung abgeben, Typ 5 – Lehnt Behinderung ab". Mit den Familientypen verbinden sich nicht nur different motivierte Haltungen gegenüber Behinderung, sondern auch unterschiedliche familiale Ressourcen und Belastungen.

In einer qualitativen, biografisch-rekonstruktiv angelegten Untersuchung von vier Familien mit Migrationserfahrungen und einem Kind mit komplexer Behinderung (Türkei, Bosnien und Herzegowina, Portugal, Chile) kann Julia Halfmann (2012) anhand ihrer Einzelfallstudien indes weder übergreifende Handlungs- und

Bewältigungstypen noch herkunftskulturspezifische Haltungen gegenüber Behinderung und deren Bewältigung aufweisen. Vielmehr zeigen sich bei den Einzelfällen Bewältigungsstrategien, die von Annahmen über herkunftskulturspezifische Muster abweichen und den in Deutschland gegebenen Bedingungen situativ angepasst ausgeformt sind. Allerdings ist ihr zufolge festzustellen, dass sich Familien mit Migrationserfahrungen und einem Kind mit komplexer Behinderung (d. h. etwa mit mehrfacher Beeinträchtigung sowie hohem Unterstützungsbedarf) aufgrund dessen erforderlicher medizinischer Versorgung und sonstiger Bedarfe in der Regel frühzeitig mit der deutschen Struktur des Behindertenhilfesystems und Sichtweisen der Behinderung auseinandersetzen müssen. Daraus könne eine Verknüpfung mit der herkunftskulturspezifischen zu einer „bikulturellen Perspektive" (ebd., S. 194) auf Behinderung und deren Bewältigung entstehen, wodurch das Leben mit einem behinderten Kind strukturiert wird.

4 Nutzung von Angeboten der Behindertenhilfe durch Menschen mit Migrationshintergrund und Aspekte ihrer Lebenssituation

4.1 Beratung für Menschen mit Migrationshintergrund und Behinderung im Ergebnis einer regionalen Studie

Welche Zugänge und Möglichkeiten der Beratung für Menschen mit Migrationshintergrund und Behinderung bzw. chronischer Erkrankung es gibt und erfolgreich sind, ist Gegenstand einer multimethodisch basierten Feldstudie mit Fokus auf die Region Berlin (vgl. Heiden et al. 2009; auch Seifert 2010). In ihrem Rahmen wurden neben Einzelpersonen mit chronischer Erkrankung und Behinderung über ihren Beratungsbedarf und ihre Erfahrungen vor allem Anbieter für Beratung und Unterstützung aus folgenden Bereichen schriftlich befragt: Wohlfahrts-, Behinderten- und Selbsthilfeorganisationen, Migrantenorganisationen, Expertinnen und Experten sowie Fachorganisationen im Kontext von Behinderung und Migration.

Nach den Befragungsergebnissen zeichnet sich ein hoher Beratungs- und Unterstützungsbedarf von Menschen mit Migrationshintergrund und Behinderung ab, der sich auf die Aufklärung ihrer Rechte auf Unterstützung und Möglichkeiten deren erfolgreichen Umsetzung richtet. Vor allem auf der Seite von Wohlfahrts- und Behindertenorganisationen wird dem vorhandenen Beratungs- und Unterstützungsbedarf nach den Ergebnissen jedoch überwiegend nicht oder nicht passend nachgekommen. Auf ihrer Basis unterbreiten H.-Günter Heiden et al. (2009) eine ganze Reihe von Vorschlägen für eine Optimierung der Zugangswege zur Beratung und deren erfolgreichen Durchführung. Insbesondere votieren sie für die Orientierung an einer inklusiven Praxisgestaltung und Partizipation, an dem „Diversity-Prinzip" und „menschenrechtlichen Modell", an Selbstbestimmung und Empowerment sowie an einer Vernetzung von Angeboten der bislang separaten Einrichtungen für Menschen mit Behinderung und für Personen mit Migrationserfahrung.

4.2 Zur Lebenssituation von jüdischen Migrantinnen und Migranten mit Behinderung und ihren Angehörigen

Im Unterschied zu der vorhergehenden regionalen Studie richtet sich eine zielgruppenspezifische empirische Untersuchung von Michael Bader und Dinah Kohan (2009) unter der Trägerschaft der Zentralwohlfahrtsstelle der Juden in Deutschland e. V. auf die Lebenssituation von jüdischen Menschen mit Behinderung und ihren Angehörigen aus der ehemaligen Sowjetunion. Es wurden 128 Familien schriftlich befragt, in denen ein Angehöriger mit geistiger oder psychischer Behinderung lebt, um durch die gewonnenen Erkenntnisse zu ihrer Integration in das jüdische Gemeindeleben beizutragen. Wenn auch die Stichprobe nicht repräsentativ ist, so werden die Ergebnisse ihrer Befragung in Anbetracht der großen Zahl von Befragten aus der spezifischen Migrantengruppe der jüdischen Kontingentflüchtlinge (insgesamt etwa 200 000) als aussagekräftig genug eingestuft. Aufbauend auf dieser Untersuchung geht Kohan (2012) außerdem der Lebenssituation von fünf jüdischen Familien mit einem kognitiv beeinträchtigten Angehörigen in einer qualitativen Analyse und Sekundäranalyse der Daten von 60 der befragten 128 Familien der vorangegangenen Erhebung genauer nach.

Im Ergebnis beider Teilstudien wird ein Einblick unter anderem in die Wohnverhältnisse, das Altersspektrum der Familienangehörigen der behinderten Menschen, die Sprachkenntnisse, den Hilfe- und Pflegebedarf, die Unterstützungsressourcen, den Beratungs- und Unterstützungsbedarf sowie die Unterstützung durch die jüdische Gemeinde, die Kontakte zur jüdischen Gemeinde und die Zufriedenheit mit den Kontakten vermittelt. Es zeigt sich für den Bereich des Wohnens, dass vor allem die Personen mit kognitiver Beeinträchtigung überwiegend mit ihren Angehörigen oder in ihrem häuslichen Umfeld leben. Obwohl ihre Angehörigen mehrheitlich älter als 60 Jahre sind, besteht weithin der Wunsch nach einem gemeinsamen Zusammenleben mit den behinderten Familienmitgliedern. Damit ist – in Anbetracht der durch das Leben in Ländern der ehemaligen Sowjetunion geprägten biografischen Erfahrungen – zugleich ein erhebliches Loslösungsproblem der Familien und ihrer behinderten Angehörigen verbunden, eine „selbstständige Lebensform" bei kognitiver Beeinträchtigung stößt oft auf

Schwierigkeiten oder Ablehnung. Trotz Belastungen werden Hilfe- und Pflegebedarfe, die unter den behinderten Familienmitgliedern verbreitet sind, in erster Linie durch die Angehörigen abgedeckt. Aufgrund der familialen Belastungen sowie weiterer Befunde folgern Bader und Kohan (2009) einen zunehmenden Bedarf an familienentlastenden Angeboten und unterstützenden, differenzierten Wohnangeboten für die Menschen mit Behinderung durch die jüdische Gemeinde und ihre Organisationen.

4.3 Aspekte der Lebenssituation von Menschen mit Behinderung und Migrationshintergrund im Spiegel einer europäischen Kooperationsuntersuchung

Hinweise auf die Lebenssituation von Menschen mit unterschiedlicher Behinderung und Migrationshintergrund liefert ebenfalls die schriftliche Befragung einer kleinen Stichprobe mit 33 Personen aus unterschiedlichen Wohnorten in Deutschland im Rahmen des europäischen Kooperationsuntersuchungsprojekts „All Inclusive" (vgl. All Inclusive Project 2009). Sie erstrecken sich im Wesentlichen auf demografische und sozioökonomische Merkmale, Information über Unterstützungsmöglichkeiten, ihre Nutzung und Nutzungsbarrieren, Informationsquellen und Erwartungen an Unterstützungsdienste für Menschen mit Behinderung sowie Freizeitaktivitäten.

Festzuhalten ist etwa, dass sich die meisten Befragten über ihre finanzielle Situation und nicht ausreichende medizinische Versorgung beklagen. Wenn auch die Befragten überwiegend tägliche Hilfen benötigen und vielfach verschiedene Unterstützungsmöglichkeiten zu kennen scheinen, nutzen sie mögliche Unterstützungsleistungen aber deutlich weniger. Damit geht einher, dass sie ihre Freizeitaktivitäten auf die häusliche Umgebung konzentrieren und zwar vor allem auf Fernsehen, was im Allgemeinen auch einen sehr hohen Stellenwert als Freizeitbeschäftigung besitzt (vgl. Bosse 2013).

Aus den Befragungsergebnissen werden schließlich Empfehlungen abgeleitet, die sich auf die Verbesserung des Informationsniveaus von Menschen mit Behinderung und Migrationshintergrund, ihrer Informations- und Freizeitmöglichkeiten sowie auf den Abbau von Barrieren der Zugänge zu außerhäuslichen Freizeitaktivitäten und der Nutzung von Unterstützungsmöglichkeiten richten.

4.4 Teilhabe von Menschen mit Behinderung und Migrationshintergrund aus dem Blickwinkel einer regionalen Untersuchung

Aspekten der Teilhabe bzw. Problemlagen von Menschen mit Behinderung und Migrationshintergrund („nicht-deutscher Herkunft") in der Region Berlin geht Monika Seifert (2010; auch Seifert und Harms 2012) in einer „Kundenstudie" aus unterschiedlichen Perspektiven empirisch nach. Im Blickpunkt ihrer Studie stehen Bedarf und Anforderungen an die ambulante wohnbezogene Unterstützung für Menschen mit Behinderung sowie deren Umsetzung.

Ausgangslage ist der Umstand, dass nach Seifert (2010, S. 255 f.) im Durchschnitt rund ein Viertel der Bewohnerinnen und Bewohner von Berlin einen Migrationshintergrund aufweisen, wobei ihr Anteil stadtteil- bzw. sozialraumbezogen zwischen etwa 10 % und 50 % variiert.

Neben einer quantitativ angelegten Befragung von Bezirksbeauftragten (d. h. von Beauftragten für Migration und Integration und für die Belange von Menschen mit Behinderung) zu ihren Erfahrungen mit Menschen mit Behinderung nicht-deutscher Herkunft wie auch Einschätzungen lokaler Angebote und Handlungsbedarfe enthält die Studie von Seifert Hinweise auf vorhandene Teilhabemöglichkeiten (Lebenssituation und Zukunftsperspektiven) aus qualitativen Interviews mit fünf behinderten Menschen und ihren Angehörigen, die mit einer Ausnahme einen türkischen Migrationshintergrund haben, und mit sieben Expertinnen und Experten aus verschiedenen Bereichen der „türkischen Community" (vgl. ebd., S. 283).

Im Kern verdeutlichen sich auch hier eine zentrale, tragende Rolle der Herkunftsfamilie für die Realisierung der sozialen Teilhabe und Unterstützung der Menschen mit Behinderung trotz veränderter Lebensentwürfe sowie Barrieren für eine Inanspruchnahme von Angeboten der Behindertenhilfe. Obgleich Überforderungstendenzen in den Familien und veränderte Lebensentwürfe beobachtbar sind, besteht eine Distanz gegenüber der Nutzung von Unterstützungsangeboten des Hilfesystems. Als Gründe werden u. a. angeführt: Ablehnung der Stigmatisierung bzw. Diskriminierung als „geistig behindert" durch das Behindertenhilfesystem sowie Wertedifferenzen im Umgang mit Behinderung zwischen professionellen Hilfesystem und Betroffenen mit türkischem Hintergrund, die unterschiedliche kulturelle Entwürfe der Lebensgestaltung für Menschen mit Behinderung (z. B. Verselbstständigung durch Heirat, Ablehnung von selbstbestimmter Lebensplanung und -führung ohne Heirat) beinhalten können (vgl. Seifert 2010; auch Seifert und Harms 2012). Dass mit einer Variation nach unterschiedlichen Migrantenmilieus (verschiedene Bildungsniveaus, sozialer Status, Statusorientierung usw.) zu rechnen ist, deuten auch qualitative Interviewergebnisse in der

„Kundenstudie" von Seifert (2010) an. Eine systematische Zusammenhangsanalyse bleibt indes aus.

5 Repräsentative empirische Hinweise auf Zusammenhänge von Migration und Behinderung

Gegenüber den regionalen Ergebnissen in der Studie von Seifert (2010) erweitern bundesweite, amtliche bzw. repräsentative Erhebungsdaten im Rahmen der Schwerbehindertenstatistik, des Mikrozensus und des SOEP des Deutschen Instituts für Wirtschaftsforschung etwas den Blickwinkel zum Zusammenhang von Behinderung und Migration, wenngleich sie nach einer kritischen Analyse von Manuela Westphal und Gudrun Wansing (2012; auch Wansing und Westphal 2012) in ihrer Reichweite und Qualität aufgrund einer verbesserungswürdigen Behinderungs- oder Migrationserfassung sowie einer weitgehend fehlenden intersektionalen Datenanalyse insgesamt als eingeschränkt und undifferenziert einzustufen sind.

Anhand der bundesweiten Erhebungsdaten vermag ihre Analyse trotz der berechtigten Kritik zumindest offen zu legen, wie groß der Umfang der Menschen nichtdeutscher Herkunft mit Behinderung in Deutschland nach der aktuellen Datenlage ist und inwieweit er nach Herkunftsländern und Geschlecht variiert. Ungeachtet abweichender Anteile von Menschen mit Behinderung bzw. einer Schwerbehinderung an der Bevölkerung in Deutschland in den drei Datenquellen zeigt sich dort nach den Berechnungen von Westphal und Wansing (2012, S. 368) jedoch generell eine deutliche Unterrepräsentanz von Menschen mit nichtdeutscher Herkunft und Schwerbehinderung (von etwa 30 % bis 50 %) gegenüber den Deutschen mit einer Schwerbehinderung. Währenddessen sind überproportional viele Kinder mit Migrationshintergrund im Vergleich zu jenen mit deutscher Herkunft an den öffentlichen Förderschulen mit dem Schwerpunkt „Lernen" und „geistige Entwicklung" vertreten (vgl. Seifert 2010; Halfmann 2012). Für Berlin konstatiert Seifert (2010, S. 256), dass ihr Anteil im Förderschwerpunkt „Lernen" an den öffentlichen Schulen 25,5 % beträgt, während er im Förderschwerpunkt „geistige Entwicklung" um knapp 10 % höher sogar bei 34,9 % liegt.

Die Unterrepräsentanz der Menschen mit Migrationshintergrund und Behinderung in den bundesweiten Erhebungsdaten kovariiert nach eigenen Berechnungen von Westphal und Wansing (2012, S. 370 ff.) auffallend mit ihren Herkunftsländern und ihrer Geschlechterzugehörigkeit. Demzufolge sind Migrantinnen und Migranten aus den Staaten der ehemaligen Sowjetunion und aus Polen mit geringer Aufenthaltsdauer im Vergleich zu jenen aus Italien, Griechenland und dem ehemaligen Jugoslawien mit weit aus längerer Aufenthaltsdauer in Deutschland erheblich unterrepräsentiert. Schließlich erweist sich die Quote der Frauen nichtdeutscher Herkunft mit anerkannter Schwerbehinderung von 41 % im Vergleich zu jener der deutschen Frauen mit 48 % als bemerkenswert niedrig. Während sich das Alter als Einflussfaktor auf die Unterrepräsentanz der Menschen mit Migrationshintergrund und Behinderung in den vorgenannten Datenquellen nach Westphal und Wansing als eher irrelevant erweist, sind ihnen zufolge neben „statistischen Effekten" (ebd., S. 372) (z. B. Non-Response-Verhalten) wie auch kulturellen Effekten hinsichtlich des Umgangs mit Behinderung vor allem Einflüsse durch Erwerbstätigkeit und unterschiedliche „Barrieren im Zugang zur amtlichen Anerkennung von Schwerbehinderung" (ebd.) in Erwägung zu ziehen.

6 Konzeptuelle Desiderata zur empirischen Analyse der Lebenssituation von Menschen mit Migrationshintergrund und Behinderung

Aus der Reflexion der gegenwärtigen Forschungslage und den Anforderungen eines veränderten, aussagekräftigen Berichts zur Lage der Menschen mit Behinderung (vgl. BMAS 2011a, 2011b; Hornberg et al. 2011) ergeben sich für eine Erweiterung, Grundlegung und Neuausrichtung der empirischen Analyse des Zusammenhangs von Migration und Behinderung im Wesentlichen folgende konzeptuelle und methodische Anforderungen: eine differenzierte Perspektive auf die Kategorien Migrationshintergrund und Behinderung unter Berücksichtigung eines veränderten Behinderungsverständnisses sowie eine lebenslagenbezogene Modellierung von Indikatoren. Die folgenden Überlegungen sollen konkretisierende Orientierungen dazu bieten.

6.1 Migrationshintergrund als mehrdimensionale Perspektive

Migrationshintergrund ist zu einem modernen und weit gefassten Begriff für Menschen geworden, die unabhängig etwa von Migrationsgründen und anderen persönlichen Merkmalen nach Deutschland zugewandert sind bzw. einwandern. Als statistischer Begriff werden mit Migrationshintergrund im Rahmen des Mikrozensus seit 2005 die Personen in Deutschland erfasst, „die nach 1949 auf das heutige Gebiet der Bundesrepublik Deutschland zugezogen sind, sowie alle in Deutschland geborenen Ausländerinnen und Ausländer und alle in Deutschland als Deutsche Geborene mit zumindest einem Elternteil, der zugezogen ist oder der als Ausländerin bzw. Ausländer in Deutschland geboren wurde" (Statistisches Bundesamt 2012, S. 66). Insofern sind darunter sowohl Personen mit Ausländerstatus als auch Menschen mit deutscher Staatsangehörigkeit und nichtdeutscher Herkunft subsumiert. Im Mikrozensus finden sich differenziert Angaben über die Nationalität, Migrationsstatus, Migrationserfahrung (eigene oder ohne eigene) und Herkunftsland. Noch etwas differenziertere Informationen über Personen mit Migrationshintergrund (z. B. auch Aufenthaltsstatus) enthält der SOEP (vgl. Westphal und Wansing 2012, S. 365 f.).

Ungeachtet der variierenden operationalen Definition von Migrationshintergrund ist trotz dessen gegebenen Differenzierung zum einen mit Westphal und Wansing (ebd., S. 368) kritisch einzuwenden, dass Menschen mit dem Label „Migrationshintergrund" etikettiert werden, „die weder selbst zugewandert sind noch zugewanderte Eltern haben." Den Autorinnen zufolge bleibt offen, „was eigentlich konkret erfasst und gemeint ist. In Alltagsdiskursen wird der Ausländerstatus quasi durch das Konstrukt Migrationshintergrund ersetzt und erfasst nun einen erweiterten und enormen Teil der Bevölkerung [knapp ein Fünftel – d. Verf.] als Sondergruppe" (ebd.). Außerdem ist zu bedenken, dass das Konstrukt „Migrationshintergrund" durch die kategoriale Pauschalisierung und Stigmatisierung den Eindruck erwecken kann, es handele sich um Menschen, die zu einer sozialen Gruppe zusammengehören und sich durch Homogenität auszeichnen.

Indessen ist vielmehr dem Umstand Rechnung zu tragen, dass Menschen mit Migrationshintergrund eine breite Heterogenität aufweisen, für die nicht nur die ethnischen bzw. kulturellen Zugehörigkeiten (wie Herkunftsland) und damit verknüpfter Aspekte (Migrationsstatus, -motive usw.) konstitutiv sind, sondern vor allem auch eher migrationsunspezifische Merkmale wie Wert- und Normorientierungen, individuelle Lebensvorstellungen und -weisen, Bildungsniveau und sozialer Status, Erwerbstätigkeit und Zukunftsperspektiven (vgl. Wippermann und Flaig 2009; Seifert 2010; Halfmann 2012). Wie heterogen oder pluralisiert sich das Bild der Menschen mit Migrationshintergrund in Deutschland darstellt, hat vor wenigen Jahren bereits die Sinus-Studie zu „Lebenswelten von Migrantinnen und Migranten" (Wippermann und Flaig 2009; vgl. auch Seifert 2010; Halfmann 2012) auf der Grundlage des Lebenswelt- und Milieukonzepts (sowie einer repräsentativen Stichprobe mit der Befragung von 2 072 Personen ab 14 Jahren in Deutschland) offen gelegt. Ihr zufolge lassen sich acht verschiedenartige Milieus klassifizieren, die in Abbildung 1 nach Carsten Wippermann und Berthold Bodo Flaig (2009, S. 8) dargestellt und erläutert werden.

Mit den eruierten acht Milieutypen, in denen jeweils Menschen aus unterschiedlichen Herkunftsländern repräsentiert sind, verdeutlichen sich ganz unterschiedliche Lebensvorstellungen und -weisen. Die Unterschiede der Milieutypen sind weniger auf die ethnische Zugehörigkeiten bzw. die Herkunftsländer und soziale Lage als vielmehr auf Wertorientierung und Lebensstile zurückzuführen. Es verwundert nicht, dass gemeinsame Lebensweltorientierungen bei Menschen mit

Abbildung 1 Milieutypen und Migrationshintergrund

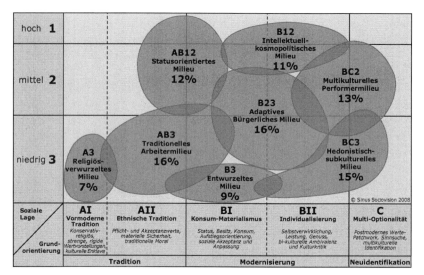

Kurzcharakteristik

Bürgerliche Migranten-Milieus

- Sinus B23 (16%) **Adaptives Bürgerliches Milieu**
  ➢ Die pragmatische moderne Mitte der Migrantenpopulation, die nach sozialer Integration und einem harmonischen Leben in gesicherten Verhältnissen strebt

- Sinus AB12 (12%) **Statusorientiertes Milieu**
  ➢ Klassisches Aufsteiger-Milieu, das durch Leistung und Zielstrebigkeit materiellen Wohlstand und soziale Anerkennung erreichen will

Traditionsverwurzelte Migranten-Milieus

- Sinus A3 (7%) **Religiösverwurzeltes Milieu**
  ➢ Vormodernes, sozial und kulturell isoliertes Milieu, verhaftet in den patriarchalischen und religiösen Traditionen der Herkunftsregion

- Sinus AB3 (16%) **Traditionelles Arbeitermilieu**
  ➢ Traditionelles Blue Collar Milieu der Arbeitsmigranten und Spätaussiedler, das nach materieller Sicherheit für sich und seine Kinder strebt

Ambitionierte Migranten-Milieus

- Sinus BC2 (13%) **Multikulturelles Performermilieu**
  ➢ Junges, leistungsorientiertes Milieu mit bi-kulturellem Selbstverständnis, das sich mit dem westlichen Lebensstil identifiziert und nach beruflichem Erfolg und intensivem Leben strebt

- Sinus B12 (11%) **Intellektuell-kosmopolitisches Milieu**
  ➢ Aufgeklärtes, global denkendes Bildungsmilieu mit einer weltoffenen, multikulturellen Grundhaltung und vielfältigen intellektuellen Interessen

Prekäre Migranten-Milieus

- Sinus B3 (9%) **Entwurzeltes Milieu**
  ➢ Sozial und kulturell entwurzeltes Milieu, das Problemfreiheit und Heimat / Identität sucht und nach Geld, Ansehen und Konsum strebt

- Sinus BC3 (15%) **Hedonistisch-subkulturelles Milieu**
  ➢ Unangepasstes Jugendmilieu mit defizitärer Identität und Perspektive, das Spaß haben will und sich den Erwartungen der Mehrheitsgesellschaft verweigert

Quelle: Wippermann und Flaig 2009, S. 8.

unterschiedlicher ethnischer Herkunft anzutreffen sind. Oder mit Wippermann und Flaig (ebd., S. 7) ist festzustellen: „Menschen des gleichen Milieus mit unterschiedlichem Migrationshintergrund verbindet mehr miteinander als mit dem Rest ihrer Landsleute aus anderen Milieus." Die verschiedenen Milieutypen, für die fließende Übergänge bzw. Überlappungen kennzeichnend sind, unterscheiden sich zwar in erster Linie nach Grundorientierungen bzw. Lebensvorstellungen und -stilen, weisen aber auch eine Variation nach der sozialen Lage auf, wie Abbildung 1 repräsentiert. Hier zeigt sich nach Wippermann und Flaig (ebd., S. 8 f.): „Je höher ein Milieu in dieser Graphik angesiedelt ist, desto gehobener sind Bildung, Einkommen und Berufsgruppe, je weiter rechts es positioniert ist, desto moderner ist die Grundorientierung." Durch die Differenzierung der Milieutypen auch nach Dimensionen der sozialen Lage wird deutlich, wie wichtig und unverzichtbar eine multidimensionale Perspektive auf das Thema Migrationshintergrund unter Berücksichtigung von Teilhabemöglichkeiten und sozialer Ungleichheiten von Lebenschancen ist.

6.2 Behinderung als mehrdimensionales Konstrukt

Analog zur Kategorie Migrationshintergrund ist mit Behinderung ein mehrdimensionales Konstrukt zugrunde zu legen, das ein neues und verändertes Verständnis von Behinderung umfasst. Dem kommt das neue Klassifikationssystem von Behinderung der World Health Organization (WHO), die „Internationale Klassifikation der Funktionsfähigkeit, Behinderung und Gesundheit" (ICF – International Classification of Functioning, Disability and Health) nach (vgl. Deutsches Institut für Medizinische Dokumentation und Information, DIMDI 2005). Die ICF wurde nach langjähriger Kritik am medizinischen Verständnis von Behinderung mit einem individuumzentrierten und defizitären Fokus als Gegenmodell und veränderte, multidimensionale Perspektive auf Behinderung bereits 2001 von der WHO vorgelegt.

Die mittlerweile verbreitete und weithin anerkannte ICF beinhaltet ein biopsycho-soziales Modell von Behinderung, wonach unterschiedliche Ebenen von Beeinträchtigungen in das Blickfeld kommen, wie aus Abbildung 2 hervorgeht. Es sind die Ebenen:

- Körperstrukturen und -funktionen (z. B. mentale Funktionen wie Orientierung, Intelligenz usw. oder bewegungsbezogene Funktionen wie Gelenkbeweglichkeit, Kontrolle von Willkürbewegungen usw.),
- Aktivitäten (z. B. Lernen und Wissensanwendung, Selbstversorgung, Kommunikation),

Abbildung 2 Bio-psycho-soziales Modell von Behinderung nach ICF

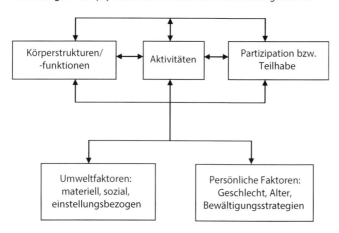

Quelle: DIMDI 2005, S. 23.

- Partizipation bzw. Teilhabe (z. B. Nutzung von Kommunikationsmedien, häusliches Leben, interpersonelle Interaktion und Beziehungen, Bildung, Arbeit und Freizeit),
- personale und umweltbezogene Faktoren in ihrer interdependenten Interaktion und Wirkungszusammenhänge mit den Beeinträchtigungen auf der Ebene von Körperfunktionen und -strukturen und den Aktivitäten sowie der Partizipation/Teilhabe,
- biografische Kumulation der Erfahrungen von Partizipation und Behinderung.

Demnach ist „Behinderung (…) als das Ergebnis oder die Folge einer komplexen Beziehung zwischen dem Gesundheitsproblem eines Menschen und seinen personenbezogenen Faktoren einerseits und den externen Faktoren, welche die Umstände repräsentieren, unter denen Individuen leben, andererseits" (DIMDI 2005, S. 22) zu begreifen und als kumulative Erfahrung im Lebenslauf zu reflektieren.

Damit übereinstimmend geht die BRK davon aus, „dass das Verständnis von Behinderung sich ständig weiterentwickelt und dass Behinderung aus der Wechselwirkung zwischen Menschen mit Beeinträchtigungen und einstellungs- und umweltbedingten Barrieren entsteht, die sie an der vollen, wirksamen und gleichberechtigten Teilhabe an der Gesellschaft hindern" (BRK, Präambel, e).

Vor diesem Hintergrund liegt es nahe, zwischen Beeinträchtigung und Behinderung zu unterscheiden. In dieser Perspektive generiert eine Einschränkung auf der Ebene der Körperstrukturen und -funktionen erst dann zur Behinderung, wenn in ihrem Kontext für Aktivitäten und die Partizipation bzw. Teilhabe durch schädigende oder ungünstige Einwirkungen von Umweltfaktoren in Wechselwirkung mit persönlichen Faktoren Benachteiligungen entstehen, die eine Verwirklichung von Teilhabe auf der Basis von Selbstbestimmung und Chancengleichheit erschweren oder verhindern. Insofern führt immer die fehlende oder erschwerte Verwirklichung von Partizipations- bzw. Teilhabemöglichkeiten in den gesellschaftlichen Lebensbereichen wie Bildung, Arbeit, Wohnen, Kommunikation, soziale Beziehungen, Kultur usw. zu einer Behinderung, abhängig von kontext- und individuenbezogenen Faktoren unter Berücksichtigung ihrer interdependenten Wirkungszusammenhänge. Neben der Vielfältigkeit von Beeinträchtigungen der Menschen sind daher besonders ihre teilhabebezogenen Benachteiligungen und soziale Ungleichheiten strukturell wie auch biografisch differenziert ins Auge zu fassen.

6.3 Lebenslagenansatz als konzeptueller Bezug für die Analyse von Teilhabechancen bei Migration und Behinderung

Unter der Voraussetzung einer Erweiterung um die Querschnittsthemen Migration und Behinderung bietet das Lebenslagenkonzept, worauf die Sozialberichterstattung der Bundesregierung (vgl. z. B. Bundesministerium für Familie, Senioren, Frauen und Jugend, BMFSFJ 2009; Statistisches Bundesamt 2012; Forschungsverbund Sozioökonomische Berichterstattung 2012, BMAS 2013) aufbaut, eine theoretisch fundierte und multidimensionale Analyseperspektive auf Lebensverhältnisse.

Mit dem Lebenslagenkonzept, das in den 1920er Jahren durch Otto Neurath begründet und später von Kurth Grelling, Gerhard Weisser und Ingeborg Nahnsen weiter entwickelt wurde, wird eine transaktionale Sichtweise der vielfältigen wechselseitigen Wirkungsbeziehungen von Individuen (oder sozialen Gruppen) und der gesellschaftlichen Umwelt im Lebensverlauf verfolgt. Sie reflektiert den Umstand, dass Individuen in ihrem Handeln während des gesamten Lebenslaufs auf die Verwirklichung von Zielen und Lebensvorstellungen sowie auf die Bewältigung von alltäglichen Anforderungen ausgerichtet sind, wofür ihnen unterschiedliche und miteinander interagierende Ressourcen zur Verfügung stehen, die nicht nur durch persönliche, sondern auch durch strukturelle Voraussetzungen ermöglicht oder begrenzt sind (vgl. ausführlich Beck und Greving 2012, S. 24 ff.; auch Alich 2011).

Somit kommen Ressourcen und Einschränkungen von Individuen in das Blickfeld, die Einfluss auf die Verwirklichung ihrer Grundanliegen (historisch-kulturell und sozial geprägte Bedürfnisse und Interessen) sowie Lebensvorstellungen nehmen. Mit ihnen werden nach dem Lebenslagenansatz individuelle Handlungsspielräume verknüpft, die in ihren wechselseitigen Zusammenhängen mit strukturellen Faktoren neben individuellen Merkmalen wahrzunehmen sind. Für Weisser (zit. n. Beck und Greving 2012, S. 27) als viel zitierter Vertreter des Lebenslagenkonzepts beinhaltet die Lebenslage den Handlungsspielraum, „den die äußeren Umstände dem (Menschen – d. Verf.) für die Erfüllung der Grundanliegen bieten, die ihn bei der Gestaltung seines Lebens leiten oder bei möglichst freier und tiefer Selbstbesinnung und zu konsequentem Verhalten hinreichender Willensstärke leiten würden." Diese „äußeren Umstände" umfassen strukturelle Faktoren, zu denen ökonomische und nicht ökonomische bzw. immaterielle, objektive und subjektive Dimensionen zu zählen sind (vgl. auch Wansing 2005; BMFSFJ 2009). In dem Lebenslagenansatz findet eine Verbindung von subjektiven und objektiven Faktoren statt, die nach Gregor Husi und Marcel Meier Kressig (zit. n. Beck und Greving 2012, S. 27) der Sicht geschuldet ist, dass „Lebenslagen (…) sich (…) nicht hinreichend mit sozioökonomischen Größen wie Einkommen, Ausbildung, Wohnungsgröße, Busverbindungen, Berufspositionen bestimmen [lassen – d. Verf.]", sondern dass es außerdem um das Ausmaß individuellen Wohlbefindens geht.

Iris Beck und Heinrich Greving (ebd., S. 27) heben in diesem Kontext hervor, dass „das Individuum (…) aktiver Gestalter der Interessenbefriedigung [ist – d. Verf.], auch wenn es nicht unbedingt seinen Spielraum zu nutzen weiß oder die richtigen Entscheidungen dabei trifft". Ihnen zufolge kann nämlich die „Selbstbesinnung" „insbesondere dann befangen [sein – d. Verf.], wenn sie durch Traditionen oder aufgedrängte Ideologien beschränkt werde" (Husi und Meier Kressig zit. n. ebd.). Oder wie ihnen zufolge Weisser (zit. n. ebd.) betont hat, dass „auch das Maß, in dem eigene Initiative (…) aufgebracht wird, (…) von der Lebenslage abhängt, besonders von lang andauerndem, evtl. über generationenreichendem Bestehen der Lebenslage, und besonders dann, wenn sich die Lage nahe dem physischen Existenzminimum befindet. Aufgedrängte Beruhigungsideologien der Mächtigen können zu dieser Lähmung der Initiative beigetragen haben. Das Maß der Zufriedenheit mit der Lebenslage kann also manipuliert sein".

Durch den Blick auf individuelle Ressourcen und Einschränkungen in ihren wechselseitigen Abhängigkeiten von strukturellen und individuellen Einflussfaktoren eröffnet das Lebenslagenkonzept methodisch einen Zugang, Fragen der Teilhabechancen bzw. der Verwirklichung von Teilhabemöglichkeiten von migrierten und behinderten Menschen nicht nur aufzuwerfen, sondern auch ihnen gestützt auf lebenslagenrelevanten Indikatoren empirisch in objektiver und subjektiver Hinsicht (z. B. Bildungsniveau, Erwerbsarbeit, Wohnen, soziale Netzwerkbeziehungen und Unterstützung) nachzugehen sowie in diesem Kontext soziale Ungleichheiten offen zu legen.

Der Teilhabebegriff, der in dem ICF-Modell der WHO (Kapitel 6.2) eine prominente Stellung einnimmt und als „Participation" in der englischen Originalfassung (vgl. WHO 2002) verankert ist, bildet als Gegenentwurf von Ausgrenzung einen Bewertungsmaßstab für gesellschaftliche Bedingungen und Prozesse der Zugehörigkeit aus der Sicht von Individuen oder sozialen Gruppen. Gebunden an das Lebenslagenkonzept ist mit Teilhabe eine historisch relative, mehrdimensionale, aktive, dynamische, verwirklichungskritische (i. S. einer „Abstufung ungleicher Teilhabe" – Bartelheimer 2007, S. 8) und subjektbezogene Perspektive zu assoziieren, der zufolge Individuen lebenslaufbezogen unterschiedlichen Lebensbereichen angehören, dort interagieren sowie mehr oder weniger eingebunden sind (vgl. ebd. 2004, 2007; Bartelheimer und Kädtler 2012).

Nach Peter Bartelheimer (2004, S. 53) lässt sich Teilhabe „an den Chancen oder Handlungsspielräumen messen, eine individuell gewünschte und gesellschaftlich übliche Lebensweise zu realisieren". Für ihn ist sie dann gefährdet, „wenn sich die äußeren wie verinnerlichten sozialen Anforderungen an die eigene Lebensweise und die tatsächlichen Möglichkeiten zu ihrer Realisierung auseinander entwickeln. Diese Gefährdung schlägt in Ausgrenzung um, wenn Personen oder Gruppen dauerhaft, biografisch unumkehrbar von gesellschaftlich üblichen Teilhabeformen ausgeschlossen sind, die sie individuell anstreben" (ebd.).

Teilhabe wird von Bartelheimer (2004, 2007) im Hinblick auf die Sozialberichterstattung in Deutschland bzw. die empirische Analyse in vier verschiedene Grundformen unter Berücksichtigung des Ziels des Lebenslagenkonzepts differenziert, um „neben Versorgungslagen auch Handlungsspielräume zu untersuchen" (ebd. 2004, S. 55). Ihm zufolge resultiert Teilhabe aus dem Zusammenwirken der verschiedenen Formen, wobei jedoch der Einfluss von so genannten Wohlfahrtsproduzenten (Markt, Staat, private Haushalte, intermediäre Organisationen) eine Rolle spielt. Bei den vier Teilhabeformen handelt es sich zunächst noch um relativ abstrakt operationalisierte Dimensionen, die es für empirische Analysen in objektiver und subjektiver Hinsicht weiterhin zu konkretisieren gilt (vgl. auch Erhardt und Grüber 2011).

Unterschieden wird grundlegend zwischen der Teilhabe am System gesellschaftlicher Arbeit, an informellen sozialen Nahbeziehungen, durch das Rechtssystem und am kulturellen System. Unter Bezugnahme auf das international bekannte Modell der Verwirklichungschancen (capabilities) von Amartya Sen und Perspektiven dessen Verknüpfung mit dem Lebenslagenansatz in der Sozialberichterstattung stellt Bartelheimer (2007, S. 11) fest, dass auch „auf jede (…) [der vier – d. Verf.] Teilhabeformen (…) sich das Modell der Verwirklichungschancen anwenden" ließe (vgl. Tabelle 1).

Mit den Teilhabeformen von Bartelheimer (2004, 2007) und ihren zugeordneten Lebenslagendimensionen gehen Dimensionen bzw. Lebensbereiche einer,

Tabelle 1 Teilhabeformen und Lebenslagedimensionen

Teilhabeformen	Lebenslagendimensionen
Gesellschaftliche Arbeit • Erwerbsarbeit • Eigenarbeit	Einkommen, Wohnen, Gesundheit, soziale Netzwerke
Soziale Nahbeziehungen	soziale Netzwerke
Rechte • bürgerliche • politische • soziale	Bildung, Einkommen, Wohnen, Gesundheit, politische Partizipation
Kultur	Bildung, Erwerb von Kompetenzen und gesellschaftliche Wertorientierungen

Quelle: Bartelheimer 2004, S. 54.

die auch im Nationalen Aktionsplan zur Umsetzung der BRK (vgl. BMAS 2011a) thematisiert sind sowie mit der Intention eines veränderten und aussagekräftigen Berichts zur Lage der Menschen mit Behinderung einschließlich jener mit Migrationshintergrund korrespondieren, wie eingangs in der Einleitung angeführt. Ihnen ist für eine empirische Analyse der Lebenslagen von Menschen mit Migrationshintergrund und Behinderung in objektiver und subjektiver Hinsicht eine richtungsweisende Funktion unter Berücksichtigung kumulierter Benachteiligungen im Lebenslauf beizumessen. Dadurch würde vor allem ein Anschluss an die Sozialberichterstattung mit ihrem Bezug auf die vorhergehend dargelegte operationale Verknüpfung des Lebenslagenansatzes und Teilhabekonzepts nach Bartelheimer hergestellt wie auch an die Ungleichheitsforschung ermöglicht.

Literatur

Alich, Saskia. 2011. *Angehörige erwachsener Menschen mit geistiger Behinderung.* Berlin: LIT Verlag.

All Inclusive Project. 2009. ALL INCLUSIVE Needs Analysis Report. Results for Germany. http://www.allinclusiveproject.eu/index.php?option=com_docman&task=cat_view&gid=156&Itemid=46. Zugegriffen: 03. Januar 2013.

Bader, Michael, und Dinah Kohan. 2009. Zur Situation jüdischer Menschen mit Behinderung. Strategiepapier zur Zentralwohlfahrtsstelle der Juden in Deutschland e. V. auf der Grundlage der zentralen Ergebnisse einer Fragebogenaktion. http://zwst.org/cms/documents/133/de_DE/zwst_behindertenhilfe_strategie2009.pdf. Zugegriffen: 03. Januar 2013.

Bartelheimer, Peter. 2004. Teilhabe, Gefährdung und Ausgrenzung als Leitbegriffe der Sozialberichterstattung. *SOFI – Mitteilungen 2004* (32): 47–61.

Bartelheimer, Peter. 2007. Politik der Teilhabe. Ein soziologischer Beipackzettel. Fachforum Nr. 1 zu dem Projekt gesellschaftliche Integration der Friedrich-Ebert-Stiftung. http://library.fes.de/pdf-files/do/04655.pdf. Zugegriffen: 07. Januar 2013.

Bartelheimer, Peter, und Jürgen Kädtler. 2012. Produktion und Teilhabe – Konzepte und Profil sozioökonomischer Berichterstattung. In *Berichterstattung zur sozioökonomischen Entwicklung in Deutschland. Teilhabe im Umbruch*, hrsg. Forschungsverbund Sozioökonomische Berichterstattung, 41–85. Wiesbaden: VS Verlag für Sozialwissenschaften.

Beck, Iris, und Heinrich Greving. 2012. Lebenswelt, Lebenslage. In *Lebenslage und Lebensbewältigung*, hrsg. Iris Beck, und Heinrich Greving, 15–59. Stuttgart: Kohlhammer.

BMAS. 2011a. Unser Weg in eine inklusive Gesellschaft. Der Nationale Aktionsplan der Bundesregierung zur Umsetzung der UN-Behindertenrechtskonvention. http://www.bmas.de/SharedDocs/Downloads/DE/PDF-Publikationen/a740-nationaler-aktionsplan-barrierefrei.pdf?__blob=publicationFile. Zugegriffen: 07. Januar 2013.

BMAS. 2011b. Übereinkommen der Vereinten Nationen über Rechte von Menschen mit Behinderungen. Erster Staatenbericht der Bundesrepublik Deutschland. http://www.bmas.de/SharedDocs/Downloads/DE/staatenbericht-2011.pdf?__blob=publicationFile. Zugegriffen: 07. Januar 2013.

BMAS. 2013. Teilhabebericht der Bundesregierung über die Lebenslagen von Menschen mit Beeinträchtigungen. Teilhabe – Beeinträchtigung – Behinderung. Bonn: Stand August 2013. Oder http://www.bmas.de/SharedDocs/Downloads/DE/PDF-Meldungen/2013-07-31-teilhabebericht.pdf?__blob=publicationFile. Zugegriffen: 02. September 2013.

BMFSFJ. Hrsg. 2009. 13. Kinder- und Jugendbericht. Bericht über die Lebenssituation junger Menschen und die Leistungen der Kinder- und Jugendhilfe in Deutschland. http://www.bmfsfj.de/RedaktionBMFSFJ/Broschuerenstelle/Pdf-Anlagen/13-kinder-jugendbericht,property=pdf,bereich=bmfsfj,sprache=de,rwb=true.pdf. Zugegriffen: 07. Januar 2013.

Bosse, Ingo. 2013. Keine Bildung ohne Medien! *Teilhabe 52* (1): 26–32.

DIMDI. Hrsg. 2005. ICF – Internationale Klassifikation der Funktionsfähigkeit, Behinderung und Gesundheit. World Health Organization. http://www.dimdi.de/dynamic/de/klassi/downloadcenter/icf/endfassung/icf_endfassung-2005-10-01.pdf. Zugegriffen: 08. Januar 2013.

Erhardt, Klaudia, und Karin Grüber. 2011. *Teilhabe von Menschen mit geistiger Behinderung am Leben in der Kommune.* Freiburg i. Br.: Lambertus.

Forschungsverbund Sozioökonomische Berichterstattung. Hrsg. 2012. *Berichterstattung zur sozioökonomischen Entwicklung in Deutschland. Teilhabe im Umbruch.* Wiesbaden: VS Verlag für Sozialwissenschaften.

Halfmann, Julia. 2012. Migration und komplexe Behinderung. http://kups.ub.uni-koeln.de/4950/1/Halfmann_Dissertation_2012.pdf. Zugegriffen: 05. Mai 2013.

Heiden, H.-Günter, Christiane Srna, und Katarina Franz. 2009. Zugangswege in der Beratung chronisch kranker/behinderter Menschen mit Migrationshintergrund. Eine Feldstudie. http://www.lebensnerv.de/misc/Feldstudie-Zugangswege%20in%20der%20Beratung.pdf. Zugegriffen: 10. Januar 2013.

Hornberg, Claudia, Monika Schröttle, u. a. 2011. Endbericht „Vorstudie zur Neukonzeption des Behindertenberichtes. http://www.ipse-nrw.de/neu/tl_files/ipse/fb10.pdf. Zugegriffen: 10. Januar 2013.

Kauczor, Cornelia. 2002. Zur transkulturellen Öffnung der deutschen Behindertenhilfe – Warum ist sie so wichtig und worin liegt das Handicap? *Zeitschrift für Behinderung und Dritte Welt* 13 (2): 58–65.

KMK. Hrsg. 2012a. Sonderpädagogische Förderung in Schulen 2001–2010. Statistische Veröffentlichungen der KMK. http://www.kmk.org/fileadmin/pdf/Statistik/KomStat/Dokumentation_SoPaeFoe_2010.pdf. Zugegriffen: 18. März 2013.

KMK. Hrsg. 2012b. Sonderpädagogische Förderung in Förderschulen (Sonderschulen) 2011/2012. http://www.kmk.org/fileadmin/pdf/Statistik/Aus_Sopae_2011.pdf. Zugegriffen: 18. März 2013.

Kohan, Dinah. 2012. *Migration und Behinderung: eine doppelte Belastung?* Freiburg i. Br.: Centaurus-Verlag.

Sarimski, Klaus. 2013. Wahrnehmung einer drohenden geistigen Behinderung und Einstellungen zur Frühförderung bei Eltern mit türkischem Migrationshintergrund. *Frühförderung interdisziplinär* 32 (1): 3–16.

Seifert, Monika. 2010. *Kundenstudie. Bedarf an Dienstleistungen zur Unterstützung des Wohnens von Menschen mit Behinderung.* Abschlussbericht. Berlin: Rhombos-Verlag.

Seifert, Monika, und Janna Harms. 2012. Migration und Behinderung. *Teilhabe* 51 (2): 71–78.

Statistisches Bundesamt. Hrsg. 2012. Statistisches Jahrbuch, Deutschland und Internationales. https://www.destatis.de/DE/Publikationen/StatistischesJahrbuch/StatistischesJahrbuch2012.pdf;jsessionid=5FAB3659AF04B54284A913AFF6610A3C.cae2?__blob=publicationFile. Zugegriffen: 10. Januar 2013.

Wansing, Gudrun. 2005. *Teilhabe an der Gesellschaft.* Wiesbaden: VS Verlag für Sozialwissenschaften.

Wansing, Gudrun, und Manuela Westphal. 2012. Teilhabeforschung, Disability Studies und Migrationshintergrund verbinden. *Orientierung* 36 (1): 12–15.

Westphal, Manuela, und Gudrun Wansing (unter Mitarbeit v. Jan Jochmaring). 2012. Zur statistischen Erfassung von Migration und Behinderung – Repräsentanz und Einflussfaktoren. *Migration und Soziale Arbeit* 34 (4): 365–373.

WHO. 2002. Towards a Common Language for Functioning, Disability and Health: ICF – The International Classification of Functioning, Disability and Health. http://www.who.int/classifications/icf/training/icfbeginnersguide.pdf. Zugegriffen: 18. März 2013.

Wippermann, Carsten, und Berthold Bodo Flaig 2009. *Lebenswelten von Migrantinnen und Migranten. Aus Politik und Zeitgeschichte* 2009 (5): 3–11.

Sozialraumorientierte Arbeit im Schnittfeld von Behinderung und Migration
Ergebnisse einer regionalen Studie

Monika Seifert

1 Einleitung

Im Rahmen der Berliner „Kundenstudie" wurde der Bedarf an Dienstleistungen zur Unterstützung des Wohnens von Menschen mit Behinderung ermittelt (vgl. Seifert 2010). Erkenntnis leitend waren die Zielperspektiven der UN-Behindertenrechtskonvention, Inklusion und Partizipation, die die Einrichtungen und Dienste der Behindertenhilfe vor erhebliche Herausforderungen stellen. Es gilt, die bislang primär auf das Individuum ausgerichteten Unterstützungsleistungen durch eine sozialräumliche Perspektive zu ergänzen, die die Ressourcen des Gemeinwesens in den Blick nimmt. Vor diesem Hintergrund hat die „Kundenstudie" auf der Basis quantitativer und qualitativer Erhebungen sozialraumorientierte Strategien aufgezeigt, die die Teilhabe dieser Personengruppe im Stadtteil fördern können. Dabei standen Menschen, die leistungsrechtlich als „geistig behindert" bezeichnet werden, im Mittelpunkt.[1]

Angesichts des hohen Anteils von Menschen mit Migrationshintergrund[2] im Land Berlin (2012: 26,9 %, vgl. Amt für Statistik Berlin-Brandenburg 2012) stellt

---

[1] Der Begriff „geistige Behinderung" steht in Widerspruch zum mehrdimensionalen Behinderungsbegriff der WHO, der Behinderung nicht als Merkmal einer Person, sondern als Beeinträchtigung der Teilhabe durch negative Wechselwirkung zwischen den individuellen Voraussetzungen und den Umweltbedingungen definiert. Die Selbsthilfegruppen „Mensch zuerst" (People First) erleben die Bezeichnung „geistig behindert" als diskriminierend und fordern die Abschaffung des Begriffs. Sie präferieren die Bezeichnung „Menschen mit Lernschwierigkeiten".

[2] Zu den Menschen mit Migrationshintergrund zählen „alle nach 1949 auf das heutige Gebiet der Bundesrepublik Deutschland Zugewanderten, sowie alle in Deutschland geborenen Ausländer und alle in Deutschland als Deutsche Geborenen mit zumindest einem zugewanderten oder als Ausländer in Deutschland geborenen Elternteil". (Statistisches Bundesamt 2011a, Statistischer Bericht – Einwohnerinnen und Einwohner im Land Berlin am 30. Juni 2012.)

sich die Frage, welche Erwartungen von dieser Bevölkerungsgruppe an Unterstützungsleistungen der Behindertenhilfe gestellt werden und welche Barrieren es hinsichtlich der Inanspruchnahme bereits bestehender Angebote gibt. Der Anteil der Personen mit Zuwanderungsgeschichte liegt in den Berliner Bezirken zwischen 8 % und 46 %. Ihre Alltagswirklichkeit ist häufig durch Erfahrungen geprägt, deren Bewältigung besondere Kraft erfordert: Soziale Folgen der Migrationsbewegungen nach Deutschland (z. B. Einstellung und Verhalten gegenüber Zugewanderten, Entwicklung von Parallelgesellschaften, insbesondere in unterschichtigen Milieus; vgl. Sinus Sociovision 2008), die soziale oder identitätsbezogene Verbundenheit mit zwei Staaten, kulturelle Unterschiede der Bewertung von Beeinträchtigungen, der aufenthaltsrechtliche Status, Diskriminierungserfahrungen und gravierende Probleme der Lebensbewältigung, z. B. durch Arbeitslosigkeit, fehlende Bildungsabschlüsse, unzureichende Wohnsituationen oder gesundheitliche Probleme. Schwierige Lebenslagen sind jedoch nicht per se ein Kennzeichen von Menschen mit Migrationshintergrund. Soziale Probleme und Integrationsdefizite bestehen überwiegend in traditionsverwurzelten und prekären Migranten-Milieus. Sie sind somit eher schichtspezifisch als migrationsspezifisch bedingt (vgl. Wippermann und Flaig 2009; Sinus Sociovision 2008).

Verlässliche Daten zum Anteil von Menschen mit Behinderung unter der migrantischen Bevölkerung liegen nicht vor. Auch bezogen auf die Nutzung von Angeboten der Behindertenhilfe durch den Personenkreis gibt es keine differenzierten öffentlich zugänglichen statistischen Angaben. Im Behindertenbericht der Berliner Senatsverwaltung für Gesundheit und Soziales (2012, S. 62) wird lediglich konstatiert, dass Menschen mit Behinderung und Migrationshintergrund „in den sozialen Dienstleistungsbereichen der Behindertenhilfe unterrepräsentiert" sind. Defizite in der Wahrnehmung bestehen auch in Politikfeldern, die sich in besonderer Weise mit der Bevölkerung nicht-deutscher Herkunft befassen, konkret in der Integrationspolitik und im Bereich der Sozialen Stadtentwicklung. Menschen mit Behinderung spielen in den Konzepten dieser Ressorts so gut wie keine Rolle (vgl. Berliner Integrationskonzept der Senatsverwaltung für Integration, Arbeit und Soziales 2007 sowie das Berliner „Handbuch zur Sozialraumorientierung" der Senatsverwaltung für Stadtentwicklung 2009).

Weitgehend unbeachtet sind die Erfordernisse im Schnittfeld von Migration und Behinderung auch in der Inklusionsdebatte. Im Berliner Aktions- und Maßnahmenplan zur Umsetzung der UN-Behindertenrechtskonvention (vgl. Senatsverwaltung für Integration, Arbeit und Soziales 2011) werden mit der Zielsetzung der Gleichbehandlung von Menschen mit Behinderung nicht-deutscher Herkunft Maßnahmen benannt, die sich auf die Zugangsvoraussetzungen zum öffentlichen Gesundheitsdienst, die Vernetzung von Beratungsprojekten und den Ausbau barrierefreier Unterstützungsangebote für Frauen beziehen. Der spezifische Unterstützungsbedarf von kognitiv beeinträchtigten Menschen mit Migrationshintergrund zur Teilhabe am Leben in der Gemeinschaft erfährt keine Erwähnung.

2 Teilhabe fördernde Potenziale im Sozialraum

Zur Identifizierung von Potenzialen im Stadtteil, die die Teilhabe von Menschen mit kognitiver Beeinträchtigung nicht-deutscher Herkunft fördern und sich positiv auf ihre Lebensgestaltung und ihre Lebensqualität auswirken, wurden im Rahmen der Berliner „Kundenstudie" exemplarisch Sozialraumanalysen durchgeführt. Ausgewählt wurde ein Bezirk mit hohem Migrantenanteil: Tempelhof-Schöneberg. Der Bezirk zählt mit 327 288 Einwohnerinnen und Einwohnern zu den bevölkerungsreichsten und am dichtesten besiedelten Bezirken Berlins. Fast ein Drittel der Bevölkerung (31,5 %) hat einen Migrationshintergrund. Die Verteilung streut zwischen 58 % im Norden und knapp 10 % im Süden des Bezirks (vgl. Bezirksamt Tempelhof-Schöneberg 2011).

50 % der Bevölkerung in Tempelhof-Schöneberg leben in sozialstrukturell höher belasteten Gebieten (vgl. Senatsverwaltung für Gesundheit, Umwelt und Verbraucherschutz 2009). Die Arbeitslosenquote liegt bei rund 8 %, etwa 20 % der Einwohnerinnen und Einwohner unter 65 Jahren erhalten Leistungen gem. Zweites Buch Sozialgesetzbuch (SGB II). Fast 13 % der Bevölkerung haben eine anerkannte Schwerbehinderung;[3] knapp 0,6 % nehmen Leistungen der Eingliederungshilfe für Menschen mit Behinderung gem. SGB XII in Anspruch,[4] überwiegend außerhalb von Einrichtungen (63 %).[5] Daten zur Anzahl von behinderten Personen nicht-deutscher Herkunft liegen nicht vor.

Die innerbezirklichen Disparitäten bezüglich sozialstruktureller Belastungen stehen in engem Zusammenhang mit den Lebenslagen der Bevölkerung. Neben sozial aktiven Quartieren, deren Einwohnerinnen respektive Einwohner in vielfältige formelle und informelle soziale Netze eingebunden sind, z.B. in Kirchengemeinden, Vereinen, Bürgerinitiativen oder Nachbarschaftstreffs, gibt es Quartiere,

---

3 Anteil der anerkannten Schwerbehinderten in Deutschland: 8,7 % (vgl. Statistisches Bundesamt 2012, Sozialleistungen – Schwerbehinderte Menschen 2009).
4 Anteil der Empfänger von Eingliederungshilfe gem. SGB XII in Deutschland: 0,89 % (vgl. Statistisches Bundesamt 2011b, Statistik der Sozialhilfe – Eingliederungshilfe für behinderte Menschen 2009).
5 Bundesweit erhielten 32 % der Leistungsberechtigten Eingliederungshilfe außerhalb von Einrichtungen (vgl. Statistisches Bundesamt 2011b, Statistik der Sozialhilfe – Eingliederungshilfe für behinderte Menschen 2009).

die als „soziale Brennpunkte" gelten, als Stadtteile mit besonderem Entwicklungsbedarf. Sie sind durch komplexe Problemlagen gekennzeichnet: durch Defizite in der Infrastruktur, Rückgang der wirtschaftlichen Aktivitäten, Wegzug einkommensstärkerer Haushalte und Familien, hohe Arbeitslosigkeit, hoher Grad an Abhängigkeit von Transfereinkommen, große Anteile von Menschen mit Migrationshintergrund.

Im Vordergrund der sozialräumlichen Untersuchungen der „Kundenstudie" in Tempelhof-Schöneberg standen die Belange von behinderten Menschen türkischer Herkunft. Türkischstämmige Personen bilden mit knapp 22 % die größte Gruppe unter den Herkunftsländern der migrantischen Bevölkerung des Bezirks. Folgende Verfahren kamen zu Anwendung (vgl. Stock 2004):

- Stadtteilbegehungen zur subjektiven Wahrnehmung der Spezifika ausgewählter Quartiere durch das Forschungsteam (Erscheinungsbild, Versorgung und Infrastruktur, ökonomische Struktur, Aufenthaltsqualität des öffentlichen Raums, Anzeichen für Segregation);
- Stadtteilerkundungen mit behinderten Menschen türkischer Herkunft (subjektiv bedeutsame Orte und Menschen im Wohnquartier);
- Gespräche mit „Expertinnen und Experten in eigener Sache" (türkische Frauen und Männer mit kognitiver Beeinträchtigung und deren Angehörige);
- Analyse vorliegender sozialstatistischer Daten (allgemeine Daten wie Einwohnerzahl und -dichte, räumliche Ausdehnung, Bevölkerungsstruktur, Einkommenssituation, ökonomische Situation, soziale Infrastruktur, soziale Problemlagen);
- Expertengespräche mit Akteuren im Stadtteil (Vertreterinnen und Vertreter der Behindertenhilfe und der türkischen Community).

Die Ergebnisse der sozialräumlichen Untersuchungen können hier nur ausschnittweise dargestellt werden.

2.1 Angebotsstruktur im Schnittfeld Behinderung und Migration

Der Bezirk Tempelhof-Schöneberg ist in sieben Regionen aufgeteilt: Im nördlichen Teil befinden sich die Ortsteile Schöneberg-Nord, Schöneberg-Süd, Friedenau und Tempelhof, im südlichen Teil Mariendorf, Marienfelde und Lichtenrade. Zur Abbildung der gegenwärtigen Unterstützungs- und Beteiligungsstrukturen wurden Angebote im Feld der Behindertenhilfe, Angebote für Menschen mit Migrationshintergrund und stadtteilbezogene Angebote auf Bezirkskarten visualisiert.

Die sozialräumliche Zusammenschau kann Potenziale zur Kooperation und zur Weiterentwicklung der Unterstützungsleistungen zur Förderung der Teilhabe erschließen.

2.1.1 Angebote im Feld der Behindertenhilfe

Im Kontext der „Kundenstudie" lag der Schwerpunkt auf wohnbezogenen Angeboten der Behindertenhilfe. Sie werden nur selten von Familien mit Migrationshintergrund nachgefragt und meist erst in familiären Überforderungssituationen in Anspruch genommen, z. B. wegen schwerwiegender Verhaltensprobleme oder schwerer Mehrfachbehinderung des Sohnes oder der Tochter. Nach Aussage der zentralen Berliner Vermittlungsstelle für betreute Wohnformen für Menschen mit Behinderung kamen im Jahr 2011 nur 10 % der insgesamt rund 1 120 Nachfragen aus migrantischen Familien – ein vergleichsweise geringer Wert, der aber aufgrund der zunehmenden Vernetzung von migrationsspezifischen Fachgremien und Beratungsangeboten gegenüber dem Vorjahr um 4 Prozentpunkte gestiegen ist (vgl. Lotse Berlin, Sachbericht 2012).

Die geografische Verteilung der Wohnangebote zeigt in den Gebieten mit einem hohen Anteil migrantischer Bevölkerung vereinzelt Wohngemeinschaften. Eine Konzentration dieser ambulant unterstützten Wohnform ist in der Mitte des Bezirks, im Süden von Tempelhof, zu sehen – ein Gebiet mit vielen Park- und Erholungsflächen und kaum ausgeprägter sozialer Infrastruktur. Über den gesamten Bezirk verteilt gibt es fünf Wohnheime mit überbezirklichem Einzugsgebiet (insgesamt ca. 110 Plätze).

Über die Wohnangebote hinausgehend wurden auf der Bezirkskarte Standorte weiterer Angebote für Menschen mit Behinderung visualisiert: Werkstätten für behinderte Menschen, Arbeitsagentur, Jobcenter und Integrationsfachdienst sowie allgemeine Beratungsangebote (Fallmanagement für die Eingliederungshilfe und sozialpsychiatrischer Dienst des Bezirksamts, Pflegestützpunkte, Servicestellen für Rehabilitation). Als Institutionen der Interessenvertretung sind auf politischer Ebene die Bezirksbeauftragten für Menschen mit Behinderung und die bezirklichen Behindertenbeiräte zu nennen.

2.1.2 Angebote für Menschen mit Migrationshintergrund

In Vereinen und Organisationen der türkischen Community in Berlin gibt es eine Reihe von Angeboten für Menschen mit Behinderung, die allerdings überwiegend bei körperlichen oder psychischen Beeinträchtigungen in Anspruch genommen werden. In Tempelhof-Schöneberg ist eine Beratungsstelle angesiedelt, die explizit auch Menschen mit kognitiver Beeinträchtigung anspricht: das Projekt „IdeM-Informationszentrum für dementiell und psychisch erkrankte sowie geistig behinderte MigrantInnen" des Sozialverbands VdK im Ortsteil Friedenau.

Die Visualisierung weiterer Angebote für Menschen mit migrantischem Hintergrund auf der Bezirkskarte zeigt drei Migrationsdienste, zwei Anlaufstellen mit insgesamt 36 „Integrationsassistenten" als Mittlerpersonen zwischen Zuwandererfamilien und der aufnehmenden Gesellschaft. Viele niedrigschwellige Angebote finden sich im stark durch Zuwanderung geprägten Schöneberger Norden: Treffpunkte mit Freizeit-, Bildungs- und Beratungsangeboten, spezielle Angebote für Frauen mit Migrationshintergrund, Vereine zur Förderung kultureller Aktivitäten und ein internationales Kulturzentrum (Tempelhof), das neben kulturellen Angeboten auch soziale Projekte organisiert. Auch Migrantenselbstorganisationen und fünf Moscheevereine als Teil des religiösen Lebens sind in Tempelhof-Schöneberg angesiedelt. Institutionen der Interessenvertretung von Zugewanderten und ihrer Familien im Bezirk sind die Integrationsbeauftragte des Bezirkes sowie die Vereinigung der Tempelhof-Schöneberger ImmigrantInnen und Flüchtlingsprojekte (T-SAGIF), die in enger Zusammenarbeit mit der Integrationsbeauftragten die Funktion des Integrationsbeirates ausübt.

2.1.3 Beteiligungsstrukturen im Stadtteil

Neben den Angebotsstrukturen für Menschen mit Behinderung und für Menschen mit Migrationshintergrund sind auch stadtteilbezogene Angebote hinsichtlich ihrer Potenziale zur Stärkung der Teilhabe zu betrachten. An erster Stelle sind die im Bezirk angesiedelten Nachbarschafts- und Stadtteilzentren zu nennen. Sie schaffen sozialpädagogische und kulturelle Angebote und Dienstleistungen, die im Stadtteil fehlen und an denen ein Bedarf besteht, auch für Menschen mit Migrationshintergrund. In Interviews mit Vertreterinnen und Vertretern der Stadtteilzentren wurde eine große Offenheit gegenüber Menschen mit Behinderung und der Zusammenarbeit mit der Behindertenhilfe signalisiert. Bislang ist eine Zusammenarbeit zwischen Behindertenhilfe und Stadtteilzentren nur punktuell realisiert. Sie setzt bei Einrichtungen und Diensten der Behindertenhilfe ein Umdenken i. S. einer Öffnung in den Stadtteil sowie die Bereitschaft zu neuen Kooperationsstrukturen mit zielgruppenübergreifender Ausrichtung voraus.

Auch die Arbeit des Quartiersmanagements im Schöneberger Norden (Bund-Länder-Programm „Soziale Stadt") ist explizit auf den Sozialraum ausgerichtet. Dabei geht es um die Stärkung des solidarischen Miteinanders im Quartier. Alle Bewohnerinnen und Bewohner des Stadtteils sind aufgefordert mitzumachen, sich zu informieren, ihre Meinung zu äußern, sich einzumischen und selber aktiv zu werden, z. B. „eine eigene Idee zu entwickeln und Verbündete oder Helfer zu suchen, um mit ihnen zusammen seine Idee zu verwirklichen."[6] In diesen Kontext können Aktivitäten zur Stärkung der Teilhabe von behinderten Menschen mit Migrationshintergrund eingebunden werden.

Im Quartiersmanagement gibt es bislang kaum Erfahrungen mit Menschen mit kognitiver Beeinträchtigung. Es besteht aber eine grundsätzliche Bereitschaft, in Kooperation mit anderen auch Projekte mit diesem Personenkreis zu initiieren und zu unterstützen. Voraussetzung ist ein Bedarf, der sich aus dem Gebiet ergibt, da nur Projekte für Leute gefördert werden dürfen, die im Bereich des Quartiersmanagements wohnen.

Neben den stadtteilbezogenen Angeboten sind auch in anderen Feldern Teilhabechancen für Menschen mit Behinderung zu erschließen. Beispielhaft seien Bildungs- und Kultureinrichtungen, Volkshochschulen, Kirchengemeinden, Vereine, Einrichtungen der Jugendhilfe und der Altenhilfe sowie Bürgerinitiativen genannt. In diesem Zusammenhang hat der Runde Tisch „Inklusion jetzt!", der im Nachgang zu einer Bezirkskonferenz der „Kundenstudie" in Tempelhof-Schöneberg unter Federführung der Behindertenbeauftragten gegründet wurde, eine zentrale Bedeutung. Die Teilnehmerinnen und Teilnehmer kommen aus unterschiedlichen Handlungsfeldern und engagieren sich insbesondere für die Teilhabe von Menschen mit Lernschwierigkeiten. Die Belange von behinderten Menschen mit Migrationshintergrund sind selbstverständlich einbezogen.

2.2 Sozialraum als individueller Aneignungsraum

Die Fokussierung auf das Mikrosystem Wohnquartier (Kiez) bedeutet, die dort lebenden Menschen nicht nur als Individuum in den Blick zu nehmen, sondern in ihren jeweils gegebenen Lebensverhältnissen, in ihrer „Bezogenheit auf andere" und ihrem „Eingebettet-Sein in die materiellen, sozialen und symbolischen Strukturen der Lebenswelt" (Brückner und Thiersch 2005, S. 142), in der sie sich befinden. In seinem Kiez, da kennt man sich aus, Leute und Straßen sind vertraut. Das Vertraut-Sein ist Ergebnis eines meist jahrelangen Prozesses, in dem sich vielfältige Erfahrungen zu einem Konglomerat von Bedeutungen verdichtet haben, die Orten, Menschen, Geschichten und Situationen zugeschrieben werden.

Wie Menschen mit Behinderung, insbesondere jene, die als „geistig behindert" bezeichnet werden, ihr Wohnquartier wahrnehmen, darüber gibt es bislang nur wenige Erkenntnisse. Darum wurden in der Berliner „Kundenstudie" im Rahmen des Projekts „Leben im Quartier" mit insgesamt 22 Frauen und Männern mit ko-

---

6 http://schoeneberger-norden.de/Mitmachen-Engagement.189.0.html. Zugegriffen: 30. Juni 2013.

gnitiver Beeinträchtigung individuelle Stadtteilerkundungen durchgeführt. Unter den Teilnehmenden in Tempelhof-Schöneberg waren vier Personen mit türkischer Abstammung (drei Männer und eine Frau; Altersspanne: 21–35 Jahre). Alle sind in Berlin geboren, ihr Migrationsstatus kann als Einwanderin respektive Einwanderer der zweiten bzw. dritten Generation bezeichnet werden. Der jüngste Teilnehmer lebt bei seiner Mutter und besuchte zum Zeitpunkt der Befragung eine Berufsschule mit sonderpädagogischen Aufgaben. Die älteste Teilnehmerin erhält im „Betreuten Einzelwohnen" Unterstützung durch Mitarbeitende der Behindertenhilfe. Die beiden anderen werden ohne professionelle Unterstützung in einer eigenen Wohnung von den nahe wohnenden Eltern versorgt. Alle drei arbeiten in einer Werkstatt für Menschen mit Behinderung.

Ziel des Quartiersprojekts war, über Gespräche zum persönlichen sozialen Netzwerk und individuell begleitete Stadtteilbegehungen den Stand ihrer Teilhabe zu erkunden: Welche Menschen stehen ihnen nahe? Welche Orte sind für sie bedeutsam, welche meiden sie? Welche Vorstellungen haben sie zur Verbesserung ihrer Teilhabe in unterschiedlichen Lebensbereichen? Die Ergebnisse der Stadtteilerkundungen wurden anhand von Fotos und Zeichnungen in persönlichen Kiezkarten, die sozialen Beziehungen in Netzwerkkarten dargestellt. Schritte zum Erreichen persönlicher Teilhabeziele wurden in Anlehnung an Methoden der Persönlichen Zukunftsplanung gemeinsam visualisiert und Möglichkeiten zur Umsetzung konkretisiert. Ergänzend wurden Gespräche mit Eltern der Beteiligten geführt.

2.2.1 Erfahrungen im sozialen Nahraum

Die am Projekt beteiligten Personen mit kognitiver Beeinträchtigung und türkischem Migrationshintergrund nutzen die Ressourcen des Stadtteils nur punktuell, vor allem zum Einkaufen von Produkten für den täglichen Bedarf und zur Inanspruchnahme von Dienstleistungen. Als Räume der Begegnung und der Kommunikation haben die Wohnungen der Familienangehörigen einen zentralen Stellenwert; hier trifft man sich regelmäßig mit Eltern und Verwandten zum Austausch, gemeinsamen Mahlzeiten und Unternehmungen. Aktionsräume, die von den Projektteilnehmenden eigenständig oder in Begleitung genutzt werden, sind vor allem Freizeitangebote der Behindertenhilfe. Einzelne Personen besuchen ab und zu eine Kneipe, um dort Billard oder Darts zu spielen. Gemeinsame Aktivitäten oder Zusammenkünfte mit nicht zur Familie gehörenden Menschen ohne Behinderung spielen im Alltag der türkischen Projektteilnehmenden keine Rolle. Ein Mann berichtet von verbaler Diskriminierung in seinem Wohnumfeld („kleiner behinderter Türke") mit der Folge, dass er Aktivitäten im Stadtteil meidet. Seine Mutter bestätigt, dass häufiger Straßenkinder kommen, die ihren Sohn beleidigen, sie „kommen immer Fenster klopfen, immer schlechte Worte sprechen und so, dann er viel nervös, er hat alleine Angst. (…) Ich hab zwei, dreimal gekommen, habe fotografiert, war schnell weg, ich habe Anzeige gemacht, jetzt nie wieder kommt."

2.2.2 Soziale Teilhabe

Die soziale Teilhabe wird bei den am Quartiersprojekt beteiligten türkischen Personen mit Behinderung in erster Linie über die Herkunftsfamilie verwirklicht. Der Familienverband bietet ihnen Sicherheit, Geborgenheit und Anerkennung. Das emotionale Eingebundensein kann – je nach Selbstverständnis der Familien – zur Abgrenzung des behinderten Menschen von außerfamilialen Kontakten führen oder zum Motor für Teilhabe fördernde Aktivitäten.

Dieser Sachverhalt korrespondiert mit Erkenntnissen der Migrationsforschung zur Rolle von familialen und verwandtschaftlichen Beziehungen in Migrantenfamilien in Eingliederungsprozessen, nach denen die Familien sowohl als Eingliederungsalternative als auch als Eingliederungsopportunität fungieren können (vgl. Nauck und Kohlmann 1998).

> „Extensive familiale Kontakte absorbieren eine Vielzahl sozialer Bedürfnisse und stellen ein in Konkurrenz zur Aufnahmegesellschaft stehendes Institutionensystem zur Bewältigung alltäglicher Probleme dar. Es kommt damit zu selteneren (auch ungeplanten) Kontakten mit Mitgliedern der Aufnahmegesellschaft, was wiederum die Häufigkeit assimilativer Handlungen und die Übernahme von Werten der Aufnahmegesellschaft vermindert." (ebd., S. 204)

Andererseits können familiale und verwandtschaftliche Beziehungen Eingliederungsprozesse unterstützen, indem sie notwendiges Alltagswissen und vielfältige soziale Kontakte zur Aufnahmegesellschaft vermitteln. Systematische Untersuchungen zur Rolle des Familienverbandes in Bezug auf die Teilhabechancen von behinderten Menschen mit Migrationshintergrund stehen noch aus.

3   Problemlagen von Familien mit behinderten Angehörigen – aus Sicht der türkischen Community

Angesichts der geringen Inanspruchnahme von Unterstützungsangeboten durch Migrantenfamilien stellt sich die Frage, wie die Teilhabe der behinderten Töchter und Söhne am Leben in der Gesellschaft gefördert werden kann. Konstruktive Anregungen dazu brachten Expertengespräche, die im Rahmen der „Kundstudie" mit Vertreterinnen und Vertretern aus der sozialen, kulturellen, politischen und religiösen Arbeit der türkischen Community geführt wurden (sieben Personen aus unterschiedlichen Bezirken, darunter Tempelhof-Schöneberg). Die Spannbreite der Tätigkeitsfelder der Befragten reicht von der Öffentlichkeitsarbeit für einen muslimischen Dachverband und einem Dachverband der politischen Interessenvertretung über Kontakt- und Beratungsstellen sowie Begegnungsstätten, die türkischsprachige Freizeit- und Bildungsangebote speziell an Frauen richten, bis hin zu einem Pflegeheim für türkische Senioren. Zwei Interviewpartnerinnen arbeiten im Bereich von Angeboten, die sich speziell an behinderte Menschen mit Migrationshintergrund richten. Alle Befragten haben eigene Migrationserfahrungen oder Eltern, die aus der Türkei zugewandert sind. Die Erkundung der Sichtweisen von Mitgliedern der türkischen Community trägt dazu bei, den in der öffentlichen Debatte vorherrschenden Blick der Aufnahmegesellschaft auf die migrantische Bevölkerung um Perspektiven von Menschen mit Zuwanderungsgeschichte auf die Aufnahmegesellschaft zu ergänzen (vgl. Seifert und Harms 2012).

3.1 Unterschiedliche Deutungen von Behinderung

Von grundlegender Bedeutung sind kulturelle Unterschiede in der Verwendung des Begriffs Behinderung. Der Behinderungsbegriff moderner Gesellschaften ist an ein differenziertes Unterstützungssystem gebunden, das in traditionell geprägten sozialen Kontexten in der Form nicht existiert. Daher bezeichnen viele Frauen mit eher traditionellem Lebenshintergrund in Beratungssituationen die Beeinträchtigungen ihres Kindes nicht mit dem Begriff Behinderung. Das Zusammenleben mit dem Kind wird als „normal" erlebt, ohne Anspruch auf eine spezielle Förderung.

In diesem Zusammenhang erläutert ein Vertreter des muslimischen Dachverbands die theologische Haltung des Islam zu Krankheit und Behinderung:

> „Es ist im Islam sehr stark betont, dass jegliche Art von Krankheit und Behinderung eine besondere Art von Zuneigung des Schöpfers an diesen Menschen ist, dieser also besonders geprüft wird und je nach Prüfung eben auch auf Ebenen im Paradies kommen kann, wo ein gesunder Mensch niemals kommen könnte. Und Gott lastet eben keinem Menschen die Last auf, die er nicht fähig ist zu tragen." (Muslimischer Dachverband)

Im Gegensatz dazu begegnen Mitarbeiterinnen in Beratungsstellen häufig volksreligiöse Deutungen, die Behinderung als eine Strafe Gottes für in der Jugend begangene Sünden begreifen. Auch Frauen mit hohem Bildungsstand werden teilweise von ihren Angehörigen so unter Druck gesetzt, dass sie selbst ihr behindertes Kind nicht annehmen können. Besonders schwierig ist die Lage von allein erziehenden Müttern, die der deutschen Sprache nicht mächtig sind:

> „Diese Mutter, alleinerziehend, zwei Kinder, zwei problematische Söhne, diese Mutter sprach quasi kein Deutsch. (…). Die war allein gelassen, wie man nur allein gelassen sein kann. Überfordert mit einem Anspruch, (…) dass sie schuld ist an der Behinderung, dass sie schuld ist, dass der Mann sie misshandelt hat, und dass dieses Kind nicht mehr spricht – also all die Probleme, die Mütter mit geistig behinderten Kindern haben, in einer potenzierten Form." (Beratungsstelle)

3.2 Veränderung der Lebensentwürfe

Das Bild von der türkischen Großfamilie als einem sozialen Auffangbecken mit hohen Unterstützungspotenzialen entspricht in vielen Fällen nicht mehr der Realität. Durch Modernisierungs- und Migrationsprozesse unterliegt die Familie heute – auch in der Türkei – einem starken Wandel. Auflösungsprozesse des familialen Zusammenhalts sind keine Seltenheit. Dennoch haben die familiären Bindungen bei einem großen Teil der türkischen Familien nach wie vor einen hohen Stellenwert. Es gilt als üblich, dass junge Erwachsene bis zur Heirat bzw. der Beendigung des Studiums oder einer Ausbildung im Haushalt ihrer Eltern wohnen. Der Auszug ist häufig mit der Gründung einer eigenen Familie verbunden. Töchter und Söhne, die ihr Leben wegen einer Behinderung nicht eigenständig gestalten können, werden auch im Erwachsenenalter innerhalb ihrer Herkunftsfamilie unterstützt und betreut, was mit zunehmendem Alter der Kinder nicht selten zu Überforderungen führt, insbesondere der Frauen. Sie sehen es als ihre Verpflichtung, auch unter erschwerten Bedingungen für ihr Kind da zu sein. Die Suche nach Entlastung durch externe Hilfen ist oft durch befürchtete soziale Sanktionen von Seiten der Community und der Familie erheblich erschwert. Eine aktive Auseinandersetzung mit der Zukunft der behinderten Töchter und Söhne findet meist nicht statt. Bei leichterer Behinderung sind die Vorstellungen häufig auf eine Heirat ausgerichtet, die dem behinderten Menschen eine Versorgung durch den Partner oder die Partnerin sichert. Eine selbstbestimmte Lebensplanung und Lebensgestaltung ist für viele der kognitiv beeinträchtigten Erwachsenen aus zugewanderten Familien keine Option, vor allem wenn die Eltern für sich selbst keine Zukunftschancen sehen:

> „Ich habe so die Erfahrung gemacht und auch so beobachtet, dass sehr viele ältere Migranten mit behinderten Kindern, letztendlich auch selber ja auch nicht so richtig an

dem Leben teilhaben können, weil sie selber mit den geistig und körperlich behinderten Kindern so eingeschränkt sind. Was können denn dann solche Menschen für eine Lebensplanung für ihre behinderten Kinder haben? Dazu sind sie völlig unfähig und da gehört ja auch eine ganze Portion Bildung zu. Das heißt, solche Menschen müssen Unterstützung erhalten, müssen gefördert werden. Und viele kommen ja nicht aus gebildeten Familien, wenn sie dann zum Beispiel selber keine Arbeit haben, keine Ausbildung haben." (Beratungsstelle)

3.3 Barrieren der Inanspruchnahme von Angeboten der Behindertenhilfe

In vielen Familien fehlen Informationen über bestehende Angebote der Behindertenhilfe:

„Ich hatte einen türkischen Vater hier, (…) er sprach auch sehr gut Deutsch und hat uns erzählt, dass er ein körperlich und geistig behindertes Kind hat, das mittlerweile 23 Jahre alt ist und immer nur in der Familie drinnen war. Und mit diesem Vater sind wir zu einer Behindertenwerkstatt gegangen (…) und er war so erstaunt, was behinderte Menschen alles machen können. Nach eineinhalb Stunden saß der Vater beim Kaffeetrinken (…), mit Tränen in den Augen: ‚Und ich habe 23 Jahre mein Kind zu Hause eingesperrt. (…) Ich möchte sofort eine Anmeldung machen.'" (Beratungsstelle)

Sprachliche Barrieren verstärken das Informationsdefizit, zumal es nicht allein um die Vermittlung von Fakten geht, sondern um Beratung und um Bildung eines gesellschaftlichen Verständnisses von Behinderung, das sich am Recht auf Teilhabe orientiert. Weitere Erschwernisse resultieren aus soziokulturellen Unterschieden zwischen mittelschichtorientierten Professionellen und Migranten respektive Migrantinnen aus sozial benachteiligten Milieus. Familien mit türkischem Migrationshintergrund haben nach Aussage der Befragten häufig das Gefühl, anders zu sein, sich erklären zu müssen und nicht verstanden zu werden. Im Einzelfall führen unterschiedliche Vorstellungen des Ratsuchenden und des Beratenden zu einem Abbruch der Beratung.

Die Vorbehalte gegenüber wohnbezogenen Angeboten sind in Einstellungen und Erfahrungen begründet, die den Zugang erschweren. So werden z. B. Wohnangebote eher als Versorgungsinstitutionen bewertet, wenn die Familie nicht angemessen für ihren Angehörigen sorgen kann, denn als Institutionen, die Teilhabe ermöglichen. Manche befürchten, dass ihnen von der deutschen Gesellschaft Inkompetenz unterstellt werden könnte, wenn sie bestehende Probleme nach außen benennen und Forderungen stellen. Dazu kommt die Sorge vor negativen Reaktionen ihres sozialen Umfeldes, wenn das behinderte Kind in ein Heim oder eine andere betreute Wohnform zieht. Inzwischen bahnt sich, so die Einschätzungen der Beratungsstellen, ein Wandel der Einstellungen an. Die Existenz von Einrichtungen für Menschen mit Behinderung wird zunehmend als hilfreiche Unterstützung in veränderten Lebenslagen wahrgenommen – auch wenn eine solche Lösung dem Selbstverständnis der Familien entgegensteht. Bei der Aufnahme in eine Wohneinrichtung können Unterschiede in den Werthaltungen von Mitarbeitenden und Angehörigen Konflikte auslösen. Sie entzünden sich u. a. an der Ausrichtung der Unterstützungsstrukturen an den Leitideen Selbstständigkeit und Selbstbestimmung, die den Werten türkischer Familien, wie Bindung an die Familie und Schutz durch familiäre Beziehungen, entgegenstehen.

4 Stärkung der Teilhabechancen

Zur Stärkung der Teilhabe von behinderten Menschen mit migrantischem Hintergrund bieten sozialraumorientierte Handlungsansätze, die in der Jugendhilfe und im Bereich der Sozialen Stadtentwicklung bereits etabliert sind, einen geeigneten Rahmen. Sozialraumorientierte Arbeit will dazu beitragen, partizipativ mit den Einwohnerinnen respektive Einwohnern und Akteurinnen respektive Akteuren vor Ort Lebensbedingungen so zu gestalten, „dass Menschen dort entsprechend ihren Bedürfnissen zufrieden(er) leben können" (Hinte 2009, S. 21). Um dieses Ziel zu erreichen, ist eine konsequente Ausrichtung der Arbeit an den Bedürfnissen und Interessen der Menschen unter Einbeziehung ihrer persönlichen und sozialen Ressourcen unabdingbar. Dabei werden Empowermentprozesse in Gang gesetzt, die die Eröffnung oder Erweiterung von Teilhabechancen unterstützen.

4.1 Niedrigschwellige Kontakt- und Begegnungsstätten

Nach vorliegenden Erfahrungen sind stadtteilintegrierte niedrigschwellige Angebote, die sozialraumorientiert arbeiten und Beratung in den jeweiligen Muttersprachen anbieten, als Anlaufstellen für Migrantenfamilien mit behinderten Töchtern und Söhnen gut geeignet. Hier fühlen sich Familien verstanden und angenommen. Auch Formen von Peer Counseling durch gleich betroffene Familien, wie sie z. B. in türkischsprachigen Mutter-Kind-Gruppen oder Elterninitiativen praktiziert werden, haben hier ihren Platz. Vorteilhaft ist – so die Mitarbeiterin einer Beratungsstelle – wenn die Beratenden aus dem gleichen Stadtteil wie die Ratsuchenden kommen. Das schaffe Vertrauen. Allerdings reiche eine muttersprachliche Beratung und die Weitervermittlung an Regeldienste allein oftmals nicht aus.

Viele brauchen zumindest beim Erstkontakt mit den Behörden Begleitung, um bürokratische Hürden überwinden zu können.

4.2 Kooperation zwischen Migrantenorganisationen und der Behindertenhilfe

Um den Zugang zu den Betroffenen zu erleichtern, sollten bestehende Netzwerke und Ressourcen der türkischen Community von Seiten der Behindertenhilfe erschlossen und genutzt werden. Wirksame „Türöffner" sind die bilinguale Kompetenz, die in anderen Feldern Sozialer Arbeit bereits genutzt wird (z. B. Lotsendienste), und das Freiwilligenengagement. In einzelnen Bereichen ist es bereits zur Kooperation zwischen Beratungsstellen für behinderte Menschen, Behörden und Angeboten der Behindertenhilfe gekommen. Bei den Moscheevereinen gibt es bislang kaum Kontakte mit Vertreterinnen und Vertretern der Behindertenhilfe. Da die Moscheen regelmäßig von Menschen mit unterschiedlichen Behinderungen aufgesucht werden, sollten nach Meinung eines Vertreters eines muslimischen Dachverbands Kooperationen zwischen Moscheevereinen und Behindertenhilfe initiiert werden. Zudem sei eine stärkere Thematisierung der Situation von Menschen mit Behinderung innerhalb der Moscheevereine anzustreben, z. B. in der Freitagspredigt durch den Imam.

4.3 Zielgruppenspezifische Beratungs- und Informationsangebote

Eine interkulturelle Öffnung von Einrichtungen und Diensten erfordert, die bislang überwiegend durch „Komm-Strukturen" geprägten Beratungs- und Informationsaktivitäten der Behindertenhilfe durch Beratungen im Sozialraum der Adressatinnen und Adressaten nicht-deutscher Herkunft zu ergänzen, unter Einbeziehung von Sprachmittlerdiensten zur Überwindung kommunikationsbezogener Barrieren. Gute Erfahrungen liegen mit Informationsveranstaltungen und Informationsmaterialien zu rechtlichen Grundlagen, Beratungs- und Unterstützungsdiensten im Bereich des Wohnens sowie über pädagogische, medizinische und therapeutische Angebote in der Muttersprache vor. Sie stärken die Entscheidungskompetenz der Familien in Bezug auf die Inanspruchnahme von Angeboten. In der Kommunikation über Wohnmöglichkeiten außerhalb der Familie sollte deutlich werden, dass die bestehenden Wohnangebote nur eine Möglichkeit neben weiteren Formen der Unterstützung sind, z. B. durch ein Persönliches Budget als flexibel einsetzbare Leistungsform. Zur Verbreitung der Informationen der Behindertenhilfe empfehlen die Befragten, auch Kommunikationswege und Medien der türkischen Community zu nutzen.

4.4 Kultursensible Gestaltung wohnbezogener Hilfen

Eine kultursensible Gestaltung wohnbezogener Hilfen gelingt am besten im Austausch mit den Familien und durch Vernetzung mit unterstützenden Vereinen, Verbänden und Organisationen aus dem Migrationsbereich. Dabei erweist sich die emotionale und soziale Verbundenheit der Familienmitglieder als Ressource, die bei der Gestaltung und Lokalisierung der Angebote zu berücksichtigen ist.

Die interkulturelle Ausrichtung von Einrichtungen und Diensten der Behindertenhilfe ist konzeptionell zu verankern, einschließlich der Qualifizierung der Mitarbeitenden im Bereich der interkulturellen Kompetenz. Grundlegend für die Arbeit mit Migrantinnen und Migranten ist die Wertschätzung der Vielfalt von Lebensentwürfen, gepaart mit der Fähigkeit zur Reflexion der eigenen Haltung und eigener Vorurteile, die den Umgang mit anderen Menschen prägen (Diversity-Kompetenz). Das Wissen um kulturelle Hintergründe darf – so das Votum der Befragten – jedoch nicht dazu führen, Personen mit migrantischem Hintergrund lediglich unter dem Blickwinkel der kulturellen Zugehörigkeit zu begegnen. Eine Ethnisierung von Problemen erschwere die Zusammenarbeit.

Die Frage, ob ethnisch ausgerichtete Angebote, z.B. spezielle Wohngruppen für Personen mit türkischem Migrationshintergrund, den Interessen der Familien entsprechen, ist angesichts der Heterogenität der Zielgruppe nicht eindeutig zu beantworten. Das Spektrum der Interessen reicht von klarer Priorität muslimisch ausgerichteter Angebote bis hin zur Bevorzugung der interkulturellen Öffnung von Regeleinrichtungen. Unterschiedlichen Prioritätensetzungen sollte bei der Planung von Angeboten durch Bereitstellung alternativer Wohnmöglichkeiten Rechnung getragen werden. Generellen Vorbehalten gegenüber betreuten Wohnangeboten kann jedoch auch ein explizit ethnisch ausgerichtetes Angebot nicht entgegenwirken, ablehnende Haltungen sind vielschichtiger begründet. Für Frauen und Männer mit Behinderung, die langfristig in ihren Familien betreut werden, sollten nach Einschätzung der Befragten niedrigschwellige Freizeitangebote im Stadtteil erschlossen werden, die sie auch außerhalb des Familienverbands wahrnehmen können.

5 Perspektiven

Die sozialräumliche Betrachtung der Teilhabechancen von Menschen mit kognitiver Beeinträchtigung nicht-deutscher Herkunft verdeutlicht, dass die bestehenden Unterstützungssysteme strukturell und konzeptionell nur unzureichend auf die Belange dieses Personenkreises eingestellt sind. Wirksame Hilfen müssen an den Lebensrealitäten, Einstellungen und Erwartungen der Betroffenen ansetzen, die je nach Bildungsstand, Lebenslage, Zuwanderungsgeschichte, familialem Zusammenhalt und Erfahrungen in der Aufnahmegesellschaft variieren. Gegenseitiges Verstehen wächst am ehesten in Kooperation und direktem Austausch mit Betroffenen und Mitgliedern der migrantischen Communities. So können die lebensweltlichen Kontexte, in die die Familien eingebunden sind und die ihr Denken und Handeln prägen, erfasst und die Ressourcen der Beteiligten zur Stärkung der Teilhabe erschlossen werden.

Um die Partizipation der Betroffenen auf der Ebene der Organisationen und auf kommunaler Ebene zu realisieren, hat die Stärkung der Selbstvertretung von Menschen mit Behinderung nicht-deutscher Herkunft und ihrer Angehörigen hohe Priorität (vgl. Kast 2008). Die Beteiligung dieser Personengruppe an Planungs- und Evaluationsprozessen erfordert Verfahren und Methoden, die auch Menschen mit Migrationshintergrund und kognitiver Beeinträchtigung die Mitwirkung ermöglichen (vgl. Seifert 2011). Die Zurückhaltung vieler türkischer Familien hinsichtlich der Artikulation von Unterstützungsbedarfen und der Einforderung von Rechten ist kein kulturell-ethnisch begrenztes Problem. Sie steht in engem Zusammenhang mit dem Bildungsstand der Familie und der Fähigkeit, eigene Interessen gegenüber sozialen Diensten vertreten zu können – wie in der autochthonen Bevölkerung.

Der in der Berliner „Kundenstudie" begonnene Dialog mit Vertreterinnen und Vertretern der türkischen Community zur Stärkung der Teilhabechancen von Menschen mit Behinderung und Migrationshintergrund sollte fortgesetzt werden. Die Erkenntnisse bedürfen der kritischen Diskussion und der Vertiefung in weiteren Forschungsprojekten.

Literatur

Amt für Statistik Berlin-Brandenburg. 2012. Statistischer Bericht: Einwohnerinnen und Einwohner im Land Berlin am 30. Juni 2012. https://www.statistik-berlin-brandenburg.de/publikationen/Stat_Berichte/2012/SB_A01-05-00_2012h01_BE.pdf. Zugegriffen: 30. Juni 2013.

Bezirksamt Tempelhof-Schöneberg von Berlin. 2011. Basisbericht ausgewählter Sozial- und Gesundheitsdaten des Bezirks Tempelhof-Schöneberg. http://www.berlin.de/ba-tempelhof-schoeneberg/organisationseinheit/gesundheit/pl_gbe.html. Zugegriffen: 30. Juni 2013.

Brückner, Margit, und Hans Thiersch. 2005. Care und Lebensweltorientierung. In *Soziale Arbeit im öffentlichen Raum. Soziale Gerechtigkeit in der Gestaltung des Sozialen*, hrsg. Werner Thole, Peter Cloos, Friedrich Ortmann, und Volkhardt Strutwolf, 137–149. Wiesbaden: VS Verlag für Sozialwissenschaften.

Hinte, Wolfgang. 2009. Eigensinn und Lebensraum – zum Stand der Diskussion um das Fachkonzept „Sozialraumorientierung". *Vierteljahresschrift für Heilpädagogik und ihre Nachbargebiete 78* (1): 20–33.

Kast, Alexandra. 2008. Überfordert oder übersehen? Partizipation und Engagement von Migrantinnen im Quartier. Newsletter Wegweiser Bürgergesellschaft 17/2008. http://www.buergergesellschaft.de/fileadmin/pdf/gastbeitrag_kast_080829.pdf. Zugegriffen: 30. Mai 2013.

Lotse Berlin. 2012. Sachbericht. Berichtszeitraum: 01.01.2011–31.12.2011. http://www.lotse-berlin.de/pdf/LotseBerlin_Sachbericht_2011.pdf. Zugegriffen: 30. Juni 2013.

Nauck, Bernhard, und Anette Kohlmann. 1998. Verwandtschaft und soziales Kapital – Netzwerkbeziehungen in türkischen Migrantenfamilien. In *Verwandtschaft. Sozialwissenschaftliche Beiträge zu einem vernachlässigten Thema*, hrsg. Michael Wagner, und Yvonne Schütze, 203–236. Stuttgart: Enke.

Seifert, Monika. 2010. *Kundenstudie. Bedarf an Dienstleistungen zur Unterstützung des Wohnens von Menschen mit Behinderung*. Berlin: Rhombos Verlag.

Seifert, Monika. 2011. Beteiligung von Menschen mit Lernschwierigkeiten an Prozessen der örtlichen Teilhabeplanung für Menschen mit Behinderungen. In *Örtliche Teilhabeplanung mit und für Menschen mit Behinderungen. Theorie und Praxis*, hrsg. Dorothea Lampke, Albrecht Rohrmann, und Johannes Schädler, 211–226. Wiesbaden: VS Verlag für Sozialwissenschaften.

Seifert, Monika, und Janna Harms. 2012. Migration und Behinderung. Teilhabebarrieren und Teilhabechancen aus Sicht der türkischen Community in Berlin. *Teilhabe 51* (2): 71–78.

Senatsverwaltung für Gesundheit und Soziales. 2012. Bericht zur Lage der Menschen mit Behinderung und ihrer Teilhabe in Berlin. Behindertenbericht 2011. http://www.berlin.de/imperia/md/content/sensoziales/menschenmitbehinderung/behindertenpolitik/behindertenbericht2011.pdf?start&ts=1345720178&file=behindertenbericht2011.pdf. Zugegriffen: 30. Juni 2013.

Senatsverwaltung für Gesundheit, Umwelt und Verbraucherschutz. 2009. Sozialstrukturatlas Berlin 2008. Ein Instrument der quantitativen, interregionalen und in-

tertemporalen Sozialraumanalyse und -planung. http://www.berlin.de/imperia/md/content/sen-statistik-gessoz/gesundheit/spezialberichte/gbe_spezial_2009_1_ssa2008.pdf?start&ts=1305628672&file=gbe_spezial_2009_1_ssa2008.pdf. Zugegriffen: 30. Juni 2013.
Senatsverwaltung für Integration, Arbeit und Soziales. 2007. Vielfalt fördern – Zusammenhalt stärken. Das Berliner Integrationskonzept. http://www.berlin.de/imperia/md/content/lb-integration-migration/publikationen/berichte/integrationskonzept_2007_bf.pdf?start&ts=1206620531&file=integrationskonzept_2007_bf.pdf. Zugegriffen: 30. Juni 2013.
Senatsverwaltung für Integration, Arbeit und Soziales. 2011. Aktions- und Maßnahmenplan zur Umsetzung der UN-Konvention über die Rechte von Menschen mit Behinderungen im Land Berlin. http://www.berlin.de/imperia/md/content/lb-behi/taetigkeitsberichte/zusammenstellung_aktions_ma__nahmenplan.pdf?start&ts=1318252097&file=zusammenstellung_aktions_ma__nahmenplan.pdf. Zugegriffen: 30. Juni 2013.
Senatsverwaltung für Stadtentwicklung. 2009. Handbuch zur Sozialraumorientierung. Grundlage der integrierten Stadt(teil)entwicklung in Berlin. http://www.stadtentwicklung.berlin.de/soziale_stadt/sozialraumorientierung//download/SFS_Handbuch_RZ_screen.pdf. Zugegriffen: 30. Juni 2013.
Sinus Sociovision. 2008. Zentrale Ergebnisse der Sinus-Studie über Migranten-Milieus in Deutschland. www.sociovision.de/uploads/tx_mpdownloadcenter/MigrantenMilieus_Zentrale_Ergebnisse_09122008.pdf. Zugegriffen: 13. April 2013.
Statistisches Bundesamt. 2011a. Bevölkerung und Erwerbstätigkeit: Bevölkerung mit Migrationshintergrund – Ergebnisse des Mikrozensus 2010. https://www.destatis.de/DE/Publikationen/Thematisch/Bevoelkerung/MigrationIntegration/Migrationshintergrund2010220107004.pdf?__blob=publicationFile. Zugegriffen: 30. Juni 2013.
Statistisches Bundesamt. 2011b. Statistik der Sozialhilfe: Eingliederungshilfe für behinderte Menschen 2009. https://www.destatis.de/DE/Publikationen/Thematisch/Soziales/Sozialhilfe/Eingliederungshilfe_Behinderte5221301097004.pdf?__blob=publicationFile. Zugegriffen: 30. Juni 2013.
Statistisches Bundesamt. 2012. Sozialleistungen: Schwerbehinderte Menschen 2009. https://www.destatis.de/DE/Publikationen/Thematisch/Gesundheit/BehinderteMenschen/Schwerbehinderte2130510099004.pdf?__blob=publicationFile. Zugegriffen: 30. Juni 2013.
Stock, Lothar. 2004. Sozialraumanalysen als planerische und diagnostische Verfahren. In *Diagnostik und Diagnosen in der Sozialen Arbeit. Ein Handbuch*, hrsg. Maja Heiner, 375–389. Berlin: Eigenverlag des Deutschen Vereins für Öffentliche und Private Fürsorge.
Wippermann, Carsten, und Bertold Bodo Flaig. 2009. Lebenswelten von Migrantinnen und Migranten. *Aus Politik und Zeitgeschichte 2009* (5): 3–11.

Teil III
Schulische Bildung

Inklusiver Unterricht und migrationsbedingte Vielfalt

Kerstin Merz-Atalik

1 Einleitung

„Die Diversity der Kinder wird zum Gegenstand produktiver gemeinsamer Entwicklungs- und Bildungsprozesse gemacht mit dem Ziel gegenseitige Lernprozesse für alle Kinder anzuregen. Grundlage des gegenseitigen Lernprozesses ist Interaktion, die nicht von Wissen um kollektiv Fremdes oder Anderes geleitet wird, sondern durch eine sensible Annäherung an das individuelle Gegenüber bestimmt ist" (Merz-Atalik 2008, S. 148).

Entgegen der Annahme, dass Vielfalt eine Bereicherung darstellt für das Lernen aller, wurde im Schulsystem stringent versucht die Vielfalt (durch Jahrgangsklassen, Schulstufen und -formen, externe Differenzierung, etc.) zu reduzieren. Seit mehr als zwei Jahrzehnten jedoch verläuft die Auseinandersetzung um die Weiterentwicklung des Bildungssystems entlang der Frage nach anderen Formen des Umgangs mit Heterogenität und Vielfalt. Im Folgenden sollen einige Aspekte der Vielfalt vor dem Hintergrund einer Migrations- oder Einwanderungsgesellschaft ausgeführt und gleichsam Erkenntnisse und Schlussfolgerungen formuliert werden.

2 Haltungen und Einstellungen von Lehrerinnen und Lehrern zur Diversität der Lernenden (mit einem Migrationshintergrund)

Vielfach wurde als Voraussetzung für den Umgang mit Vielfalt im Unterricht neben den professionellen Handlungskonzepten von Lehrerinnen und Lehrern, den entsprechenden Rahmenbedingungen und Ressourcen der Schulen und dem individuellen Bedarf der Schülerinnen und Schüler auch die persönliche Haltung und die Einstellung von Lehrpersonen betont. So basiert bspw. das aktuell publizierte *Profil für die Lehrerbildung für Inklusion* von der European Agency for Development of Special Needs Education (Projekt TE4I Teacher Education for Inclusion) nicht nur auf der Vermittlung von Wissen und Fähigkeiten für inklusive Bildung in der Lehrerbildung, sondern explizit ebenso auf der Vermittlung von *Einstellungen und Überzeugungen* (vgl. European Agency for Development in Special Needs Education 2012). Eine Expertenriege aus 25 europäischen Ländern hat in einem dreijährigen Arbeits- und Aushandlungsprozess vier Grundwerte und Kompetenzbereiche für die Lehrerbildung herausgearbeitet:

- die Wertschätzung der Vielfalt der Lernenden,
- die Unterstützung aller Lernenden,
- die Zusammenarbeit mit anderen und
- die persönliche berufliche Weiterentwicklung.

Die einzelnen Inhalte in den vier Kompetenzbereichen für die Ausbildung von Lehrerinnen und Lehrern werden jeweils von zu fördernden *Einstellungen und Überzeugungen* eingeleitet, die in einem direkten Zusammenhang mit dem Erwerb der einzeln ausgeführten Fähigkeiten und des Wissens für die inklusive Unterrichtsarbeit stehen. Ihnen wird also eine grundlegende Bedeutung beigemessen.

Eine positive Haltung gegenüber den individuellen Bedürfnissen von *allen* Schülerinnen und Schülern ist keine, die als grundgegeben bei Lehramtsstudierenden oder der Lehrerschaft in der Praxis vorausgesetzt werden kann. Dazu mangelt es bislang an Assessmentverfahren bei der Auswahl von Lehramtsstudierenden, wie es sie bspw. bereits in einigen skandinavischen Ländern gibt.[1]

Die grundlegenden positiven Einstellungen zur Vielfalt der Lernenden entwickeln sich auch nicht automatisch bei Lehrerinnen und Lehrern, die an Schulen mit einem integrativen oder inklusiven Schulprofil arbeiten. Voraussetzung für eine inklusive Handlungsorientierung und Praxis im Unterricht scheint eine positive Wahrnehmung und eine begrüßende Haltung gegenüber der Heterogenität bzw. Vielfalt der Lernenden zu sein, welche es ermöglicht diese aktiv für Lern- und Bildungsprozesse aller zu nutzen. Heterogenität ist „(…) weder eine besondere Eigenschaft inklusiver Lerngruppen, noch eine natürliche Eigenschaft aller Lerngruppen. Vielmehr ist eine Lerngruppe jeweils so heterogen (und homogen), wie dort gerade Heterogenität (und Homogenität) *gesehen und diskursiv verhandelt wird*" (Seitz 2009, S. 67 – Hervorhebung d. Verf.). Dies zeigte sich auch im Rahmen einer Studie zu der Berücksichtigung von Schülerinnen und Schü-

---

1 So bspw. an der Universität Helsinki (Finnland).

lern mit einem türkischen Migrationshintergrund in Integrationsschulen in Berlin Kreuzberg.[2] Die Studie (vgl. Merz-Atalik 2001) befasste sich mit der Frage, inwiefern der gemeinsame Unterricht von Kindern mit und ohne Förderbedarf sich auch positiv auf die Integrationsbereitschaft und -kompetenz gegenüber Kindern mit Migrationshintergrund auswirkt. Dabei wurden einerseits statistische Daten ausgewertet im Vergleich der einzelnen Stadtteile in Berlin (Zusammenhang von Sonderbeschulung, integrativer Beschulung (GU) und Integration der Schülerschaft mit Migrationshintergrund) und andererseits die konkreten Erfahrungen von Lehrenden in ihrer schulischen Praxis qualitativ erhoben. Eine Erkenntnis war, dass Lehrerinnen und Lehrer eine sehr individuell geprägte Wahrnehmung und Einstellung gegenüber der ethnischen, kulturellen und (mutter-)sprachlichen Heterogenität in ihren Klassen aufweisen (vgl. ebd.) und diese in der Regel losgelöst und keinesfalls deckungsgleich mit jener gegenüber den Heterogenitätsdimensionen Begabung oder Behinderung war. Ebenso variierten die auf den Haltungen basierenden Leitdifferenzen für das individuelle pädagogische Handeln und die Planung von Lernprozessen bei Lehrerinnen und Lehrern in den Klassen oder Lerngruppen. Einstellungen und Praktiken im Umgang mit diesen – durch Migration bedingten – Heterogenitätsdimensionen waren von vielfältigen weiteren Faktoren neben der Schulform, dem Anteil der Schülerschaft mit Migrationshintergrund, der Klassenstufe oder einem integrativen/inklusiven Konzept der Schulen, an denen sie unterrichteten abhängig. So spielten bspw. positiv belegte biografische Erfahrungen in multi- oder transkulturellen Lebenssituationen[3], die persönliche Haltung gegenüber Mehrsprachigkeit und Multikulturalität in der Einwanderungsgesellschaft[4] oder derjenigen in der eigenen Schule oder Schulklasse eine weitaus größere Rolle für das Handlungsbewusstsein und die Handlungsintentionen der befragten Lehrkräfte als eine akademische Vorbereitung auf die Arbeit in multikulturellen Lerngruppen und Schulen durch Aus- und Fortbildung (mit Schwerpunkten wie Deutsch als Zweitsprache, Interkulturelle oder Integrative Pädagogik[5]) (vgl. ebd.). Dennoch zeigte sich bei einem quantitativen

---

2   Es handelt sich um Schulen mit Gemeinsamem Unterricht (GU) und der generellen oder zumindestens eingeschränkten Aufnahmebereitschaft für Kinder und Jugendliche mit „Behinderungen" bzw. „sonderpädagogischem Förderbedarf" aus dem jeweiligen Wohneinzugsgebiet.
3   Zum Beispiel: Auf der Basis längerfristiger Auslandsaufenthalte, dem Leben in einer binationalen/bikulturellen Lebensgemeinschaft und/oder durch positive Erfahrungen mit einem privaten Wohn- und Lebensumfeld (z. B. in einem multikulturellen Stadtteil).
4   Zum Beispiel: Repräsentiert durch die bewusste Wahl des privaten Wohnumfeldes in einem Berliner Stadtteil mit einem eher hohen oder einem besonders niedrigen Anteil von Mitbürgerinnen und Mitbürgern mit Migrationshintergrund.
5   Im Zuge der 1990er Jahre verwendete man den Begriff der „Integrativen oder Integrationspädagogik". Die Perspektive war auf die Integration von Minderheiten oder benachteiligten

Vergleich der Integrationsquoten in den Schulen des Primarstufenbereiches (in Berlin Klasse 1–6) in allen Bezirken Berlins, dass die generelle Integrationsbereitschaft der Schulen eines Einzugsgebietes gegenüber Schülerinnen und Schülern mit einer, von der Mehrheit und den ethnozentristischen, homogenitätsorientierten schulischen Leistungsanforderungen (bspw. immer noch in Bildungsplänen repräsentiert) abweichenden Lernentwicklung aufgrund eines Migrationshintergrundes zugleich mit den Erfahrungen im Gemeinsamen Unterricht (GU) gewachsen schien. Jene Stadtteile Berlins mit einem vergleichsweise hohen prozentualen Anteil an integrativen Schulen im Primarstufenbereich (72–86 % Schulen mit GU) wiesen gleichzeitig eine deutlich geringere Überrepräsentation der Schülerschaft mit nichtdeutscher Staatsangehörigkeit an den Schulen für Lern- und/oder Geistigbehinderte[6] sowie einen durchweg deutlich geringeren Relativen Risiko-Index[7] für die Überweisung dieser Schülerinnen und Schüler an die Sonderschulen für Lern- und Geistigbehinderte auf als Bezirke mit einem geringeren Anteil an Schulen mit GU (vgl. Merz-Atalik 2001, S. 166). Daraus kann man schließen, dass eine grundlegende und in Bezug auf die Heterogenitätsdimensionen Behinderung, Begabung und Leistung (entsprechend den schulisch gesetzten Normen) integrationsfreundliche Aufnahmepraxis von Schulen und dem Schulsystem, auch zu einer Erweiterung der Heterogenitätstoleranz gegenüber Schülerinnen und Schülern mit Migrationshintergrund führen kann.

Diese Annahme lässt jedoch noch keine direkten Rückschlüsse auf die vorhandenen Kompetenzen der Lehrkräfte und der Schulen im konkreten alltags- und fachpraktischen Umgang mit der Heterogenität an sich zu. Die Qualität der Unterrichtspraxis in Bezug auf die Lern- und Förderbedürfnisse der Schülerschaft mit Migrationshintergrund wurde im Rahmen der Studie nicht untersucht. Dennoch scheinen durch die Öffnung für GU viele negative, die Bildungsaspiration, die Bildungswege und die Bildungsangebote reduzierende Effekte, wie bspw. die Einschulung und Überweisung an Schulen mit einem reduzierten Bildungsplan, verringert werden zu können.

Die Herausforderung für Schulen und für die dort arbeitenden Pädagoginnen respektive Pädagogen und Lehrerinnen respektive Lehrer mit einer bewusst erweiterten Entwicklungs-, Lern- und Leistungsdifferenz ihrer Schülerschaft und einer integrativen/inklusiven[8] Aufnahmepraxis ist es, in den Bildungsprozessen

---

bzw. behinderten Kindern und Jugendlichen eingeschränkt und dies ist nicht mit einem inklusiven Konzept gleichzusetzen.
6 Im Erhebungszeitraum des Projektes verwendete Bezeichnungen der Schulen.
7 Ein Messwert zum Vergleich des Risikos in Gruppe A (Schülerschaft mit deutscher Staatsangehörigkeit) zu Gruppe B (Schülerschaft mit nichtdeutscher Staatsangehörigkeit).
8 Inklusion bedeutet eine generelle positive Haltung gegenüber der Vielfalt sowie die umfassende, aktive Berücksichtigung derselben (in Struktur, Methode, Konzept, etc.). Integration

Freiheit für Vielfalt ebenso zu realisieren, wie die *Kompetenzförderung für Chancengleichheit* (vgl. Prengel 2012). Dies bezieht auch die Heterogenitäts- und Vielfaltsebenen, welche sich in einer Migrationsgesellschaft ergeben, und die daraus resultierenden Lern- und Entwicklungspotentiale sowie die Lern- und Entwicklungsbedürfnisse von Kindern mit einem Migrationshintergrund mit ein.

3 Inklusion oder: Von der Berücksichtigung der Vielfalt von Bedürfnissen aller Lernenden (UNESCO 2005)

Der Begriff Inklusion im pädagogischen Feld hebt sich von dem der Integration deutlich ab, weil er von einer generellen Zugehörigkeit im Rahmen der Vielfalt ausgeht. Bei einem inklusiven Konzept wird jegliche fremdbestimmte und personen- oder gruppenbezogene Segregation/Separation[9] abgelehnt, welche nicht nur punktuell und zeitlich auf einzelne Lerneinheiten eingeschränkt[10] erfolgt (vgl. Merz-Atalik 2010). In inklusiven Bildungsangeboten ist die Ausrichtung der Handlungskonzepte an der Akzeptanz und Förderung der Vielfalt orientiert. Menschen mit sogenannten Behinderungen[11], mit (Lern-)Beeinträchtigungen[12], mit einem Migrationshintergrund oder durch gruppenbezogene Klassifikationen in andere Differenzdimensionen eingeordnete und folglich durch gesetzte Klassifikationen konstruierte Schülergruppen sind Teil der Gesellschaft und mithin ihrer Institutionen wie dem Bildungssystem und der Schule und müssen nicht in diese „integriert"[13] werden. Vielmehr verbirgt sich hinter dem menschenrechtlichen Konzept der Inklusion die Forderung nach einer grundlegenden Haltung der Gesellschaft, ihrer Institutionen und Akteurinnen und Akteure, die durch eine bejahende und die Vielfalt als Bereicherung wahrnehmende Einstellung und Praxis ausgezeichnet ist.

---

hingegen ist in der Regel auf einzelne Populationen und auf eine Zwei-Gruppen-Theorie fokussiert.
9 Dies schließt explizit auch solche Konzepte, wie die Klein-, Vorbereitungs-, Außen- oder Kooperationsklassen als nicht konsequente inklusive Konzepte mit ein.
10 Wie bspw. inklusionsorientierte und additiv zum allgemeinen Klassenunterricht sowie in der Regel freiwillig zu konsultierende Unterrichtseinheiten zur Förderung von Deutsch als Zweitsprache oder zur Förderung der Erstsprachen der Schülerinnen und Schüler. Diese additive Förderung sollte jedoch die Berücksichtigung der individuellen Bedürfnisse im gemeinsamen Klassenunterricht nicht ersetzen, sondern lediglich ergänzend angeboten werden.
11 Im Sinne des Sozialgesetzbuches (SGB) IX.
12 Im Sinne des Begriffes „sonderpädagogischer Förderbedarf", aber auch unabhängig davon.
13 Entsprechend dem weithin dominierenden Konzept der Integration als Assimilation an die Homogenitäts- und Normalitätsvorgaben.

Die Umsetzbarkeit einer inklusiven Gesellschaft oder von inklusiven Schulen und Bildungseinrichtungen wird häufig in Frage gestellt und die Vertretenden einer inklusiven Bildung gar als „Inklusionistinnen bzw. Inklusionisten" bezeichnet. Man sollte dabei bedenken: Auch die Gleichstellung der Geschlechter und die Chancengerechtigkeit unabhängig von der sozialen Herkunft, werden in einer demokratischen Gesellschaft als Grundrechte anerkannt und die Mehrheit der Bevölkerung stellt ihre Gültigkeit als Leitlinien für soziales Handeln nicht in Frage. So handelt es sich auch bei der Inklusion um eine unabdingbare Leitidee für das Handeln und die Ausrichtung von Systemen und Strukturen, Praktiken und Kulturen. Diese veränderte Perspektive ist eine, wenn nicht gar die größte reformerische Herausforderung für das in Deutschland nach wie vor stark selektierende Schulsystem in den kommenden Jahren.

Den Chancen und Herausforderungen einer inklusiven Schulentwicklung muss sich nun auch das deutsche Bildungswesen, forciert durch die Konkretisierung der allgemeinen Menschenrechte für die Lebenssituation von Menschen mit Behinderung (UN-Behindertenrechtskonvention) und dem daraus resultierenden Rechtsanspruch auf inklusive Bildung (vgl. Deutsches Institut für Menschenrechte 2011[14]), und mithin die Bildungssysteme und Institutionen sowie die nonformale Bildung (vgl. Merz-Atalik 2013) zunehmend stellen.

> „Inklusion ist ein Prozess der Ausrichtung auf und der Berücksichtigung von Vielfalt von Bedürfnissen aller Lernenden durch die Erweiterung von Partizipation beim Lernen, in Kulturen und Gemeinschaften, sowie der Reduktion von Exklusion in und von Bildung. Dass umfasst Änderungen und Modifikationen von Inhalten, Strukturen und Strategien, mit der allgemeinen Vision, die alle Kinder in einer bestimmten Altersspanne einschließt und die Überzeugung, dass es die Verantwortung des Allgemeinen Schulsystems ist, alle Kinder zu unterrichten" (UNESCO 2005, S. 13).

Schulen müssen sich sehr viel bewusster, als weithin heute noch üblich, mit der Heterogenität und Vielfalt ihrer Schülerschaft auseinandersetzen, ja vielmehr sollten sie sich aktiv mit ihr identifizieren. Im Unterricht und bei der Gestaltung von Lernangeboten und -umgebungen in schulischen Systemen geht es nach Annedore Prengel um die Vermittlung der „vermeintlichen Widersprüche von Entweder-Kindorientierung-Oder-Leistungsorientierung" (ebd. 2012, S. 25) im Sinne einer Pädagogik der Vielfalt (vgl. ebd. 2006).

---

14 „Das Recht auf inklusive Bildung im Sinne der Konvention ist als individuelles Recht ausgestaltet. Dieses Recht setzt sowohl für den schrittweisen Aufbau eines inklusiven Bildungssystems als auch für den Zugang zu diesem Bildungssystem im Einzelfall verbindliche Maßstäbe" (Deutsches Institut für Menschenrechte 2011, S. 1).

4 Heterogenität und Vielfalt im Zusammenhang mit Migration und ihre Rezeption in der Pädagogik

4.1 Ethnische und kulturelle Heterogenität und Vielfalt

Der Kulturbegriff war (nicht nur in der Pädagogik) lange Zeit davon geprägt, dass er vermeintliche Einheiten, also kollektive Vorstellungen, über rassenbezogene, geografisch-territoriale, ethnische, historische, linguistische, ethisch-religiöse oder kulturelle Zugehörigkeiten definierte und die Differenzen, als auch daraus resultierende Phänomene der Interaktion und Kommunikation beschrieb. Im Feld des *Interkulturellen* wurden vorrangig Strategien der Annäherung und Verständigung zwischen diesen kulturellen Inseln beschrieben.

Ein transkulturelles Begriffsverständnis hingegen „(…) zielt auf ein vielmaschiges und inklusives, nicht auf ein separatistisches und exklusives Verständnis von Kultur. Es intendiert eine Kultur, deren pragmatische Leistung nicht in Ausgrenzung, sondern in Integration besteht" (Welsch 1995, S. 4). Wolfgang Welsch beschreibt unter dem Begriff der Transkulturalität eine hybride Beschaffenheit von Kultur und arbeitet vielfältige kulturelle Anschlussmöglichkeiten und Austauschprozesse (vgl. Hühn et al. 2010) heraus. Mit dem Präfix *trans-* wird auf die Transversalität von Kulturen rekurriert und einerseits bereits bestehende Annäherungen oder Globalisierungen bzw. Vermischungen sowie andererseits auch die generelle, ständige Rekonstruktion und Konstruktion von Kulturen in einem historischen Prozess herausgestellt (vgl. Welsch 2000). Migration hat in unserer Gesellschaft nicht erst seit der sogenannten Gastarbeitergeneration in den 1960er Jahren zu einer Pluralisierung und zu hybriden Formen von ethnisch-kulturellen Identitäten geführt, denen man mit den Konzepten von „Kulturbegegnung" oder „Kulturkonflikt" (wie in der Interkulturellen Pädagogik der 1980er und 1990er Jahre) nicht mehr entsprechen kann. Dennoch bestehen diese Bilder nach wie vor in den Einstellungen und Haltungen in unserer Gesellschaft und werden durch die Beschreibungen von Fremdheitserfahrungen und problematisierenden Berichten zur Bildungsbenachteiligung noch vertieft. Gerade in den vergangenen Jahren erfuhren die medialen Präsentationen vom Leben mit zwei oder zwischen zwei Kulturen (bspw. in filmischen Darstellungen oder der Belletristik) einen enormen Zuwachs, der auch auf ein wachsendes Interesse bei Konsumenten in der Gesellschaft stoß. Hierbei rekurrieren viele Publikationen weiterhin auf die Kulturkonflikttheorie und beschreiben „gespaltene" Identitäten, statt die Chancen und den Gewinn von transkulturellen und auch transnationalen Prozessen für die personale Identitätsentwicklung und die Entwicklung einer Migrationsgesellschaft zu erkennen. Die ständigen Beschreibungen von bildungsbenachteiligten Migrantinnen und Migranten und die Festschreibung auf Ursachen in der

Sprache, der Kultur und der ethnischen Herkunft, führt zur Wahrnehmung der „Fremden" und macht allzu oft die geringere Bildungsbeteiligung selbsterklärend zu einem Ergebnis von mangelnden Integrationsbemühungen und trifft daher im allgemeinen Bewusstsein in der Bevölkerung auf wenig Mitgefühl.

Der Zusammenhang von Differenzerfahrung mit einer Logik der Separation sollte aufgebrochen werden. Paul Mecheril (2010) wendet sich der Frage zu, wie Pädagogik einen Beitrag zur (Re-)Produktion dieser Ordnung leistet und welche Möglichkeiten zur Schwächung dieser Ordnung gegeben sind und entwickelt werden können. Im

> „Konzert ethnisch-kultureller Diskriminierung und dem Unvermögen des Bildungssystems, der mehrfachzugehörigen Disponiertheit vieler *Migrationsanderer* zu entsprechen, werden die natio-ethnokulturellen Anderen produziert. Durch die Nichtpassung von Eingangs-Disposition und schulischem Feld, durch die insistierende Zumutung, dispositionale Vermögen zu entwickeln, die nicht entwickelbar sind, bildet sich eine Art ‚Ausländerhabitus' heraus, der die Schlechterstellung nicht nur anzeigt, sondern auch ‚plausibel macht' und dadurch zu legitimieren scheint" (ebd. 2004, S. 161).

Die zunehmenden Erkenntnisse über die systematische und strukturelle Bildungsbenachteiligung von Kindern und Jugendlichen aus einem Migrationskontext, führte innerhalb der Pädagogik dazu, dass die Differenz zum Anlass für die Forderung nach einer spezifischen Förderung wurde (kompensatorischer Ansatz) und dies wiederum führte unweigerlich zu der Spezialisierung innerhalb der Profession (u.a. zur Ausländerpädagogik, der Interkulturellen Pädagogik und der Spezialisierung für Deutsch als Zweitsprache) und zu separierenden Förderangeboten und -systemen (Vorbereitungsklassen, Ausländerregelklassen etc.). So entstanden *für diese Zielgruppe spezialisierte* Subdisziplinen, eigene Forschungsbereiche, Handlungskonzepte, Berufsfelder und professionelle Rollen (Interkulturelle Beratungslehrer, Lehrende für Deutsch als Zweitsprache, etc.). Deren Legitimation erfolgte durch die Diagnose von abweichender Entwicklung und besonderen Bedürfnissen, die sich wiederum in eigenen und stetig neu ausdifferenzierten Klassifikationssystemen abbildete. Isabelle Diehm (2011) beschreibt die Paradoxie der Interkulturellen Pädagogik, indem diese zunächst Etikettierungsprozessen Vorschub leistet („Ausländerkind", „Kinder mit Migrationshintergrund", „Kinder mit nichtdeutscher Muttersprache", etc.) zur Erkennung und Beschreibung des spezifischen Klientel und sie somit *fremd macht*, um dann anschließend die „(…) so erzeugte Differenz sodann zu harmonisieren und z.B. in Angeboten zur Toleranzerziehung aufzulösen" (ebd., S. 44). Sozusagen in Abgrenzung zu dem Normalen, also dem *üblichen, durchschnittlichen* oder *mehrheitlichen* Klientel in der Pädagogik an einer deutschen Schule.

Es werden also Differenzkategorien gebildet, die eine spezifische Professionalität und Kompetenz erfordern. Dies führt zu einem Generalisten-Spezialisten-Verhältnis (ähnlich wie in der Sonderpädagogik), welches die Aufmerksamkeiten auf die Besonderheit, die Abweichung von einer irgendwie definierten Mehrheit und weg von der Gemeinsamkeit lenkt. Dahingegen bilden migrationsbedingte Heterogenität und Pluralität *den* Normalfall in unserer Gesellschaft und sollten als Fakt und als Chance in den Institutionen und Organisationen wahrgenommen werden (vgl. ebd., S. 45).

Mecheril (2010) rekurriert daher auf den Begriff der Migration, um „(…) durch Migrationsphänomene angestoßene Prozesse der Pluralisierung und der Vereinseitigung, der Differenzierung und der Entdifferenzierung, der Segregation und der Vermischung *des Sozialen* in den Blick" (ebd., S. 19) zu nehmen und schlussfolgert:

> „,Migration' ist eine Perspektive, die von vorneherein anzeigt, dass die Einengung auf eine *kulturelle* Betrachtung der mit Wanderung verbundenen Phänomene unangemessen ist" (ebd.).

4.2 Migrationshintergrund und Migrationserfahrungen

Bisher wurde ausgeführt, dass Migration als Phänomen besteht und insofern eine *normale* Erscheinung in unserer Gesellschaft ist. „Andererseits gilt *der Migrant* als der Andere, der Nicht-Normale, der Fremde, derjenige, der von einem imaginären Normaltyp abweicht" (Mecheril et al. 2010, S. 37). So werden Kinder und Jugendliche, die in Deutschland aufgewachsen und sozialisiert sind, deren Bildungserwerb maßgeblich durch die Sozialisation und Bildungsbiografie im deutschen Bildungssystem bestimmt ist, weiterhin als *fremd* wahrgenommen. Die heranwachsende Generation von Familien mit Migrationserfahrungen erfüllt die Zugehörigkeitskriterien nicht – weder jene in der Herkunftsgesellschaft der Eltern noch jene in der Einwanderungsgesellschaft.

Die Wahrnehmung als *fremd* und *anders,* als nicht der *Norm für die Mehrheitsgesellschaft* entsprechend, hat negative Konsequenzen für die Bildungsaspiration im deutschen Bildungssystem. Andrea Lanfranchi (2007) bearbeitete die Frage[15]: Denken und handeln Lehrpersonen kulturell neutral? In sechs Kantonen der deutschsprachigen Schweiz wurden Zuweisungsprozesse von Regelschulen zu Maßnahmen der sonderpädagogischen Versorgung empirisch erfasst. Basis für die Erhebung waren zwei konstruierte, fiktive Fallbeispiele von sogenannten

---

15 Angelehnt an die Methode des *Practice Testing* (Internationale Diskriminierungsforschung).

Problemschülerinnen und -schülern, welche nach sozialer und migrationsbedingter Herkunft und Geschlecht systematisch variiert wurden. Fallbeispiel 1 basierte auf einer Lese- und Rechtschreibschwäche (mit einer gleichzeitigen niedrigen Intelligenz) und Fallbeispiel 2 auf einer Verhaltensauffälligkeit. Die Gutachten wurden variiert nach Geschlecht (durch geschlechtsbezogene Namensgebungen), nach Schichtzugehörigkeit (Beruf des Vaters Chefarzt oder Bauarbeiter) und nach dem Migrationshintergrund (durch einen schweizerischen oder albanischen Vor- und Zunamen). Das Erkenntnisinteresse lag auf den Fragen: Unter welchen Bedingungen und aufgrund welcher Kriterien beantragen Lehrpersonen und Schulpsychologinnen bzw. -psychologen die Versetzung schulschwacher Kinder in Sonderklassen und Sonderschulen? Wann werden alternativ dazu integrative Schulungsformen oder sonderpädagogische Stütz- und Fördermaßnahmen eingeleitet? In welchen Fällen streben die Beteiligten durch kollegiale oder Fachberatung Problemlösungen vor Ort an statt, diese nach außen zu delegieren?

Beide Ausgangshypothesen konnten eindeutig verifiziert werden. Bei Unterschichtkindern wurden bei der gleichen Problemmanifestation häufiger separierende Maßnahmen anvisiert als bei Oberschichtkindern (Hypothese I). Bei Migrantenkindern wurde bei der gleichen Problemmanifestation häufiger eine separierende Maßnahme anvisiert als bei Schweizer Kindern (Hypothese II). Zudem führte die in Schulen mit hohem Migrantenanteil als höher empfundene Belastung bei Lehrpersonen zu einem gesteigerten Aussonderungsverhalten und zu verminderten Integrationsmaßnahmen. Bei bedeutsamen Lern- und Leistungsproblemen galten als wichtigstes Kriterium für das sonderpädagogische Vorgehen die soziale und ethnische Herkunft des Schulkindes und damit gekoppelt die unterstellte Beteiligung bzw. Nicht-Beteiligung der Eltern als Unterstützungssystem. Die Lehrpersonen wählten Problemlösungen vor Ort, durch kollegiale Beratung und integrative Fördermaßnahmen statt Delegation nach Außen und Aussonderung, vor allem dann, wenn eine schulische Heilpädagogin im Rahmen von Integrierter sonderpädagogischer Förderung (ISF) im Schulhaus präsent ist und als Teil des Kollegiums wirkt (vgl. ebd.; vgl. auch Merz-Atalik 2009). Es konnte also eine deutliche Diskriminierung auf der Basis der Migrationsbezogenheit nachgewiesen werden.

Kinder, die in Familien mit einem Migrationshintergrund aufwachsen, bringen manchmal andere und *unerwartete* Erfahrungen und Kompetenzen mit, die jedoch auf der Basis des ethnozentrischen Bildungsplans nicht erkannt oder abgefragt werden. Zuhause wird eventuell ein aktuelles Erlebnis im Heimatland der Eltern stärker thematisiert als die bestimmenden Themen von Kindern aus deutschen Familien. Aber das ist auch nur eine Annahme, denn viele Familien leben bereits in der dritten Generation in Deutschland und die Lebenswelten scheinen Mischformen zu sein. Um der Vielfalt der Lebenswelten in unserer Gesellschaft gerecht zu werden, bedarf es der Realisierung einer „(…) transkulturelle[n], multiperspektivische[n] Allgemeinbildung, fern von ethnozentrischen Weltbildern" (Merz-Atalik 2007, S. 154). Die Migrationskontexte und -erfahrungen können einen wertvollen und bereichernden Beitrag zum Lernen aller darstellen. Die inter- und transkulturellen Aspekte der Lebenswelten aller Schülerinnen und Schüler sollten sich im Schulleben und im Unterricht spiegeln.

4.3 Mehrsprachigkeit

Mehrsprachigkeit sollte als kultureller Wert in einer zunehmend mehrsprachigen, transnationalen und transkulturellen Gesellschaft gewichtet werden. Nach wie vor werden die Schülerinnen und Schüler lediglich vor dem Hintergrund ihrer *mangelnden Zweitsprachenkenntnisse* wahrgenommen und die besonderen Fähigkeiten in der Muttersprache nicht als relevant für die formale schulische Bildung gewertet. In vielen skandinavischen Ländern hat die mehrsprachige Schülerschaft bereits einen Rechtsanspruch auf Förderung der Muttersprache in der eigenen Schule. Dies erfolgt unabhängig davon, welchen ökonomischen Wert man der einzelnen Muttersprache in der Aufnahmegesellschaft zuerkennt, für alle Sprachen, welche die Kinder mitbringen. Dies erfolgt einerseits auf der Basis der „Interlanguage-Hypothese", in der Erkenntnis, dass die Kinder im Zweitspracherwerb profitieren von der Kompetenzstufe, die sie in der Muttersprache erreicht haben. Zudem versteht man Sprache nicht nur als Leistung und Produktion, sondern bemisst ihrer emotionalen Bedeutung für die Entwicklung der Persönlichkeit der einzelnen Individuen eine große Bedeutung zu.

Schulen, die sich mit der Aufgabe eines entwicklungsförderlichen Lernumfeldes für Lernende, die mehrsprachig aufwachsen, aktiv auseinandersetzen,

- bekennen sich mit Freude und Stolz zur Sprachenvielfalt an ihrer Schule (z. B. auf der Homepage oder durch die alltägliche Präsenz der Muttersprachen der Schülerschaft in der Schule über Produkte der Kinder, mehrsprachige Literatur in der Schulbibliothek, etc.);
- bieten vielfältige Impulse, Unterstützungsmöglichkeiten und Anregungen für Lehrerinnen und Lehrer, sich für die Förderung von Kindern mit Deutsch als Zweitsprache zu professionalisieren, z. B. durch den Besuch von Fortbildungen, dem Angebot schulinterner Fortbildungen oder Arbeitskreise;
- halten eine aktuelle Literaturauswahl zu den Herausforderungen der Mehrsprachigkeit im Deutsch- und im Fachunterricht aller Fächer vor, wie z. B. Publikationen zur Bedeutung der eigenen Muttersprache für den Lernprozess und Materialien zur Erkennung von Transferproblemen in der Zweitsprache Deutsch entsprechend der verschiedenen Herkunftssprachen (vgl. Colombo-

Scheffoldt et al. 2010) oder zu den besonderen Herausforderungen von Fachsprachen (z. B. der Bedeutung der Worte *durch,* des *über* und *unter* in der Mathematik);
- schätzen und fördern aktiv die verschiedenen Sprachen der Kinder als kulturellen Wert an der Schule und ermöglichen bei größeren Populationen in einer Muttersprache, dass die Schülerschaft Kommunikationsangebote erhält und Kommunikationssituationen für diese Gruppen bewusst geschaffen werden (z. B. im offenen Ganztagsbereich oder an einer Station beim Stationenlernen im Unterricht, wo auch die anderen Kinder an die verschiedenen Sprachen herangeführt werden);
- nutzen bewusst schulscharfe Ausschreibungen, um den Anteil an Lehrkräften mit eigener Kompetenz in einer weiteren Muttersprache zu erhöhen oder die Einstellung von Kolleginnen bzw. Kollegen mit einer Ausbildung in Deutsch als Zweitsprache zu forcieren.

5 Das Lernen in Migrationskontexten und unter Migrationsbedingungen

Ausgehend von einem Lernbegriff (siehe Tabelle 1), der konstatiert, dass Lernen ein individueller, auf den persönlichen Vorerfahrungen, Kompetenzen, Motivationen und Interessenlagen aufbauender, sozialer Prozess ist, bedarf es einer generellen Reflexion der Bildungskonzepte für alle Lernenden (vgl. Merz-Atalik 2013). Geht man von einer Orientierung an den individuellen Lernentwicklungen aller Schülerinnen und Schüler aus, erscheint die besondere Berücksichtigung von jenen mit einer, aufgrund des Migrationshintergrundes von der Mehrheit abweichenden Lernentwicklung nicht mehr als eine zusätzliche Herausforderung oder Belastung. Vielmehr bestätigt sich das Konzept eines subjektorientierten Lernansatzes, in welchem die individuellen Lernwege aller Schülerinnen und Schüler Berücksichtigung und Wertschätzung erfahren.

Ausgehend von den in der Tabelle dargelegten Grundannahmen vom Lernen, ergibt sich eine Gestaltung von Lernsituationen und Unterricht, die

- auf individuelle Lernziele der Lernenden ausgerichtet ist,
- die individuellen Lernpotentiale aller auslotet und
- in gemeinsamen, kooperativen und bewusst heterogenen Lerngruppen Lernanlässe schafft (vgl. ebd.).

In einem inklusiven Unterricht sollten für alle Schülerinnen und Schüler an der individuellen Bezugsnorm orientierte, *Individuelle Lern- und Entwicklungspläne*

Tabelle 1 Der Lernbegriff und seine Konsequenzen für die Werte, die Gestaltung und die Bewertung von Lernprozessen (im inklusiven Unterricht).

Lernen	Individuell	Fähigkeit-/ Kompetenzbasiert	Sozialer Prozess	Diversität als Ressource
Schüler/in	Jede/r lernt anders	Jede/r kann lernen	Jede/r lernt in sozialen Kontexten	Jede/r lernt in Vielfalt durch Vielfalt
Lernsituationen (Unterricht)	Individuelle Lernziele, Lernangebote und Hilfen (inkl. Diagnose Bewertung)	Fähigkeitsorientierung (inkl. Diagnose Bewertung)	Kooperative Lernformen und -settings	Diversität als Ressource
Lehrer/in	Schülerorientierung	Entwicklungsorientierung	Interaktionsorientierung	Diversitätsorientierung
Bildungssystem und Schule	Eine Schule für alle	Vielfältige, individualisierbare Entwicklungsangebote	Gemeinsamkeit der Verschiedenen	Diversität als Ausgangspunkt und Ziel

Quelle: Merz-Atalik 2013, S. 73.

(IEP) erstellt werden. Diese sollten dabei auch die migrationsbedingten besonderen Dispositionen und Kompetenzen der Lernenden mitberücksichtigen. Entsprechend einem solchen *Individuellen Lern- und Entwicklungsplan* werden die Leistungen und die Entwicklungen der Schülerinnen und Schüler dementsprechend auch neben den sach- und sozialnormorientierten, auf der Basis von individualnormorientierten Leistungskriterien bewertet. Marianne Wilhelm betont folgende Prinzipien für die Leistungsbewertung in inklusiven Klassen:

„In der inklusiven Pädagogik umfasst der Leistungsbegriff alle Dimensionen des menschlichen Seins. Leistung ist die Realisierung des dem Individuum möglichen Entwicklungspotentials, und jeder Entwicklungsfortschritt wird als Leistung bewertet. Mit der Vergabe von Noten nach der Klassenbezugsnorm widersprechen wir der Anerkennung des individuellen Lernfortschrittes. Es müssen [daher – d. Verf.] prozessorientierte Formen der Leistungsbewertung angewandt werden (verbale Beurteilung, Portfolio, dokumentierte direkte Leistungsvorlage, Pensenbuch). Leistung wird in erworbenen Kompetenzen sichtbar" (2009, S. 107).

Für die Schülerschaft mit einem Migrationshintergrund müssen individuelle Lernstandsanalysen sowie die Leistungsbewertungen die Kontextbedingungen, die Erfahrungswelten und ggf. besondere Dispositionen für das Lernen mit berücksichtigt werden. So ist es nicht nachvollziehbar, dass bei einem Kind mit einer nichtdeutschen Muttersprache die gleichen Bezugsnormen angelegt werden, wie bei einem Kind welches Deutsch als Erst- und Familiensprache erworben hat. Für Kinder, die gleichzeitig einen Spracherwerb in zwei oder gar mehr Sprachen tätigen (z. B. in der Familiensprache Türkisch und Kurdisch bei interethnischen Familien und in der Zweitsprache Deutsch), müssen die besonderen Herausforderungen bei der Leistungserwartung als auch bei der -bewertung berücksichtigt werden. Es ist erstrebenswert, dass jedes Kind welches in unserer Gesellschaft lebt die Sprache Deutsch auf einem hohen Niveau erwirbt. Es benötigt dazu jedoch unter Umständen besondere Hilfen und Unterstützung, die ihm in der Schule gewährleistet werden sollten und es sollte als aktiver Lerner respektive Lernerin in den Prozess des Zweitspracherwerbs einbezogen werden.

6 Abschließendes Resümee

> „Weil der Begriff der Inklusion also auch die Seite der Organisationen und Institutionen zu beleuchten vermag und nicht allein auf die individuelle Anpassungsleistungen setzt, erscheint er im Kontext von Einwanderung angemessener als der Begriff der Integration" (Diehm 2011, S. 41).

Eine inklusive Pädagogik und Didaktik ist immer auch eine Pädagogik, die aktiv Effekte der Migration aufgreift, berücksichtigt und als Chance für die Lernprozesse aller an der Schule begreift. Sie verfolgt das Ziel, dass die Lernangebote und -aktivitäten alle Kinder ansprechen und einbeziehen, also in den Bildungsprozessen Freiheit für Vielfalt ebenso verfolgt, wie die Kompetenzförderung für Chancengleichheit (vgl. Prengel 2012). Dies erfolgt jedoch an einer inklusiven Schule ohne gruppenbezogene Klassifizierungen und Etikettierungen wie Migrantenkinder, Kinder nichtdeutscher Muttersprache, etc. Schulen, die sich der menschlichen Vielfalt aktiv stellen, sollten nicht im Etikettierungs-Ressourcendilemma verhaftet bleiben und bspw. personelle Ressourcen immer mit Blick auf die Gestaltung von inklusiven Kulturen und Praktiken für alle einsetzen.

Eine inklusive Kultur an der Schule beginnt schon bei der Planung von Lernsituationen. So fragt der *Index for Inclusion* (vgl. Booth und Ainscow 2011) im Rahmen der Indikatoren für inklusive Praktiken – vor dem Hintergrund einer individualisierenden Perspektive auf Lernende und mit Blick auf die Planung von Lernangeboten in Bezug auf alle Kinder[16] – inwiefern diese Lernaktivitäten die

---

16 Learning activities are planned with all children in mind (Dimension C 2, Orchestrating learning).

Partizipation aller Kinder fördern: „Are activities planned to support learning rather than to deliver a curriculum? Do curriculum materials reflect the backgrounds, experiences and interests of all learners? Do learning activities reflect the variety of interests of children? Do activities extend the learning of all children?" (ebd., S. 159) Diese Fragen sind auch die Fragen, welche an Schulen in einer demokratischen und die Pluralität als Chance begreifenden Gesellschaft, im Hinblick auf die verschiedenen Ebenen der Vielfalt, die sich aus Migration ergeben, gestellt werden müssen.

Lehrerinnen und Lehrer benötigen die Chance sich mit ihren Einstellungen, ihren Haltungen und ihren Handlungskompetenzen für den Umgang mit einer durch Migration bestimmten Vielfalt und Heterogenität der Lernenden in ihren Klassen auseinander zu setzen. Dies sollte bereits im Rahmen der Erstausbildung an den Hochschulen ein verpflichtender Bestandteil des Studiums sein. Zudem muss es Möglichkeiten der Professionalisierung und der Weiterbildung für Lehrpersonen als auch der gesamten Schulen geben. Hierzu werden bereits bundesweit wichtige Schritte zur breiten Qualifizierung und Professionalisierung für inklusive Bildung angedacht und eingeleitet. Bei der Selbst- und Fremdevaluation von Schulen sollten darüber hinaus die *aktiven Bemühungen zur Realisierung der Migrationskontexte* als auch *die konkreten Praktiken* kontinuierlich reflektiert, hinterfragt und als ein wesentlicher Bestandteil des pädagogischen Konzeptes einer jeden Schule konsolidiert werden. Die Schulen vermitteln so bedeutsame positive Erfahrungen mit Vielfalt an die heranwachsenden Generationen der Zukunft und können so einen entscheidenden Beitrag für das Gelingen des Zusammenlebens in einer durch Vielfalt geprägten Gesellschaft leisten.

> „We see inclusion as a never ending process concerned with the involvement of individuals, the creation of participatory systems and settings, and the promotion of inclusive values. It involves increasing participation for everyone in the cultures, communities and curricula of local settings, and reducing all forms of exclusion and discrimination. (…) Increasing participation for everyone involves developing education systems and settings so that they are responsive to diversity in ways that value everyone equally" (Booth und Ainscow 2011, S. 20).

Literatur

Booth, Tony, und Mel Ainscow. 2011. *Index for inclusion. Developing learning and participation in schools.* 3. Aufl. Bristol: Centre for Studies on Inclusive Education.

Colombo-Scheffoldt, Simona, Peter Fenn, Stefan Jeuk, und Joachim Schäfer. Hrsg. 2010. *Ausländisch für Deutsche. Sprachen der Kinder – Sprachen im Klassenzimmer.* 2. Aufl. Freiburg: Fillibach.

Deutsches Institut für Menschenrechte. 2011. Stellungnahme der Monitoring-Stelle (31. März 2011) Eckpunkte zur Verwirklichung eines inklusiven Bildungssystems (Primarstufe und Sekundarstufen I und II). Empfehlungen an die Länder, die Kultusministerkonferenz (KMK) und den Bund. http://www.institut-fuer-menschenrechte.de/fileadmin/user_upload/PDF-Dateien/Stellungnahmen/stellungnahme_der_monitoring_stelle_eckpunkte_z_verwirklichung_eines_inklusiven_bildungssystems_31_03_2011.pdf. Zugegriffen: 01. März 2013.

Diehm, Isabelle. 2011. Integration und Inklusion im Kontext von Migration und Pädagogik. In *Inklusion in Bildungsinstitutionen. Eine Herausforderung an die Heil- und Sonderpädagogik,* hrsg. Birgit Lüttje-Klose, Marie-Therese Langer, Björn Serke, und Melanie Urban, 37–46. Bad Heilbrunn: Klinkhardt.

European Agency for Development in Special Needs Education. 2012. Profile of Inclusive Teachers. http://www.european-agency.org/agency-projects/Teacher-Education-for-Inclusion/Profile-of-Inclusive-Teachers.pdf. Zugegriffen: 01. März 2013.

Hühn, Melanie, Dörte Lerp, Knut Petzold, und Miriam Stock. Hrsg. 2010. *Transkulturalität, Transnationalität, Transstaatlichkeit, Translokalität. Theoretische und empirische Begriffsbestimmungen.* Münster. Lit Verlag.

Lanfranchi, Andrea. 2007. Sonderklassenversetzung und integrative Förderung: Denken und handeln Lehrpersonen kulturell neutral? *Vierteljahresschrift für Heilpädagogik und ihre Nachbargebiete* 76 (2): 128–141.

Mecheril, Paul. 2004. *Einführung in die Migrationspädagogik.* Weinheim u. Basel: Beltz.

Mecheril, Paul. 2010. Migrationspädagogik. Hinführung zu einer Perspektive. In *Migrationspädagogik,* hrsg. Paul Mecheril, Maria do Mar Castro Varela, Inci Dirim, Annita Kalpaka, und Claus Melter, 7–22. Weinheim u. Basel: Beltz.

Mecheril, Paul, Maria do Mar Castro Varela, Inci Dirim, Annita Kalpaka, und Claus Melter. 2010. *Migrationspädagogik.* Weinheim u. Basel: Beltz.

Merz-Atalik, Kerstin. 2001. *Interkulturelle Pädagogik in Integrationsklassen. Subjektive Theorien von Lehrern im gemeinsamen Unterricht von Kindern mit und ohne Behinderungen.* Opladen: Leske + Budrich.

Merz-Atalik, Kerstin. 2007. Inter-/Transkulturelle Pädagogik. In *Wörterbuch Heilpädagogik,* hrsg. Konrad Bundschuh, Ulrich Heimlich, und Rudi Krawitz, 152–154. 3. Aufl. Bad Heilbrunn: Klinkhardt/UTB.

Merz-Atalik, Kerstin. 2008. Migration/Interkulturelle Erziehung. In *Handlexikon der Integrationspädagogik. Band 1, Kindertageseinrichtungen,* hrsg. Sabine Lingenauber, 145–150. Bochum u. Freiburg: projekt Verlag.

Merz-Atalik, Kerstin. 2009. Inklusive Pädagogik im Kontext mehrsprachiger, multikultureller Lerngruppen. In *Heilpädagogik: Pädagogik bei Vielfalt. Prävention,*

Interaktion, Rehabilitation, hrsg. Andrea Strachota, Gottfried Biewer, und Wilfried Datler, 105–122. Bad Heilbrunn: Klinkhardt.

Merz-Atalik, Kerstin. 2010. Anerkennung menschlicher Vielfalt als Normalität= Inklusion: Einige Thesen zu hartnäckigen Missverständnissen oder Fehldeutungen im Umgang mit den Forderungen nach „Inklusion" im Bildungssystem. *Bildung & Wissenschaft 2010* (Heft Oktober): 22–24.

Merz-Atalik, Kerstin. 2013. Inklusion/Inklusiver Unterricht an der Gemeinschaftsschule. In *Expertise Gemeinschaftsschule. Forschungsergebnisse und Handlungsempfehlungen für Baden-Württemberg*, hrsg. Thorsten Bohl, und Sybille Meissner, 61–76. Weinheim u. Basel: Beltz.

Prengel, Annedore. 2006. *Pädagogik der Vielfalt: Verschiedenheit und Gleichberechtigung in interkultureller, feministischer und integrativer Pädagogik.* 3. Aufl. Wiesbaden: VS Verlag für Sozialwissenschaften.

Prengel, Annedore. 2012. Inklusion international: Zwischen normativer Gewissheit und alltäglicher Unvollkommenheit. In *Schulische Integration gelingt. Gute Praxis wahrnehmen, Neues entwickeln*, hrsg. Andrea Lanfranchi, und Josef Steppacher, 19–30. Bad Heilbrunn: Klinkhardt.

Seitz, Simone. 2009. Zur Innovationskraft inklusiver Pädagogik und Didaktik. In *Perspektiven auf Entgrenzung. Erfahrungen und Entwicklungsprozesse im Kontext von Inklusion und Integration*, hrsg. Jo Jerg, Kerstin Merz-Atalik, Ramona Thümmler, und Heike Tiemann, 67–80. Bad Heilbrunn: Klinkhardt.

UNESCO. 2005. Guidelines for inclusion. Ensuring acess to education for all. http://unesdoc.unesco.org/images/0014/001402/140224e.pdf. Zugegriffen: 19. Juli 2013.

Welsch, Wolfgang. 1995. Transkulturalität. Zur veränderten Verfasstheit heutiger Kulturen. *Zeitschrift für Kulturaustausch 45* (1): 39–44.

Welsch, Wolfgang. 2000. Transkulturalität. Zwischen Globalisierung und Partikularisierung heutiger Kulturen. *Jahrbuch Deutsch als Fremdsprache 26:* 327–351.

Wilhelm, Marianne. 2009. *Integration in der Sekundarstufe I und II. Wie die Umsetzung im Fachunterricht gelingt.* Weinheim u. Basel: Beltz.

An der Schnittstelle Ethnie und Behinderung benachteiligt
Jugendliche mit Migrationshintergrund an deutschen Sonderschulen weiterhin überrepräsentiert

Justin J. W. Powell und Sandra J. Wagner

1 Einleitung

An der Schnittstelle Ethnie und „schulische Behinderung" (Powell 2009) werden Jugendliche mit Migrationshintergrund in sonderpädagogische Fördersysteme durch die Klassifizierung als sonderpädagogisch förderbedürftig und die räumliche Segregation weiterhin benachteiligt. Es zeigt sich, dass sowohl von der Klassifizierung als auch von der Überweisung an die Sonderschule[1] bestimmte Gruppen wesentlich häufiger betroffen sind als andere und dies entlang bestimmter sozio-struktureller und kultureller Merkmale. Nach Staatsangehörigkeit, Förderschwerpunkt, aber auch Wohnort sind Schülerinnen und Schüler z. T. erheblich in sonderpädagogischen Maßnahmen überrepräsentiert. Die Brisanz dieser Befunde liegt weniger darin, dass sie neu sind. Vielmehr ist es ihre Persistenz über Jahrzehnte hinweg, trotz Ratifizierung der UN-Konvention über die Rechte von Menschen mit Behinderungen in Deutschland. Dies gilt als eine der größten Herausforderungen für das deutsche Bildungswesen (vgl. Muñoz 2007, 2012; Blanck et al. 2013).

Wir stellen im vorliegenden Beitrag einen Bildungsindikator vor, der zeigt, dass ethnisch-kulturelle Differenzen in sonderpädagogischen Förderbedarf umdefiniert und durch klinische und sonderpädagogische Professionen legitimiert werden. Motiv der Förderung ist vor allem die Sicherung zusätzlicher Ressourcen, um der sozialen und kulturellen Benachteiligung zu begegnen oder sie gar zu

---

[1] Im Folgenden wird bewusst nur die traditionelle Bezeichnung „Sonderschule" verwendet, um deutlich auf die Stigmatisierung und räumliche Trennung hinzuweisen. Euphemismen in sonderpädagogische Fördersysteme bergen eine besondere Gefahr der empirischen Analyse der individuellen und gesellschaftlichen Konsequenzen der Aussonderung; gleiches gilt für den schlichten Ersatz des Begriffes „Integration" durch „Inklusion" ohne eine Transformation der Lernbedingungen oder ein Umdenken in der Definition von Leistung.

kompensieren. Jedoch impliziert die sonderpädagogische Förderung oft die Stigmatisierung der Kinder und Jugendlichen sowie eine Verminderung ihrer Lernopportunitäten durch die Segregation in Sonderschulen oder Separierung in Sonderklassen. Hans-Peter Füssel und Rudolf Kretschmann (1993) sprechen in diesem Zusammenhang von einem „Ressourcen-Etikettierungs-Dilemma" (vgl. auch Powell 2003, 2010). Auch die Erfolge der Integrationspädagogik seit den 1970er-Jahren (vgl. Schnell 2003) vermochten die „institutionelle Diskriminierung" (Gomolla und Radtke 2002) in den Schulkarrieren dieser besonders benachteiligten Gruppe nicht zu beheben und somit deren Teilhabe und gesellschaftliche Integration zu sichern. Die Aufnahme Jugendlicher mit Migrationshintergrund und mit Behinderungen in den gemeinsamen Unterricht bzw. in inklusive Klassen ist eine große Herausforderung geblieben (vgl. z. B. Merz-Atalik 1998, i. d. B.; Kornmann 2003; Mand 2006; Moser 2012). Zukünftige Bildungsreformen und -politiken werden sich daran messen lassen müssen, inwiefern sie sich dieser Herausforderung gestellt haben (Tomlinson 2013). Hier werden empirische Ergebnisse vorhergehender eigener Studien zusammengefasst (vgl. Powell und Wagner 2001, 2002; Wagner und Powell 2003; Wagner 2005; Powell 2011), durch Auswertungen aktueller Daten ergänzt und in die soziologische Fachliteratur zur Schnittstelle Behinderung und Migration eingebettet.

Wir beginnen mit einem kurzen historischen Rückblick zur Frage der Integration und Inklusion im deutschen Bildungswesen. Dann besprechen wir Fachbegriffe der sonderpädagogischen Förderung sowie der Migration, Ethnie und Staatsangehörigkeit. Mit einem kurzen Resümee aktueller Studien zum Bildungs-(miss)erfolg von Migrantenjugendlichen im deutschen Bildungssystem leiten wir dann über zum spezifischen Indikator für persistente Bildungsungleichheit: das erhöhte Risiko von nicht-deutschen, eine Sonderschule zu besuchen, im Vergleich zu denjenigen mit deutschem Pass, bezeichnet als Relativer-Risiko-Index (RRI). Unsere Ergebnisse sind als Teil eines weltweiten Trends der Überrepräsentanz von ethnischen Minderheiten an Sonderinstitutionen zu verstehen (vgl. Artiles und Bal 2008; Dyson und Gallanaugh 2008; Gabel et al. 2009).

2 Von der Integration zur Inklusion in Deutschland

Ein kurzer historischer Rückblick ist hilfreich, um die Komplexität und besondere Situation Jugendlicher mit Migrationshintergrund, ihrer Familien und der ggf. im Ausland erworbenen Bildungs- und Berufsabschlüsse der Eltern zu verstehen. Dieser Zustand ist in seiner Schärfe erst sehr spät erkannt worden, lange nachdem Millionen von Arbeitsmigrantinnen und -migranten sowie deren Familien bereits in der alten Bundesrepublik lebten. So ging beispielsweise der Strukturplan für das Bildungswesen des Deutschen Bundesrates von 1970, in dessen Erscheinungsjahr bereits drei Millionen Migrantinnen und Migranten in der Bundesrepublik angekommen waren, in seinen Planungen für das künftige Schulwesen mit keinem Wort auf mögliche besondere Schulprobleme dieser Kinder und Jugendlichen ein. Dies gilt ebenso für den Bildungsgesamtplan von 1973 sowie für die bildungspolitische Zwischenbilanz von 1976 (vgl. Arbeitsgruppe Bildungsbericht am Max Planck Institut für Bildungsforschung 1994, S. 368). Das nur sehr langsame Tröpfeln der „Migrantenproblematik" in die deutsche Bildungspolitik hinein war u. a. auch Folge der weitverbreiteten Annahme, dass diese Arbeiter und Arbeiterinnen sowie ihre Familien nur eine vorübergehende und damit zeitlich begrenzte Phase in Deutschland bleiben würden (Stichwort: „Gastarbeiter"). Mittlerweile hat sich die Situation mehrfach deutlich verändert, insbesondere seit der Wiedervereinigung, seit dem Balkankonflikt und Jugoslawienkrieg Ende des 20. Jahrhunderts sowie der Einführung des sogenannten „Optionsmodells" im Rahmen der Staatsangehörigkeitsreform im Jahr 2000. In der Folge stieg die Zahl der Einbürgerungen in der zweiten Einwanderergeneration. Damit werden die hier präsentierten statistischen Effekte ab der Jahrhundertwende ggf. noch unterschätzt.

Viele Migranten und Migrantinnen leben seit Jahrzehnten in der Bundesrepublik; die meisten haben längst Familienmitglieder nachkommen lassen. Die Mehrheit der Kinder und Jugendlichen mit Migrationshintergrund ist inzwischen hier geboren oder zumindest zeitweise in Deutschland aufgewachsen. Ihre Eltern sind Arbeitsmigrantinnen und -migranten aus den süd- und südosteuropäischen ehemaligen Anwerbeländern, deutschstämmige (Spät-)Aussiedler aus Osteuropa und den Ländern der ehemaligen Sowjetunion, Bürgerkriegsflüchtlinge sowie Asylbewerber oder Zuwanderer aus aller Welt bzw. anderen EU-Staaten, die zum Studium, zur Berufsausbildung oder Arbeitsausübung nach Deutschland kamen. Damit wandern Migrantinnen und Migranten aus unterschiedlichen Motiven zu. Sie gehören verschiedenen Kulturen an. Zudem unterscheiden sie sich oft durch ihre soziale Lage, ihren Aufenthaltstitel und ihren Rechtsstatus: Es gibt systematische Disparitäten zwischen den privilegierten Aussiedlern und EU-Bürgerinnen und -Bürgern im Vergleich zu den Flüchtlingen und Arbeitsmigrantinnen und -migranten aus Drittstaaten – aufgrund ihres deutlich voneinander unterscheidbaren Rechts- und Aufenthaltsstatus sowie der Selektivität der Aufnahmekontexte, d. h. in welche sozial-räumlichen Bedingungen sie aufgenommen wurden (vgl. Söhn 2012). Vor diesem Hintergrund darf die Gruppe der ausländischen Jugendlichen bzw. Jugendlichen mit Migrationshintergrund im deutschen Bildungssystem keineswegs als homogen betrachtet werden.

Ebenfalls äußerst heterogen ist die Gruppe der Kinder mit sonderpädagogischem Förderbedarf in Deutschland. Auch in diesem Fall hat es viele Jahrzehnte gedauert, bis die Themen Sonderschule, schulische Integration sowie zuletzt inklusive Bildung in der Bildungsforschung und politischen Öffentlichkeit angekommen waren (vgl. z. B. Hänsel 2005), trotz einschlägiger Forschung zum Thema (vgl. z. B. Preuss-Lausitz 1981; Benkmann und Pieringer 1991; Hofsäss 1993; Feuser 1995; Eberwein und Knauer 2002). Derzeit werden die strukturellen Voraussetzungen, die Reform regionaler Bildungslandschaften und die Standards zur Gestaltung inklusiven Unterrichts vorangetrieben (vgl. Wernstedt und John-Ohnesorg 2010; Moser 2012). Bereits 1974 initiierte der Bildungsrat in der alten Bundesrepublik ein Gutachten zum Thema Integration. Zwanzig Jahre später wurde das Grundgesetz ergänzt: „Niemand darf wegen seiner Behinderung benachteiligt werden" (Art. 3, Abs. 3 GG). Die internationale Salamanca-Erklärung von 1994 verbrieft die beiden globalen Normen „Bildung für Alle" und „schulische Integration". Im gleichen Jahr wurden in Deutschland die seit den 1950er-Jahren geltenden Kategorien des Förderbedarfs der „Sonderschulbedürftigkeit" durch pädagogisch definierte „Förderschwerpunkte" seitens der Kultusministerkonferenz (KMK) der deutschen Bundesländer ersetzt.

Mit der UN-Behindertenrechtskonvention, die bis zum 05. Mai 2013 von 130 Staaten weltweit ratifiziert wurde (vgl. www.un.org/disabilities), konnte der eingangs beschriebene Paradigmenwechsel fortgeführt werden: Die UN-Behindertenrechtskonvention manifestiert inklusive Bildung im Sinne des gemeinsamen Lernens in einem Klassenzimmer und der Teilhabe aller Kinder und Jugendlichen im allgemeinen deutschen Bildungssystem von der Kita bis zur tertiären Bildung als ein Menschenrecht (Artikel 24). Nicht mehr die Eltern sollen kämpfen und begründen müssen, warum ihr Kind die wohnortnahe Regelschule besuchen möchte, sondern die Kita, Schule, Berufsschule und Hochschule müssen ihre Türen öffnen oder erklären, warum dem geltenden internationalen wie nationalen Recht nicht entsprochen werden kann. Vorangetrieben durch rechtliche Bestimmungen enthält das Recht auf Inklusion, verstanden als Teilhabe aller am Unterrichtsgeschehen und am Leben der Schule, eine prozessuale Dimension, die veränderte institutionelle und professionelle Praktiken impliziert (vgl. Pfahl 2013).

Im Jahr 2009 trat in Deutschland die UN-Konvention über die Rechte von Menschen mit Behinderungen in Kraft. Deutschland hat sich damit verpflichtet ein inklusives Bildungssystem sicherzustellen. Das ist eine enorme Herausforderung, denn im internationalen Vergleich wird in Deutschland ein besonders hoher Anteil der Schülerinnen und Schüler mit sonderpädagogischem Förderbedarf an Sonderschulen unterrichtet (gegenwärtig vier fünftel, vgl. KMK 2012; Powell und Pfahl 2012). Dies ist nach Auffassung von Menschenrechtsexperten mit der o. g. UN-Konvention unvereinbar (vgl. Degener 2009; Aichele 2010). Um die inklusive Schule in Deutschland zu etablieren, müssen die Bundesländer in ihrer Zuständigkeit für die Schulpolitik grundlegende Reformen einleiten bzw. verfolgen bereits solche Transformationen (vgl. Blanck et al. 2012, 2013). In vielen Bundesländern werden zur Zeit neue Regelungen erarbeitet. Dabei zeigt sich in der Umsetzung eine große Heterogenität, selbst innerhalb eines Bundeslandes ist die Varianz erstaunlich groß (vgl. Dietze 2011). Stadtstaaten wie Bremen und Berlin sowie Flächenländer wie Schleswig-Holstein und Brandenburg sind Vorreiter, während Bayern an der Sonderbeschulung parallel zum allgemeinbildenden Schulsystem starr festhält (vgl. Erdsiek-Rave 2010, S. 39). Inwiefern sich diese demografischen, rechtlichen und politischen Entwicklungen auf das Verhältnis von Ethnie, Migration und Behinderung in Schulen ausgewirkt haben, untersucht der vorliegende Beitrag.

3 Zentrale Begriffe und Kategorien der Behinderung, Benachteiligung und Zugehörigkeit

Auch die Übersetzung des international gebräuchlichen Begriffs „inklusiv" mit dem Begriff „integrativ" im 24. Artikel der deutschen Fassung der UN-Behindertenrechtskonvention stiftet Verwirrung, denn Jahrzehntelang wurde zwar von „Integrationspädagogik" im Sinne des gemeinsamen Unterrichts behinderter und nichtbehinderter Kinder gesprochen, aber Integration und Inklusion können nicht gleichgesetzt werden. „Integration" setzt die Klassifizierung eines Schülers/einer Schülerin mit sonderpädagogischem Förderbedarf voraus, im zweiten Schritt wird dieser Schüler/diese Schülerin dann in die Regelschule „integriert". Hingegen gehen „inklusive" Schulen davon aus, dass die Schule sich an die verschiedenen Bedürfnisse aller Schülerinnen und Schüler anpassen muss, nicht umgekehrt, damit jede Schülerin bzw. jeder Schüler individuell und optimal gefördert werden kann. Somit nutzen diese Schulen die in jeder Lerngruppe vorhandene Vielfalt, im Sinne einer „Pädagogik der Vielfalt" (Preuss-Lausitz 1993; Prengel 2006).

Wenn es um ethnisch-kulturelle Diversität geht wird meistens von (gesellschaftlicher) Integration als Ziel gesprochen. Die inklusive Schule steht jedoch für alle Kinder offen – unabhängig vom sozio-ökonomischen Status, Nationalität oder Förderbedarf, ohne dass sie sich erst bewerben oder anpassen müssen. Die spannungsreichen Themen Integration und Inklusion sind sowohl bei Befürwortern als auch Gegnern in Politik und Wissenschaft in aller Munde (vgl. Wocken 2010). Die Grenzziehung zwischen diesen Begriffen bedarf sowohl alltagssprachlicher als auch wissenschaftlicher Klärung (vgl. Dannenbeck und Dorrance 2009; Dorrance und Dannenbeck 2013 und die Beiträge der *Zeitschrift für Inklusion* 2012 Nr. 4 und 2013 Nr. 1).

Allgemein bezieht sich der Begriff „ethnische Zugehörigkeit" oder „Ethnizität" auf gemeinsame Charakteristika einer Gruppe von Menschen aus den Bereichen

Sprache, Religion, Nationalität und Kultur, d. h. aufgrund bestimmter Merkmale definieren sich Angehörige einer ethnischen Gruppe als verschieden von anderen kulturellen Gruppen innerhalb einer Gesellschaft oder aber sie werden von außen als „anders" definiert. Wir gehen von einer sozialen Konstruktion von Ethnizität aus, in der ethnische Zugehörigkeit nicht naturwüchsig gegeben erscheint, sondern in sozialer Praxis ständig produziert und reproduziert wird (vgl. Rüesch 1998, S. 28).

Ähnlich sozial konstruiert werden „Behinderungen" als negativ-bewertete Abweichungen von körperlichen oder funktionalen Normen oder Verhaltenserwartungen verstanden. Basierend auf vielfältigen Arbeiten der „Disability Studies" (vgl. z. B. Albrecht et al. 2001; Cloerkes 2003, 2007; Hermes und Rohrmann 2006; Waldschmidt und Schneider 2007) wurden aus der vor allem in der anglophonen Sozial- und Geisteswissenschaften entwickelten sozialkonstruktivistischen Perspektive die Ähnlichkeiten der askriptiven Merkmale Rasse/Ethnizität, Geschlecht, sexuelle Orientierung und Behinderung herausgearbeitet (vgl. z. B. Gordon und Rosenblum 2001). Diese meist von Vorurteilen und negativen Stereotypen behafteten, stigmatisierten Kategorien von Personen zeigen ähnliche Wirkungsweisen: Die Personen einer Kategorie werden (1) benannt und etikettiert, (2) aggregiert und disaggregiert, (3) dichotomisiert und stigmatisiert und letztlich (4) werden ihnen Ressourcen vorenthalten, wie bspw. Anerkennung, Bildungschancen oder die Teilhabe am ersten Arbeitsmarkt und ein damit verbundener hoher sozialer Status. Der Goffman'sche Ansatz des Stigmas (1963), welcher schon 1975 von Walter Thimm (2006) für die Gruppe der „Lernbehinderten" herausgearbeitet wurde, wird in neueren wissenschaftlichen Arbeiten wieder aufgegriffen, um Subjektivierungsprozesse gezielt zu untersuchen und die psychischen und sozialen Konsequenzen eines negativen gesellschaftlichen Umgangs mit askriptiven Merkmalen zu verdeutlichen (vgl. z. B. Pfahl 2011, 2012). Zudem wird die damit verbundene „institutionelle Diskriminierung" (Gomolla und Radtke 2002, S. 35 ff.) als eine wesentliche, längerfristige und weniger kritisch hinterfragte soziale Reaktion auf solche Merkmale aufgefasst.

Begriffe wie „Behinderung" und „sonderpädagogischer Förderbedarf" sind komplex, denn es handelt sich dabei um multidimensionale soziale, rechtliche und politische Zusammenhänge, keinesfalls um leicht erfassbare, objektive biologische Tatsachen (vgl. Powell 2003, 2010). In der Operationalisierung der amtlichen Statistik sowie im alltäglichen Sprachgebrauch werden oft die unterschiedlichsten Paradigmen, Konzepte und Definitionen davon neben-, über- und gegeneinander aufgestellt. Deshalb müssen die Relationen zwischen „behindert werden" und „nichtdeutsch sein" sowie deren schulische Bedingtheit thematisiert werden. Des Weiteren werden in neueren Ansätzen der Intersektionalität versucht, die „Achsen der Differenz" und deren Verbundenheit mit Ungleichheiten auf Basis von Klasse, Rasse und Geschlecht zu untersuchen (vgl. z. B. Klinger 2009). Sowohl Kumulationen von Differenzen als auch Regelmäßigkeiten – wie die Überrepräsentanz von Jungen, Kindern aus sozial-benachteiligten und bildungsfernen Familien und denjenigen mit bestimmten ethnischen Zugehörigkeiten in sonderpädagogischen Maßnahmen – müssen gleichzeitig analysiert und verstanden werden (zum Zusammenhang zwischen Geschlecht, Migrationshintergrund und Bildungserfolg, siehe z. B. Hadjar und Hupka-Brunner 2013).

Wenn in der amtlichen KMK-Statistik von Ausländerinnen und Ausländern die Rede ist, handelt es sich stets um alle nichtdeutschen Personen, gleich welcher Staatsangehörigkeit, welchem Familienstand, welcher Altersgruppe sie angehören und gleich aus welchem Grund sie in der Bundesrepublik leben. So können aber auch Jugendliche die deutsche Staatsangehörigkeit besitzen, aber dennoch aus einer Familie nichtdeutscher Herkunft kommen und damit nicht in den Daten der amtlichen Statistik als solche erscheinen. Demzufolge sind Ausländerinnen und Ausländer in der amtlichen Statistik nicht nur Serbinnen und Serben, Türkinnen und Türken oder Italienerinnen und Italiener, sondern ebenso Schweizer Bürger und Bürgerinnen, Amerikanerinnen und Amerikaner oder Vietnamesinnen und Vietnamesen. Die Gruppe der Spätaussiedler und -aussiedlerinnen gehört hier nicht dazu, da sie die deutsche Staatszugehörigkeit besitzen und in der amtlichen Statistik demzufolge als „Deutsche" ausgewiesen werden. Andererseits sind ein Bestandteil des „Ausländeranteils" der amtlichen Statistik Personen, die sich nur vorübergehend in der Bundesrepublik Deutschland aufhalten, wie z. B. Saisonarbeitnehmer, Werkvertragsarbeitnehmerinnen, und Asylsuchende. Dieser Definition zu Grunde liegend, ist im Folgenden mitzudenken, dass herausgearbeitete Benachteiligungen von Jugendlichen mit Migrationshintergrund mit Daten der amtlichen Statistik *unterschätzt* werden.

Festzuhalten ist, dass weder im Falle von Ethnie und Migrationshintergrund noch im Falle von sonderpädagogischem Förderbedarf und „schulischer Behinderung" die in der amtlichen Statistik aufgeführten Zahlen einen belastbaren Zensus aller Kinder und Jugendlichen mit wahrgenommenen Beeinträchtigungen oder anerkannter Behinderung oder Migrationserfahrung bzw. -hintergrund repräsentieren. Auch deshalb werden im nächsten Abschnitt kurz die Ergebnisse der Bildungsforschung referiert, bevor das empirische Beispiel der Über- bzw. Unterrepräsentanz von bestimmten Migrantengruppen in sonderpädagogischen Maßnahmen vertieft analysiert wird.

4 Forschung zu Migration und Behinderung

In der bildungssoziologischen Forschung zur Chancen(un)gleichheit in Deutschland wird heute neben den klassischen Analysemerkmalen im Zugang zu Bildung, Geschlecht, sozialer Herkunft, Religion, schulische Vorbildung und Region, gebündelt in der „katholischen Arbeitertochter vom Lande" (Peisert 1967), seit den 1990er-Jahren zunehmend auch die Ethnizität als ursächlich für Benachteiligungen im Bildungserwerb betrachtet (vgl. z. B. Herwartz-Emden 2003; Kornmann 2003; Klindworth 2012). Welche Mechanismen und Prozesse den Bildungserwerbsprozess von Migrantenkindern am meisten beeinflussen, wird kontrovers diskutiert, ohne jedoch die notwendige Stringenz (vgl. Diefenbach 2010). Auf der einen Seite finden sich Untersuchungen, die argumentieren, dass deutsche Schulsystem sei *„color-blind"*, denn es sind innerhalb des deutschen Bildungssystems keine ethnozentrischen Barrieren entstanden, sondern vor allem auf Basis sozialer Herkunft und Bildungsstand der Familie (vgl. Baker und Lenhardt 1988). Aktuelle Studien zeigen ähnliche Bildungserfolge von Schülerinnen und Schülern mit Migrationshintergrund, z. B. werden sie, bei gleicher Leistung und Sozialschicht, mindestens so oft an ein Gymnasium empfohlen wie ihre Mitschülerinnen und Mitschüler ohne Migrationshintergrund (vgl. Gresch 2012). Auch in Mehrebenanalysen für 24 westliche Länder konnte gezeigt werden, dass die Lücke zwischen der Schülerschaft mit und solchen ohne Migrationshintergrund im Zeitverlauf abnimmt (vgl. Verwiebe und Riederer 2013). Demnach ist es wichtig, einen differenzierten, auf sozialstrukturelle Merkmale und kulturelles Kapital achtenden, Blick auf bestimmte Gruppen zu präsentieren, denn je nach Herkunftsland, zu Hause gesprochener Sprache, Migrationserfahrung und Integrationspolitik gibt es große Disparitäten in der Benachteiligung und im Bildungserfolg (vgl. Wagner 2005; Söhn 2011, 2012).

Auf der anderen Seite zeigen Untersuchungen anhaltende Ausgrenzung, teilweise auch ethnische Diskriminierung nichtdeutscher Schülerinnen und Schüler sowie Auszubildender, auch für die in der Bundesrepublik Deutschland geborenen Generationen: Durch Struktur und Praktiken der Schulen und Betriebe werden in diesen Studien Benachteiligungen nachgewiesen, trotz Diversifizierung außerschulischer Förderung und Beratungsangebote (vgl. z. B. Gomolla und Radtke 2002; Kornmann 2003; Boos-Nünning 2010; für die Schweiz Kronig et al. 2007). Der nationale Bildungsbericht 2010 präsentierte eine indikatorengestützte Analyse zu Perspektiven des Bildungswesens im demografischen Wandel (vgl. Autorengruppe Bildungsberichterstattung 2010): Es zeigte sich auch hier, dass Übergänge in höhere qualifizierende Schularten zwar zunahmen, aber Jugendliche mit Migrationshintergrund dennoch häufiger an niedriger qualifizierenden Schularten verblieben.

Obwohl mehr Schülerinnen und Schüler innerhalb von Regelschulen gefördert werden, zum Teil in „inklusiven" Klassen, gibt es gleichzeitig eine Zunahme der Schülerschaft an Sonderschulen, d. h. die weiterhin räumlich getrennt werden – ein in vielen Nationen weltweit beobachtbares Phänomen (vgl. Richardson und Powell 2011). Demzufolge handelt es sich um eine Ausweitung der *Segregation* bei gleichzeitiger Zunahme der *Inklusion*. Umso mehr lohnt sich die Analyse der Schnittstelle dieser z. T. paradoxen Entwicklungen und widersprechenden Befunde und Interpretationen. Sie unterstreichen die Wichtigkeit von empirischen Untersuchungen der Differenzierungs- und Allokationsprozesse im Bildungssystem: Inwieweit beeinflussen Kulturen und Strukturen des Bildungssystems selbst eine ethnisch-kulturelle Ungleichheit, spezifisch sichtbar in einem erhöhten Risiko eines Sonderschulbesuchs nichtdeutscher Kinder und Jugendlicher? Damit werden die Ursachen nicht in den Eigenschaften der Jugendlichen gesucht, sondern in den Strukturen und Praktiken des Bildungssystems selbst. Sofern überrepräsentativ mehr ausländische Schülerinnen und Schüler die Sonderschule besuchen, wäre das ein Effekt, der nicht nur der Sonderschule, sondern vor allem dem Schulwesen im Allgemeinen anzulasten wäre. Aus dieser Sichtweise trägt das Bildungssystem selbst mit seinen Strukturen zur Aufrechterhaltung einer ethnisch-kulturellen Ungleichheit bei, in dem es die Etiketten des „sonderpädagogischen Förderbedarfs" benutzt, um eine ethnisch-kulturelle Ungleichheit über pädagogische und klinische Definitionen und Diagnosen stärker zu legitimieren.

Eine ethnische Zugehörigkeit „nichtdeutsch" (einschließlich unterschiedlicher Sprachkompetenz, kulturell-bedingtem Habitus, usw.) wird in diesem Bildungssystem als defizitäre Eigenschaft wahrgenommen. Die Kinder werden „schulisch behindert" (Powell 2009), klassifiziert, etikettiert und häufig segregiert. Die überproportionale Überweisung von ausländischen Kindern auf Sonderschulen kann auf stigmatisierende individuelle Merkmale, wie eben ihre ethnische Zugehörigkeit „nichtdeutsch", zurückgeführt werden. Das deutsche Bildungssystem verursacht durch seine frühzeitige Selektion und sein hohes Maß an Stratifikation und Standardisierung (vgl. Allmendinger 1989) diese institutionelle Aussonderung aus dem Regelschulsystem an Sonderschulen, mit negativen Konsequenzen für die Individuen beim Übergang in die berufliche Bildung oder in den Arbeitsmarkt (vgl. Wagner 2005; Schumann 2007; Pfahl und Powell 2010; Pfahl 2011). Dieses Aussortieren ermöglicht, dass das Regelschulsystem so weiter arbeiten kann wie bisher, vermeintlich „homogene" Schulklassen existieren und die Aufgabe der Statusreproduktion innerhalb einer Gesellschaft weiterhin erfüllt ist (vgl. z. B. Gomolla und Radtke 2002). Folglich trägt das Bildungssystem selbst mit seinen Strukturen zur Aufrechterhaltung einer ethnisch-kulturellen Ungleichheit bei.

5 Befunde zum Sonderschulbesuch von ausländischen Jugendlichen im Zeitverlauf

Relevanz erhält der Begriff der ethnisch-kulturellen Ungleichheit durch die Tatsache, dass es nach wie vor zu den wichtigsten bildungspolitischen Zielen demokratischer Gesellschaften gehört, allen Heranwachsenden ähnlich gute Bildungschancen zu geben und gleichzeitig soziale, ethnische und kulturelle Disparitäten der Bildungsbeteiligung auszugleichen. Mit einem Vergleich der Bundesländer in einem föderalen System greifen wir eine analytische Ebene auf, die seit den 1960er-Jahren in der Bildungsforschung unter der Frage „Gleiche Bildungschancen in allen Bundesländern?" immer wieder diskutiert wird – und werden muss, weil Länderdisparitäten persistieren. Jedoch richten wir den Blick auf eine Gruppe, die zu einer der „problematischsten" für das auf Leistungshomogenisierung und Kompetenzmessung fixierte deutsche Schulsystem geworden ist: Nichtdeutsche Kinder und Jugendliche, die als sonderpädagogisch förderbedürftig wahrgenommen werden.

Die im Folgenden empirisch präsentierte Überrepräsentanz ausländischer Kinder und Jugendlicher an Sonderschulen lässt sichtbar werden, dass wenn eine ethnische Zugehörigkeit „nichtdeutsch" im Bildungssystem als sonderpädagogischer Förderbedarf etikettiert wird, dieser Prozess nicht nur nach objektiven Kriterien vorgenommen wird, sondern vielmehr eine zum erheblichen Teil subjektive Differenzierung darstellt.

6 Die Sonderschulbesuchsquote: Ein Indikator der Bildungsungleichheit

Die Sonderschulbesuchsquote von ausländischen Kindern und Jugendlichen bildet einen wichtigen Indikator für ihre Partizipationschancen im deutschen Bildungssystem. Sie gibt Auskunft über ungleiche Risiken deutscher und nichtdeutscher Kinder, in die unteren Schultypen kanalisiert zu werden. An eigene Vorarbeiten (vgl. Powell und Wagner 2001, 2002; Wagner und Powell 2003; Gabel et al. 2009) und aktuelle Studien (vgl. Zaschke 2010; Kemper und Weishaupt 2011) zum Thema anknüpfend wird gezeigt, wie sich dieses Risiko der Sonderschulüberweisung über die Jahre verändert hat und welche regionalen Unterschiede in der Überrepräsentanz ausländischer Schülerinnen und Schüler an Sonderschulen weiterhin produziert werden. Unsere Berechnungen basieren auf Daten der Kultusministerkonferenz und des Statistischen Bundesamtes.[2]

---

2 Studien zur Kompetenzentwicklung von Schülerinnen und Schülern, wie die OECD-PISA Untersuchung, haben in Deutschland zu wenige Sonderschülerinnen und -schüler befragt,

Während im Laufe der 1990er-Jahre die absolute Zahl der ausländischen Schülerinnen und Schüler an allgemeinbildenden Schulen um 18 % – von 801 600 (1991/1992) auf 950 500 (1999/2000) – stieg, zeigt sich für die 2000er-Jahre ein anderes Bild. Vom Jahr 2002 bis zum Jahr 2010 sank die Zahl der ausländischen Schülerinnen und Schüler an allgemein bildenden Schulen um 24 % – von 947 900 (2002) auf 723 400 (2010). Gründe können im demografischen Wandel, in einer verstärkt restriktiven Einwanderungspolitik der Bundesregierung, aber zugleich in den über 100 000 jährlichen Einbürgerungen gesehen werden. Gleichzeitig erhöhte sich der Prozentanteil dieser Schülerschaft an allen Schülerinnen und Schülern von 8,8 % im Jahr 1991 auf 9,7 % im Jahr 2005, um bis 2010 auf 8,2 % abzufallen (vgl. KMK 2002; Statistisches Bundesamt, Fachserie 11, 2003–2011). Diese Tendenzen zeigen sich auch an den Sonderschulen (Abbildung 1). Anhand der amtlichen Statistik zeigt diese Abbildung einen kontinuierlichen Anstieg der Sonderschulbesuchsquote ausländischer Schülerinnen und Schüler zwischen 1970 und 2005.[3] Erst ab 2009 zeigen sich zum einen ein leichtes Absenken und damit zum anderen eine Verbesserung in der allgemeinen schulischen Bildungsbeteiligung. Faktoren, die hier gewirkt haben könnten sind u. a. das Zuwanderungsgesetz und der nationale Integrationsplan. Im Zuge des PISA-Schocks und umfassender Empfehlungen zur Bildungsreform und Sprachförderung haben auch Maßnahmen der Bundes- und Länderregierungen zu einer Sensibilisierung für die Bildungsbenachteiligung von Kindern und Jugendlichen mit Migrationshintergrund beigetragen. Zudem wurde bereits eingangs auf die neue Regelung zur Staatsangehörigkeit hingewiesen.

Im Anschluss an die Unterzeichnung der UN-Konvention über die Rechte von Menschen mit Behinderungen (vgl. UN 2006), welche dem Thema Inklusion Gesetzescharakter verleiht und es stärker in den Mittelpunkt einer öffentlich-politischen Debatte rückte, sind die Bundesländer nun verpflichtet ihre Schulgesetze zu überarbeiten und verstärkt integrative Förderung in Kita, Primar- und Sekundarschulen sowie Berufsschulen anzubieten. Inwieweit inklusive Angebote durch

---

um aussagekräftige Analysen zu dieser Fragestellung vornehmen zu können (vgl. Deutsches PISA-Konsortium 2001, Kap. 9).

3   Wir thematisieren in diesem Beitrag bewusst einen Zeitreihenvergleich von 1970 bis 2010, wohl wissend, dass zwei politische Systeme unterschiedliche Einwanderungs- und Bildungspolitiken verfolgten sowie unterschiedliche Datensätze zur Verfügung stehen. Wir erlauben uns aufgrund der im Vergleich der Bundesländer eher geringen Ausländeranteile in den ostdeutschen Ländern diesen Zeitreihenverlauf vorzunehmen. In dieser zeitlichen Betrachtung gilt es darüber hinaus die Veränderung der Analysepopulation durch Einbürgerung und Zuerkennung der deutschen Staatsbürgerschaft für annähernd die Hälfte der zuvor als ausländische Kinder (geborenen ab dem 01. Januar 2000) mitzudenken (vgl. Kemper 2010). Dies gilt insbesondere für zukünftige Analysen mit einem hohen Anteil von nach 2000 geborenen Schulkindern. Demnach wird das Ergebnis statistisch eher unter- als überschätzt.

Abbildung 1 Entwicklung der Sonderschulbesuchsquote: Schülerinnen und Schüler ohne deutschen Pass in Sonderschulen, 1970–2010

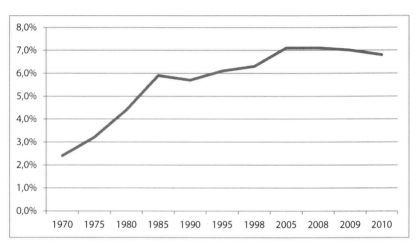

Anmerkung: Bis 1990 westdeutsche, ab 1991 gesamtdeutsche Werte.
Quellen: Eigene Zusammenstellung auf der Grundlage von Seiser 2001, S. 166; KMK 1980, 1990, 1997; Statistisches Bundesamt, Fachserie 11, Reihe 1, Veröffentlichungen der Jahre 2003 bis 2011.

die Berücksichtigung der Prinzipen der „Pädagogik der Vielfalt" (Prengel 2006) die mehrfach-benachteiligten Schülerinnen und Schüler erfolgreich fördern und die Sonderbeschulungsrate reduzieren ist dringliche Aufgabe der empirischen Bildungsforschung (zu den Überweisungsverfahren als Quelle der Benachteiligung, vgl. Kottmann 2006).

Dennoch zeigt sich innerhalb dieser Entwicklung für den Schulbereich eine deutliche Varianz nach Staatsangehörigkeit. Deshalb müssen differenzierte Analysen erfolgen, um diesen Indikator zur Förderung besonders bedürftiger Schülerinnen und Schüler mit einer Kumulation von stigmatisierten Merkmalen zu nutzen. Das *relative* Risiko muss untersucht werden, um die historische Entwicklung der Relation zwischen der deutschen und nichtdeutschen Schülerschaft zu analysieren. Thomas Kemper und Horst Weishaupt haben 2011 eine solche Untersuchung, nach Vorbild von Reimer Kornmann und Kollegen (vgl. Kornmann et al. 1999; Kornmann 2003), vorgenommen. Der Relative-Risiko-Index (RRI) zeigt die Wahrscheinlichkeit, dass Schülergruppen mit bestimmten Merkmalen (hier: ausländischer oder deutscher Pass) eine Sonderschule besuchen (siehe Abbildung 2).

Während 6,2 % aller schulpflichtigen deutschen Kinder eine Sonderschule besuchen, gibt es eine erstaunliche Spannbreite in den Sonderbeschulungsquoten

An der Schnittstelle Ethnie und Behinderung benachteiligt

Abbildung 2 Sonderschulbesuchsquoten der 25 häufigsten Staatsangehörigkeiten an Allgemeinen Schulen und Förderschulen, 2008/09

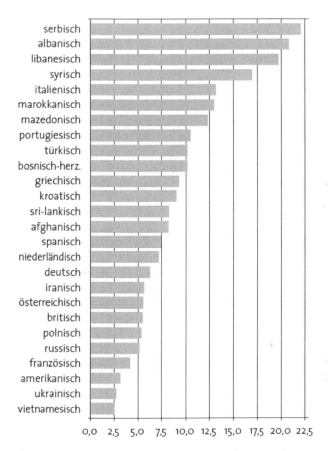

Quelle: Kemper und Weishaupt 2011, S. 421; Statistisches Bundesamt 2009, Fachserie 11, Reihe 1, Allgemeinbildende Schulen 2008/09.

nach Staatsangehörigkeit, teilweise niedriger und teilweise höher als der deutsche Wert (vgl. Abbildung 2). Während z. B. lediglich ca. 2,5 % vietnamesische oder ukrainische Schülerinnen und Schüler eine Sonderschule besuchen, sind es bei den serbischen oder albanischen Schülerinnen und Schülern mehr als das Achtfache. Nach wie vor haben Schülerinnen und Schüler aus den ehemaligen Anwerbeländern der Bundesrepublik einen deutlich höheren Sonderschulanteil als die Gruppe der deutschen. Ihr Anteil ist innerhalb der letzten zehn Jahre sogar gestiegen. Unter diesen Anwerbeländern bleibt Italien an der Spitze[4] (doppelt so hoher Wert wie Deutschland), gefolgt von Portugal und der Türkei sowie Griechenland und Spanien. Noch höhere Anteile zeigen sich unter den Kindern, die in Familien aufwachsen, die aus den Kriegsgebieten des Balkans nach Deutschland geflüchtet sind. Im Vergleich zu ihrem Bevölkerungsanteil sind diese Gruppen junger Migrantinnen und Migranten an Sonderschulen weiterhin deutlich überrepräsentiert.

Hervorzuheben ist zudem, dass sich 70 % der ausländischen Sonderschülerschaft nach wie vor auf Förderschulen mit dem Förderschwerpunkt Lernen befinden. Problematisch ist dies insbesondere deshalb, da Studien gezeigt haben, dass „die Fortschritte schulleistungsschwacher Schüler (...) in den Regelschulen mit und ohne heilpädagogische(r) Schülerhilfe unbezweifelbar besser [sind – d. Verf.] als in Sonderschulen für Lernbehinderte" (Haeberlin 1989, S. 359; vgl. auch Wocken 2000 zu Hamburg). 30 % der ausländischen Sonderschülerinnen und -schüler besuchen die anderen Sonderschularten und sind in diesen Förderschwerpunkten klassifiziert: Die verschiedenen Förderschwerpunkte wurden seit 1994 systematisch re-evaluiert und pädagogisch (um-)definiert: emotionale und soziale Entwicklung, geistige Entwicklung, Hören, körperliche und motorische Entwicklung, Kranke, Sehen, Sprache und übergreifend/ohne Zuordnung (vgl. Powell 2003). Bei der deutschen Schülerschaft mit sonderpädagogischem Förderbedarf zeigt sich dagegen ein über Jahre stabiles Verhältnis von etwa 50 zu 50 in der Verteilung auf die Förderschwerpunkte „Lernen" und „Andere" (vgl. Powell und Wagner 2001, S. 16). Dieser Trend wird auch im Jahr 2011 fortgeführt.

Im Jahr 2002 betrug der Anteil aller Schülerinnen und Schüler an Sonderschulen 7,16 % unter den nichtdeutschen und 4,12 % unter den deutschen. Dies ergibt einen RRI von 1,74 bezogen auf die gesamte Schülerschaft. Im Jahr 2010 sind beide Anteile leicht zurückgegangen: 6,83 % unter den nichtdeutschen und 4,08 % unter den deutschen. Dies ergibt ein RRI von 1,67 (Tabelle 1). Diese Befunde gehen mit einer Konstanz über das letzte Jahrzehnt einher und zeigen, dass diese Ungleichheit in den letzten zehn Jahren nicht abgenommen hat, trotz Veränderungen im Staatsangehörigkeitsrecht und Bildungsreformen.

Auch in der regionalen Varianz des RRI nach Bundesländern lassen sich große und im Vergleich zu unseren Vorstudien persistente Ungleichheiten identifizieren, die nicht lediglich auf individuelle Merkmale zurückzuführen sind. Die aktuell verfügbaren Zahlen zeigen beispielhaft kontextabhängige Disparitäten auf. Die

---

4 Obwohl die Statistik seit längerem einen sehr hohen Anteil der italienischen Kinder in den Sonderschulen aufweist, liegen kaum Untersuchungen vor, die diesen Wert befriedigend erklären könnten (vgl. weiterführend Cavalli-Wordel 1989).

An der Schnittstelle Ethnie und Behinderung benachteiligt

Tabelle 1 Relativer-Risiko-Index (RRI) des Sonderschulbesuchs nach Bundesländern, 2010

2010	DE	BW	BY	BE	BB	HB	HH	HE	MV
Nichtdeutsch	6.83	8.14	6.17	3.77	1.47	6.86	6.92	6.50	6.87
Deutsch	4.08	3.92	3.97	3.49	4.57	3.16	3.41	3.52	7.50
RRI	1.67	2.08	1.55	1.08	0.32	2.17	2.03	1.85	0.92

2010	NI	NW	RP	SL	SN	ST	SH	TH
Nichtdeutsch	7.46	7.34	5.13	5.21	10.06	6.74	3.95	3.55
Deutsch	3.63	4.27	3.24	3.75	6.02	7.36	2.48	5.32
RRI	2.06	1.72	1.58	1.39	1.67	0.92	1.60	0.67

Quelle: Eigene Berechnungen auf Basis des Statistischen Bundesamtes, Fachserie 11, Reihe 1, Veröffentlichungen der Jahre 2003 bis 2011.

Spannbreite des RRI für das Jahr 2010 betrug 0,32 für Brandenburg bis hin zu 2,06 für Niedersachsen und 2,08 für Baden-Württemberg (vgl. Tabelle 1). Auch in den Abschlüssen gibt es eine große Bandbreite im relativen Risiko, keinen qualifizierten Schulabschluss zu erhalten, wobei konstant über mehrere Jahrzehnte mehr als drei viertel aller Sonderschulabgängerinnen und Sonderschulabgänger die Schule ohne Abschluss verlassen (vgl. Powell und Pfahl 2012, S. 731).

Insgesamt muss festgehalten werden, dass die Klassifikation als förderbedürftig und die Überweisung an eine Sonderschule weitreichende Folgen für die Betroffenen hat. Schülerinnen und Schüler, die eine Sonderschule besucht haben, stehen mit dem Ende der Schulzeit vor großen Hürden, da sie in der Regel kein qualifizierendes Schulzertifikat besitzen und ihnen der Übergang in postsekundäre Bildung ohne solche Zertifikate weitestgehend verwehrt wird (vgl. Wagner 2005; Pfahl 2011). Auch der Übergang in berufliche Bildung wird strukturell stark erschwert, denn nur einer bzw. eine von fünf Abgängern bzw. Abgängerinnen verlässt die Sonderschule mit einem Abschluss – allerdings mit einer großen Varianz je nach KMK-Förderschwerpunkt. Davon erhalten die meisten Sonderschülerinnen und -schüler einen Hauptschulabschluss (2008: 21,5 %; 9 978), einige wenige erreichen einen Realschulabschluss (2,1 %; 971), nur sehr wenige die (Fach-)Hochschulreife (0,1 %; 76) (vgl. KMK 2010, xvi). Der Anteil der Abgängerinnen und Abgänger ohne Abschluss variiert innerhalb Deutschlands stark; im Jahr 2008 lag die Quote zwischen 57 % in Thüringen oder 61 % in Berlin über einen Mittelwert für Deutschland insgesamt von 76 % bis hin zu 95 % in Brandenburg oder 97 % in Schleswig-Holstein. Die Spannbreite reflektiert auch Unterschiede in den schulgesetzlichen Regelungen, Differenzen in der sozio-ökonomischen Zusammensetzung der Schülerschaft und Disparitäten in den Integrationsraten.

Zusammenfassend zeigt sich hinsichtlich der Staatsangehörigkeit eine deutliche Varianz und insgesamt eine Kontinuität, vergleicht man die Befunde mit denen vor 10 Jahren (vgl. Powell und Wagner 2001, 2002). Im Vergleich mit anderen europäischen Staaten liegt Deutschland mit dem Anteil von Schülerinnen und Schülern, denen sonderpädagogischer Förderbedarf attestiert wird, im Mittelfeld (vgl. EADSNE 2011). Der Anteil der Schüler und Schülerinnen mit sonderpädagogischem Förderbedarf, die an Sonderschulen unterrichtet werden, ist hingegen im europäischen Vergleich sehr hoch (vgl. EADSNE 2011; Powell 2011; Powell und Pfahl 2012).

In vielen Ländern sind die Disparitäten zwischen einheimischen Schülerinnen und Schülern und denjenigen mit Migrationshintergrund seit vielen Jahrzehnten persistent geblieben, sowohl in der Regelschule als auch der Sonderschule (vgl. OECD 2012). Auch weisen viele Länder erhöhte Risiken des Sonderschulbesuches für Jugendliche mit Migrationserfahrung oder aus ethnischen Minderheiten auf, etwa in England (vgl. Dyson und Gallannaugh 2008) sowie in Kanada, Neuseeland und den USA (vgl. Gabel et al. 2009; vgl. auch Losen und Orfield 2002; Artiles und Bal 2008). Somit ermöglicht dieser Indikator einen Vergleich und die Analyse von Trends der Bildungsungleichheit in verschiedenen Weltregionen.

7 Fazit

Unsere empirischen Befunde belegen erneut ethnisch-kulturelle Ungleichheiten im deutschen Bildungssystem, gemessen an der Überrepräsentanz von nichtdeutschen Kindern und Jugendlichen an Sonderschulen. Mehr noch, sie zeigen, dass diese ethnisch-kulturelle Ungleichheit in Bezug auf den Sonderschulbesuch in den letzten Jahren nicht abgenommen, sondern eher konstant geblieben ist, mit deutlichen Unterschieden je nach Staatsangehörigkeit. Die Schulbesuchs- und Abschlussstatistiken der Kultusministerkonferenz haben diese Befunde bereits vor Jahrzehnten verdeutlicht. Insofern gilt auch heute: In Deutschland stellen Migrantenkinder eine Gruppe dar, der im Bildungssystem besondere Aufmerksamkeit zukommen muss, denn sie sind schulisch nach wie vor erheblich benachteiligt. Kemper und Weishaupt (2011, S. 421) ist zuzustimmen: „Insbesondere scheint die Förderschule bezogen auf die Ausgrenzung von Schülern einzelner Staatsangehörigkeiten eine als kritisch anzusehende Funktion einzunehmen." Eine ernsthafte politisch-öffentliche Debatte auch jenseits der Wissenschaft ist dringend nötig, auch wenn mit Minderheiten-Themen keine Wahlkämpfe zu gewinnen sind. Auch das Bundestagswahljahr 2013 bildete keine Ausnahme. Bildungs- und Sozialpolitik, die auf die Bedürfnisse und Belange von Kindern und Jugendlichen mit Migrationshintergrund eingehen und systematisch versuchen, der „Bildungsarmut" (Allmendinger und Leibfried 2003) zu begegnen, sind weder einfach noch günstig, aber die Kosten der Ignoranz ebendieser sind um ein Vielfaches höher, besonders langfristig über den Lebensverlauf kalkuliert: Klaus Klemm und Ulf Preuss-Lausitz (2008) zeigen, dass Inklusion nicht (wesentlich) teurer ist, einen größeren – nicht nur volkswirtschaftlichen – Nutzen bringt und soziale Integration fördert. Deshalb sind Bestrebungen, diese vielfältigen Bedürfnisse zu verstehen und zu befriedigen, unabdingbar. Es wird die Anstrengung aller nötig sein, um die Diversität dieser Gruppe im Bildungssystem zu respektieren und konsequent für Lernprozesse zu nutzen, wie es in inklusiven Bildungssystemen längst praktiziert wird. Mit Hinweis auf Menschenrechte verlangt die UN-Konvention über die Rechte von Menschen mit Behinderungen die Transformation des Bildungssystems hin zur Inklusion, eine Entwicklung von dem alle Schülerinnen und Schüler profitieren können.

Literatur

Aichele, Valentin. 2010. Behinderung und Menschenrechte: Die UN-Konvention über die Rechte von Menschen mit Behinderungen. *Aus Politik und Zeitgeschichte 2010* (23): 13–19.

Albrecht, Gary L., Katherine D. Seelman, und Michael Bury. Hrsg. 2001. *Handbook of Disability Studies*. Thousand Oaks, CA: Sage.

Allmendinger, Jutta. 1989. Educational Systems and Labor Market Outcomes. *European Sociological Review 5* (3): 231–250.

Allmendinger, Jutta, und Stephan Leibfried. 2003. Bildungsarmut. *Aus Politik und Zeitgeschichte 2003* (21/22): 12–18.

Arbeitsgruppe Bildungsbericht am Max Planck Institut für Bildungsforschung. 1994. *Das Bildungswesen in der Bundesrepublik Deutschland*. Reinbek: Rowohlt.

Artiles, Alfredo J., und Aydin Bal. 2008. The Next Generation of Disproportionality Research: Toward a Comparative Model in the Study of Equity in Ability Differences. *Journal of Special Education 42* (1): 4–14.

Autorengruppe Bildungsberichterstattung. 2010. *Bildung in Deutschland 2010. Ein indikatorengestützter Bericht mit einer Analyse zu Perspektiven des Bildungswesens im demografischen Wandel*. Bielefeld: W. Bertelsmann Verlag.

Baker David P., und Gero Lenhardt. 1988. Ausländerintegration, Schule und Staat. *Kölner Zeitschrift für Soziologie und Sozialpsychologie 40* (1): 40–61.

Benkmann, Rainer, und Gabriele Pieringer. 1991. *Gemeinsame Erziehung behinderter und nicht-behinderter Kinder und Jugendlicher in der Allgemeinen Schule: Entwicklungsstand und Forschung im In- und Ausland*. Berlin: Pädagogisches Zentrum.

Blanck, Jonna M., Benjamin Edelstein, und Justin J. W. Powell. 2012. Der steinige Weg zur Inklusion. Schulreformen in Deutschland und die UN-Behindertenrechtskonvention. *WZB-Mitteilungen 2012* (138): 17–20.

Blanck, Jonna M., Benjamin Edelstein, und Justin J. W. Powell. 2013. Persistente schulische Segregation oder Wandel zur inklusiven Bildung? Die UN-Behindertenrechtskonvention und Reformmechanismen in den deutschen Bundesländern. *Schweizerische Zeitschrift für Soziologie 39* (2): 267–292.

Boos-Nünning, Ursula. 2010. Berufliche Bildung von Migrantinnen und Migranten. Ein vernachlässigtes Potenzial für Wirtschaft und Gesellschaft. In *Migrations- und Integrationsforschung in der Diskussion: Biografie, Sprache und Bildung als zentrale Bezugspunkte,* hrsg. Gudrun Hentges, Volker Hinnenkamp, und Almut Zwengel, 6–29. Wiesbaden: VS Verlag für Sozialwissenschaften.

Cavalli-Wordel, Alessandra. 1989. *Schicksale italienischer Migrantenkinder. Eine Fallstudie zur Schul- und Familiensituation.* Weinheim: Deutscher Studien Verlag.

Cloerkes, Günther. Hrsg. 2003. *Wie man behindert wird.* Heidelberg: Winter.

Cloerkes, Günther. 2007. *Soziologie der Behinderten.* 3. Aufl. Heidelberg: Winter.

Dannenbeck, Clemens, und Carmen Dorrance. 2009. Inklusion als Perspektive (sozial)pädagogischen Handelns – eine Kritik der Entpolitisierung des Inklusionsgedankens. *Zeitschrift für Inklusion 4* (2).

Degener, Theresia. 2009. Die UN-Behindertenrechtskonvention als Inklusionsmotor. *Recht der Jugend und des Bildungswesens 57* (2): 200–219.

Deutsches PISA-Konsortium. Hrsg. 2001. *PISA 2000. Basiskompetenzen von Schülerinnen und Schülern im internationalen Vergleich.* Opladen: Leske + Budrich.

Diefenbach, Heike. 2010. *Kinder und Jugendliche aus Migrantenfamilien im deutschen Bildungssystem.* Wiesbaden: VS Verlag für Sozialwissenschaften.

Dietze, Torsten. 2011. Sonderpädagogische Förderung in Zahlen – Ergebnisse der Schulstatistik 2009/10 mit einem Schwerpunkt auf der Analyse regionaler Disparitäten. *Zeitschrift für Inklusion 6* (2).

Dorrance, Carmen, und Clemens Dannenbeck. 2013. Editorial zum Heftthema Begriff Inklusion. *Zeitschrift für Inklusion 8* (1).

Dyson, Alan, und Frances Gallannaugh. 2008. Disproportionality in special needs education in England. *Journal of Special Education 42* (1): 36–46.

EADSNE. 2011. *Mapping the Implementation of Policy for Inclusive Education: An Exploration of Challenges and Opportunities for Developing Indicators.* Odense, DK: European Agency for Development in Special Needs Education.

Eberwein, Hans, und Sabine Knauer. Hrsg. 2002. *Integrationspädagogik: Kinder mit und ohne Beeinträchtigung lernen gemeinsam.* Weinheim: Beltz.

Erdsiek-Rave, Ute. 2010. Zwischen Integration und Inklusion: Die Situation in Deutschland. In *Inklusive Bildung. Die UN-Konvention und ihre Folgen,* hrsg. Rolf Wernstedt und Marei John-Ohnesorg, 39–48. Berlin: Bonner Universitäts-Buchdruckerei.

Feuser, Georg. 1995. *Behinderte Kinder und Jugendliche: Zwischen Integration und Aussonderung.* Darmstadt: Wissenschaftliche Buchgesellschaft.

Füssel, Hans-Peter, und Rudolf Kretschmann. 1993. *Gemeinsamer Unterricht für behinderte und nicht-behinderte Kinder*. Witterschlick: Wehle.

Gabel, Susan, Svjetlana Curcic, Justin J. W. Powell, Khaled Kader, und Lynn Albee. 2009. Migration and Ethnic Group Disproportionality in Special Education. *Disability & Society* 24 (5): 625–639.

Goffman, Erving. 1963. *Stigma*. Frankfurt a. M.: Suhrkamp.

Gomolla, Mechtild, und Frank-Olaf Radtke. 2002. *Institutionelle Diskriminierung: Die Herstellung ethnischer Differenz in der Schule*. Opladen: Leske + Budrich.

Gordon, Beth Omansky, und Karen E. Rosenblum. 2001. Bringing Disability Into the Sociological Frame: A Comparison of Disability, Race, Sex and Sexual Orientation Status. *Disability & Society* 16 (1): 5–19.

Gresch, Cornelia. 2012. *Der Übergang in die Sekundarstufe I. Leistungsbeurteilung, Bildungsaspiration und rechtlicher Kontext bei Kindern mit Migrationshintergrund*. Wiesbaden: VS Verlag für Sozialwissenschaften.

Hadjar, Andreas, und Sandra Hupka-Brunner. Hrsg. 2013. *Geschlecht, Migrationshintergrund und Bildungserfolg*. Weinheim: Beltz Juventa.

Haeberlin, Urs. 1989. Die Integration von lernbehinderten Schülern. Ergebnisse des Freiburger INTSEP-Projektes. *Vierteljahresschrift für Heilpädagogik und ihre Nachbargebiete* 58: 354–361.

Hänsel, Dagmar. 2005. Die Historiographie der Sonderschule. Eine kritische Analyse. *Zeitschrift für Pädagogik* 51 (1): 101–114.

Hermes, Gisela, und Eckhardt Rohrmann. Hrsg. 2006. *Nichts über uns – ohne uns. Disability Studies als neuer Ansatz interdisziplinärer und emanzipatorischer Forschung über Behinderung*. Neu-Ulm: AG SPAK.

Herwartz-Emden, Leonie. 2003. Einwandererkinder im deutschen Bildungswesen. In *Das Bildungswesen in der Bundesrepublik Deutschland: Strukturen und Entwicklungen im Überblick,* hrsg. Kai S. Cortina, Jürgen Baumert, Achim Leschinsky, Karl Ulrich Mayer, und Luitgard Trommer, 661–709. Reinbek: Rowohlt.

Hofsäss, Thomas Reinhold. 1993. *Die Überweisung von Schülern auf die Hilfsschule und die Schule für Lernbehinderte: Eine historisch-vergleichende Untersuchung*. Berlin: Marhold.

Kemper, Thomas. 2010: Migrationshintergrund eine Frage der Definition! *Die Deutsche Schule* 102 (4): 315–326.

Kemper, Thomas, und Horst Weishaupt. 2011. Zur Bildungsbeteiligung ausländischer Schüler an Förderschulen – unter besonderer Berücksichtigung der spezifischen Staatsangehörigkeit. *Zeitschrift für Heilpädagogik* 62 (10): 419–431.

Klemm, Klaus, und Ulf Preuss-Lausitz. 2008. Auszüge aus dem Gutachten zum Stand und zu den Folgen der sonderpädagogischen Förderung in den Schulen der Stadtgemeinde Bremen. *Verband Sonderpädagogik NRW: Mitteilungen* 4: 6–17.

Klindworth, Heike. 2012. *Bildungsbenachteiligung unter Lebenslaufperspektive bei türkischen und osteuropäischen Migrantinnen – Sonderauswertung der Studie „Familienplanung und Migration im Lebenslauf von Frauen"*. Wiesbaden: VS Verlag für Sozialwissenschaften.

Klinger, Cornelia. 2009. Ungleichheit in den Verhältnissen von Klasse, Rasse und Geschlecht. In *Soziale Ungleichheit*, hrsg. Heike Solga, Justin J. W. Powell, und Peter A. Berger, 267–277. Frankfurt a. M.: Campus.
KMK. 1980. *Statistische Veröffentlichung der KMK. Ausländische Schüler 1965–1979*. Bonn: KMK.
KMK. 1990. *Statistische Veröffentlichung der KMK. Ausländische Schüler und Schulabsolventen 1980–1989*. Bonn: KMK.
KMK. 1997. *Statistische Veröffentlichung der KMK. Ausländische Schüler und Schulabsolventen 1985–1996*. Bonn: KMK.
KMK. 2002. *Statistische Veröffentlichung der KMK. Ausländische Schüler und Schulabsolventen 1991 bis 2000*. Bonn: KMK.
KMK. 2010. *Sonderpädagogische Förderung in Schulen 1999 bis 2008. Statistische Veröffentlichungen Dokumentation Nr. 189*. Bonn: KMK.
KMK. 2012. *Sonderpädagogische Förderung in Schulen 2001 bis 2010. Statistische Veröffentlichungen Dokumentation Nr. 196*. Bonn: KMK.
Kornmann, Reimer. 2003. Die Überrepräsentation ausländischer Kinder und Jugendlicher in Sonderschulen mit dem Schwerpunkt Lernen. In *Schieflagen im Bildungssystem: Die Benachteiligung der Migrantenkinder*, hrsg. Georg Auernheimer, 81–96. Opladen: Leske + Budrich.
Kornmann, Reimer, Peter Burgard, und Hans-Martin Eichling. 1999. Zur Überrepräsentanz von ausländischen Kindern und Jugendlichen in Schulen für Lernbehinderte. *Zeitschrift für Heilpädagogik 50* (3): 106–109.
Kottmann, Brigitte. 2006. *Selektion in die Sonderschule: Das Verfahren zur Feststellung von sonderpädagogischem Förderbedarf als Gegenstand empirischer Forschung*. Bad Heilbrunn: Klinkhardt.
Kronig, Winfried, Urs Haeberlin, und Michael Eckhart. 2007. *Immigrantenkinder und schulische Selektion: Pädagogische Visionen, theoretische Erklärungen und empirische Untersuchungen zur Wirkung integrierender und separierender Schulformen in den Grundschuljahren*. 2. Aufl. Bern: Haupt Verlag.
Losen, Daniel J., und Gary Orfield. Hrsg. 2002. *Racial Inequity in Special Education*. Cambridge, MA: Harvard Publishing Group.
Mand, Johannes. 2006. Integration für die Kinder der Mittelschicht und Sonderschulen für die Kinder der Migranten und Arbeitslosen? Über den Einfluss von sozialen und ökonomischen Variablen auf Sonderschul- und Integrationsquoten. *Zeitschrift für Heilpädagogik 57* (10): 109–115.
Merz-Atalik, Kerstin. 1998. Integration ausländischer Jugendlicher mit Behinderungen im gemeinsamen Unterricht – Eine Herausforderung an die Integrationspädagogik. In *Integrationspädagogik in der Sekundarstufe: Gemeinsame Erziehung behinderter und nichtbehinderter Jugendlicher*, hrsg. Ulf Preuss-Lausitz und Rainer Maikowski, 136–153. Weinheim: Beltz.
Moser, Vera. Hrsg. 2012. *Die Inklusive Schule: Standards für die Umsetzung*. Stuttgart: Kohlhammer.
Muñoz, Vernor. 2007. *The Right to Education of Persons with Disabilities. Report of the Special Rapporteur*. New York: UN General Assembly.

Muñoz, Vernor. 2012. *Das Meer im Nebel. Bildung auf dem Weg zu den Menschenrechten*. Opladen: Verlag Barbara Budrich.
OECD. 2012. *Untapped Skills: Realising the Potential of Immigrant Students*. Paris: OECD.
Peisert, Hansgert. 1967. *Soziale Lage und Bildungschancen in Deutschland*. München: Piper.
Pfahl, Lisa. 2011. *Techniken der Behinderung. Der deutsche Lernbehinderungsdiskurs, die Sonderschule und ihre Auswirkungen auf Bildungsbiografien*. Bielefeld: transcript.
Pfahl, Lisa. 2012. Bildung, Behinderung und Agency. Eine wissenssoziologische Untersuchung der Folgen schulischer Segregation und Inklusion. In *Kölner Zeitschrift für Soziologie und Sozialpsychologie*, Sonderheft 52 (hrsg. Heike Solga und Rolf Becker): 415–436.
Pfahl, Lisa. 2013. Das Recht auf Inklusion und der Wandel pädagogischer Professionalität. In *Bildungsforschung 2020 – Herausforderungen und Perspektiven*, hrsg. Bundesministerium für Bildung und Forschung, 272–284. Bonn: Bundesministerium für Bildung und Forschung.
Pfahl, Lisa, und Justin J. W. Powell. 2010. Draußen vor der Tür: Die Arbeitsmarktsituation von Menschen mit Behinderung. *Aus Politik und Zeitgeschichte 2010* (23): 32–38.
Powell, Justin J. W. 2003. Hochbegabt, behindert oder normal? Klassifikationssysteme des sonderpädagogischen Förderbedarfs in Deutschland und den Vereinigten Staaten. In *Wie man behindert wird*, hrsg. Günther Cloerkes, 103–140. Heidelberg: Winter.
Powell, Justin J. W. 2009. To Segregate or to Separate? The Institutionalization of Special Education in the United States and Germany. *Comparative Education Review* 53 (2): 161–187.
Powell, Justin J. W. 2010. Change in Disability Classification: Redrawing Categorical Boundaries in Special Education in the United States and Germany, 1920–2005. *Comparative Sociology* 9 (2): 241–267.
Powell, Justin J. W. 2011. *Barriers to Inclusion: Special Education in the United States and Germany*. Boulder, CO: Paradigm Publishers.
Powell, Justin J. W., und Lisa Pfahl. 2012. Sonderpädagogische Fördersysteme. In *Handbuch Bildungs- & Erziehungssoziologie*, hrsg. Ullrich Bauer, Uwe Bittlingmayer, und Albert Scherr, 721–739. Wiesbaden: VS Verlag für Sozialwissenschaften.
Powell, Justin J. W., und Sandra J. Wagner. 2001. *Daten und Fakten zu Migrantenjugendlichen an Sonderschulen in der Bundesrepublik Deutschland*. Berlin: Max-Planck-Institut für Bildungsforschung.
Powell, Justin J. W., und Sandra J. Wagner. 2002. Zur Entwicklung der Überrepräsentanz von Migrantenjugendlichen an Sonderschulen in der Bundesrepublik Deutschland seit 1991. *Gemeinsam Leben, Zeitschrift für Integrative Erziehung* 10 (2): 66–71.
Prengel, Annedore. 2006. *Pädagogik der Vielfalt: Verschiedenheit und Gleichberechtigung in Interkultureller, Feministischer und Integrativer Pädagogik*. 3. Aufl. Wiesbaden: VS Verlag für Sozialwissenschaften.

Preuss-Lausitz, Ulf. 1981. *Fördern ohne Sonderschule: Konzepte und Erfahrungen zur integrativen Förderung in der Regelschule*. Weinheim: Beltz.
Preuss-Lausitz, Ulf. 1993. *Die Kinder des Jahrhunderts: Zur Pädagogik der Vielfalt im Jahr 2000*. Weinheim: Beltz.
Richardson, John G., und Justin J. W. Powell. 2011. *Comparing Special Education: Origins to Contemporary Paradoxes*. Stanford, CA: Stanford University Press.
Rüesch, Peter. 1998. *Spielt die Schule eine Rolle? Schulische Bedingungen ungleicher Bildungschancen von Immigrantenkindern. Eine Mehrebenenanalyse*. Bern: Lang.
Schnell, Irmtraud. 2003. *Geschichte schulischer Integration*. Weinheim: Juventa.
Schumann, Brigitte. 2007. *„Ich schäme mich ja so!": Die Sonderschule für Lernbehinderte als „Schonraumfalle"*. Bad Heilbrunn: Klinkhardt.
Seiser, Kismet. 2001. Ausländische Schüler im deutschen Schulsystem. In *Erziehung, Bildung und Sozialisation in Deutschland*, hrsg. Helmut Lukesch und Helmut Peez, 157–175. Regensburg: Roderer Verlag.
Söhn, Janina. 2011. *Rechtsstatus und Bildungschancen: Die staatliche Ungleichbehandlung von Migrantengruppen und ihre Konsequenzen*. Wiesbaden: VS Verlag für Sozialwissenschaften.
Söhn, Janina. 2012. Rechtliche Stratifikation: Der Einfluss des Rechtsstatus auf Bildungsunterschiede zwischen Migrantengruppen. In *Kölner Zeitschrift für Soziologie und Sozialpsychologie, Sonderheft 52* (hrsg. Heike Solga und Rolf Becker): 164–185.
Statistisches Bundesamt. Diverse Jahrgänge (Veröffentlichungen der Jahre 2003 bis 2011). *Bevölkerung und Erwerbstätigkeit, Fachserie 1, Reihe 4.2.1: Struktur der Arbeitnehmer, Reihe 2: Ausländer; Fachserie 11, Reihe 1*. Wiesbaden.
Thimm, Walter. 2006. *Behinderung und Gesellschaft. Texte zur Entwicklung einer Soziologie der Behinderten*. Heidelberg: Winter.
Tomlinson, Sally. 2013. *Ignorant Yobs: Low Attainers in a Global Knowledge Economy*. London: Routledge.
United Nations. 2006. *Convention on the rights of persons with disabilities*. New York, NY: United Nations.
Verwiebe, Roland, und Bernhard Riederer. 2013. Die Lesekompetenzen von Jugendlichen mit Migrationshintergrund in westlichen Gesellschaften. Eine Mehrebenenanalyse auf Basis der PISA-Studie von 2000 bis 2009. *Zeitschrift für Soziologie 42* (3): 201–221.
Wagner, Sandra J. 2005. *Jugendliche ohne Berufsausbildung: eine Längsschnittstudie zum Einfluss von Schule, Herkunft und Geschlecht auf ihre Bildungschancen*. Aachen: Shaker Verlag.
Wagner, Sandra J., und Justin J. W. Powell. 2003. Ethnisch-kulturelle Ungleichheit im deutschen Bildungssystem: Zur Überrepräsentanz von Migrantenjugendlichen an Sonderschulen. In *Wie man behindert wird*, hrsg. Günther Cloerkes, 183–208. Heidelberg: Winter.
Waldschmidt, Anne, und Werner Schneider. Hrsg. 2007. *Disability Studies, Kultursoziologie und Soziologie der Behinderung: Erkundungen in einem neuen Forschungsfeld*. Bielefeld: transcript.

Wernstedt, Rolf, und Marei John-Ohnesorg. Hrsg. 2010. *Inklusive Bildung: Die UN-Konvention und ihre Folgen*. Berlin u. Bonn: Friedrich-Ebert-Stiftung.

Wocken, Hans. 2010. Über Widersacher der Inklusion und ihre Gegenreden. *Aus Politik und Zeitgeschichte 2010* (23): 25–31.

Zaschke, Wolfgang. 2010. Fluchtpunkt Sonderschule – Alternativen zur Abschiebung von Migranten in die Förderschulen. www.sonderpaedagoge.de/hpo/2010/heilpaedagogik_online_0210.pdf#page=50. Zugegriffen: 20. Januar 2013.

Teil IV
Berufliche Bildung und Arbeitsleben

Behinderte Übergänge in die Arbeitswelt
Zur Bedeutung und pädagogischen Bearbeitung von Diversität im Alltag schulischer Berufsvorbereitung

Marc Thielen

1 Einleitung

Der vorliegende Beitrag betrachtet den Übergang von Schule in Ausbildung und Arbeit als eine für junge Menschen mit Migrationshintergrund *strukturell* besonders erschwerte Statuspassage. Fokussiert wird damit *nicht* die spezifische Situation von jugendlichen Migrantinnen und Migranten mit einer formal attestierten Behinderung im Sinne einer Beeinträchtigung geistiger, körperlicher oder psychischer Art. Vielmehr wird „Behinderung" als Effekt gesellschaftlicher Barrieren konzeptualisiert, welche in die Gefahr einer „Sonderpädagogisierung" von jungen Menschen mit Migrationshintergrund münden (vgl. Thielen 2007). Damit ist eine spezifische Form *institutioneller Diskriminierung* gemeint, die Mechthild Gomolla und Frank-Olaf Radtke (2002) an der Überweisung auf Sonderschulen für Lernbehinderte aufzeigen: Die signifikant häufigere Feststellung eines sonderpädagogischen Förderbedarfs bei Migrantinnen und Migranten erklärt sich auch dadurch, dass migrationsspezifische Sozialisationsdefizite geltend gemacht und als Risikofaktoren im Hinblick auf die weitere Lernentwicklung interpretiert werden.

Beim Übergang in berufliche Bildung sind Parallelen erkennbar: Junge Menschen mit Migrationshintergrund finden deutlich seltener einen Ausbildungsplatz und sind folglich in berufsvorbereitenden Bildungsgängen überrepräsentiert (vgl. Autorengruppe Bildungsberichterstattung 2012). Die Teilnahme an diesen Maßnahmen, die für Schulabgängerinnen und -abgänger ohne Ausbildungsplatz vorgehalten werden, zielt auf die Förderung von *Ausbildungsreife* und wird demzufolge (auch) *sonderpädagogisch* begründet: Die als noch nicht ausbildungsreif eingeschätzten jungen Leute sollen „fit" für die Ausbildung werden, so ein Slogan der Bundesagentur für Arbeit. Die Überrepräsentanz von Migrantenjugendlichen ließe sich demnach durch einen vermeintlich besonders ausgeprägten Förderbedarf erklären, der aus migrationsbedingten Sozialisationsdefiziten resultiert. Speziell an junge Migrantinnen und Migranten adressierte Maßnahmen unterstützen diese Lesart. Ungeachtet aller Förderbemühungen finden jedoch Migrantenjugendliche auch im Anschluss an berufsvorbereitende Bildungsgänge seltener einen betrieblichen Ausbildungsplatz als die Teilnehmenden ohne Migrationshintergrund.

Da sich die ungleiche Partizipation an beruflicher Ausbildung nachweislich nicht hinreichend über individuelle Defizite – etwa schulische Leistungsrückstände – erklären lässt (vgl. Beicht und Granato 2011; Scharrer et al. 2012), fragt der Beitrag nach alternativen Ursachen und nimmt das institutionelle Alltagsgeschehen in der schulischen Berufsvorbereitung in den Blick. Dies geschieht auf der Basis einer ethnographischen Studie, die pädagogische Praktiken zur Herstellung von Ausbildungsreife untersucht und fragt, welche Bedeutung dem Migrationshintergrund (in Verbindung mit weiteren Heterogenitätsdimensionen) dabei zukommt und wie die Diversität der Schülerschaft pädagogisch bearbeitet wird. Am Beispiel der schulisch organisierten Vermittlung in betriebliche Praktika wird gezeigt, dass ein Migrationshintergrund vergleichbar negative Effekte wie eine *funktionale Beeinträchtigung* nach sich ziehen und den Zugang zum Ausbildungsmarkt erheblich erschweren oder gänzlich behindern kann. Bevor dies an Auszügen aus der Analyse des empirischen Materials konkretisiert wird, erfolgt zunächst eine Quantifizierung und Präzisierung der Benachteiligung von Migrantenjugendlichen am Übergang von der Schule in Ausbildung. Sodann wird das forschungsmethodische Vorgehen der zugrundeliegenden Studie transparent gemacht. Im Fazit wird nach Konsequenzen der institutionellen Diskriminierungspraxen im Hinblick auf die Ausgestaltung eines Diversity-Managements gefragt, das die Barrieren beim Zugang in die duale Berufsausbildung abzubauen vermag.

2 Die Benachteiligung von Migrantenjugendlichen beim Zugang zu beruflicher Bildung

Wie einleitend erwähnt haben Migrantenjugendliche im Anschluss an die allgemeinbildende Schule im Vergleich zu Gleichaltrigen ohne Migrationshintergrund eine deutlich geringere Chance auf ein Ausbildungsverhältnis (vgl. zusammenfassend Stein 2012). Der jüngste Berufsbildungsbericht spricht von einer anhaltenden Benachteiligung „ausländischer Jugendlicher" (Autorengruppe Bildungsberichterstattung 2012, S. 105). Demzufolge sind junge Migrantinnen und Migranten in den Bildungsgängen des Übergangssystems, in die zwischen 25 % und 30 % aller Neuzugänge in berufliche Bildung einmünden, deutlich überrepräsentiert (vgl.

ebd.).[1] Wurde der Bedarf nach den Maßnahmen lange mit der Knappheit an Lehrstellen begründet, steht gegenwärtig die vermeintlich fehlende *Ausbildungsreife* junger Menschen angesichts der gestiegenen Anforderungen in vielen Berufen im Vordergrund.

Dies gilt insbesondere für die im Fokus des Beitrags stehenden Teilnehmenden der *Berufsvorbereitung* (klassisch: Berufsvorbereitungsjahr – BVJ – der Bundesländer für Schulpflichtige und BvB der Bundesagentur für Arbeit nach dem Ende der Schulpflicht). Diese bringen sehr ungünstige Bildungsvoraussetzungen mit, ca. 40 % von ihnen verfügen über keinen Hauptschulabschluss. Rund zwei Drittel dieser jungen Leute sind männlich (vgl. Schroeder und Thielen 2009). Besonders häufig kommen sie von Haupt- und Förderschulen, wo Migrantinnen und Migranten überrepräsentiert sind: Nach einer Studie des Deutschen Jugendinstituts (DJI) nehmen nur 26 % der Hauptschulabsolventinnen und -absolventen direkt eine Berufsausbildung auf, ebenso viele wechseln zunächst in eine berufsvorbereitende Maßnahme (vgl. Gaupp et al. 2008). Für Jugendliche, die eine Förderschule mit dem Förderschwerpunkt Lernen besucht haben, bestehen indes so gut wie keine Chancen auf eine direkte Einmündung in ein Ausbildungsverhältnis. Nach einer Studie von Sven Basendowski und Birgit Werner (2010) gelingt dies weniger als 10 %, nahezu 90 % der ehemaligen Förderschülerinnen und Förderschüler münden in Berufsvorbereitung.

Auch in den folgenden Jahren nach der Schulentlassung bleiben die ungleichen Zugangschancen zu beruflicher Bildung bestehen: So zeigt die Übergangsstudie des Bundesinstituts für Berufsbildung (BIBB), dass sich Migrantenjugendliche in den ersten beiden Jahren etwa doppelt so häufig außerhalb des Bildungssystems befinden als junge Menschen ohne Migrationshintergrund (vgl. Beicht und Granato 2011). Die Ergebnisse des Übergangspanels des DJI weisen in die gleiche Richtung: Unter den jungen Frauen und Männern, deren nachschulische Übergänge durch vielfältige Brüche und Wechsel gekennzeichnet sind und letztlich in Ausbildungslosigkeit münden, sind Migrantenjugendliche auffallend häufig vertreten. Umgekehrt hatten unter den Befragten, denen ein direkter Einstieg in eine Berufsausbildung gelingt, vergleichsweise wenige einen Migrationshintergrund (vgl. Gaupp et al. 2008). Für den vorliegenden Beitrag ist die bereits erwähnte Tatsache von Bedeutung, dass auch die berufsvorbereitenden Maßnahmen des Übergangssystems nicht in der Lage sind, der Benachteiligung von Migrantenjugendlichen entgegenzuwirken. Die BIBB-Übergangsstudie zeigt, dass die Chancen auf

---

1 Grundsätzlich gilt es zu berücksichtigen, dass Migrantenjugendliche eine äußerst heterogene gesellschaftliche Gruppe darstellen und sehr unterschiedlichen Milieus angehören. Entsprechend zeigt sich auch im Bildungserfolg eine große Bandbreite. Der vorliegende Beitrag fokussiert die Übergangsproblematik von jungen Menschen ohne mittleren Schulabschluss.

ein *betriebliches* Ausbildungsverhältnis deutlich unter denen von Nichtmigrantinnen und -migranten bleiben (vgl. Beicht und Granato 2011).

Angesichts solcher Befunde sehen sich jugendliche Migrantinnen und Migranten der Gefahr einer „*Sonderpädagogisierung*" am Übergang von der Schule in berufliche Bildung ausgesetzt. Allzu schnell ließe sich nämlich vermuten, dass ein Migrationshintergrund per se ein Risiko für erfolgreiche berufliche Bildung darstellt und demzufolge einen besonderen berufsvorbereitenden Förderbedarf begründet. Diesen Eindruck vermitteln zumindest auch Diskurse der *Benachteiligtenförderung,* die jugendliche Migrantinnen und Migranten neben Strafentlassenen, ehemaligen Drogenabhängigen oder lernbeeinträchtigten und behinderten Jugendlichen explizit als Zielgruppe beschreiben, sofern sie „Sprachdefizite" oder „soziale Eingewöhnungsschwierigkeiten" aufweisen (vgl. Biermann 2008, S. 99). Zudem werden spezifische berufsvorbereitende Programme für junge Migrantinnen und Migranten angeboten, in Hamburg z. B. das BVJ-M (Berufsvorbereitungsjahr für Migrantinnen und Migranten) für Jugendliche, die nicht über deutsche Sprachkenntnisse verfügen oder das VJ-M (Vorbereitungsjahr für Migrantinnen und Migranten) für Jugendliche, die aufgrund ihres Aufenthaltsstatus beim Besuch „normaler" Berufsvorbereitungsklassen von Leistungen nach dem ALG II oder Asylbewerberleistungsgesetz ausgeschlossen würden.

Individualisierende Erklärungsmuster, welche die Ungleichheiten am Übergang von der Schule in Ausbildung und Arbeit einseitig mit migrationsbedingten Sozialisationsdefiziten oder ungleichen Bildungsvoraussetzungen erklären, erweisen sich empirisch als nicht haltbar. So belegen Untersuchungen, dass Jugendliche ohne Migrationshintergrund selbst bei *gleichem schulischen Leistungsniveau* statistisch gesehen doppelt so hohe Chancen auf einen Ausbildungsplatz haben als junge Menschen mit Migrationshintergrund (vgl. Stein 2012, S. 42). Demzufolge muss nach alternativen Begründungen für die unzureichende Partizipation gerade auch an *betrieblicher* Ausbildung gefragt werden, eine Ausbildungsform, die vergleichsweise günstige Übernahmeaussichten bietet. Ein wesentlicher Aspekt, der nicht immer hinreichend bedacht wird, ist die *soziale Lage* von Menschen mit Migrationshintergrund. Letztere sind nicht nur häufiger von Armut betroffen, sondern leben zudem oft in sozial segregierten Quartieren, in denen nur eingeschränkte Lebens- und Entfaltungschancen eröffnet werden (vgl. Schroeder 2002). Dies gilt nicht zuletzt auch für den Zugang zu betrieblicher Ausbildung: So verweisen Eva Quante-Brandt und Anjuscha Jäger (2012, S. 133) am Beispiel ökonomisch schwacher Stadtteile in Bremen auf das strukturelle Problem, dass gerade dort, wo viele Migrantinnen und Migranten leben, Betriebe fehlen, die Praktikums- und Ausbildungsplätze bereitstellen. Zugleich werden von Migrantinnen und Migranten geführte Firmen – sogenannte Ethnische Ökonomien – selten als Ausbildungsorte wahrgenommen (vgl. Thielen 2007).

Als ein weiteres Problem erweist sich die *betriebliche Selektion* bei der Vergabe von Ausbildungsplätzen. Christian Imdorf (2010) zeigt, dass Firmen keineswegs glauben, Migrantenjugendliche würden die Arbeitsanforderungen im Betrieb nicht zufriedenstellend erfüllen. Gleichwohl wird befürchtet, dass die *Berufsschule* aufgrund schulischer oder sprachlicher Defizite nicht bewältigt wird. Einen erheblichen Einfluss hat zudem die Frage der *sozialen Passung*: Firmen befürchten, Migrantenjugendliche könnten aufgrund ihrer Tradition oder Abstammung das soziale Gefüge im Betrieb stören. Zudem wird angenommen, Migrantenjugendliche könnten bei verkaufsrelevanten Kriterien schlechter abschneiden. Gemeint sind gute Umgangsformen, vorteilhafte Sprach- und Sprechweisen, aber auch „sympathisches" oder „hübsches" Aussehen. Zudem besteht die Sorge, die jungen Menschen könnten auf Kundenvorbehalte treffen oder unliebsames Klientel anziehen (vgl. ebd.).

Angesichts dieser Befunde richten sich die weiteren Überlegungen auf *pädagogische Maßnahmen* der Berufsvorbereitung, welche das Ziel der beruflichen Integration gegenwärtig insbesondere durch enge Kooperationen mit Betrieben zu erreichen suchen. In den Debatten um das Übergangssystem wird dem *betrieblichen Lernort* eine zentrale Bedeutung zugesprochen (vgl. BIBB 2007). Vor diesem Hintergrund gehe ich der Frage nach, ob und inwiefern sich ein Migrationshintergrund im institutionellen Alltag der Berufsvorbereitung als ein strukturelles Hemmnis bei der Vermittlung in betriebliche Praktika erweist und – falls dem so ist – wie die Akteure und Akteurinnen (Lehrkräfte und Schüler) mit diesem Problem umgehen. Bevor ich hierzu erste Befunde der eingangs erwähnten ethnographischen Studie diskutiere, erfolgen einige Anmerkungen zum Feld und zum methodischen Vorgehen.

3 Ethnographie zu pädagogischen Praktiken in der Berufsvorbereitung

Während ethnographische Forschungsstrategien in der Schulpädagogik weitverbreitet sind (vgl. Heinzel 2010), werden sie in der *Berufspädagogik* weniger häufig angewandt. Studien zur Berufsvorbereitung beziehen sich meist auf die Teilnehmenden und fokussieren bspw. deren Biografien oder Bewältigungsstrategien (vgl. Rahn 2005; Schittenhelm 2005) sowie deren Lebenslagen oder den Verbleib im Anschluss (vgl. Enggruber 2001; Thielen 2013). Gesichertes Wissen zum pädagogischen Alltagsgeschehen liegt hingegen kaum vor, obgleich das Übergangssystem für viele junge Menschen eine zentrale Sozialisationsinstanz darstellt. Widmen sich Untersuchungen dem Alltag, so geschieht dies in der Regel mittels Befragung, so z. B. in einer Studie von Juliane Giese (2011), die untersucht, wie Schülerinnen respektive Schüler und Lehrkräfte den Unterricht erleben. Wenngleich ein „gewissermaßen ‚lebendiges' Bild vom ‚Alltag' und von erheblichen Problemen" (ebd., S. 13) gezeichnet wird, geschieht dies nur vermittelt, nämlich über die Darstellungen und Deutungen der Interviewten.

Den institutionellen Alltag ausschließlich mittels Befragung zu rekonstruieren, birgt ein grundsätzliches Problem: Ein nicht unerheblicher Teil der alltäglichen Praktiken, die in ihrer Gesamtheit die soziale Situation des Unterrichts generieren, sind den Akteuren und Akteurinnen selbst gar nicht bewusst und können folglich auch nicht ohne weiteres verbalisiert werden. Vor diesem Hintergrund verwirkliche ich eine ethnographische Forschungsstrategie, in der ich Interviewverfahren in erster Linie ergänzend zur teilnehmenden Beobachtung sowie zu Tonbandaufzeichnungen von Unterrichtsstunden einsetze. Mein Untersuchungsinteresse bezieht sich zunächst ganz allgemein auf *pädagogische Praktiken*, mittels derer die *Ausbildungsreife* der teilnehmenden Jugendlichen „hergestellt" bzw. „gefördert" werden soll.

Damit schließt die Studie an die Theorie der sozialen Praktiken an, nach der sich die soziale Welt „aus sehr konkret benennbaren, einzelnen, dabei miteinander verflochtenen Praktiken zusammensetzt" (Reckwitz 2003, S. 289). Eine Praktik wird verstanden als ein „typisiertes, routinisiertes und sozial ‚verstehbares' Bündel von Aktivitäten" (ebd.) Dieses wird durch implizites, methodisches und interpretatives Wissen zusammengehalten. Im Fokus einer praxistheoretisch inspirierten Forschung steht folglich die Materialität des Sozialen/des Kulturellen, die sich auf zwei Instanzen bezieht: Menschliche Körper und Artefakte (Dinge) bzw. deren sinnhafter Gebrauch. Die von mir durchgeführte Untersuchung zielt demzufolge auf routinierte Handlungen im Sinne sich wiederholender Tätigkeiten von Lehrkräften, welche auf die Herstellung bzw. Förderung der Ausbildungsreife der Jugendlichen zielen. Die Bedeutung des Migrationshintergrunds stand dabei zunächst *nicht* im Zentrum der Untersuchung, wurde jedoch bei der forschungspraktischen Realisierung rasch offenkundig.

Um den pädagogischen Praktiken auf die Spur zu kommen, habe ich über ein Schuljahr hinweg eine Berufsvorbereitungsklasse an einer beruflichen Schule in einer westdeutschen Großstadt ethnographisch begleitet.[2] Die beobachteten Unterrichtsstunden wurden protokolliert und teilweise auf Tonband aufgezeichnet und transkribiert. Zu den sich im Laufe der Zeit als prägnant erweisenden päd-

---

2 Um sicherzustellen, dass es sich bei den beobachteten Phänomenen um typische Handlungsweisen handelt, habe ich in den letzten Wochen des vorangegangenen Schuljahres sowie in den ersten Wochen im nachfolgenden Schuljahr ebenfalls beobachtend am Unterricht von zwei anderen Berufsvorbereitungsklassen teilgenommen. Zudem ist eine Ausweitung der Studie auf mehrere Schulen sowie kontrastierend auf freie Bildungsträger in Planung.

agogischen Praktiken habe ich insgesamt zwölf qualitative Experteninterviews mit Lehrkräften und sozialpädagogischen Fachkräften geführt. Die Perspektiven der Jugendlichen wurden mittels sechs Gruppendiskussionen erhoben.[3]

Die untersuchte Berufsvorbereitungsklasse wurde auf das Berufsfeld *Lagerlogistik* vorbereitet und bestand ausnahmslos aus *männlichen* Schülern, die im Untersuchungszeitraum zwischen 16 und 19 Jahren alt waren. Über das gesamte Schuljahr waren zwanzig Schüler in der Klasse, dreizehn von diesen hatten einen Migrationshintergrund, wobei sechs der Jungen selbst mit ihren Eltern immigriert waren. Die Familien stammen aus elf Herkunftsländern.[4] Unabhängig vom Migrationshintergrund zeichnen sich die Familien durch einen niedrigen Sozialstatus aus: Nur die Hälfte der Eltern verfügt über eine abgeschlossene Berufsausbildung. Die Väter gehen Bauberufen nach, arbeiten im Transport, der Lagerlogistik und der Gebäudetechnik oder sind in der Reinigung und Abfallwirtschaft tätig. Die Mütter sind in der Reinigung, der Gastronomie und im Einzelhandel beschäftigt. Jeder fünfte Vater und jede vierte Mutter sind nicht erwerbstätig. Für die Klasse waren vier männliche Lehrkräfte sowie eine Sozialpädagogin und ein Sozialpädagoge – allesamt ohne Migrationshintergrund – zuständig.

Bereits im Zuge der ersten Aufenthalte im Feld wurde deutlich, dass der Umgang *mit* und die Bearbeitung *von* Diversität wesentliche Bestandteile der pädagogischen Praktiken zur Herstellung und Förderung von Ausbildungsreife sind. In Bezug auf Migration zeigt sich dies insbesondere im Zuge der Akquise von betrieblichen Praktikumsplätzen, auf die ich im Folgenden auf der Basis empirischer Beispiele eingehen werde.

4 Bearbeitung von Diversität

Das primäre Ziel der ethnographierten Berufsvorbereitungsklasse ist die *Vermittlung* in betriebliche Ausbildung über ein im Zuge des Schuljahres an drei Tagen in der Woche zu absolvierendes *Betriebspraktikum*. Die Lehrkräfte, die im Kontext von Berufsvorbereitung und -ausbildung schon lange mit der lokalen Ökonomie kooperieren, verfügen über Kontakte zu potenziellen Praktikumsbetrieben. Am Beginn des Berufsvorbereitungsjahres steht die Suche nach geeigneten Praktikumsplätzen im Zentrum der pädagogischen Bemühungen. Wie im Interview mit

---

3   Die Kombination von unterschiedlichen Erhebungsmethoden ist ein typisches Kennzeichen ethnographischer Forschung (vgl. Friebertshäuser 2003, S. 515 f.). Bei der Datenauswertung orientiere ich mich an der Grounded Theory nach Barney G. Glaser und Anselm L. Strauss (2010) sowie der Dokumentarischen Methode (vgl. Bohnsack et al. 2007).

4   Hierbei handelt es sich um Afghanistan, Ägypten, Aserbaidschan, Chile, Ecuador, Irak, Kosovo, Mazedonien, Serbien (zwei Schüler), Spanien, Türkei (zwei Schüler).

einem Lehrer der Klasse deutlich wird, soll dabei von den Interessen der Jugendlichen ausgegangen werden: *„Was gefällt dir? [...] Was entspricht deinen Interessen?"* Ebenso bedeutsam ist die Entfernung der Wohnung der Schüler von potenziellen Praktikumsbetrieben: *„Was ist in der Nähe von deinem Wohnort?"* (Interview Lehrer) Zu weite Anfahrtswege sollen vermieden werden, um das pünktliche Erscheinen am Morgen zu erleichtern. In folgendem Ausschnitt aus einem Beobachtungsprotokoll zeigt sich, dass bei Schülern mit einem Migrationshintergrund offenbar noch andere Kriterien relevant sind:

> „Nach dem Unterricht beobachte ich ein Gespräch zwischen der Sozialpädagogin, dem Lehrer und dem Schüler Boro über dessen Praktikum. Boro hat noch keinen Betrieb gefunden. Der Lehrer, der bereits eine Firma im Auge hat, fragt Boro, woher er kommt. Da bei der Auswahl der Betriebe immer auf die Entfernung zum Wohnort geachtet wird, geht Boro davon aus, der Lehrer ziele mit der Frage auf seinen Wohnort, und er antwortet: ‚Aus X-Berg!' [Stadtteil – M. T.]. Der Klassenlehrer möchte jedoch das Herkunftsland von Boros Familie wissen. Boro erklärt, dass er aus Mazedonien stammt. [...] Daraufhin ruft der Lehrer von seinem Handy aus in dem potenziellen Praktikumsbetrieb an. Der offenbar bekannten Person am anderen Ende der Leitung berichtet er, dass er eine neue Klasse habe und nun wieder Praktikumsplätze suche. Zudem teilt er mit, dass er einen Schüler habe, den er gerne für ein Praktikum vorschlagen möchte: ‚Ich hab da einen Mazedonier. Kann der bei euch Praktikum machen?'" (Beobachtungsprotokoll)

In der Szene wird deutlich, dass der nationalen Herkunft des Schülers im Zuge der Akquise des betrieblichen Praktikumsplatzes eine gewichtige Bedeutung zukommt. Angesichts der vom Lehrer offenbar als „fremd" bzw. „nichtdeutsch" eingeschätzten Abstammung, auf die Boros Namen ebenso verweisen könnte wie seine körperliche Erscheinung (z. B. die Hautfarbe), weicht der Lehrer von den in der Klasse üblichen Routinen ab, ohne dies näher zu begründen. Die Frage nach dem *„woher"* bezieht er nicht wie gewöhnlich – und offensichtlich auch von Boro erwartet – auf den Wohnort des Schülers, um die Entfernung zu potenziellen Praktikumsbetrieben abzuschätzen. Vielmehr geht es dem Lehrer um den unterstellten Migrationshintergrund, den Boro in Bezug auf sein Herkunftsland bzw. das seiner Familie konkretisieren soll. Die Beobachtung legt die Vermutung nahe, dass bei Schülern mit Migrationshintergrund das jeweilige Herkunftsland ein entscheidendes Kriterium im Hinblick auf die Auswahl eines möglichen Praktikumsbetriebs ist. Diese Lesart wird durch das Telefonat mit einem dem Lehrer schon länger bekannten Mitarbeiter bestätigt, in welchem die mazedonische Herkunft sicherlich nicht zufällig die erste und einzige Information darstellt, welche über den Schüler mitgeteilt wird. Letztlich könnte diese über eine mögliche Zu- oder

Absage entscheiden: *"Ich hab da einen Mazedonier, kann der bei euch Praktikum machen?"* Das Handeln des Lehrers ist offenbar vom Wissen über die hohe Relevanz des Herkunftskontextes für den Betrieb geleitet. Vor diesem Hintergrund repräsentiert die Beobachtungsszene eine *migrationsspezifische Matching-Praktik:* Der Abgleich der betrieblichen Anforderungen mit den Voraussetzungen potenzieller Bewerber und Bewerberinnen fokussiert sich bei Jugendlichen mit Migrationshintergrund zunächst auf die nationale Herkunft, bevor individuelle Kompetenzen oder andere persönliche Eigenschaften ins Spiel kommen. Im Experteninterview auf die Beobachtung angesprochen, bestätigt der Lehrer die hohe Relevanz, die *bestimmten* Herkunftsländern bei der Vermittlung von betrieblichen Praktikumsplätzen zukommt:

> „Also wenn wir uns darüber unterhalten, wer könnte denn noch Praktikant werden und ich nenne dann manche südländisch klingenden Namen, dann wird dann auch von Erfahrungen berichtet, dass das eher nicht so passt. Oder das gesagt wird, ‚nee, passt bei uns im Augenblick nicht so ins Team rein!'" (Interview Lehrer)

Der Lehrer konkretisiert diejenigen Migrationskontexte, die im Matching-Verfahren für einen betrieblichen Praktikumsplatz zum Ausschluss führen können: Bereits ein *„südländisch klingender"* Name kann seiner Darstellung nach eine Absage begründen. Das zitierte Argument von Firmenvertretern verweist auf die mangelnde Passung entsprechender Bewerberinnen und Bewerber zur vorhandenen Personalstruktur, ein Aspekt, der auch in der erwähnten Studie von Imdorf (2010) thematisiert wird. Das Erfahrungswissen des Lehrers liefert eine plausible Begründung für die nachgezeichnete migrationsspezifische Matching-Praktik. Bemerkenswert ist die sehr allgemeine Kategorie *„Südländer",* welche im Interviewzitat gebraucht wird. Die dichotome und zugleich hierarchische Gegenüberstellung von Nord und Süd ist kulturell tief verankert, wobei sowohl im innereuropäischen Kontext als auch darüber hinaus Länder des Nordens üblicherweise als wohlhabend, modern und fortschrittlich und Länder des Südens kontrastiv als arm, traditionell und rückständig gelten (vgl. Lutz und Wenning 2001).[5] Seinen Ausdruck findet die immanent mitgedachte Hierarchie im Begriff „Nord-Süd-Ge-

---

5   In den Debatten um die europäische Schuldenkrise wird gegenwärtig häufig auf die Nord-Süd-Differenz verwiesen. Ein exemplarisches Beispiel ist ein in der Zeitung „Die Welt" abgedruckter Beitrag von H.-W. Sinn, dem Leiter des ifo-Instituts, in dem es heißt: „Die Länder Südeuropas können ihre Schulden nicht mehr bezahlen" Und weiter: „Mit der Einführung des Euro kamen die Südländer in den Genuss billiger Auslandskredite". Zudem wird in Bezug auf die Steuerzahler der Geberländer bemerkt: „Die Bürger helfen nicht nur, den Lebensstandard der Südländer abzusichern." (vgl. http://www.welt.de/debatte/kommentare/article110890158/Die-Banken-kommen-davon-der-Buerger-zahlt.html, Zugegriffen: 12. November 2012).

fälle". Wie in den weiteren Überlegungen zu zeigen sein wird, werden solche auf Nationen angewandte Zuschreibungen auch unreflektiert auf vermeintliche Persönlichkeitseigenschaften und Kompetenzen von Jugendlichen mit einem entsprechenden Migrationshintergrund übertragen.

5 Deutung(en) von Diversität

Die rekonstruierte Szene zeigt, dass das professionelle Handeln der Lehrkräfte durch die betriebliche Selektion bei der Vergabe von Ausbildungs- und Praktikumsplätzen beeinflusst wird. In den Experteninterviews besteht indes zwar kein Konsens über eine generelle Benachteiligung von Migrantenjugendlichen. Gleichwohl teilen die interviewten Lehrkräfte die Erfahrung ihres eben zitierten Kollegen, dass es unter den Kooperationsbetrieben der Schule Firmen gibt, die bei der Auswahl von Praktikantinnen und Praktikanten auf die Herkunft achten. So bestätigt ein Fachlehrer: *"Da wird selektiert. Das habe ich mitgekriegt. Hat mich zuerst verwundert, weil man denkt, das ist jetzt ja nun wirklich keine Integration."* (Interview Lehrer). Der erst seit kurzer Zeit an der beruflichen Schule tätige Lehrer hat offenbar nicht erwartet, dass die nationale Herkunft der Schülerschaft für Betriebe ein Selektionskriterium darstellt, zumindest war er anfänglich *"verwundert"*. Die Selektionsweisen, von denen die Lehrkräfte berichten, zielen keineswegs auf einen prinzipiellen Ausschluss von Jugendlichen mit Migrationshintergrund, vielmehr lassen sich zwei Formen von Diskriminierung unterscheiden.

Positive Diskriminierung besteht, wenn Schülerinnen und Schüler bestimmter nationaler Herkunft aufgrund ihrer Herkunft im Betrieb ausdrücklich erwünscht sind. Angesichts *kultureller* und *sprachlicher Homogenität* der Mitarbeiterschaft wird eine gute Arbeitsleistung erwartet. Hierzu ein Lehrer:

> „Die fühlen sich wohl. Die haben gleich eine gemeinsame Schnittmenge, die Angestellten. Wir kommen aus einem Land, wir sind ein Team. Warum nicht, wenn's der Sache dienlich ist und wenn es eine Möglichkeit ist, diesen Jugendlichen dann in Arbeit zu bringen und in Ausbildung zu bringen?" (Interview Lehrer)

Diese Form positiver Diskriminierung, die z. B. für Betriebe gilt, die sich *"auf Osteuropäer spezialisieren"*, wird von Lehrkräften als wenig problematisch eingeschätzt. Gleichwohl kann sie im pädagogischen Alltag zu Ausschlusserfahrungen führen, von der allerdings eher Schülerinnen und Schüler mit einem anderen Migrationshintergrund, als Jugendliche ohne Migrationshintergrund betroffen sind. So bemerkte ein Lehrer im Zuge einer Betriebsbesichtigung gegenüber einem Jugendlichen mit dunkler Hautfarbe vor versammelter Klasse: *"Du wirst hier keine*

Chance haben. Der Betrieb hat sich auf Osteuropäer spezialisiert." (Beobachtungsprotokoll). Die Fokussierung auf bestimmte Länder führt u. a. deshalb zum Ausschluss anderer Migrantinnen und Migranten, da in Betrieben die Befürchtung besteht, dass es zu Konflikten zwischen Mitarbeitenden bestimmter religiöser oder ethnischer Gruppen kommen könnte (vgl. Imdorf 2010). Diesbezüglich zitiert ein Lehrer das Statement eines Betriebs: *"Wir haben hier nur Moslems und die können jetzt keine Türken gebrauchen."* (Interview Lehrer). Die angesprochene Differenz zwischen Muslimen und Türken irritiert, möglicherweise bezieht sich die Aussage auf das Kurdenproblem in der Türkei, so dass vermutlich nicht muslimische, sondern kurdische Mitarbeitende gemeint sind, aufgrund derer die Einstellung von türkischen Angestellten abgelehnt wird.

Negative Diskriminierung liegt vor, wenn Jugendliche mit Migrationshintergrund aufgrund ihrer nationalen Herkunft in einem Betrieb nicht erwünscht sind, da ihnen herkunftsbedingte *negative Eigenschaften* unterstellt werden. Vor allem Schüler türkischer Herkunft sind hiervon nach Darstellung der Lehrkräfte betroffen. Die Gründe, die in den Interviews genannt werden, sind unterschiedlich. Zunächst wird den Jugendlichen eine Tendenz zu *delinquentem Verhalten* zugeschrieben: *"Also es gibt Firmen, wo es/ wo wir es definitiv wissen, dass sie keine türkischen Schüler haben wollen. Das sind Logistikbetriebe, wo Diebstähle vorkamen, in erster Linie von Schülern und Praktikanten türkischer Herkunft."* (Interview Lehrer) Die Deutung des Lehrers führt zu der Interpretation, dass delinquentes Verhalten, das bei einzelnen türkischen Praktikanten in der Vergangenheit beobachtet und an deren Herkunft festgemacht wurde, nun türkischen Jugendlichen generell unterstellt wird (vgl. Spindler 2006).

Ein vergleichbares Argumentationsmuster zeigt sich bei der Zuschreibung mangelnder *Zuverlässigkeit*, einer von Betrieben als ganz wesentlich erachteten Kompetenz: *"Manche sagen, Südländer, da haben wir einfach die Erfahrung gemacht, dass die Pünktlichkeit da sehr schwierig einzuhalten ist und das Problem wollen wir nicht!"* Wiederum werden negative Erfahrungen mit einzelnen Migrantenjugendlichen kulturell gedeutet und auf alle Schülerinnen und Schüler südländischer Herkunft abstrahiert. Weitere Argumentationen beziehen sich auf die vermeintlich kulturbedingt *traditionelle Geschlechterkonstruktionen* türkischer Jugendlicher, die sich insbesondere in der Nichtakzeptanz weiblicher Autoritäten manifestierten: *"Die sind nicht so anpassungsfähig. Wir hatten jetzt auch schon zwei Mal die Situation bei/ ich glaub, es war jedes Mal ein Türke, sich nichts von einer Frau sagen lassen wollte. Also das ist auch ein Problem neben Pünktlichkeit und Zuverlässigkeit."* Wenngleich im männlich dominierten Berufsfeld der Lagerlogistik weibliche Vorgesetzte und Vorarbeiterinnen wohl eher die Ausnahme sein dürften, teilt der interviewte Lehrer offensichtlich die Einschätzung der Kooperationsbetriebe. Tatsächlich sind solche geschlechtsstereotypen Deutungsmuster, die türkischen Jugendlichen traditionelle und patriarchalische Männlichkeitskonzepte unterstellen, im schulischen Kontext weit verbreitet (vgl. Weber 2009).

In Bezug auf die Frage der Thematisierung betrieblicher Selektion den Schülern gegenüber plädieren die Lehrkräfte mehrheitlich für einen offenen Umgang: *„Das ist einfach die Wirklichkeit. Das sage ich denen so. Was oft auch auf Unmut stößt."* (Interview Lehrer) Nur ein Lehrer lehnt dies hingegen explizit ab: *„Nein, mit den Schülern kann man das nicht thematisieren."* (Interview Lehrer) Die Gefahr negativer Effekte für die Schülerschaft mit Migrationshintergrund schätzen die Lehrkräfte insgesamt als gering ein. Sie begründen dies damit, dass genügend Firmen zur Auswahl stünden oder dass die Jugendlichen im schulischen Alltag ohnehin oft mit rassistischen Zuschreibungen durch Mitschüler konfrontiert und deshalb daran gewöhnt seien:

> „Das ist für sie überhaupt nicht neu. Also ich bin teilweise selber/ muss ich die Luft anhalten, was da für Sprüche an den Kopf/ sich die Schüler untereinander an den Kopf schmeißen. Das kennen sie schon, und das wissen sie auch, wenn sie aus der und der Kultur kommen, müssen sie sich nicht wundern, wenn sie da schief angeguckt werden. Also da sind sie auch relativ abgehärtet." (Interview Lehrer)

Das vom Lehrer vorgebrachte Argument der „Abhärtung" durch Alltagsrassismus trägt bei genauerem Hinsehen nicht, da sehr unterschiedliche Formen von Ethnisierung gleichgesetzt werden. Die aus Lehrersicht provozierend erscheinenden Beleidigungen der Schüler untereinander repräsentieren jugendkulturelle Fremd- und Selbstethnisierungen, wie sie Cordula Weißköppel (2001) analysiert. In rituellen Beleidigungen als „Scheiß-Ausländer" oder „Kartoffeldeutsche" manifestieren sich gruppendynamische Jugendphänomene, in denen Schüler mit Migrationshintergrund keineswegs systematisch benachteiligt werden, sondern ihre nichtdeutsche Herkunft auch als Ressource nutzen, um soziale Identitäten zu generieren und die eigene Position zu stabilisieren. In einer Gruppendiskussion bestätigen die Schüler diese Lesart: *„Und wenn man so sagt, Scheiß-Türke, dann ist das so Spaß unter Jugendlichen. Man sagt immer so Scheiß-Deutscher oder Scheiß-Afghane".* Solche interaktiven Praktiken in Peerkontexten sind keineswegs mit institutionellen Formen von Diskriminierung vergleichbar, die weitreichende negative Effekte für die Biografie und das Selbst der jugendlichen Migranten nach sich ziehen können. Genau dies unterschätzt aber die vom Lehrer vorgenommene Gleichsetzung von jugendkulturellen Praktiken mit der Selektion am Ausbildungsmarkt.

6 (Re-)Produktion von Differenz

In den bislang vorgestellten Ausschnitten aus der Analyse der Experteninterviews deutete sich bereits an, dass die Lehrkräfte auch selbst auf ethnisierende Deutungsmuster zurückgreifen. Ähnliche Vorannahmen über Migranten, welche die Interviewten den Verantwortlichen in Betrieben zuweisen, finden sich in Interviewpassagen, in denen die Pädagogen die Bedeutung von Migration für ihre Unterrichtspraxis reflektieren. Hier wird zum Teil ebenfalls auf eine kulturbedingte Fremdheit rekurriert, wenn z. B. Disziplinprobleme mit ethnisierten Männlichkeitskonstruktionen begründet werden und behauptet wird, männliche Jugendliche südamerikanischer Herkunft seien kulturbedingt *„immer sehr schnell aufbrausend",* fühlten sich *„immer schnell angegriffen"* oder verfügten über einen besonders ausgeprägten männlichen *„Stolz"* (Interview Lehrer).

Vor diesem Hintergrund wundert es nicht, dass die Jugendlichen mit und ohne Migrationshintergrund in den Gruppendiskussionen übereinstimmend den Eindruck schildern, dass deutsche Schüler *(„Blondköpfe")* im schulischen Alltag der Berufsvorbereitung gegenüber Migranten *(„Ausländern")* bevorzugt werden.[6] Konkretisiert wird dies z. B. am Umgang mit Disziplinproblemen: Ein offensichtlich Kaugummi kauender deutscher Schüler wird nach Schilderung der Jugendlichen nicht ermahnt, während bei Migranten schnell interveniert werde: *„S: Wurden auch rausgeschickt, nach Hause. Und der [deutsche Schüler – M. T.] hat die ganze Zeit so provokant Kaugummi gekaut"* (Gruppendiskussion). Ähnliches wird in Bezug auf die Sanktionierung von Unpünktlichkeit durch vorübergehenden Ausschluss aus dem Unterricht berichtet, einer im Schulalltag häufig zu beobachtenden Disziplinierungspraktik: *„S: Herr Müller [Lehrer – M. T.] zum Beispiel, ne! Sagen wir jetzt en paar/ wir haben ja en paar Deutsche hier. Die lässt er auch sofort rein dann, wenn die zu spät kommen. Und die andern, die lässt er draußen stehen."* (Gruppendiskussion) Diesen Eindruck bestätigt ein Schüler mit Migrationshintergrund in einer anderen Gruppendiskussion, der sich gemeinsam mit anderen Migranten aufgrund der körperlich sichtbaren ‚fremden' Herkunft benachteiligt sieht: *„Und wir sind genau eine Minute später und durften nicht rein. Nur weil wir schwarze Haare haben."* (Gruppendiskussion) Schließlich beschreiben Schüler auch ganz explizit die Bevorzugung von deutschen Jugendlichen bei der Vermittlung ins Betriebspraktikum:

---

6   Anlass für die Thematisierung von Migration in den Gruppendiskussionen war ein von den Schülern angefertigtes und im Klassenraum angebrachtes Plakat zu ihren Erwartungen an die Berufsvorbereitung, auf dem u. a. das Schlagwort „kein Rassismus" vermerkt war. Die Schüler sollten in der Gruppendiskussion erzählen, weshalb sie diesen Wunsch formuliert haben.

> „S1: Zeigen Sie mal ein Blondkopf, der kein Praktikumsplatz hat, aus der Klasse! Oder keines hatte. Und ich schwör's Ihnen, die hatten direkt welche!
> S2: Ja, und ich sag ganz ehrlich, die haben auch als aller erstes ein Praktikum bekommen!
> S1: Ja, sofort Mann! Die waren zwei Wochen in der Schule und hatten schon ein Praktikum.
> I: Aha.
> S1: Obwohl manche davon auch zu spät gekommen sind!
> S3: Manche davon hatten sogar schon zwei, drei Praktika!" (Gruppendiskussion)

Die Schüler schildern den Eindruck, dass deutsche Jugendliche von Lehrkräften bevorzugt in Betriebe vermittelt werden. Mögliche Erklärungen, nach denen dies mit der individuellen Leistung oder Zuverlässigkeit (und nicht der nationalen Herkunft) dieser Schüler zu tun haben könnte, werden ausgeschlossen (*„obwohl manche davon auch zu spät gekommen sind!"*). In der Deutungsperspektive der Jugendlichen erhalten deutsche Schüler als Angehörige der Mehrheitsgesellschaft im Zuge der Vermittlung in ein betriebliches Praktikum einen Vertrauensvorschuss vonseiten der Lehrkräfte, ohne dass sie sich diesen erst erarbeiten müssten. Umgekehrt bedeutet dies, dass den Jugendlichen mit Migrationshintergrund ein derartiger Vertrauensbonus nicht eingeräumt wird und dass diese sich einen solchen erst verdienen müssen. Aus Sicht der Schüler wird damit eines ganz deutlich: Nicht erst die Selektionspraktiken der betrieblichen Arbeitswelt, sondern bereits die schulische Berufsvorbereitung wird als ein sozialer Kontext erlebt, in dem alltäglich und folgenreich *herkunftsbezogene Differenzierung* und *Hierarchisierung* stattfindet. Die Lehrkräfte ihrerseits räumen zwar ein, sehr genau zu überlegen, welchen Schüler sie in welchen Betrieb vermitteln, bestreiten jedoch eine Bevorzugung bzw. Benachteiligung nach nationaler Herkunft. Sie bestätigen aber, dass sie bei einigen Schülern die Passung für bestimmte Betriebe früher einschätzen können, als bei anderen. Nicht auszuschließen, dass kultur- und milieubedingte Nähe bzw. Distanz hierbei unter der Hand eine ganz entscheidende Rolle spielen: Hierauf deuten zumindest Beobachtungen hin, bei denen offenkundig wird, dass Lehrkräfte Schüler wegen bestimmter Kleidung (Muskelshirt, auffällige Goldkette um den Hals) oder Frisur (kurz geschorene oder gefärbte Haare) nicht für Kooperationsbetriebe geeignet halten. Sicherlich nicht zufällig interpretiert ein Schüler ohne Migrationshintergrund derartig körperbezogene Auswahlkriterien als *„rassistisch"*.

7 Ausblick auf mögliche Konsequenzen für ein Diversity Management am Übergang Schule-Beruf

Wenngleich die im Beitrag diskutierten Befunde einer exemplarischen Studie entnommen sind, deren Tragweite erst durch ein breiter angelegtes Untersuchungsdesign zu bestätigen wäre, konnte gezeigt werden, dass Diversität ein ganz wesentlicher Aspekt im Alltag der schulischen Berufsvorbereitung darstellt. Die pädagogische Bearbeitung von Diversität – etwa durch das nachgezeichnete migrationsspezifische Matching bei der Akquise von betrieblichen Praktikumsplätzen –, mündet in eine spezifische (Re-)Produktion von Differenz im institutionellen Alltag schulischer Berufsvorbereitung. Das pädagogische Programm der berufsvorbereitenden Maßnahme, das am *Individuum* ansetzt und die mangelnde Ausbildungsreife mittels erzieherischer Praktiken beheben will, gerät dabei unübersehbar in Spannung zu *kollektiven* Stereotypen, mit denen jugendliche Migranten im Zuge der Akquise von Praktikums- und Ausbildungsplätzen konfrontiert werden. Suggeriert ihnen das pädagogische Konzept, dass sie über eigene Anstrengungen – etwa durch ein Mehr an Pünktlichkeit und Zuverlässigkeit – ihre Chancen auf einen Ausbildungsplatz erhöhen können, erleben die jungen Menschen bei der Vermittlung ins Praktikum zugleich, dass sie zumindest in Teilen der Arbeitswelt ungeachtet ihrer Kompetenzen nur eingeschränkte Chancen haben, da sie über ethnisierende und kulturalisierende Zuschreibungen auf die Zugehörigkeit zu einer gesellschaftlich als defizitär markierten sozialen Gruppe reduziert werden oder aufgrund ihrer Herkunft nicht in das soziale Gefüge von Unternehmen passen. Der Migrationshintergrund droht je nach nationaler Herkunft am Übergang von der Schule in die Berufsausbildung ähnlich *behindernde Effekte* nach sich zu ziehen, wie eine *funktionale Beeinträchtigung*, die Teilhabe an beruflicher Bildung wird empfindlich eingeschränkt. Demzufolge wird für junge Menschen mit Migrationshintergrund derzeit nicht das eingelöst, was die UN-Behindertenrechtskonvention in Bezug auf Menschen mit einer Behinderung im Sinne einer funktionalen Beeinträchtigung fordert: „*ohne Diskriminierung und gleichberechtigt mit anderen Zugang zu (...) Berufsausbildung*" (Art. 24, Abs. 5) zu haben.

In Bezug auf die Praxis der Berufsvorbereitung ist deutlich geworden, dass sich das pädagogische Handeln mit widersprüchlichen Anforderungen konfrontiert sieht: Einerseits soll es für die Jugendlichen geeignete und passgenaue Praktikumsplätze finden und ist daher auf die Kooperationsbereitschaft von Firmen angewiesen. Dies erfordert in einem gewissen Maße auch die Anpassung an betriebliche Erwartungen und Einstellungskriterien. Zugleich muss die Bildungsinstitution entschieden gegen herkunftsbedingte Benachteiligungen und Diskriminierungen eintreten und Partei für die von ihr geförderten Jugendlichen ergreifen. Dies wird jedoch dadurch erschwert, dass sich berufliche Schulen in der Lernortkooperation oft als „schwächerer" Part erleben, sind sie doch von der Kooperationsbereitschaft der Betriebe abhängig. Voraussetzung für die Überwindung institutioneller Diskriminierung wäre zudem eine professionalisierte Form der Reflexion eigener Vorurteilsstrukturen aufseiten der Lehrkräfte, reproduzieren diese doch selbst gesellschaftlich verbreitete Vorurteile gegenüber Menschen bestimmter Herkunft in positiver wie in negativer Weise.

Will (vor-)berufspädagogisches Handeln die sozialen Teilhabechancen von jungen Menschen mit Migrationshintergrund verbessern, muss es sich offen und reflexiv mit betrieblichen Selektionsweisen und eigenen Diskriminierungspraktiken auseinandersetzen. Distanziert sich Schule nicht deutlich, handelt sie nicht nur ethisch problematisch, sondern unterläuft zugleich das eigene pädagogische Programm, wenn sie akzeptiert, dass das, was alltäglich (oftmals mit Mühe) gefördert wird – Pünktlichkeit, Zuverlässigkeit und Loyalität – Jugendlichen aufgrund ihrer nationalen, ethnischen oder sozialen Herkunft von vornherein abgesprochen wird. Individuelle Förderung alleine vermag demnach die Barrieren am Übergang Schule-Beruf nicht zu beseitigen. Vielmehr bedarf es eines systematischen Diversity-Managements, das neben beruflichen Schulen und Bildungsträgern auch Arbeitsagenturen, Kammern und Arbeitgeberverbände einbeziehen müsste. Ziel muss es sein, gesellschaftlichen Vorurteilen entschieden entgegenzuwirken und das Potenzial von jungen Frauen und Männern mit Migrationshintergrund in den Vordergrund zu stellen. Zudem gilt es auf die sozial benachteiligten Lebenslagen vieler Menschen mit Migrationshintergrund zu verweisen, die in den Interviews mit den Lehrkräften kaum eine Rolle spielen, das alltägliche Leben in der Einwanderungsgesellschaft jedoch stärker konstituieren dürften als kulturelle Unterschiede.

Literatur

Autorengruppe Bildungsberichterstattung. 2012. *Bildung in Deutschland 2012. Ein indikatorengestützter Bericht mit einer Analyse zur kulturellen Bildung im Lebenslauf*. Bielefeld: Bertelsmann.

Basendowski, Sven, und Birgit Werner. 2010. Die unbeantwortete Frage offizieller Statistiken: Was machen Förderschülerinnen und -schüler eigentlich nach der Schule. Ergebnisse einer regionalen Verbleibsstudie von Absolventen mit sonderpädagogischem Förderbedarf Lernen. *Empirische Sonderpädagogik* 2 (2): 64–88.

Beicht, Ursula, und Mona Granato. 2011. *Prekäre Übergänge vermeiden, Potenziale nutzen. Junge Frauen und Männer mit Migrationshintergrund an der Schwelle von der Schule zur Ausbildung*. Bonn: Friedrich-Ebert-Stiftung.

BIBB. Hrsg. 2007. *Aktuelle Tendenzen in der schulischen Berufsvorbereitung*. Eine Expertise des Instituts für Berufspädagogik und Erwachsenenbildung – Fachgebiet für Sozialpädagogik – der Leipniz Universität Hannover. Bonn: Bundesinstitut für Berufsbildung.

Biermann, Horst. 2008. *Pädagogik der beruflichen Rehabilitation. Eine Einführung*. Stuttgart: Kohlhammer.

Bohnsack, Ralf, Iris Nentwig-Gesemann, und Arnd-Michael Nohl. Hrsg. 2007. *Die dokumentarische Methode und ihre Forschungspraxis. Grundlagen qualitativer Sozialforschung*. 2. Aufl. Wiesbaden: VS Verlag für Sozialwissenschaften.

Enggruber, Ruth. Hrsg. 2001. *Berufliche Bildung benachteiligter Jugendlicher. Empirische Einblicke und sozialpädagogische Ausblicke*. Münster: LIT.

Friebertshäuser, Barbara. 2003. Feldforschung und teilnehmende Beobachtung. In *Handbuch qualitative Forschungsmethoden in der Erziehungswissenschaft*, hrsg. Barbara Friebertshäuser, und Annedora Prengel, 503–534. Weinheim u. München: Juventa.

Gaupp, Nora, Tilly Lex, Birgit Reißig, und Frank Braun. 2008. *Von der Hauptschule in Ausbildung und Erwerbsarbeit. Ergebnisse des DJI-Übergangspanels*. Berlin: BMBF.

Giese, Juliane. 2011. *„Besser als zu Hause rumsitzen". Zur Wahrnehmung und Bewältigung interner Ausgrenzung im Übergangssystem zwischen Schule und Beruf*. Bad Heilbrunn: Klinkhardt.

Glaser, Barney G., und Anselm L. Strauss. 2010. *Grounded Theory. Strategien qualitativer Sozialforschung*. 3. Aufl. Bern: Huber.

Gomolla, Mechtild, und Frank-Olaf Radtke. 2002. *Institutionelle Diskriminierung. Die Herstellung ethnischer Differenz in der Schule*. Opladen: Leske + Budrich.

Heinzel, Friederike. 2010. Ethnographische Untersuchung von Mikroprozessen in der Schule. In *„Auf unsicherem Terrain". Ethnographische Forschung im Kontext des Bildungs- und Sozialwesens*, hrsg. Friederike Heinzel, Werner Thole, Peter Cloos, und Stefan Köngeter, 39–47. Wiesbaden: VS Verlag für Sozialwissenschaften.

Imdorf, Christian. 2010. Wie Ausbildungsbetriebe soziale Ungleichheit reproduzieren: Der Ausschluss von Migrantenjugendlichen bei der Lehrlingsselektion. In *Bildungsungleichheit revisited. Bildung und soziale Ungleichheit vom Kindergarten bis zur Hochschule*, hrsg. Krüger, Heinz-Hermann, Ursula Rabe-Kleberg, Rolf-Torsten Kramer, und Jürgen Budde, 259–274. Wiesbaden: VS Verlag für Sozialwissenschaften.

Lutz, Helma, und Norbert Wenning. 2001. Differenzen über Differenz. Einführung in die Debatten. In *Unterschiedlich verschieden. Differenz in der Erziehungswissenschaft*, hrsg. Helma Lutz, und Norbert Wenning, 215–230. Opladen: Leske + Budrich.

Quante-Brandt, Eva, und Anjuscha Jäger. 2012. Anspruch und Wirklichkeit eines BIWAQ-Modellprojektes zur Verbesserung des Zugangs von Jugendlichen und jungen Erwachsenen zu Qualifikation und Ausbildung. Zwischenergebnisse der Begleitforschung. In *Black Box Übergangssystem*, hrsg. Arnulf Bojanowski, und Manfred Eckert, 131–141. Münster u. a.: Waxmann.

Rahn, Peter. 2005. *Übergang zur Erwerbstätigkeit. Bewältigungsstrategien Jugendlicher in benachteiligten Lebenslagen.* Wiesbaden: VS Verlag für Sozialwissenschaften.

Reckwitz, Andreas. 2003. Grundelemente einer Theorie sozialer Praktiken. Eine sozialtheoretische Perspektive. *Zeitschrift für Soziologie 32* (4): 282–301.

Scharrer, Katharina, Sibylle Schneider, und Margit Stein. Hrsg. 2012. *Übergänge von der Schule in Ausbildung und Beruf bei jugendlichen Migrantinnen und Migranten. Herausforderungen und Chancen.* Bad Heilbrunn: Klinkhardt.

Schittenhelm, Karin. 2005. *Soziale Lagen im Übergang. Junge Migrantinnen und Einheimische zwischen Schule und Berufsausbildung.* Wiesbaden: VS Verlag für Sozialwissenschaften.

Schroeder, Joachim. 2002. *Bildung im geteilten Raum. Schulentwicklung unter Bedingungen von Einwanderung und Verarmung.* Münster u. a.: Waxmann.

Schroeder, Joachim, und Marc Thielen. 2009. *Das Berufsvorbereitungsjahr. Eine Einführung.* Stuttgart: Kohlhammer.

Spindler, Susanne. 2006. *Corpus delicti. Männlichkeit, Rassismus und Kriminalisierung im Alltag jugendlicher Migranten.* Münster: Unrast-Verlag.

Stein, Margit. 2012. Die Bildungs- und Ausbildungsbeteiligung junger Menschen mit Migrationshintergrund. Daten und Fakten. In *Übergänge von der Schule in Ausbildung und Beruf bei jugendlichen Migrantinnen und Migranten. Herausforderungen und Chancen,* hrsg. Katharina Scharrer, Sibylle Schneider, und Margit Stein, 35–54. Bad Heilbrunn: Klinkhardt.

Thielen, Marc. 2007. Ausbildungsunreif und Integrationsunwillig? – Zur Sonderpädagogisierung von Migrantenjugendlichen am Übergang von der Schule in die Arbeitswelt. *Zeitschrift für Heilpädagogik 76* (8): 297–303.

Thielen, Marc. 2013. *Zweijährige Berufsvorbereitung. Eine Verbleibstudie zum Schulversuch „Gestrecktes Berufsvorbereitungsjahr" in Sachsen.* Bad Heilbrunn: Klinkhardt.

Weber, Martina. 2009. Das Konzept „Intersektionalität" zur Untersuchung von Hierarchisierungsprozessen in schulischen Interaktionen. In *Bildung als sozialer Prozess. Heterogenitäten, Interaktionen, Ungleichheiten,* hrsg. Jürgen Budde, und Katharina Willems, 73–91. Weinheim: Juventa.

Weißköppel, Cordula. 2001. *Ausländer und Kartoffeldeutsche. Identitätsperformanz im Alltag einer ethnisch gemischten Realschulklasse.* Weinheim u. München: Juventa.

Partizipation mehrfach diskriminierter Menschen am Arbeitsmarkt
Ableism und Rassismus – Barrieren des Zugangs

Marianne Pieper und Jamal Haji Mohammadi

1 Einleitung

Auch wenn die jüngste OECD-Studie (2012) einen deutlichen Anstieg der Beschäftigungsquote von Menschen mit Migrationshintergrund auf dem Arbeitsmarkt in Deutschland ausweist, bleibt das Problem mangelnder Partizipation von Menschen, die multiplen Formen der Diskriminierung ausgesetzt sind, beispielsweise aufgrund von Behinderung, Migrationshintergrund, Geschlecht, sexueller Orientierung, Alter usw., nach wie vor gravierend.[1] Der Mikrozensus 2009 zeigt deutlich, dass die Quote erwerbsloser Personen in marginalisierten Gruppen – wie z.B. Menschen mit sogenanntem Migrationshintergrund und anerkannter Behinderung (nach § 2 Sozialgesetzbuch, SGB IX) beziehungsweise chronischer Erkrankung und höheren Alters – signifikant höher liegt als bei Angehörigen der Mehrheitsgesellschaft.[2] Während die allgemeine Arbeitslosenquote 2012 bei 6 % lag, waren nach Angaben der Bundesagentur für Arbeit 14,8 % der Menschen mit

---

1 Die OECD-Studie (2012) weist einen Zuwachs von 6,51 % bei der Beschäftigungsquote von Menschen mit Migrationshintergrund zwischen 2000/01 und 2009/10 aus. Deutschland liegt damit deutlich vor den Entwicklungen in den USA, Kanada, Australien und den übrigen europäischen Staaten. Allerdings bleiben Menschen mit Migrationshintergrund im öffentlichen Dienst in Deutschland nach wie vor weit unterrepräsentiert.
  Zu berücksichtigen ist, dass der Begriff der mehrfachen Diskriminierung mehr als die reine Addition von Differenzen umfasst, wie vielfach unterstellt wird. Vielmehr lassen sich häufig Potenzierungen der Benachteiligung verzeichnen.

2 Im Vergleich dazu liegt der UN-Behindertenrechtskonvention ein Begriff von Behinderung/chronischer Erkrankung zugrunde, welcher Behinderung/chronische Erkrankung nicht mehr – wie im SGB XI – als individuelles Merkmal einer Person festschreibt, sondern als Wechselwirkung zwischen Menschen, die eine Beeinträchtigung haben, und einstellungs- und umweltbedingten Barrieren, die sie an einer gleichberechtigten Teilhabe an der Gesellschaft hindern.

Schwerbehinderung von Erwerbslosigkeit betroffen (vgl. Bundesagentur für Arbeit 2012a). Auch positive Arbeitsmarktentwicklungen, wie sie derzeit zu beobachten sind, erreichen schwerbehinderte Menschen nicht hinreichend. Das betrifft vor allem Ältere und unter ihnen insbesondere Frauen. Sie sind doppelt so häufig arbeitslos wie nichtbehinderte Menschen (vgl. Bundesministerium für Arbeit und Soziales 2011, S. 38). Die Zahl der erwerbslosen Personen zwischen 50 und 60 Jahren lag den Angaben der Bundesagentur für Arbeit zufolge 2011 bei bis zu 14,1 % (vgl. Bundesagentur für Arbeit 2012b). Die Problematik unterschiedlicher, sich überlagernder Formen von Diskriminierung, die Menschen vom Arbeitsleben ausschließen, ist in den amtlichen Statistiken noch nicht hinreichend berücksichtigt worden und findet auch in gegenwärtigen politischen Debatten kaum Erwähnung (vgl. Bundesministerium für Arbeit und Soziales 2011, S. 27). Bestehende kompensatorische Politiken – wie Kompetenztrainings, Mobilisierungsmaßnahmen oder Self-Empowerment-Angebote – zielen auf den Ausgleich vermeintlicher individueller Defizite. Damit behandeln sie mangelnde Teilhabe von Menschen mit Behinderung und Migrationshintergrund individualisierend als sogenanntes „miss-match-Phänomen" am Arbeitsmarkt und verfehlen somit die Komplexität des Problems, weil gesellschaftliche Ursachen ausgeblendet bleiben (vgl. Pieper 2003, S. 149). Diese liegen neben den strukturellen Problemen von Arbeitslosigkeit in vielfältigen und komplexen Marginalisierungspraktiken, die entlang diverser sozial konstruierter Differenzlinien – wie Gesundheit, Leistungsfähigkeit, Geschlecht, Religion, Herkunft, Nationalität etc. – zu verorten sind und in einem ständigen Prozess Normalität(en) produzieren: Die Norm des gesunden Körpers, binärer Geschlechter, der Heterosexualität, nationaler Zugehörigkeit sowie der Zugehörigkeit zu einer deutschen „christlich-abendländischen Kultur" etc.

Aus diesen Normierungen resultieren Formen der Mehrfachdiskriminierung, von denen fast alle durch Differenz markierten Personen betroffen sind. Jedoch führen insbesondere die multiplen Formen der Diskriminierung dazu, dass all jene exklusiv auf *eine* Form der Marginalisierung ausgerichteten Maßnahmen und Förderangebote die Lebenswirklichkeit der Menschen verfehlen und nicht in der Lage sind, deren Situation nachhaltig zu verbessern.

Bezüglich der Frage mehrfacher Diskriminierungen besteht ein erheblicher Forschungsbedarf. Bei diesem Desiderat setzen wir mit unserem Forschungsprojekt „*Partizipation mehrfach diskriminierter Menschen am Arbeitsmarkt*" an.[3]

---

3   Die Pilotstudie wird vom Europäischen Sozialfonds gefördert und ist als Kooperation von Akademie und Netzwerk-Aktivismus konzipiert. Eine Reihe unserer Forscher_innen sind gleichermaßen Aktivist_innen z. B. bei „Autonom leben" oder in antirassistischen und queer-politischen Kontexten. Für inspirierende Diskussionen und Unterstützung danken wir

In einem multiperspektivisch angelegten Forschungsdesign untersuchen wir sowohl Barrieren als auch Partizipationschancen, mit denen Menschen konfrontiert sind, die als „behindert" oder „chronisch krank" oder als „Person mit Migrationshintergrund" sowie durch andere Formen konstruierter Differenzen (wie zum Beispiel Alter und Geschlecht) diskriminiert werden.[4] Im vorliegenden Beitrag diskutieren wir erste Ergebnisse und daran anschließende theoretische Überlegungen unserer gegenwärtig laufenden empirischen Studie in Hamburg.

Unsere Daten lassen erkennen, dass in der gegenwärtigen Passage des Neoliberalismus die Diskriminierung der von uns untersuchten Personen am Arbeitsmarkt nicht als absolute Exklusion, sondern vielmehr als „limitierte Inklusion" stattfindet. In diesem Zusammenhang markieren Ableism[5] und Rassismus „biopolitische Zäsuren" (Foucault 2001, S. 301), die als solche jedoch nicht erkennbar werden, weil sie individualisierend als Fragen von Leistungsfähigkeit, Kompetenz, Motivation und Integrationswillen betroffener Personen verhandelt und somit in deren Verantwortung verschoben werden.[6]

2 Das Forschungsdesign

Bei unserer Untersuchung multipler Formen von Diskriminierung erweitern wir die vielfach angewandte Perspektive der Intersektionalität (vgl. Hooks 1984; Crenshaw 1989, 1991; Hill Collins und Andersen 1992; Klinger 2003; Knapp und Wetterer 2003; Gummich 2004; Winker und Degele 2010; Davis und Lutz 2010; Jacob et al. 2010), in der versucht wird, die Überlagerungen und Interdependenzen verschiedener Achsen der Differenz zu analysieren. Um die Komplexität des Phänomens zu adressieren, erscheint es über den Intersektionalitätsansatz hinausgehend

---

Gesa Mayer, Till Telake, Michael Hartwig, Müge Zünbül, Melani Klaric, Aida Ibrahim, Vassilis Tsianos, Efthimia Panagiotidis und den Studierenden der beiden Forschungsseminare „Ethnografien zur Partizipation von mehrfach diskriminierter Menschen am Arbeitsmarkt".

4   In unserer Studie untersuchen wir den Arbeitsmarktzugang von Menschen, die sozialrechtlich nach SGB IX als „schwerbehindert" und somit als erwerbsgemindert eingestuft werden, beziehungsweise die aufgrund chronischer Erkrankung als gleichgestellt gelten. Im Zentrum der Untersuchung stehen dabei jene vielfach eher subtilen und sich überlagernden Markierungen der Differenz, die nicht nur im Zusammenhang mit Institutionen, sondern in den Praxen stattfinden.

5   Ableism – von *engl. ability* – beschreibt ein Set von tief in der Gesellschaft verankerten Überzeugungen und Normierungen, die sich sowohl in architektonischen Gegebenheiten, im Industriedesign, in (Sonder-)Institutionen als auch in fraglosen Einstellungen darüber widerspiegeln, was als perfekt, spezies-typisch und deshalb als „natürlich" und „allgemeinmenschlich" unterstellt wird (vgl. Campbell 2009, S. 5).

6   Wir danken unseren Interviewpartner_innen. Ihre Aussagen veranlassten uns zu den folgenden Überlegungen.

notwendig, die von Diskriminierung betroffenen Menschen nicht ausschließlich als Opfer und Spiegelbild der Differenzkonstruktionen und der damit einhergehenden Ausschlüsse zu sehen. Es gilt vielmehr, die Heterogenität der Verbindungen zwischen einer Vielzahl involvierter Aspekte und beteiligter Akteur_innen[7] zu berücksichtigen und damit sowohl die konstitutiven Kontexte verfestigter Marginalisierungen als auch die Dynamiken fluider, umkämpfter und im Wandel begriffener Konstrukte von Behinderung und Rassismus sowie anderer Achsen der Differenz im Sinne eines prozessualen Geschehens in den Blick zu nehmen. Das bedeutet, auch jene Formen von *agency* und mikropolitischen Praktiken der Akteur_innen in die Analyse einzubeziehen, die im Sinne einer „Analytik des Werdens" (Pieper et al. 2011a) versuchen, den vorgegebenen Diskriminierungsstrukturen und Subjektivierungsformen zu entkommen. Diese Perspektive entspricht der Forderung der UN-Behindertenrechtskonvention (Präambel) Behinderung nicht als Identitätsmerkmal einer Person und damit isoliert zu betrachten, sondern Personen mit ihren jeweils situativ unterschiedlich zur Geltung kommenden Potenzialen sowie in ihren Wechselwirkungen mit der sozialen Umwelt und der Verschränkung mit anderen Differenzkategorien zu erfassen. Daher verwenden wir das Konzept der Assemblage (frz. *agencement;* vgl. Deleuze und Guattari 1992, S. 12). Dieses Konzept beschreibt die Beziehung und Verkettung zwischen einer Heterogenität von Körpern, beziehungsweise menschlichen und nicht-menschlichen Akteur_innen, Wissensproduktionen, gesetzlichen Regelungen, Machtverhältnissen, architektonischen Bedingungen, situativen Gegebenheiten sowie Bewegungen des Begehrens (vgl. Pieper et al. 2009, 2011a, 2011b; DeLanda 2006; Grosz 1994; Philipps 2006; Puar 2007, 2011; Shildrick 2009).[8] Mit den „Bewegungen des Begehrens" sind in Anlehnung an Baruch de Spinoza (2012/1870/1888) sowie Deleuze und Guattari (1992) jene Antriebskräfte gemeint, die auf Selbsterhaltung (zum Beispiel bessere Lebensbedingungen) zielen. Eine solche Analytik

---

7   „Der Unterstrich symbolisiert, dass es sich bei einer Personengruppe nicht nur um zwei Geschlechter handelt. Er ist eine symbolische Geschlechter-Lücke (Gender Gap) für alle anderen Geschlechter. Bsp.: Mit Teilnehmer_innen sind somit alle Personen gemeint, die sich weiblich, männlich, trans, intersexuell oder nicht-ident verorten." (Gender Institut Bremen 2013; vgl. S_he 2003)

8   Mit dem Begriff des „agencements" fassen Autor_innen wie Gilles Deleuze und Félix Guattari (1992), Manuel DeLanda (2006), Margret Shildrick (2009) und Elisabeth A. Grosz (1994) ein prozessuales Geschehen, Prozesse des „Werdens", in denen sich ein aktives Zustandebringen von etwas Neuem ereignet. Agencements werden nicht nur durch segmentierernde Linien (wie hier die Formen der Diskriminierung) gekennzeichnet, sondern auch durch „Fluchtlinien" und unablässige Bewegungen, die einen Prozess des stetigen, unabgeschlossenen Neuorganisierens immer wieder vorantreiben. Hier spielen Fragen von Affekt und Begehren eine Rolle. Begehren wird nicht als Form des Mangels interpretiert, sondern als eine produktive und kreative Energie, eine Antriebskraft (siehe Spinozas 2012/1870/1888 *conatus*).

bietet die Möglichkeit, die Beziehung zwischen der Materialität von Körpern und damit zwischen deren unterschiedlichen Potenzialen sowie Beeinträchtigungen und den Wissensproduktionen, ökonomischen Bedingungen, Institutionen, Praktiken, Hilfsmitteln und Barrieren sozialer und architektonischer Art im Kontext von Machtverhältnissen in den Blick zu nehmen, ohne einerseits in einen Strukturdeterminismus zu verfallen oder andererseits die Handlungsmächtigkeit eines als autonom und intentional gedachten Subjekts zu überhöhen. Vielmehr geht es darum, die Prozessualität und die situativen Dynamiken in der Heterogenität eines Beziehungsgeflechts zwischen einer Vielzahl von menschlichen und nichtmenschlichen Körpern und Einflussfaktoren zu beschreiben.

Wir haben unsere empirische Studie als Ethnografie (vgl. Hirschauer und Amman 1997; Hammersley und Atkinson 1983; Knoblauch 1996, 2001) konzipiert. Neben teilnehmenden Beobachtungen in unterschiedlichen Kontexten – wie Integrationsbetrieben und Werkstätten für behinderte Menschen – stehen drei Untersuchungsgruppen im Fokus der Forschung, mit denen Interviews geführt wurden:

1) Personen, die von Marginalisierungspraktiken betroffen sind und als Alltagsexpert_innen ihrer Lebenssituation adressiert werden. Wir haben den Schwerpunkt auf Menschen gelegt, die als Personen „mit Migrationshintergrund" und als „behindert", beziehungsweise „chronisch krank" markiert werden (20 narrativ-biografische Interviews nach Schütze 1987).
2) Professionelle und politische Expert_innen: Integrationsfachdienste, politische Aktivist_innen, Arbeitsvermittlungsorganisationen, Verbände, Akteuren in politischen Parteien, Personalvertreter_innen in Unternehmen (30 leitfadengestützte Expert_innen-Interviews mit narrationsgenerierenden Impulsen nach Meuser und Nagel 1991, 2009).
3) Repräsentativerhebung der 300 größten Hamburger Unternehmen mittels leitfadengestützter Telefoninterviews mit narrativen Impulsen (vgl. Meuser und Nagel 2001).

Die Datenanalyse der Repräsentativerhebung zu Einstellungspraktiken der Unternehmen erfolgt nach quantitativen statistischen Gesichtspunkten. Sie ist noch nicht abgeschlossen und geht daher nicht systematisch in die folgende Darstellung ein. Die intensiven leitfadengestützten Expert_inneninterviews beziehungsweise narrativ-biografischen Interviews wurden im Stil der „Grounded Theory" (vgl. Strauss und Corbin 1996) und der entsprechenden Kodierverfahren ausgewertet, um die Besonderheiten und Spezifika der verschiedenen gesellschaftlichen Felder und deren charakteristische Praktiken, Strukturen und Dynamiken im Sinne einer Assemblage-analytischen Perspektive herauszuarbeiten.

Ziel der Untersuchung ist die Analyse von einstellungs- und umweltbedingten Barrieren hinsichtlich des Zugangs zum Arbeitsmarkt, möglicher Diskriminierungen im Arbeitsleben sowie das Herausarbeiten von situativen Taktiken und Mikropolitiken der diskriminierten Personen im Streben oder Begehren nach besseren Lebensbedingungen.

3 Ableism und Rassismus

Unsere Studie fokussiert die Situation von Menschen, die mehrfach diskriminiert werden und legt dabei das Schwergewicht auf „Behinderung/chronische Erkrankung" und „Migrationshintergrund". Die Markierungen „Migrationshintergrund" sowie „Behinderung" („chronische Krankheit") sind problematische und unscharfe Begriffe, denn sie beschreiben keine einheitliche Gruppe. Vielmehr fassen sie eine heterogene Vielfalt von Menschen zusammen mit sehr unterschiedlichen Biografien, Fähigkeiten, Potenzialen, Bildungskapitalien und Bedürfnissen sowie unterschiedlichem Aufenthaltsstatus, die sich mit verschiedenen Barrieren auseinandersetzen. Was „Behinderung", „chronische Erkrankung" und der Begriff „Migrationshintergrund" jeweils als „verkörperte kontinuierliche Erfahrung" (Stephenson und Papadopoulos 2006, S. 171) bedeuten, ist nur durch eine Analyse des komplexen Zusammenspiels von unterschiedlichen Faktoren im alltäglichen Leben zu verstehen. Dazu gehören einstellungs- und umweltbedingte Barrieren, d. h. Wissensproduktionen über „leistungsfähige Körper" oder Normen der Zugehörigkeit, rechtliche Rahmenbedingungen und Regelungen ebenso wie architektonische Barrieren, aber zugleich auch die Möglichkeiten und Potenziale der Personen sowie verfügbare Unterstützungen und Hilfsmittel. Diese Komplexität erfordert eine prozessuale und kontextspezifische Betrachtungsweise.

In unserer Untersuchung der Barrieren, die den Zugang zum Arbeitsmarkt regulieren, wird deutlich, dass die Zuschreibungen „Behinderung" und „Migrationshintergrund" nicht als jeweils individuelle Eigenschaften von Personen gelten können. Sie bilden vielmehr Synonyme für zwei dominante Achsen der Differenz innerhalb unserer Gegenwartsgesellschaft, die immer wieder erneut reproduziert werden: Ableism und Rassismus. Diese beiden Diskriminierungslinien wirken als mächtige Platzanweiser[9], die Steuerungsfunktionen in Bezug auf Schulbesuch und

---

9   Es gibt hier Analogien zu Geschlecht als Platzanweiser. Ohne einfache Hierarchien der Differenz behaupten zu wollen, lässt sich doch sehen, dass Ableism als so wirkmächtige Differenzkategorie einschneidende Steuerungsprozesse der gesellschaftlichen Segregation in Gang setzt, die alle anderen Linien der Differenz überlagern.

Ausbildungswege übernehmen und schließlich entscheidenden Einfluss auf die Teilhabe am Arbeitsmarkt haben – mit langfristigen biografischen Konsequenzen.

3.1 Ableism

Unter Ableism (engl. *ability*) verstehen wir die sozio-kulturelle Produktion von Normen und Normalität, die den leistungsfähigen (nicht-behinderten) Körper als unbefragt selbstverständliche und privilegierte Existenzweise voraussetzt (vgl. Campbell 2001; Maskos 2010; Wolbring 2008; Pieper 2011). Ableism manifestiert sich auf der diskursiv-symbolischen Ebene – etwa in der idealisierten Vorstellung von Produktivität und Körperbildern, denen die meisten Menschen bestenfalls für eine kurze Phase in ihrer Lebensspanne entsprechen. Ableism materialisiert sich auch in den Institutionen des Rechts, in Kommunikationsformen, die zentral auf Sehen und Hören ausgerichtet sind, in architektonischen Gegebenheiten, sowie in Geräten, Werkzeugen und Dingen des alltäglichen Gebrauchs, die nur für eine bestimmte Personengruppe nutzbar und bedienbar sind. Letztlich operiert Ableism auch über Segregationspraktiken und Institutionen, die Menschen, die tatsächlich oder vermeintlich nicht den Normen von Leistungsfähigkeit entsprechen, an Sonderinstitutionen überweisen. Für viele Betroffene bedeutet die Markierung „behindert" trotz Inkrafttretens der UN-Behindertenrechtskonvention und des Anspruchs auf volle und gleichberechtigte Teilhabe an allen Bereichen des sozialen Lebens gegenwärtig immer noch eine Karriere in segregierenden Institutionen – vom Sonderkindergarten über die Sonderschule bis hin zu Sondereinrichtungen der Berufsförderung und Arbeitsplätzen in Werkstätten. Sprachbarrieren, fehlende Informationen über Rechte und Ansprüche sowie mangelnde Ressourcen zur Durchsetzung von Ansprüchen erhöhen die Wahrscheinlichkeit einer solchen „Exklusionskarriere" (Wansing 2007, S. 291). Zahlreiche interviewte Personen berichten, dass sie bei der Arbeitssuche – auch von Mitarbeiter_innen der ARGE – eingeschüchtert und demoralisiert worden seien, oft von einem Trainingsprogramm ins nächste geschickt wurden, so dass sie sogenannte „Maßnahmenkarrieren" (Solga 2003) entwickelten und schließlich immer wieder auf einen Arbeitsplatz in einer Werkstatt für behinderte Menschen (WfbM) verwiesen wurden. Die bisherigen Ergebnisse der Studie lassen den Eindruck entstehen, dass das arbeitsmarktpolitische und gesellschaftliche Problem der Diskriminierung von Menschen mit Behinderung und Migrationshintergrund am Arbeitsmarkt durch deren Vermittlung in Werkstätten „gelöst" werden solle. Diese Entwicklung steht allerdings im Widerspruch zu Artikel 27 der UN-Behindertenrechtskonvention, in dem Gleichstellung gegenüber anderen Mitarbeiter_innen, gerechte Arbeitsbedingungen, Chancengleichheit und gleiches Entgelt für gleichwertige

Arbeit festgeschrieben wird. Die Arbeitsbedingungen in Werkstätten für behinderte Menschen entsprechen diesen Bedingungen nicht. Dies betrifft einen Teil (ca. 300 000) der als schwerbehindert markierten Menschen im erwerbsfähigen Alter, die dem Arbeitsmarkt zur Verfügung stehen (ca. 1 Million), vor allem Menschen, die als „kognitiv beeinträchtigt" gelten und zunehmend auch Menschen, die als „psychisch krank" konstruiert werden. Gemäß Werkstattverordnung (WVO § 5 Abs. 4) ist es erklärtes Ziel der deutschen Politik, den Übergang von Mitarbeiter_innen der Werkstätten in den allgemeinen Arbeitsmarkt zu fördern. Es zeigt sich aber, dass diese (Re-)Inklusionsbemühungen „neue kumulativ wirkende Ausgrenzungsrisiken" (Wansing 2007, S. 290) erzeugen. So erweisen sich beispielsweise die zum Zweck der Weitervermittlung von Werkstattbeschäftigten in den ersten Arbeitsmarkt geschaffenen sogenannten „ausgelagerten Arbeitsplätze" als kontraproduktiv. Sie führen in der Regel nicht zu einer Weitervermittlung auf den ersten Arbeitsmarkt, sondern zu Mitarbeitenden „zweiter Klasse", die vollwertige Arbeit zu einem sehr geringen Werkstattlohn leisten. Es entstehen somit neue Formen prekärer Arbeit mit ökonomischen und biografischen Risiken, deren kumulative Effekte sich bis ins Rentenalter hinein auswirken. Alternativen wie die „Unterstützte Beschäftigung" auf dem allgemeinen Arbeitsmarkt, die sich zum Beispiel mit der Leistungsform des Persönlichen Budgets verwirklichen lassen, werden dagegen bisher nur wenig umgesetzt (vgl. Biewald und Frings 2012).

Berater_innen aus den Hamburger Integrationsfachdiensten, die wir in unserer Studie interviewt haben, berichten von einer geringen Bereitschaft der Unternehmen, sich auf Festanstellungen von Menschen mit Schwerbehinderung einzulassen und von skandalösen „Dumpinglöhnen", die geboten würden. Die Gruppe von Menschen, die als „psychisch behindert" diagnostiziert sei, habe mit derart hohen Einstellungsbarrieren zu kämpfen, dass diese Personen nur eine Chance auf Einstellung hätten, wenn sie ihren Schwerbehinderten-Status und ihre Erkrankung bei der Bewerbung nicht offenlegten. Diese Personengruppe gilt gleichsam als Inbegriff unkalkulierbarer Schwankungen des Leistungsvermögens und als antizipierter Störfaktor effizienten ökonomischen Arbeitens.

Wie nachhaltig spezifische Bilder und Überzeugungen des Ableism Einstellungspraktiken von Unternehmen steuern, verdeutlichen unsere Interviews mit Personalverantwortlichen aus Hamburger Unternehmen. Unsere Befragung zeigt, dass das Gros der Betriebe nur Menschen mit einem Schwerbehindertenstatus beschäftigt, die im Laufe ihrer Betriebszugehörigkeit eine Behinderung oder chronische Erkrankung erwarben. Selbst wenn Unternehmensvertreter_innen bei den Befragungen explizit bekundeten, dass sie bislang „*nur positive Erfahrungen*" zum Beispiel mit bereits beschäftigten schwerbehinderten Mitarbeiter_innen und mit Mitarbeitenden mit Migrationshintergrund verzeichnen könnten, werden generalisierende Einstellungen gleichsam kontrafaktisch aufrechterhalten. Bei Menschen, die als „schwerbehindert" eingestuft werden, beziehen sich diese Überzeugungen auf eine generell unterstellte mangelnde Leistungsfähigkeit, geringere Belastbarkeit, hohe Ausfallzeiten durch Krankheit und Schwierigkeiten in der Interaktion. Wie die Interviews mit Personalleiter_innen Hamburger Unternehmen erkennen lassen, rufen die Begriffe „Behinderung" beziehungsweise „Schwerbehinderung" und „Migrationshintergrund" Imaginationen auf, die assoziativ stereotype Bedeutungsproduktionen aktualisieren. Diese beziehen sich nahezu eindimensional immer auf „Anderssein" und sind mit Abwertung gekoppelt – wie der folgende Interviewausschnitt zeigt:

> Interviewerin: *„Ja, wo liegen in Ihrer Ansicht denn die zentralen Hürden, die eine Einstellung von Menschen mit Behinderung oder mit chronischer oder psychischer Erkrankung oder Migrationshintergrund erschweren? (Pause)... Hallo?"*
> Personalleiterin: *„Ja, ich überlege, ähm/ähm (2) also klar, bei be/ bei schwerbehinderten Menschen ist die/ das was einen zögern lässt, warum man die nicht einstellt, ist natürlich ganz klar die Angst davor, dass diejenigen häufiger krank sind, mehr Ausfallzeiten haben und ähm/ und dass man ähm/ dass man die Leute, wenn sie halt einmal eingestellt sind, nicht mehr/ nicht mehr los wird, weil die ein erhöhten Kündigu/ Kündigungsschutz haben. Ja, wenn da jetzt jemand von der Performance her nicht gut ist, kann man mit 'nem normalen Mitarbeiter ganz anders umgehen und reden als man das jetzt mit'm Schwerbehinderten kann. Und bei Mitarbeitern mit Migrationshintergrund bestehen diese Ängste ja nicht, ähm da, glaub ich, ist es eher die Sorge, äh wie die sich ins Team integrieren und ob die akzeptiert werden."*

Die hier angeführten eindimensionalen Bilder von „Schwerbehinderung" – wie auch die artikulierten antizipierten Verhaltensunsicherheiten und die negative affektive Konturierung *(„diese Ängste")* im Umgang mit den solchermaßen markierten Menschen entspringen nicht etwa beliebigen persönlichen Einschätzungen der befragten Personalverantwortlichen, sondern verweisen auf Grund ihrer relativ einförmigen Wiederholung in einer Vielzahl von Interviews darauf, dass sie Effekt eines gesellschaftlichen Machtverhältnisses sind, das eng gekoppelt ist an Vorstellungen optimaler Verwertbarkeit als Arbeitskraft im jeweiligen Produktionsregime. In Anlehnung an Fiona Kumari Campbell (2011) bezeichnen wir dieses Machtverhältnis als Ableism. Mit diesem Begriff beschreibt Campbell (2001, S. 44; 2009, S. 5) ein Netzwerk als selbstverständlich empfundener Überzeugungen, Praktiken und Institutionen, die tief und fraglos in unsere Gesellschaft eingebettet sind und eine spezifische Form des Selbst und des körperlichen (und intellektuellen – M. P./J. H. M.) Standards als perfekt, spezies-typisch und deshalb als „natürlich" und allgemein-menschlich unterstellen. Das Regime des Ableism umfasst einen Prozess der Herstellung und Aufrechterhaltung von Imaginationen des

Körpers im Sinne einer normativen, obligatorischen „Ableness", eines Phantasmas „perfekter" Materialität, die als bevorzugt gesetzt wird. Demgegenüber taucht die Vielfalt der Erscheinungsformen menschlicher Existenz als defizitär und damit negativ auf. Über Kumari Campbell hinausgehend möchten wir jedoch betonen, dass das Regime des Ableism nicht unabhängig vom jeweiligen geopolitischen Kontext und von den jeweiligen ökonomischen Bedingungen, d. h. dem Produktionsregime zu untersuchen ist und andere Achsen der Differenz ebenso in die Analyse einbezogen werden müssen wie die situativen Dynamiken aller beteiligten Akteur_innen und Gegebenheiten.

Festgefügte Vorurteilsstrukturen des Ableism dürften ein Grund dafür sein, dass bei der Mehrzahl der von uns befragten Unternehmen keine expliziten Bemühungen zur Einstellung von schwerbehinderten Menschen zu erkennen sind, obwohl diese Betriebe die Beschäftigungsquote nicht erfüllen.[10] Viele Unternehmen ziehen es dagegen vor, zwischen 115 € und 290 € pro Arbeitsplatz als Ausgleichsabgabe zu entrichten.[11] In Hamburg summierte sich diese im Jahre 2011 nach Abzug des Länderfinanzausgleichs auf 9 Mio. Euro, deutschlandweit wird für 2010 eine Summe von 466,5 Mio. Euro geschätzt (vgl. Bundesarbeitsgemeinschaft der Integrationsämter und Hauptfürsorgestellen, BIH 2011). Ein zu verzeichnender Rückgang des Aufkommens an Ausgleichsabgaben um ca. 10 % im Vergleich zum Stand von 2009 dürfte jedoch nicht auf eine vermehrte Beschäftigung von Menschen mit Schwerbehinderungen, sondern auf eine zeitversetzte Folge der Wirtschaftskrise mit Insolvenzen und Arbeitsabbau zurückzuführen sein (vgl. ebd., S. 14). Mithin lässt sich feststellen, dass diese Form der Ausgleichsabgabe kein geeignetes arbeitsmarktpolitisches Instrument sein dürfte, um die Partizipationschancen von Menschen mit Schwerbehinderung beziehungsweise chronischer Krankheit und Migrationshintergrund im Sinne der UN-Behindertenrechtskonvention zu erhöhen, weil es für die Unternehmen weder eine ernstzunehmende „Drohkulisse" noch eine ökonomisch attraktive Anreizstruktur bietet.

---

10 Das SGB IX, § 77, verpflichtet private und öffentliche Arbeitgeber, die mindestens über 20 Arbeitsplätze verfügen, wenigstens auf 5 % dieser Arbeitsplätze schwerbehinderte Menschen zu beschäftigen. Die Ausgleichsabgabe wird auf der Grundlage einer jahresdurchschnittlichen Beschäftigungsquote errechnet.
11 Die Ausgleichsabgabe wird für Zwecke der besonderen Leistungen zur Teilhabe schwerbehinderter Menschen am Arbeitsleben (z. B. Finanzierung der Integrationsfachdienste) verwendet.

3.2 Rassismus

Formen der unbefragt selbstverständlichen Hierarchisierung durch Ableism weisen Analogien zu rassistischen Logiken auf, in denen Praktiken und Diskurse von „Weißsein" (vgl. Frankenberg 2001; Wollrad 2005; Arndt 2005) und Zugehörigkeit zu einer „deutschen, christlich-abendländischen Kultur" (also eines „Okzidentalismus, vgl. Dietze et al. 2009) als fraglose und unbenannte Norm auftauchen und die Funktion von Platzanweisern in Gesellschaften ausüben. In der Tat gehen beide Herrschaftslogiken, Ableism und Rassismus, vielfach enge Verbindungen ein und überlagern einander. Häufig artikulieren sich Rassismen über Ableism, wenn – wie wir es in unserer empirischen Forschung beobachten können – rassistisch markierten Subjekten beispielsweise ein Status reduzierter intellektueller Leistungsfähigkeit attestiert wird. So berichtete uns beispielsweise ein arbeitsloser Akademiker mit Migrationshintergrund, er sei nur aufgrund seiner körperlichen Behinderung an die Werkstatt für behinderte Menschen übermittelt worden:

> Sadiq: *„Das von Arbeitsamt ist, weil sie hatten schnell mich als ... nicht nur eine Arbeitslos, sondern eine behinderte Arbeitslose bezeichnet. Gleich hatte ich eine Kategorie Behinderter, arbeitslos mit Migrationshintergrund [I: mhm]. Und ich hab' gesagt, ich bin in dreien. Erst mal behindert sowieso in eine und dann Migrationshintergrund, andere. Und sie hatten für mich immer eine/ obwohl sie meine Erfahrungen wussten. Obwohl sie wussten, wo ich gearbeitet habe, war ein klare Bruch. Ich muss arbeitslos werden, genau einen Monat später, kam die/ die Anforderung. Ich muss zum Beispiel Ein-Euro-Job machen. Ich muss zur Werkstatt."*

Rassismus kann als flexible Verkettung von Diskriminierungspraktiken und Wissensproduktionen angesehen werden, die immer neuen Konjunkturen folgen. Im Vergleich zu den eher monistischen Strukturen des biologistisch argumentierenden Rassismus im 19. Jahrhundert vervielfältigen sich gegenwärtig Erscheinungsformen und Strategien von Rassismen. In unserer aktuellen Einwanderungsgesellschaft präsentiert sich Rassismus gleichsam als Archipel verschiedener, sich überlagernder Formationen von offen rassistischer Gewalt über unterschiedliche Formen der Diskriminierung im Alltag bis hin zu subtilen Varianten eines institutionalisierten Rassismus, die sich z. B. in den Strukturen der Zuwanderungsgesetzgebung, den Regelungen von Staatsbürgerschaftsrechten, den Möglichkeiten des Zugangs zum Arbeitsmarkt oder dem laizistischen Kopftuchverbot erkennen lassen (vgl. Tsianos und Pieper 2011, S. 194ff.). Gegenwärtig beobachten wir Formen des Rassismus, die sich gegen Migrant_innen und deren post-migrantische Nachfahren richten. Dabei handelt es sich vielfach um Diskurse, Politiken und Praktiken von staatlichen und zivilgesellschaftlichen Institutionen, die systematisch Formen der Diskriminierung produzieren, ohne sich explizit und vorsätzlich rassistischer Begründungsmuster zu bedienen, sondern mit Zuschreibungen und Verfahrensweisen operieren, die als angemessen und wertneutral erscheinen (vgl. ebd., S. 195). Paradigmatisch ist die Verweigerung gleicher Rechte der Berufsausübung – nicht nur im Staatsdienst, sondern auch in der Privatwirtschaft – für migrantische Frauen, die ein Kopftuch tragen (vgl. Barskanmaz 2009).

So tauchen auch in den Interviews mit Personalverantwortlichen von Unternehmen die *"Kopftuch tragende Frau"* und der *"muslimische Mann, der sich von vorgesetzten Frauen nichts sagen lässt"* als Signifikanten unüberbrückbarer Differenz auf und werden zu Chiffren für die unterstellte „Rückständigkeit" einer vermeintlich homogenen „islamischen Kultur", die auf Grund von Integrationsunwilligkeit ihre eigene Inklusion in den Arbeitsmarkt konterkariert.

Etienne Balibar (1990, S. 23) hat diesen anti-migrantischen Rassismus als „Neo-Rassismus" oder „differenzialistischen Rassismus" charakterisiert, der über die Trope der Unvereinbarkeit von Kulturen funktioniert. Allerdings können wir gegenwärtig die Formierung einer „postliberalen Variante" des institutionellen Rassismus konstatieren, der zwei einander entgegengesetzte Denkmuster vereinigt: „(…) auf der einen Seite die Nation oder der politische Nationalismus (…), der sich auf die Vorstellung einer ‚essentiellen Gemeinschaft' und deren einzigartigem Schicksal gründet und auf der anderen Seite der auf Konkurrenz beruhende Markt, der – im Unterschied zu Nation – weder einen inneren noch einen äußeren ‚Feind' zu haben und niemanden auszuschließen scheint, der aber eine allgemeine, individuelle Selektion institutionalisiert, deren untere Grenze die soziale Eliminierung der ‚Unfähigen' und ‚Unnützen' darstellt" (ebd. 2008, S. 23).

3.3 Problemfeld Mehrfachdiskriminierungen

Unsere Interviews zeigen, dass sich die Logik des Ableism vielfach mit solchen rassistischen Konstruktionen des Einbürgerungsrechts überlagert, die nach Prinzipien von Leistungsfähigkeit und Ability über Ein- und Ausschlüsse entscheiden und Mehrfachdiskriminierungen erzeugen – wie das Beispiel unseres Interviewpartners, Jamil, belegt:

Jamil kam im Kindesalter als Kriegsflüchtling aus Afghanistan nach Deutschland und erhielt in Folge kriegsbedingter Verletzungen einen Schwerbehindertenausweis, aber – anders als seine übrigen Familienmitglieder – keine Einbürgerung, sondern nur einen Asylbewerberstatus. Er würde sich gerne weiter qualifizieren und studieren. Doch, obwohl er seit zwölf Jahren in Deutschland lebt, seinen Haupt- und Realschulabschluss sowie eine Ausbildung als Einzelhandelskaufmann erfolgreich absolviert hat, arbeitet er für eine Werkstatt für behinderte Menschen. Jamil ist – wie unsere Untersuchungen belegen – kein Einzelfall. In den Hamburger Werkstätten arbeiten überproportional viele Menschen mit Migrationshintergrund, die relativ hoch qualifiziert sind. Dies deutet auf ein System von ausschließenden Praktiken und Institutionen hin, in denen sich Rassismus über Ableism artikuliert und die Hürden zum Einstieg in den sogenannten „ersten Arbeitsmarkt" für Menschen mit Migrationshintergrund deutlich höher legt und sie vielfach in segregierende Einrichtungen verweist. Die Vermittlung in Werkstätten wird dabei oftmals positiv als Wahrnehmen eines Rechts auf Arbeit dargestellt, die kumulativen negativen Effekte wie Ausschluss vom allgemeinen Arbeitsmarkt, Verzicht auf Aufstiegs- und gesellschaftliche Inklusionschancen oder fehlende angemessene Entlohnung zur Sicherung des Lebensunterhalts und bis ins Rentenalter hineinreichende Risiken ökonomischer Benachteiligung bleiben ausgeblendet.

Dass diese Situation nicht einfach auf mangelnde Leistungsfähigkeit oder Motivation der Betroffenen zurückzuführen sein dürfte, sondern eher Resultat von Segregationsprozessen und „illiberalen Grenzziehungspolitiken" (Tsianos und Pieper 2011, S. 118) der Einbürgerungsgesetzgebung sein dürfte, belegt die Situation von Jamil eindrucksvoll. Denn er ist auf einem sogenannten „ausgelagerten Arbeitsplatz" tätig. D. h. er ist von der Werkstatt zu deren Konditionen (für ein Taschengeld von weniger als 200 € monatlich) angestellt und wird an ein Unternehmen „ausgeliehen", in dem er einen vollen Arbeitsplatz als kaufmännischer Angestellter bekleidet und zur größten Zufriedenheit seiner Vorgesetzten ausfüllt. Zugleich befindet er sich in einer Art Teufelskreis: Er ist nicht in der Lage, dieses arbeitnehmerähnliche Beschäftigungsverhältnis mit der Werkstatt aufzugeben, denn sein Aufenthaltsstatus hängt von einer Beschäftigung ab. Zugleich erhält er keinen Zugang zur Einbürgerung, sondern verbleibt in dem ungesicherten Aufenthaltsstatus, weil er auf Grund des geringen Arbeitsentgeldes, das er in der Werkstatt bezieht, seinen Lebensunterhalt nicht ohne ergänzende Sozialleistungen bestreiten kann:

> Jamil: „Das ist mein großes Problem, dass man in den Werkstätten ganz wenig Geld verdient. Die Ausländerbehörde sagt: ‚Was du hier verdienst, reicht nicht für eine deutsche Einbürgerung.' Um mich einbürgern zu lassen, war ich bei einer Beratungsstelle der Ausländerbehörde. Sie haben gesagt: ‚Schön, OK. Du hast das gemacht. Du hast das getan. Du hast BIH-Kurse besucht.' Ich habe das vor 5 Jahren gemacht, was letztes Jahr Pflicht geworden ist. Ich hab das alles freiwillig gemacht. Und dann die Frage: ‚Wie viel verdienst du? Gar nichts. Ja, dann tschüss.'"

Eine Inklusion in die nationalstaatlichen Rechte wird an die Bedingung der Teilhabe an Erwerbsarbeit als Erwerbstätiger auf dem allgemeinen Arbeitsmarkt und die erreichte Absicherung des eigenen Lebensunterhalts geknüpft. Das ist eine Bedingung, die Jamil auf Grund der exkludierenden ableistischen und rassistischen Praxis von Segregation in eine paradoxe Situation manövriert.[12] Denn hier steht ihm zum einen sein ungesicherter Aufenthaltsstatus als Zugangsbarriere im Weg. Zum anderen begegnet ihm auf dem allgemeinen Arbeitsmarkt sowohl das Vorurteil der mangelnden Leistungsfähigkeit aufgrund seiner Markierung als „behindert" als auch die generalisierende Unterstellung von Differenz aufgrund seines „Migrationshintergrundes", die zum einen als mögliches Verhaltensproblem der betroffenen Person und zum anderen gleichsam als reflexiv gewordener Rassismus im Sinne eines Akzeptanzproblems durch die Angehörigen der Mehrheitsgesellschaft im Betrieb auftaucht. Beide Vorurteilsstrukturen bewirken bei zahlreichen Personalverantwortlichen, die wir befragt haben, Zweifel an einer optimalen Verwertbarkeit dieser Arbeitskraft.

Viele Menschen werden nicht nur aufgrund einer Behinderung oder chronischen Erkrankung, sondern zusätzlich durch weitere Gruppenzugehörigkeiten beziehungsweise Zuschreibungen diskriminiert. So können wir in unserer Studie beobachten, dass Diskriminierungen auf Grund von Alter und Geschlecht weitere maßgebliche Barrieren darstellen. Die Entwicklung der Arbeitslosenquote im Jahr 2010 verdeutlicht den enormen Einfluss, den Diskriminierungsmerkmale – wie beispielsweise Alter – auf die Beschäftigungsverhältnisse nehmen: „Große Unterschiede ergaben sich bei der Altersstruktur schwerbehinderter Arbeitsloser im Jahr 2010: Während bei den unter 50-Jährigen die Arbeitslosigkeit um 1,8 Prozent auf rund 80 550 sank, stieg sie bei den 50- bis unter 65-Jährigen um 11,3 Prozent auf etwa 94 720 an." (BIH 2011, S. 13) Innerhalb der Gruppe von Menschen mit Behinderungen sind Frauen mit Behinderungen besonders benachteiligt. Die auf die Gruppe der 15- bis 64-Jährigen bezogene Erwerbsquote behinderter Frauen rangierte im Jahr 2009 bei 47,4 %, während die entsprechende Quote nichtbehinderter Frauen im gleichen Zeitraum 72,4 % betrug. Bei Männern mit Behinderungen lag die Erwerbsbeteiligungsquote bei 56 %, während sie bei nichtbehinderten Männern mit 85 % deutlich höher war (vgl. Agentur für Gleichstellung ESF 2013). Wie Astrid Libuda-Köster und Brigitte Sellach (2009) in der Auswertung des Mikrozensus von 2005 feststellen, seien Frauen mit Migrationshintergrund und Behinderung in Bildung und Zugang zu ökonomischen Ressourcen besonders benachteiligt. Sie hätten schlechtere Chancen auf dem Arbeitsmarkt und ein deutlich geringeres Einkommen. Bislang existieren allerdings keine statistischen

---

12 Die Idee des Artikels 18 der UN Behindertenrechtskonvention „Freizügigkeit und Staatsangehörigkeit", der Erwerbserleichterung und Wechsel von Staatsangehörigkeit rechtlich garantiert, wird hier durch das Auftreten einer mehrfachen Diskriminierung aufgrund von Behinderung und Migrationshintergrund untergraben.

Erhebungen, die Aufschluss über die Auswirkungen von Mehrfachdiskriminierung auf Erwerbslosigkeit geben.

Auch bezüglich der Förderungsstruktur zeigt sich die mangelnde Berücksichtigung von Mehrfachdiskriminierung. Bestehende arbeitsmarkt- und sozialpolitische Konzepte und Maßnahmen sind relativ starr auf je eine Form der Benachteiligung ausgerichtet; sie lassen kaum Sensibilität und Flexibilität für den Abbau sich überlagernder Marginalisierungen zu, sondern verstärken diese eher noch. Beispielsweise zeigen unsere Interviews, dass ein eklatanter Mangel an muttersprachlichen und/oder kultursensiblen Förderangeboten für behinderte oder traumatisierte Menschen mit Migrationshintergrund besteht, dass die Nichtanerkennung der im Ausland erworbenen Qualifikationen zu Fehlvermittlungen in niedrig entlohnte Tätigkeiten oder in die Werkstatt für behinderte Menschen führt, dass schwerwiegende psychische Erkrankungen infolge fortgesetzter rassistischer Diskriminierungen durch deutsche Behörden und Ämter auftreten und dass durch den Ausschluss von Menschen ohne gesicherten Aufenthaltsstatus von den Rehabilitationsleistungen nach SGB IX einer großen Personengruppe jede Chance auf berufliche und gesellschaftliche Partizipation (geschweige denn Inklusion)[13] verwehrt bleibt. Hinzu kommen weitere Konstellationen der Benachteiligung aufgrund von Alter, Geschlecht, sexueller Orientierung, Religionszugehörigkeit, sozialem und/oder ökonomischem Status.

Mit dem Konzept des *Diversity Management* (rechtlich flankiert durch das Allgemeine Gleichbehandlungsgesetz: AGG) liegt Betrieben zwar theoretisch ein Instrument vor, um Vielfalt und Differenzen im Sinne unternehmerischer Produktivität wertzuschätzen und nutzbar zu machen. Wobei auch in diesem Zusammenhang eine „limitierte Inklusion" zu beobachten ist, wie unsere Studie belegt: Dort, wo beispielsweise Menschen mit Migrationsgeschichte „verwertbar" im Sinne von Unternehmensinteressen sind, weil sie „Sprachkenntnisse" aufweisen, die für die Erschließung und Bearbeitung von Märkten von Vorteil sind, oder wo ihnen eine „kulturelle Nähe" zu potentiellen Kund_innen unterstellt wird, haben sie Chancen in den Arbeitsmarkt inkludiert zu werden. Hier werben Unternehmen mit einer besonderen Unternehmensethik, die sich Vielfalt, Diversity Management und „social innovation" auf die Fahnen geschrieben hat, und versprechen sich damit Wettbewerbsvorteile. Allerdings zeigt unsere Studie, dass das neoliberale Instrument des Diversity Managements in der Regel keineswegs auf

---

13 Die UN-Behindertenrechtskonvention folgt dem Leitbild der „Inklusion" – nicht der „Integration", wie vielfach immer noch behauptet und geschrieben wird. Das bedeutet: nicht Menschen mit Behinderung müssen sich „anpassen"/integrieren, vielmehr sind alle gesellschaftlichen Bereiche – seien es Kindergärten, Bildungsinstitutionen sowie die Unternehmen – aufgefordert, sich den Bedürfnissen der Menschen mit Behinderungen anzupassen und sich ihnen zu öffnen.

eine umfassende Vielfalt zielt und angewandt wird, sondern nur auf jene Formen der Vielfalt, die im Sinne von Unternehmens- und Gewinnmaximierungspolitiken als „verwertbar" angesehen werden, während die vermeintlich nicht „konsumierbaren" Phänomene von Vielfalt ausgegrenzt bleiben. Unsere Interviews belegen, dass *Diversity Management* keineswegs gleichzusetzen ist mit einer ausgearbeiteten Programmatik und gelebten Praxis der Inklusion. Zwar geben 42 % der befragten – in der Regel größeren – Unternehmen an, Diversity Management in ihre Unternehmensphilosophie einzubinden, aber auch hier zeigt sich, dass dies in unterschiedlicher Ernsthaftigkeit und Intensität geschieht. Oft beschränkt sich die positive Einbindung von Vielfalt auf einzelne, „besonders verwertbare" Differenzkategorien wie beispielsweise Sprach- und Migrationserfahrungen im Kontakt mit ausländischen Unternehmen oder Kund_innen.

4 Neoliberale biopolitische Gouvernementalität

Sicherlich wäre es simplifizierend, Ableism und Rassismus schlicht als Folgeerscheinungen des Kapitalismus zu identifizieren. Doch als Komplex von Diskursen, Machtverhältnissen und Praktiken gehen sie immer wieder enge Allianzen mit kapitalistischen Marktlogiken ein, so dass von einer symbiotischen Beziehung zueinander gesprochen werden kann, artikulieren sie sich doch sehr stark über die Chancen des Zugangs zum Arbeitsmarkt.

Historisch betrachtet zeigt sich das Regime von Ableism und Rassismus als eng verzahnt mit der Genealogie der Biopolitik. Damit bezeichnet Michel Foucault (1983, 2001, 2004) eine neues Register der Macht, das sich – seit dem 17. Jahrhundert im Überschreiten der Modernitätsschwelle vom „Ancien Régime" zum modernen Staat und im Zeichen des aufkommenden Kapitalismus (und Kolonialismus) – zu etablieren beginnt. Foucault beschreibt die Genese einer „Macht über das Leben" (bíos), eine politische „Machtergreifung über den Menschen als Lebewesen" (ebd. 2001, S. 276), die er als eine der zweifellos wichtigsten Wendungen in der Geschichte der menschlichen Gesellschaft bestimmt (vgl. ebd. 1983, S. 170). Dieser Typus der Macht richtet sich auf die Produktivmachung des Lebens der Bevölkerung und der Individuen. Biopolitische Zäsuren entlang der Linien von Ableism und Rassismus differenzieren in jene, die „produktiv" gemacht werden und „leben" sollten und jene, die ausgesondert werden.[14]

---

14 Auch wenn diese Macht „produktiv" und „produktivmachend" auf eine „Maximalisierung des Lebens" (Foucault 1983, S. 163) gerichtet ist, bedeutet das keineswegs, dass auf gewaltförmige Prozeduren verzichtet wird. Diese wurden im NS-Regime in zynischer Weise im Namen des Lebens unter dem Banner von Eugenik und Rassediskursen geführt (vgl. Pieper

Seither haben sich sowohl die Spielarten des Kapitalismus, d. h. das Produktions- und Akkumulationsregime als auch die Varianten von Ableism und Rassismus transformiert und neue, historisch und geopolitisch spezifische Konturen ausgeprägt. Deutschland befindet sich (wie viele andere Staaten auch) in der Passage des Neoliberalismus. Im Zeichen des neoliberalen Regimes wird das Diktum der Ökonomie zur alles bestimmenden Rationalität, die zugleich das Terrain der Sozialpolitik, aber auch die Sicht auf gesellschaftliche Gruppen, soziale Beziehungen und Selbstverhältnisse verändert. Die Machttechnologie des „unternehmerischen Selbst" (Bröckling 2007), d. h. die Anrufung (vgl. Althusser 1977) des Individuums als eine die eigenen „Humanressourcen" optimal vermarktende und steigernde Unternehmer_innen-Persönlichkeit ist eng verknüpft mit der utilitaristischen Logik des Ableism. Probleme sozialer Ungleichheit geraten nun zunehmend in den Verantwortungsbereich der Betroffenen. Sie erscheinen somit als durch aktives Handeln abwendbares Risiko. Erwerbslosigkeit erfährt ein neues Arrangement als individuelles Problem, in das insofern regulierend eingegriffen wird, als dass die Betroffenen beständig dazu angehalten werden, Arbeit zu finden und man sie verpflichtet, „unablässig und aktiv nach dem eigenen Arbeitsplatz zu suchen und Qualifikationen zu optimieren" (Rose 2000, S. 92). Die Problematisierung von Erwerbslosigkeit und letztlich die Frage sozialer Ungleichheit wird neu angeordnet als Frage der Konkurrenz zwischen (potentiellen) Arbeitskräften und als Frage von deren Leistungsfähigkeit, Motivation und Fähigkeit zur permanenten Selbstmodulation artikuliert (vgl. Pieper 2007, S. 146). Regierung bedient sich eines spezifischen Subjektivierungsmechanismus, den Leally Ruhl (1999, S. 97) als Strategie der „Responsibilisierung" beschreibt.

Im Zeichen der neoliberalen Regierung von Dis-/Ability wird die Lösung des Ausschlusses aus dem Arbeitsmarkt (und aus vielen Bereichen des sozialen Lebens) von Menschen, die als „behindert" oder als „Migranten" respektive „Migrantinnen" eingestuft werden, in eine Frage der Selbsttechnologie der Betroffenen transformiert und verschiebt sich von einer „collective governance of the marginalized people" zu einer neuen Logik des „self-government by marginalized people" (Pieper und Haji Mohammadi 2013). Die Forderungen nach autonomem, selbstbestimmtem Leben, die von den Bewegungen der als „disabled" bezeichneten Menschen ausgingen, wurden durch neoliberale Politiken gleichsam entwendet, angeeignet und in neue Formen der persönlichen/individuellen Verantwortungszuschreibung – in eine Regierung über Selbstführung umgemünzt.

---

et al. 2011, S. 11). „Biopolitische Zäsuren" im Zeichen von Ableism und Rassismus bzw. Antisemitismus wurden in der deutschen Geschichte in unvorstellbar grauenvoller Weise in den Mordexzessen der Biopolitik während des NS-Regimes vollstreckt.

Diese Logiken finden sich sowohl in Aussagen der Sachbearbeitenden der Arbeitsagentur, den Statements und Programmen der Integrationsfachdienste, die mit ihren Klient_innen am Aufbau von „Selbstbewusstsein" und „Selbstmanagement" arbeiten als auch in den Selbstverhältnissen der Betroffenen. So kommentiert unsere Interviewpartnerin Marisa ihren fehlgeschlagenen Versuch, von der Werkstatt für behinderte Menschen in den ersten Arbeitsmarkt zu gelangen mit der Bemerkung:

> „Aber ich seh' das auch trotzdem so, weil man kann sich ja trotzdem noch hocharbeiten und weiter fördern, dass man's vielleicht dann doch noch schafft."

Die Partizipation am allgemeinen Arbeitsmarkt wird zur Frage der eigenen Anstrengung umcodiert. Diskriminierende gesellschaftliche Faktoren werden unsichtbar.

Allerdings zeigt sich, dass diese Form neoliberaler Gouvernementalität – wie sie Foucault (2004) in seinem Spätwerk und in Anlehnung an diesen zahlreiche Autor_innen der Governmentality Studies beschreiben – als Technologie des Regierens über die Anrufung eines „autonomen Subjekts" oder eines „unternehmerischen Selbst" in der Passage des Neoliberalismus nicht monolithisch als die einzige Form des Regierens existiert. Vielmehr lassen unsere Untersuchungen erkennen, dass sich unterschiedliche Regierungstechnologien und Rationalitäten überlagern und Allianzen eingehen. So kann die Aufforderung zu eigenverantwortlicher Selbstführung auf dem Arbeitsmarkt durchaus mit einem bevormundenden, paternalistischen Verhalten zuständiger Behörden korrespondieren. Dies zeigt sich etwa, wenn Integrationsamt und Arbeitgeberinnen über den Kopf von Betroffenen hinweg dessen/deren vorzeitige Verrentung aushandeln, oder wenn Menschen gegen ihren erklärten Willen in segregierenden Institutionen – wie Sonderschulen, Werkstätten für behinderte Menschen und stationäre Wohneinrichtungen – untergebracht werden. Auch an den Formen rassistischer Diskriminierung sowohl im Alltag als auch in den juridischen Regelungen des Zuwanderungsgesetzes und des Asylbewerber-Leistungsgesetzes hat sich bislang kaum etwas geändert. Mit anderen Worten: Biopolitische Zäsuren entlang der Linien von Ableism und Rassismus haben sich gegenwärtig keineswegs verflüchtigt: Sie finden in neoliberalen Ökonomisierungsstrukturen eher ein Passungsverhältnis.

4.1 Limitierte Inklusion

In der Tat können wir das Regime des Ableism als das wohl machtvollste biopolitische Regime der Gegenwart deuten, ein Regime, das eng verbunden ist mit dem gegenwärtigen neoliberalen oder post-fordistischen Produktionsregime, das durch die totale Produktivmachung des gesamten Lebens operiert. Allerdings ist zu beobachten, dass die gegenwärtigen biopolitischen Zäsuren und damit die Varianten von Ableism und Rassismus nicht einfach durch binäre Grenzziehungen und Prozesse von Exklusion der rassistisch oder als „behindert" markierten Personen gekennzeichnet sind, sondern vor allem durch Prozesse limitierter Inklusion. Limitiert insofern, als Inklusion nicht allen Gesellschaftsmitgliedern, sondern nur jenen zuteil wird, die im Sinne gegenwärtiger ökonomischer Effizienzkriterien als „produktiv genug", „anpassungsfähig" und „optimal verwertbar" angesehen werden. Menschen oder Differenzen, die den ableistischen Produktivitätsmaßstäben nicht gerecht werden, sehen sich weiterhin mit den Praktiken gesellschaftlicher Aussonderung konfrontiert.

Die Interviews unserer Studie über den Zugang zum „ersten Arbeitsmarkt" zeigen, wie diese Prozesse der limitierten Inklusion/Exklusion, aber auch der Segregation und Marginalisierung verlaufen, die bereits früh in den Biografien mehrfach diskriminierter Menschen einsetzen. Sowohl die Institution (Sonder-)Schule, die die Betroffenen häufig nicht mit anerkannten Schulabschlüssen ausstattet als auch die Empfehlungen der Lehrenden bzw. der Mitarbeiter_innen der Bundesagentur für Arbeit übernehmen zentrale Steuerungsfunktionen für weitere Lebenswege. Das geschieht oft, ohne dass die betroffenen Menschen hinreichend über Rechte und unterschiedliche Möglichkeiten informiert werden oder die Chancen eines wirksamen Mitsprache- und Widerspruchsrechts in Anspruch nehmen können. So beschreibt Saliah, deren Eltern aus Marokko kommen, dass sie nach der Sonderschule für Körperbehinderte „*in der Werkstatt für behinderte Menschen gelandet*" sei – wie sie es ausdrückt – obwohl sie eigentlich einen Realschulabschluss machen wollte:

> Saliah: „*Das liegt an meiner Lehrerin, die mich von Anfang an hierhin (in die WfbM – M. P./J. H. M.) stecken wollte. Deswegen sagt das Arbeitsamt: ‚Nee, nee, was andres gibt's nicht.' Also da musste ich schon hin (…) Das ist schon 'ne Fiesheit, wenn man sagt, dass man selber lesen kann oder auch schreiben kann, ja, jetzt musst du trotzdem zu der Werkstatt.*"

Im Rahmen unserer empirischen Untersuchung zeigen sich vielfach Formen der Grenzziehungen, in denen das „marktförmige", produktive als „behindert" markierte und als (relativ) autonom adressierte Subjekt von denjenigen geschieden wird, die als „nicht produktiv" genug, beziehungsweise nicht als konkurrenzfähig auf dem Arbeitsmarkt angesehen werden. Oft sind Testverfahren – wie die der Bundesagentur für Arbeit – Instrumente, mit denen die biopolitischen Zäsuren gleichsam „vollstreckt" werden. Dies zeigt das Interview mit Marisa, die auf einen Rollstuhl angewiesen ist, seit 9 Jahren in der WfbM arbeitet und sich darum bemüht, eine Stelle im ersten Arbeitsmarkt zu bekommen – nicht zuletzt, weil sie die Arbeit in der Werkstatt als zu monoton und unterfordernd empfindet und ihr Einkommen (*„Wir kriegen quasi Taschengeld. So eine wie ich bekomme gerade mal 150 Euro im Monat"*) nicht zum Lebensunterhalt ausreicht. Sie beschreibt, das eintägige Testverfahren als eine Art Degradationszeremonie[15] mit nachhaltigen biografischen Folgen:

> *„Das war denn auch ein Psychologe, der diesen Test besprochen hat ...Ich könnte schon auf dem freien Arbeitsmarkt arbeiten, aber/ähm/...ich hab schon ganz, ganz viele Be/ Schwächen in'n paar Dingen /äh/mein Stärkstes, wo ich halt sehr gut war, ist halt im Deutschen, im Schriftlichen. Aber es gibt halt nicht so wirklich/ähm/auf dem Arbeitsmarkt was, was man damit verbinden könnte."*

Es sei zwar

> *„<u>möglich</u> (auf dem ersten Arbeitsmarkt zu arbeiten – M. P./J. H. M.) aber auch ein bisschen <u>schwierig</u>, weil für mich eigentlich es doch besser ist, in einem etwas geschützteren Raum zu arbeiten."*

Dieses durch eine Behördeninstanz gefällte, durch den Test und durch die professionelle Autorität des Psychologen als „Wahrheit" produzierte Urteil gewinnt eine derart starke Wirkmächtigkeit, dass Marisa dies in ihr Selbstkonzept übernimmt:

> *„Und von daher kam ich dann auf das Ergebnis, dass es vielleicht nicht so schlecht ist, wenn ich weiterhin in der Werkstatt arbeite."*

Allerdings deutet einiges darauf hin, dass es sich bei einer solchen, auf den ersten Blick als „Anpassung" an die ausschließenden Bedingungen zu interpretierenden Haltung letztlich um eine „Taktik des Durchkommens" handelt, mit der die Interviewpartnerin angesichts der Erfahrung von Abwertung und Ausschluss handlungsfähig bleibt, die Situation für sich erträglich gestaltet und nicht in Resignation verfällt. Denn sie akzeptiert das Urteil nicht als endgültig, sondern artikuliert ein virulent bleibendes Begehren nach einer anderen, attraktiveren Lebensperspektive: *„Aber ich seh' das auch trotzdem so, weil das ist ja hier auch so, eine Werkstatt ist ja keine Endstation ..."*. Zugleich interpretiert Marisa die Möglichkeit einer Änderung ihrer Lebensperspektive als Frage ihrer individuellen Leis-

---

15 Harold Garfinkel (1956/2007) beschreibt solche Herabsetzungszeremonien, die vielfach auf institutionellen Arrangements beruhen.

tungsfähigkeit, in dem sie sich „*hocharbeiten*", „*sich weiter fördern*" als Strategien sieht und entspricht damit exakt dem Muster neoliberaler Rationalität und einer ableistischen Normativität. Im Zeichen neoliberaler Regierungsrationalität wird die Frage des Ausschlusses aus dem „ersten" Arbeitsmarkt in eine Frage der Selbsttechnologien von Betroffenen transformiert und als ein durch eigenes Handeln abwendbares Problem neu arrangiert. „Responsibilisierung" nennt Ruhl (1999) diesen Subjektivierungsmechanismus der Verantwortlichmachung, der den Betroffenen suggeriert, soziale Ungleichheit sei letztlich nur eine Frage von individueller Leistungsbereitschaft, Motivation und der Fähigkeit zur permanenten Selbstmodulation, also ein Problem, das durch unablässiges Arbeiten an der Optimierung der eigenen Qualifikationen zu beheben sei.

4.2 „Post-fordistische Biografien"

Die in der UN-BRK vorgesehene Schaffung inklusiver Arbeitsmärkte, d. h. eine Teilhabe an Erwerbsarbeit auf dem allgemeinen Arbeitsmarkt, wird in Zeiten neoliberaler Ökonomie und post-fordistischer Produktionsbedingungen, die immer mehr befristete und prekäre Arbeitsverhältnisse hervorbringen, zunehmend schwieriger umsetzbar. Zum einen sinkt die Bereitschaft der Unternehmen, Menschen mit einem Schwerbehindertenstatus, die besonderen Kündigungsschutz genießen, einzustellen, weil dies mit den „hire and fire"-Prinzipien ökonomischer Flexibilität schwer zu vereinbaren ist. Für diejenigen, denen es gelingt, auf dem Markt prekärer Arbeitsverhältnisse einen Arbeitsplatz zu erkämpfen, bedeutet dies häufig, sich von Job zu Job und von Projekt zu Projekt zu hangeln. Es verlangt, *„eine post-fordistische Biografie"* zu leben: *„zwei Jahre Arbeit, ein Jahr arbeitslos, zwei Jahre Arbeit, ein Jahr arbeitslos",* wie es einer unserer Interviewpartner analytisch präzise formuliert. Dies beinhaltet auch, potentielle Arbeitgeber_innen immer wieder von der eigenen Qualifikation – allen biopolitischen Zäsuren von Ableism und Rassismus in den Köpfen zum Trotz – überzeugen zu müssen, die Zeiten zwischen den Jobs und Projekten zu überbrücken, einen hohen Aufwand für die Akquise von neuen Projekten einzusetzen, sich situationsflexibel immer wieder auf neue Arbeitsbedingungen einzustellen, dafür zu sorgen, die entsprechenden technischen Hilfsmittel und – falls notwendig – die Arbeitsassistenz zu organisieren, sich auf Bedingungen von Selbstausbeutung einlassen zu müssen und gleichzeitig keine langfristigen biografischen Projekte entwickeln zu können sowie mit einer Perspektive ungewisser Alterssicherung zu leben.

5 Mikropolitiken – Taktiken des Durchkommens in den biopolitischen Assemblagen von Ableism und Rassismus

Ableism und Rassismus bilden im Zeichen neoliberaler Gouvernementalität gleichsam eine totale, biopolitische Maschine – ein auf Produktivität zielendes Netz von Machtverhältnissen, Diskursen und Subjektivierungsweisen, dem sich niemand entziehen kann. Welcher Anstrengungen es angesichts dieser Machtverhältnisse bedarf, einen Platz in der Gesellschaft und auf dem allgemeinen Arbeitsmarkt zu erkämpfen, belegen unsere Interviews mit Menschen, die als „schwerbehindert/chronisch krank" und als Personen „mit Migrationshintergrund" markiert sind. Einige unserer Interviewpartner_innen erzählen, dass sie durch Diskriminierungserfahrungen zu politischen Aktivist_innen geworden seien, sich in der Behindertenbewegung organisiert hätten, um einen Ort des Sprechens zu haben, von dem aus sie für rechtliche Gleichstellung kämpfen können. Sie schildern eine Fülle von Aktivitäten, die sie auf lokaler und nationaler Ebene organisiert haben, um durch kreative Aktionen ihre Diskriminierung zu skandalisieren. Neben solchen Politiken der Repräsentation, des Sprechens für Gruppen mit festumrissenen Eigenschaften und Programmen, beschreiben unsere Interviewpartner_innen aber vor allem, wie sie die Subjektpositionen der Inferiorität zurückweisen, die ihnen von einer durch Ableism und Rassismus geprägten Gesellschaft zugemutet werden, ohne dass sie auf das stützende Netz einer über Identität operierenden politischen Bewegung zurückgreifen können. Ihnen bleiben vor allem Praxen einer „Mikropolitik" (vgl. Deleuze und Guattari 1992, S. 283 ff.; Guattari 1977). Damit lassen sich all jene singulären, alltäglichen Akte bezeichnen, die getrieben sind von dem Begehren nach anderen, besseren Lebensbedingungen, in denen Menschen, denen die Teilhabe verwehrt wird – wie Jacques Rancière (2002) es beschreibt – Situationen kreieren, die es ihnen ermöglichen, ihre Lage zu verändern. Diese Politiken entwickeln ihre eigenen Logiken, sie operieren gleichsam unter der Oberfläche bestehender Ordnungen und Machtverhältnisse und sind unwahrnehmbar aus der Sicht traditioneller Politiken. In ihnen liegen Momente des Emergenten und der Transformation des Gegenwärtigen, die sich in den „agencements" (vgl. Deleuze und Guattari 1992; Pieper et al. 2011a, b) der beweglichen Beziehungen zwischen einer Vielzahl von Akteur_innen und Einflussfaktoren im Verhandeln und Durchqueren gegebener Bedingungen und Ordnungen neu konstituieren.

Das möchten wir am Beispiel der Analyse eines Interviews mit Amir demonstrieren, der mit Anfang 20 als politischer Flüchtling nach Deutschland kam. Als Folge von Gefängnisaufenthalten und Folter hat er nachhaltige körperliche und psychische Traumatisierungen erlitten. Für ihn gilt es, sich in einer durch Ableism und Rassismus gekennzeichneten Gesellschaft einen Platz zu erkämpfen. Als besonders problematisch erweist sich, gegenüber einer intransparenten, nicht über Zuständigkeiten, Rechte und Ansprüche aufklärenden, ablehnend reagierenden Behördenmaschinerie und einem Rechtssystem, das trotz proklamierter Gleichheit Benachteiligungen zulässt, Ansprüche auf Unterstützung, Bezahlung der Therapie, Studium und Arbeitsplatz durchzusetzen. Seine Erzählung belegt, dass in der Passage des Neoliberalismus keineswegs *alle* Menschen als autonome Subjekte angerufen werden, sondern dass biopolitische Zäsuren des Rassismus und Ableism im Rechtssystem, im Verwaltungsapparat und in den Köpfen der Behördenmitarbeitenden zwischen jenen unterscheiden, denen gesellschaftliche Teilhabe zugestanden wird, und jenen, die als nicht produktiv und damit als „überflüssig" oder als „Betreuungsobjekte" gelten und an segregierende Institutionen verwiesen werden.

Amir beschreibt sich jedoch nicht als passives und resigniertes Opfer der Verhältnisse, sondern als jemand, der, als er nach Deutschland kommt, in einen Lernprozess eintritt. Das betrifft zunächst den Umgang mit seinem Körper, mit seinen gesundheitlichen Problemen auf Grund seiner Verletzungen und Schädigungen, die er davon getragen hat. Aber dieser Lernprozess verlangt ihm auch ab, sein Selbstverhältnis neu zu konstituieren angesichts der Zuschreibungen von Rassismus und Ableism, mit denen er in Deutschland konfrontiert ist – wie er sagt –: *„zu lernen, was ich hier eigentlich bin".* Für ihn gilt es auch, die Grammatiken des deutschen Staates und Sozialsystems zu entziffern, um *„zu verstehen, was die deutsche Gesellschaft eigentlich ist"; „zu verstehen, wie dieses System hier eigentlich läuft",* um durchzukommen. Diese Gesellschaft, die er zu dechiffrieren versucht, tritt ihm zunächst vor allem in Gestalt von Repräsentanten des Staates – *„Beamten und Beamtinnen"* – sowie einem System von bürokratisierten Prozeduren und Rechtsvorschriften gegenüber, die auch nach seiner Einbürgerung seinen Bestrebungen – zum Beispiel nach freier Wahl des Aufenthaltsortes oder des Studiums beziehungsweise des Arbeitsplatzes – immer wieder Grenzen setzen und Einschränkungen auferlegen. *„Gleich hatte ich eine Kategorie: behinderter Arbeitsloser mit Migrationshintergrund"* und: *„Sie schmissen mich einfach in eine Schublade. Und ich war ganz unten".* Er weist jedoch die ihm beständig zugeschriebene inferiore Subjektposition beharrlich zurück. Er weigert sich, in eine stationäre Wohneinrichtung[16] eingewiesen zu werden und – trotz eines im Heimatland abgelegten Abiturs – in einer Werkstatt für behinderte Menschen zu arbeiten. *„Ja, Sie sind krank, Sie müssen sich schonen. Das System (der Werkstatt – M. P./J. H. M.) erlaubt es Ihnen, sich zu schonen"* lautet die paternalistisch-protektive Begründung, die ihn

---

16 Nach § 13 SGB XII können Menschen gegen ihren Willen in Behindertenheimen untergebracht werden.

gleichsam in den Status eines Betreuungsobjekts versetzt und auf die Kette segregierender Institutionen verweist, obwohl er anstrebt, autonom zu leben und in einem regulären, seiner Qualifikation entsprechenden Arbeitsverhältnis zu arbeiten.

> Amir: „Ich war immer in einer Pattsituation. Ich war auf der einen Seite frei. Haben sie gesagt: ‚Sie sind frei zu entscheiden', aber auf der anderen Seite immer abhängig vom Staat. (...) Und ich habe dort (in den Behörden – M. P./J. H. M.) auch gemerkt, dass besonders bei den Gesprächen gibt es eine /äh/Ohnmacht, die total mitspielt. Einmal die Gesetze, die sagen, ich bin frei, ich kann demokratisch auch etwas verlangen von dem Gesetz. Und auf der anderen Seite die .. Ermessensfrage, das heißt, jeder Beamte konnte über mich entscheiden, was ich machen soll, wo ich leben soll, wie viel Geld ich kriegen soll."

In dieser Situation der Ohnmacht verlässt sich Amir nicht auf das formale Einklagen von Rechten, das er als relativ aussichtslos einstuft. Ihm bleibt letztlich nur die Ebene der Mikropraktiken, die retrospektiv als affektive Politiken gedeutet werden können. Seine Fähigkeit, andere zu affizieren, eine Beziehung herzustellen durch das Erzählen seiner Geschichte, durch „einen kleinen Spruch (...) ein Lächeln", erzeugt eine Resonanz, ein Mitgefühl, eine Empathie:[17]

> Amir: „Und durch dieses Mitteilen Können, hab' ich auch das Gefühl gehabt, ...ich kann Andere in eine Situation reinbringen, dass sie auch mitdenken können, dass sie Mitgefühl haben, nicht Mitleid, sondern Mitgefühl, Mitgefühl erzeugen und auch ...dass die anderen auch ein bisschen nachdenken."

Mit Hilfe dieser Politiken des Affizierens entsteht ein „agencement" als Verbindung zwischen solch heterogenen Elementen wie den Körpern, dem Streben nach besseren Lebensbedingungen, Affekten, juristischen Regelungen, der erzählten Geschichte und weiteren Einflussfaktoren, die hier nicht weiter zu erschließen sind, in dem Auswege oder „Fluchtlinien" (Deleuze und Guattari 1992, S. 19) aus der Situation entstehen, die Amirs Subjektposition verändern. Er weist die Position des Betreuungsobjekts und des Objekts von Mitleid zurück, indem er eine Situation des Mitfühlens initiiert, das auf Augenhöhe stattfindet, ein Mitempfin-

---

17 Mit der Frage des Affekts und den Prozessen des Affizierens und Affiziert-Werdens beziehen wir uns auf die Arbeiten von Spinoza (2012/1870/1888), Deleuze und Guattari (1992) und Brian Massumi (2010). L'affection (Spinozas affection) ist jeder Zustand, der als Begegnung zwischen einem Körper und einem zweiten, affizierenden Körper angenommen wird (vgl. Massumi 1987, S. xvi). Affekt stellt eine unbewusste Erfahrung von Intensität dar, ein Moment ungeformten und unstrukturierten Potentials, das Verbindungen, „agencements/Assemblagen" (Deleuze und Guattari 1992, S. 12) antreibt, in denen Fluchtlinien einer Veränderung bestehender Ordnungen und Bedingungen, eines „Werdens" entstehen können.

den auf der Ebene von Mitmenschlichkeit. Wir können dies vergleichen mit Émmanuel Lévinas' (1987, S. 63) und Judith Butlers (2005, S. 157 ff.) Überlegungen des sich selbst (und die Prekarität der eigenen Existenz) Erkennens im Angesicht des Gegenübers, des Anderen, das eine Verantwortung auslöst, eine Verantwortung, die keine paternalistischen Züge trägt, sondern das Gegenüber respektvoll anerkennt.

Diese Politiken des Affizierens und Affiziert-Werdens schaffen einen gemeinsamen Raum, der die unterschiedlichen Mitarbeitenden der Behörden und später die potentiellen Arbeitgeber_innen in eine kooperative Haltung bringt, zu einer *„Mitarbeit"* motiviert – wie Amir es formuliert –, damit sie sich seiner Sache annehmen und ihre *„Ermessensspielräume"* zu seinen Gunsten auslegen.

Dies geschieht auch dadurch, dass Amir zäh und beharrlich seine Interessen verfolgt und reklamiert. Aber vor allem aber dadurch, dass er gewissermaßen die Spielregeln gelernt hat und versucht, – wie ein „Trickster" (Haraway 1995, S. 18) mitzuspielen, um die Regeln zu variieren – und das Spiel für sich zu entscheiden. Das geschieht in unterschiedlichen Situationen in Ämtern – wie der Arbeitsagentur – zum Beispiel, indem er seine Gefühle balanciert, sich nicht von Aggressionen und abwertendem Verhalten der Behördenmitarbeiter_innen affizieren lässt, sondern gelassen bleibt *("Wenn man in Ämtern aggressiv wird und laut, dann nutzen sie das. Und ich war es nicht")*. Das könnte auf den ersten Blick als eine Art „Unterwerfung" interpretiert werden. Aber den beschriebenen Beispielen nach, handelt es sich eher um den Aufwand eines taktischen Performierens der subalternen Position, um diese zu „deterritorialisieren". Eine solche Gratwanderung zwischen ruhigem, schweigendem Hinnehmen, der Verkörperung der geforderten kontextspezifischen Normen und einer zeitverschobenen Handlungsfähigkeit finden wir zahlreich in unseren Interviews. Wir können dies auch als Versuch einer „politics of disidentification" (Muños 1999) interpretieren, zu der Menschen in prekären Situationen Zuflucht nehmen, um handlungsfähig zu bleiben. Es handelt sich um eine Politik minoritärer Subjekte, die ihren Subjektstatus innerhalb kultureller und symbolischer Ordnungen erstreiten, in denen sie nur als Subalterne vorkommen. Daher können diese Praxen als Prozess der Ermächtigung durch die Konfrontation mit Blockaden und Hindernissen hindurch interpretiert werden, die dem Schaffen von Freiräumen innerhalb gegebener Machtverhältnisse dienen.

Für Amir bedeutet das, dass er zu der Einsicht gelangt: *„dieses neoliberale System erst Mal zu verstehen, ist nicht schlecht, für mich war immer der Gedanke, es gibt auch etwas anderes"*. In diesem Wissen landet er gleichsam einen „Coup" (de Certeau 1988, S. 91), indem er sich die neoliberale Anrufung des autonomen Subjekts aneignet und für die Durchsetzung seiner Ziele nutzt. Entgegen den Reglements und Auflagen der Behörden wechselt er den Wohnort und beginnt ein Studium:

Amir: *„Ich habe versucht, eine Situation zu bauen, die nicht im Gesetz ist, die nicht in das Schema passt, das sie (die Behörden) wollen … und dadurch haben sie es ((lächelnd)) mit Würgen sozusagen angenommen."*

Es sind jene Momente einer produktiven Soziabilität, die Aspekte eines Überschusses bilden, der nicht in Strukturen vorgezeichneter Bedingungen aufgeht, sondern diese übersteigt, eine „Deterritorialisierung" (Deleuze und Guattari 1992, S. 19) der vorgeschriebenen Ordnung und damit neue Existenzbedingungen ermöglicht und für Amir letztlich das Erkämpfen eines Platzes auf dem allgemeinen Arbeitsmarkt zur Folge hat.

6 Ausblick

Vergleichbare Darstellungen von Mikropolitiken finden wir auch in anderen Interviews. Jedoch sollte das nicht dazu verführen, ganz im Sinne neoliberaler Rationalität die Inklusion in den Arbeitsmarkt als Frage individueller Anstrengungen mehrfach diskriminierter Menschen zu diskutieren. Vielmehr belegen Arbeitsmarktdaten (vgl. OECD 2012; Bundesagentur für Arbeit 2012a, b) eindringlich, dass neue nachhaltig wirksame arbeitsmarktpolitische Instrumente und – nicht nur freiwillige Selbstverpflichtungen von Politik und Wirtschaft – ebenso wie grundlegende gesellschaftliche Neuorientierungsprozesse notwendig sind, um respektvolle Anerkennung von Vielfalt als Normalfall und damit Teilhabe mehrfach diskriminierter Menschen zu erreichen. Es gilt, auf allen gesellschaftlichen Ebenen darauf hin zu arbeiten, neue Formen einer verantwortlichen Solidarität, im Sinne einer Mitmenschlichkeit auf Augenhöhe im allgemeinen Bewusstsein und in den Praxen zu verankern. Ein Ansatzpunkt dafür liegt in der Anerkennung eines grundsätzlichen existenziellen Ausgeliefertseins und Prekärseins aller Lebewesen und darin, wahrzunehmen, dass Ability nur ein illusionäres Ideal darstellt, dem allenfalls einige für eine kurze Phase innerhalb ihrer Biografie entsprechen.

Literatur

Agentur für Gleichstellung ESF. 2013. Europäischer Sozialfonds für Deutschland. Agentur für Gleichstellung im ESF. Frauen und Männer mit Behinderungen. http://www.esf-gleichstellung.de/fileadmin/data/Downloads/Aktuelles/factsheet_behinderung.pdf. Zugegriffen: 03. Januar 2013.
Althusser, Louis. 1977. *Ideologie und ideologische Staatsapparate. Aufsätze zur marxistischen Theorie*. Hamburg: Verlag für das Studium der Arbeiterbewegung.

Arndt, Susan. 2005. Weißsein. Die verkannte Strukturkategorie Europas und Deutschlands. In *Mythen, Masken und Subjekte. Kritische Weißseinsforschung in Deutschland*, hrsg. Maureen Maisha Eggers, Grada Kilomba, Peggy Piesche, und Susan Arndt, 24–29. Münster: Unrast.

Balibar, Étienne. 1990. Gibt es einen „Neo-Rassismus"? In *Rasse – Klasse – Nation. Ambivalente Identitäten*, hrsg. Étienne Balibar, 23–38. Hamburg: Argument-Verlag.

Barskanmaz, Cengiz. 2009. Das Kopftuch als das Andere. Eine notwenige postkoloniale Kritik des deutschen Rechtsdiskurses. In *Der Stoff aus dem Konflikte sind. Debatten um das Kopftuch in Deutschland, Österreich und der Schweiz*, hrsg. Sabine Berghahn, und Petra Rostock, 361–394. Bielefeld: transcript.

Biewald, Melanie, und Stefanie Frings. 2012. Auf die Plätze, fertig, los!? An die Arbeit – mit Persönlichem Budget! *Teilhabe 50* (1): 37–42.

BIH – Bundesarbeitsgemeinschaft der Integrationsämter und Hauptfürsorgestellen. Hrsg. 2011. *Jahresbericht 2010/11. Hilfen für schwerbehinderte Menschen im Beruf*. Wiesbaden: Universum.

Bröckling, Ulrich. 2007. *Das unternehmerische Selbst. Soziologie einer Subjektivierungsform*. Frankfurt a. M.: Suhrkamp.

Bundesagentur für Arbeit 2012a. Der Arbeitsmarkt in Deutschland – Der Arbeitsmarkt für schwerbehinderte Menschen. http://statistik.arbeitsagentur.de/arbeitsmarktberichte. Zugegriffen: 20. Dezember 2012.

Bundesagentur für Arbeit 2012b. Arbeitsmarktberichterstattung: Der Arbeitsmarkt in Deutschland. Ältere am Arbeitsmarkt. http://statistik.arbeitsagentur.de/Statischer-Content/Arbeitsmarktberichte/Berichte-Broschueren/Arbeitsmarkt/Generische-Publikationen/Aeltere-am-Arbeitsmarkt-2011.pdf. Zugegriffen: 20. Dezember 2012.

Bundesministerium für Arbeit und Soziales. Hrsg. 2011. Unser Weg in eine inklusive Gesellschaft. Der Nationale Aktionsplan der Bundesregierung zur Umsetzung der UN-Behindertenrechtskonvention http://www.bmas.de/DE/Service/Publikationen/a740-aktionsplan-bundesregierung.html;jsessionid=3EA24CC74EB8 07D7568BD78052680873. Zugegriffen: 12. Januar 2013.

Butler, Judith. 2005. *Gefährdetes Leben. Politische Essays*. Frankfurt a. M.: Suhrkamp.

Campbell, Fiona Kumari. 2001. Disability as Inherently Negative? Legal fictions and battle concerning the definitions of ‚disability'. In *Disability with Attitude: Critical Issues 20 years after International Year of Disabled Persons*, hrsg. Social Relations of Disability Research Network, 1–11. Sydney: University of Western Sydney.

Campbell, Fiona Kumari. 2009. *Contours of Ableism*. Basingstoke: Palgrave.

Campbell, Fiona Kumari. 2011. Contours of Ableism: The Production of Disability and Abledness. *Contemporary Sociology: A Journal of Reviews 40* (6): 694–695.

Crenshaw, Kimberlé. 1989. Demarginalizing the Intersection of Race and Sex: A Black Feminist Critique of Antidiscrimination Doctrine, Feminist Theory and Antiracist Politics. *1989 University of Chicago Legal Forum*: 139–67.

Crenshaw, Kimberlé. 1991. Mapping the Margins: Intersectionality, Identity Politics, and Violence against Women of Color. *Stanford Law Review 43* (6): 1241–1299.

Davis, Kathy, und Helma Lutz. 2010. Geschlechterforschung und Biographieforschung. Intersektionalität am Beispiel einer außergewöhnlichen Frau. In *Biographieforschung im Diskurs,* hrsg. Bettina Völter, Bettina Dausien, Helma Lutz, und Gabriele Rosenthal, 228–247. Wiesbaden: VS Verlag für Sozialwissenschaften.
de Certeau, Michel. 1988. *Die Kunst des Handelns.* Berlin: Merve.
DeLanda, Manuel. 2006. *A New Philosophy of Society: Assemblage Theory and Social Complexity.* London u. New York: Continuum.
Deleuze, Gilles, und Félix Guattari. 1992. *Kapitalismus und Schizophrenie. Tausend Plateaus.* Berlin: Merve.
Dietze, Gabriele, Claudia Brunner, und Edith Wenzel. Hrsg. 2009. *Kritik des Okzidentalismus. Transdisziplinäre Beiträge zu (Neo-)Orientalismus und Geschlecht.* Bielefeld: transcript.
Foucault, Michel. 1983. *Sexualität und Wahrheit Bd. 1. Der Wille zum Wissen.* Frankfurt a. M.: Suhrkamp.
Foucault, Michel. 2001. *In Verteidigung der Gesellschaft.* Frankfurt a. M.: Suhrkamp.
Foucault, Michel. 2004. *Geschichte der Gouvernementalität II. Die Geburt der Biopolitik.* Frankfurt a. M.: Suhrkamp.
Frankenberg, Ruth. 2001. Die Politik der Whiteness. Ansichten zu einer kulturellen Front. Linksnet.de/drucksicht.php?id=328. Zugegriffen: 15. Dezember 2012. (Gekürzte Fassung: 1997. „Local Whitenesses, Localizing Whiteness". In *Displacing Whiteness. Essays in Social and Cultural Criticism,* hrsg. Ruth Frankenberg, 1–34. Durham u. London: Duke University Press).
Garfinkel, Harold. 1956/2007. Bedingungen für den Erfolg von Degradationszeremonien. In *Verletzende Worte. Die Grammatik sprachlicher Missachtung,* hrsg. Steffen K. Herrmann, Sybille Krämer, und Hannes Kuch, 49–57. Bielefeld: transcript.
Gender Institut Bremen. 2013. Gender Gap. http://www.genderinstitut-bremen.de/glossar/gender-gap.html. Zugegriffen: 25. Juli 2013.
Grosz, Elizabeth A. 1994. *Volatile bodies. Toward a corporeal feminism.* Indiana: Allen & Unwin.
Guattari, Félix. 1977. *Mikro-Politik des Wunsches.* Berlin: Merve.
Gummich, Judy. 2004. Schützen die Antidiskriminierungsgesetze vor mehrdimensionaler Diskriminierung? Oder: Von der Notwendigkeit die Ausgeschlossenen einzuschließen. In *QUEbERlin. Mehrfachzugehörigkeit als Bürde oder Chance? – Die Gesichter des Queer-Seins und Migrantin/Schwarz-Seins,* hrsg. Antidiskriminierungsnetzwerk des Türkischen Bundes in Berlin-Brandenburg, 6–16. Berlin: o. A.
Hammersley, Martyn, und Paul Atkinson. 1983. *Ethnography: Principles in Practice.* Tavistock u. London: Taylor & Francis Ltd.
Haraway, Donna. 1995. *Monströse Versprechen. Coyote-Geschichte zu Feminismus und Technowissenschaft.* Berlin: Argument-Verlag.
Hill Collins, Patricia, und Margaret. Hrsg. 1992. *Race, Class, and Gender: An Anthology.* Belmont: Cengage Learning.
Hirschauer, Stefan, und Klaus Amann. 1997. *Die Befremdung der eigenen Kultur. Zur ethnographischen Herausforderung soziologischer Empirie.* Frankfurt a. M.: Suhrkamp.

Hooks, bell.1984. *Feminist theory from margin to center.* Boston: Pluto Press.
Jacob, Jutta, Swantje Köbsell, und Eske Wollrad. 2010. *Gendering disability. Intersektionale Aspekte von Behinderung und Geschlecht.* Bielefeld: transcript.
Klinger, Cornelia. 2003. Ungleichheit in den Verhältnissen von Klasse, Rasse und Geschlecht. In *Achsen der Differenz. Gesellschaftstheorie und feministische Kritik 2*, hrsg. Gudrun-Axeli Knapp, und Angelika Wetterer, 14–48. 2. Münster: Westfälisches Dampfboot.
Knapp, Gudrun-Axeli, und Angelika Wetterer. Hrsg. 2003. *Achsen der Differenz. Gesellschaftstheorie und feministische Kritik 2*. Münster: Westfälisches Dampfboot.
Knoblauch, Hubert. 1996. *Kommunikative Lebenswelten. Zur Ethnographie einer geschwätzigen Gesellschaft.* Konstanz: Univ.-Verl. Konstanz.
Knoblauch, Hubert. 2001. Fokussierte Ethnographie. *sozialer Sinn* 2 (1): 123–141.
Lévinas, Émmanuel. 1987. *Totalität und Unendlichkeit. Versuche über die Exteriorität.* Freiburg u. München: Verlag Karl Alber.
Libuda-Köster, Astrid, und Brigitte Sellach. 2009. Lebenslagen behinderter Frauen in Deutschland. Auswertung des Mikrozensus 2005. http://www.bmfsfj.de/RedaktionBMFSFJ/Broschuerenstelle/Pdf-Anlagen/lebenslagen-behinderter-frauen-deutschland-kurzfassung,property=pdf,bereich=bmfsfj,sprache=de,rwb=true.pdf. Zugegriffen: 12. Januar 2013.
Maskos, Rebecca. 2010. Was heißt Ableism? Überlegungen zu Behinderung und bürgerlicher Gesellschaft. http://arranca.org/43/was-heisst-ableism. Zugegriffen: 02. April 2012.
Massumi, Brian. 1987. Notes on the Translation and Acknowledgements. In *A Thousand Plateaus*, hrsg. Gilles Deleuze, und Felix Guattari, xvi. Minneapolis: University of Minnesota Press.
Massumi, Brian. 2010. *Ontomacht.* Berlin: Merve.
Meuser, Michael, und Ulrike Nagel. 1991. Experteninterviews – vielfach erprobt, wenig bedacht. Ein Beitrag zur quantitativen Methodendiskussion. In *Qualitativ-empirische Sozialforschung: Konzepte, Methoden, Analysen*, hrsg. Detlef Garz, und Klaus Kraimer, 441–471. Opladen: Westdt. Verlag.
Meuser, Michael, und Ulrike Nagel. 2009. Das Experteninterview. Konzeptionelle Grundlagen und methodische Anlage. In *Methoden der vergleichenden Politik- und Sozialwissenschaft*, hrsg. Susanne Pickel, Gert Pickel, Hans-Joachim Lauth, und Detlef Jahn, 465–479. Wiesbaden: VS Verlag für Sozialwissenschaften.
Mikrozensus. 2009. http://www.gesis.org/missy/missy-home/auswahl-datensatz/mikrozensus-2009/. Zugegriffen: 10. Januar 2013.
Muños, José Esteban. 1999. *Disidentifications: Queers of Color and the Performance of Politics.* Minneapolis: University of Minnesota Press.
Pfaff, Heiko. 2012. Lebenslagen der behinderten Menschen. Ergebnis des Mikrozensus 2009. *Wirtschaft und Statistik 2012* (3): 232–243.
OECD-Studie. 2012. Migration und Arbeitslosigkeit. http://dx.doi.org/10.1787/9789264125469-16-de. Zugegriffen: 10. Januar 2013.
Phillips, John. 2006. Agencement/Assemblage. *Theory, Culture & Society* 23 (2-3): 108–109.

Pieper, Marianne. 2003. Regierung der Armen oder Regierung von Armut als Selbstsorge. In *Gouvernementalität. Ein sozialwissenschaftliches Konzept im Anschluss an Foucault,* hrsg. Marianne Pieper, und Encarnación Gutiérrez Rodríguez, 136–160. Frankfurt a. M. u. New York: Campus.

Pieper, Marianne. 2007. Biopolitik – die Umwendung eines Machtparadigmas. Immaterielle Arbeit und Prekarisierung. In *Empire und die biopolitische Wende,* hrsg. Marianne Pieper, Thomas Atzert, Serhat Karakayali, und Vassilis Tsianos, 215–244. Frankfurt a. M. u. New York: Campus.

Pieper, Marianne. 2012. Teilhabe von Menschen mit Migrationshintergrund und Behinderung: Erfahrungen und Herausforderungen. Vortrag auf der Tagung „Doppelt diskriminiert? Migrantinnen und Migranten mit Behinderung und ihre Teilhabe am Erwerbsleben" der Friedrich-Ebert-Stiftung und des XENOS-Projekts am 29. Februar 2012. www.xenos-berlin.de/links-und-ressourcen/arbeitsmarkt-und-wirtschaft/351-vortrag-der-fachtagung-qdoppelt-diskriminiert-migrantinnen-und-migranten-mit-behinderung-und-ihre-teilhabe-am-erwerbsleben. Zugegriffen: 15. Januar 2013.

Pieper, Marianne, und Jamal Haji Mohammadi. 2013. Ableism and Racism – Barriers to the Labour Market in Germany. *Canadian Journal of Disability Studies* 28 (im Erscheinen).

Pieper, Marianne, Efthimia Panagiotidis, und Vassilis Tsianos. 2009. Performing the Context Crossing the Orders. Embodied Experience of Race and Gender in Precarious Work. http://www.darkmatter101.org/site/2008/02/23/performing-the-context-crossing-the-orders/. Zugegriffen: 15. Januar 2013.

Pieper, Marianne, Efthimia Panagiotidis, und Vassilis Tsianos. 2011a. Konjunkturen der egalitären Exklusion: Postliberaler Rassismus und verkörperte Erfahrung in der Prekarität. In *Biopolik in der Debatte,* hrsg. Marianne Pieper, Serhat Karakayali, und Vassilis Tsianos, 310–345. Wiesbaden: VS Verlag für Sozialwissenschaften.

Pieper, Marianne, Vassilis Tsianos, und Brigitta Kuster. 2011b. ‚Making Connections'. Skizze einer et(h)nographischen Grenzregimeanalyse. In *Generation Facebook. Über das Leben im Social Net,* hrsg. Oliver Leistert, und Theo Röhle, 221–248. Bielefeld: transcript.

Puar, Jasbir. 2007. *Terrorist Assemblages: Homonationalism in Queer Times.* Durham: Duke University Press.

Puar, Jasbir. 2011. „Ich wäre lieber eine Cyborg als eine Göttin." Intersektionalität, Assemblage und Affektpolitik. http://eipcp.net/transversal/0811/puar/de. Zugegriffen: 27. Juni 2012.

Rancière, Jacques. 2002. *Das Unvernehmen: Politik und Philosophie.* Frankfurt a. M.: Suhrkamp.

Rose, Nicolas. 2000. Der Tod des Sozialen? Eine Neubestimmung der Grenzen des Regierens. In *Gouvernementalität der Gegenwart. Studien zur Ökonomisierung des Sozialen,* hrsg. Ullrich Bröckling, Susanne Krasmann, und Thomas Lemke, 72–109. Frankfurt a. M.: Suhrkamp.

Ruhl, Leally. 1999. Liberal governance and prenatal care: risk an regulation in pregnancy. *Economy and Society* 28 (1): 96–117.

S_he. 2003. Performing the Gap – Queere Gestalten und geschlechtliche Aneignung. Arranca! 28, http://arranca.org/ausgabe/28/performing-the-gap. Zugegriffen: 25. Juli 2013.

Schütze, Fritz. 1987. Die Technik des narrativen Interviews in Interaktionsfeldstudien. In *Arbeitsberichte und Forschungsmaterialien der Fakultät für Soziologie der Universität Bielefeld*. Unveröffentlichtes Manuskript.

Shildrick, Margret. 2009. *Dangerous Discourses of Disability, Subjectivity and Sexuality*. New York: Palgrave.

Shouse, Eric. 2001. Feeling, Emotion, Affect. *M/C Journal* 8 (6): 1–3.

Solga, Heike. 2003. Ein Leben ohne Schulabschluss. Das ständige Scheitern an der Normalbiografie. In *Entstaatlichung und soziale Sicherheit. Verhandlungen des 31. Kongresses der deutschen Gesellschaft für Soziologie in Leipzig 2002*, hrsg. Jutta Allmendinger, 546–564. Wiesbaden: Leske + Budrich.

Spinoza, Baruch de. 2012/1870/1888. *Die Ethik*. Wiesbaden: Marixverlag.

Stephenson, Niamh, und Dimitris Papadopoulos. 2006. *Analysing Everyday Experience: Social Research and Political Change*. Basingstoke: Palgrave.

Strauss, Anselm, und Juliet Corbin. 1996. *Grounded Theory. Grundlagen Qualitativer Sozialforschung*. Weinheim: Beltz.

Tsianos, Vassilis, und Marianne Pieper. 2011. Postliberale Assemblagen. Rassismus in Zeiten der Gleichheit. In *Rassismus in der Leistungsgesellschaft*, hrsg. Sebastian Friedrich, 114–134. Münster: edition assemblage.

Übereinkommen über die Rechte von Menschen mit Behinderungen (UN-BRK). Convention on the Rights of Persons with Disabilities (CRPD). Resolution 61/106. United Nations, General Assembly 2006. In Kraft getreten am 03.05.2008. In http://www.un.org/esa/socdev/enable/rights/convtexte.htm; Übersetzung Bundesgesetzblatt (BGBL) 2008 II, S. 1419. Schattenübersetzung des NETZWERK ARTIKEL 3 e. V. http://www.regionale.bildungsnetzwerke.nrw.de/rbn/img/42/ff18a251-d32d-4805-8cc8-b0f75c5a8770.pdf. Zugegriffen: 26. Februar 2013.

Wansing, Gudrun. 2007. Behinderung: Inklusions- oder Exklusionsfolge? In *Disability Studies, Kultursoziologie und Soziologie der Behinderung. Erkundungen in einem neuen Forschungsfeld*, hrsg. Anne Waldschmidt, und Werner Schneider, 275–297. Bielefeld: transcript.

Wollrad, Eske. 2005. *Weißsein im Widerspruch. Feministische Perspektiven auf Rassismus, Kultur und Religion*. Königstein: Helmer.

Winker, Gabriele, und Nina Degele. 2010. *Intersektionalität. Zur Analyse sozialer Ungleichheiten*. 2. Aufl. Bielefeld: transcript.

Wolbring, Gregor. 2008. The Politics of Ableism. *Development* 51 (2): 252–258.

Medizinische Rehabilitation und Leistungen zur Teilhabe am Arbeitsleben bei Menschen mit Migrationshintergrund
Eine Bestandsaufnahme zur Zugänglichkeit
und Qualität der Versorgung

Patrick Brzoska, Yüce Yilmaz-Aslan, Anne-Kathrin Exner, Jacob Spallek, Sven Voigtländer und Oliver Razum

1 Einleitung

Mit insgesamt fast 16 Millionen Menschen hat ein großer Teil der Bevölkerung in Deutschland einen Migrationshintergrund. Die Gruppe der Menschen mit Migrationshintergrund umfasst Personen ausländischer Staatsangehörigkeit und deutsche Staatsangehörige, die selbst oder deren Eltern nach Deutschland zugewandert sind. Die beiden größten Bevölkerungsgruppen mit Migrationhintergrund sind (Spät-)Aussiedlerinnen und (Spät-)Aussiedler sowie Menschen türkischer Herkunft. Zusammen machen sie knapp die Hälfte der Bevölkerung mit Migrationshintergrund aus (vgl. Statistisches Bundesamt 2012).

Menschen mit Migrationshintergrund unterscheiden sich in gesundheitsrelevanten Faktoren von der Mehrheitsbevölkerung – beispielsweise hinsichtlich der Häufigkeit und des Verlaufs von Erkrankungen, aber auch im Hinblick auf die Nutzung von Versorgungsangeboten. Bestimmte chronische Erkrankungen wie Diabetes mellitus und psychische Erkrankungen kommen bei Menschen mit Migrationshintergrund häufiger vor und treten im Vergleich zur nicht migrierten Bevölkerung in einem jüngeren Alter auf (vgl. Razum et al. 2008).

Als Gründe für diese Unterschiede werden lebenslaufbedingte Einflussfaktoren vermutet, die sich zwischen Menschen mit und Menschen ohne Migrationshintergrund unterscheiden. Diese umfassen zum einen Faktoren, denen Menschen, die selbst zugewandert sind, in ihrem Herkunftsland ausgesetzt waren. Zum anderen handelt es sich um negative Faktoren, denen sie in Deutschland ausgesetzt sind (vgl. Spallek et al. 2011). Zu letzteren zählen ein im Durchschnitt ungünstigerer sozialer Status sowie damit einhergehende geringere gesellschaftliche Teilhabechancen (vgl. Statistisches Bundesamt 2012; Razum et al. 2008). Aber auch schwierigere Arbeitsbedingungen, die vor allem für die sogenannten „Gastarbeiter" vorherrschten und die für einen großen Teil von Menschen mit Migrationshintergrund auch heute noch Realität sind (vgl. Oldenburg et al. 2010), tragen zu dem im Durchschnitt ungünstigeren gesundheitlichen Status bei. Schwierigere Arbeitsbedingungen spiegeln sich dabei auch in Arbeitsunfall-, Berufskrankheiten- und Erwerbsminderungsquoten wider, die bei Menschen mit Migrationshintergrund deutlich höher als in der Mehrheitsbevölkerung sind (vgl. Brzoska et al. 2013).

Versorgungsinstitutionen werden den Bedürfnissen und Bedarfen von Menschen mit Migrationshintergrund bisher nicht flächendeckend gerecht. Das hat zur Folge, dass diese Bevölkerungsgruppe im Versorgungssystem auf zahlreiche Barrieren stößt, die den Zugang zu und die Wirksamkeit von Versorgungsangeboten nachteilig beeinflussen. Im Rahmen dieses Beitrages erläutern wir dies am Beispiel der medizinischen Rehabilitation sowie von Leistungen zur Teilhabe am Arbeitsleben. Medizinische Rehabilitation und Leistungen zur Teilhabe am Arbeitsleben (vormals als berufliche Rehabilitation bezeichnet) sind zwei wesentliche Angebote, die auf der Grundlage des Sozialgesetzbuches (SGB) IX vom deutschen Rehabilitationssystem erbracht werden, um die Teilhabe behinderter oder von Behinderung bedrohter Menschen an der Gesellschaft zu fördern. Die medizinische Rehabilitation kann unter anderem von Personen mit chronischen Erkrankungen, deren Erwerbsfähigkeit gefährdet bzw. eingeschränkt ist, in Anspruch genommen und sowohl stationär als auch ambulant durchgeführt werden. Für die Bevölkerung im erwerbsfähigen Alter sind die beiden bedeutendsten Rehabilitationsträger dabei die Deutsche Rentenversicherung (DRV) und die Deutsche Gesetzliche Unfallversicherung (DGUV). Letztere trägt Rehabilitationen, die im Zusammenhang mit Arbeitsunfällen und Berufskrankheiten erbracht werden (vgl. Bundesarbeitsgemeinschaft für Rehabilitation 2011).

Leistungen zur Teilhabe am Arbeitsleben (LTA) sind Unterstützungen, um die Erwerbsfähigkeit von Personen mit Behinderung oder von Behinderung bedrohten Personen[1] zu bessern oder wiederherzustellen. Das Ziel ist hierbei, eine Eingliederung oder Wiedereingliederung ins Erwerbsleben zu ermöglichen. Die Gestaltung von LTA-Maßnahmen kann sehr vielfältig sein. Sie können zum Beispiel Leistungen zur Erhaltung oder Erlangung eines Arbeitsplatzes, Berufsvorbereitungen, individuelle betriebliche Qualifizierungen, berufliche Anpassung und Weiterbildung, berufliche Ausbildung, Gründungszuschüsse und sonstige Hilfen zur Förderung der Teilhabe am Arbeitsleben umfassen. Träger sind neben der DRV unter anderem die Bundesagentur für Arbeit (BA) und die DGUV (vgl.

---

1 Nach § 2 SGB IX werden Menschen rechtlich als behindert anerkannt, „wenn ihre körperliche Funktion, geistige Fähigkeit oder seelische Gesundheit mit hoher Wahrscheinlichkeit länger als sechs Monate von dem für das Lebensalter typischen Zustand abweichen und daher ihre Teilhabe am Leben in der Gesellschaft beeinträchtigt ist. Sie sind von Behinderung bedroht, wenn die Beeinträchtigung zu erwarten ist".

Deutsche Rentenversicherung Bund 2009; Bundesarbeitsgemeinschaft für Rehabilitation 2011).

Vor dem Hintergrund durchschnittlich ungünstigerer Arbeitsbedingungen und höherer Anteile bestimmter chronischer Erkrankungen sind sogenannte tertiärpräventive Maßnahmen wie die medizinische Rehabilitation und LTA für Menschen mit Migrationshintergrund von besonderer Wichtigkeit, da sie dazu beitragen können, durch Krankheit eingeschränkte körperliche und psychische Funktionen wiederherzustellen oder die Verschlimmerung bereits eingetretener Erkrankungen zu verhindern. Dadurch leisten sie einen wichtigen Beitrag zur Sicherung gesellschaftlicher Teilhabechancen. Die medizinische Rehabilitation und LTA sind jedoch zwei Versorgungsangebote, bei denen Zugangs- und Wirksamkeitsbarrieren, denen Menschen mit Migrationshintergrund in der Versorgung begegnen, nahezu exemplarisch deutlich werden und zahlreiche Verbesserungspotenziale offenbaren.

Für unsere Ausführungen greifen wir im Folgenden auf Ergebnisse von versorgungsepidemiologischen Studien zurück, die jeweils auf unterschiedlichen Datenquellen basieren. Je nach Datenquelle lässt sich die Bevölkerungsgruppe der Menschen mit Migrationshintergrund dabei unterschiedlich gut erfassen. Insbesondere die Routinedaten der Sozialversicherungsträger lassen es nur zu, Auswertungen stratifiziert nach Staatsangehörigkeit durchzuführen. Auf dieser Basis ist daher nur die Betrachtung eines Teils der Bevölkerungsgruppe der Menschen mit Migrationshintergrund möglich.

2 Inanspruchnahme und Wirksamkeit medizinischer Rehabilitation

Daten des Sozioökonomischen Panels (SOEP) zeigen, dass Menschen mit Migrationshintergrund die medizinische Rehabilitation deutlich seltener nutzen als Menschen ohne Migrationshintergrund. Im SOEP der Jahre 2002–2004 gaben 4,9 % aller Befragten ohne Migrationshintergrund an, im Jahr vor der Befragung Maßnahmen medizinischer Rehabilitation in Anspruch genommen zu haben. Mit 3 % war dieser Anteil bei Menschen mit Migrationhintergrund deutlich geringer. Das entspricht einem Odds Ratio von 0,61 (95%-Konfidenzintervall [95%-CI]: 0,49–0,76) und bedeutet, dass Menschen mit Migrationshintergrund eine um 39 % geringere Chance hatten, Rehabilitation zu nutzen als Menschen ohne Migrationshintergrund.[2] Diese Unterschiede bleiben auch nach Kontrolle für demo-

---

2   Der Begriff „Chance" ist hier im epidemiologischen Sinne als Verhältnis der Wahrscheinlichkeit eines Ereignisses (z. B. Rehabilitation in Anspruch genommen) und seiner Gegenwahr-

Abbildung 1 Inanspruchnahmequote von Maßnahmen medizinischer Rehabilitation der DGUV innerhalb der gewerblichen Wirtschaft nach Staatsangehörigkeit und Jahr

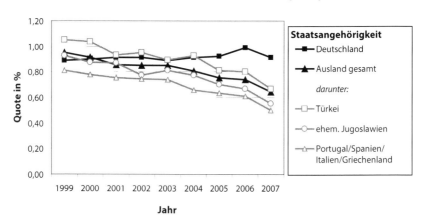

Quelle: Basierend auf Brzoska et al. 2010b, Datenbasis: Reha-Maßnahmen-Statistik der Deutschen Gesetzlichen Unfallversicherung und Beschäftigungsstatistik der Bundesagentur für Arbeit.

grafische, sozioökonomische und gesundheitliche Einflussfaktoren (Confounder) bestehen (vgl. Voigtländer et al. 2013).

Die niedrige Inanspruchnahmequote medizinischer Rehabilitation bei Menschen mit Migrationshintergrund, die sich in den Befragungen des SOEP zeigt, wird von Routinedaten der DGUV für Rehabilitationen bestätigt, die im Zusammenhang mit Arbeitsunfällen und Berufskrankheiten erbracht werden (vgl. Brzoska et al. 2012). Hierbei ist allerdings nur eine Differenzierung nach Staatsangehörigkeit möglich.

Die Inanspruchnahmequoten medizinischer Rehabilitationen bei der DGUV sind in Abb. 1 für den Zeitraum 1999–2007 dargestellt. Deutlich wird, dass die Inanspruchnahmequote im Betrachtungszeitraum bei deutschen Staatsangehörigen nahezu konstant bleibt, während sich bei ausländischen Staatsangehörigkeitsgruppen ein rückläufiger Trend abzeichnet.

Neben der Inanspruchnahme unterscheidet sich auch die Wirksamkeit der medizinischen Rehabilitation zwischen Menschen mit und Menschen ohne Migrationshintergrund. Routinedaten der DRV machen für die Teilgruppe der ausländischen Versicherten deutlich, dass diese Bevölkerungsgruppe gemessen an

scheinlichkeit (z. B. Rehabilitation nicht in Anspruch genommen) zu verstehen. Er kann in den meisten Fällen näherungsweise als „Risiko" interpretiert werden.

unterschiedlichen Indikatoren weniger von rehabilitativen Maßnahmen profitiert als Versicherte deutscher Staatsangehörigkeit. Das wird zum Beispiel an dem Anteil der Rehabilitandinnen und Rehabilitanden deutlich, die die Rehabilitation nur mit einer ungünstigen Prognose in Bezug auf ihre berufliche Leistungsfähigkeit abschließen. So beendeten im Jahr 2006 15,5 % aller deutschen Staatsangehörigen die Rehabilitation mit einer niedrigen beruflichen Leistungsfähigkeit, d. h. dass sie gemäß ihrer sozialmedizinischen Beurteilung nach der Rehabilitation weniger als drei Stunden in ihrem früheren Beruf arbeiten konnten. Bei Menschen ausländischer Staatsangehörigkeit war dieser Anteil mit 21,6 % deutlich höher und variierte auch zwischen einzelnen ausländischen Staatsangehörigkeitsgruppen. Der Anteil von Rehabilitandinnen und Rehabilitanden mit einer ungünstigen beruflichen Prognose betrug 23 % für türkische Staatsangehörige, 25,1 % für Personen mit einer Staatsangehörigkeit aus dem ehemaligen Jugoslawien und 19,6 % für Rehabilitandinnen und Rehabilitanden aus der Ländergruppe Portugal/Spanien/Italien/Griechenland. Auch diese Befunde zur Wirksamkeit der Rehabilitation sind statistisch nicht allein durch demografische, sozioökonomische und gesundheitliche Unterschiede zwischen den Bevölkerungsgruppen zu erklären. Zwar verringern sich die Unterschiede nach statistischer Kontrolle für die genannten Einflussfaktoren, die Chance einer geringen beruflichen Leistungsfähigkeit nach der Rehabilitation bei Menschen mit einer Staatsangehörigkeit aus dem ehemaligen Jugoslawien und der Türkei bleibt aber signifikant 1,2- bzw. 1,5-mal so hoch wie bei deutschen Staatsangehörigen (vgl. Brzoska et al. 2010a). Zwischen deutschen Rehabilitandinnen und Rehabilitanden und Personen aus der Ländergruppe Portugal/Spanien/Italien/Griechenland zeigen sich nach Adjustierung für die genannten Einflussfaktoren keine Unterschiede in der beruflichen Leistungsfähigkeit nach Abschluss der medizinischen Rehabilitation.

Auswertungen von anderen Ergebnisvariablen, wie zum Beispiel dem Risiko einer Erwerbsminderungsrente nach der Rehabilitation (vgl. Brzoska und Razum 2012), weisen auf den gleichen Zusammenhang zwischen Staatsangehörigkeit und Wirksamkeit der Rehabilitation hin.

3 Inanspruchnahme von Leistungen zur Teilhabe am Arbeitsleben

Unterschiede in der Inanspruchnahme von Versorgungsangeboten zwischen deutschen und ausländischen Staatsangehörigen werden auch bei der Nutzung von LTA deutlich, die von der DGUV angeboten werden (vgl. Brzoska et al. 2010a).

So entsprechen die Unterschiede in den Nutzungsquoten bei LTAs der DGUV (ebenfalls gemessen als Anteil von LTA-Inanspruchnehmenden an allen sozialver-

Abbildung 2 Inanspruchnahmequote von Leistungen zur Teilhabe am Arbeitsleben bei der DGUV innerhalb der gewerblichen Wirtschaft nach Staatsangehörigkeit und Jahr

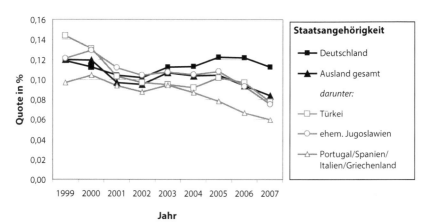

Quelle: Basierend auf Brzoska et al. 2010b, Datenbasis: Reha-Maßnahmen-Statistik der Deutschen Gesetzlichen Unfallversicherung und Beschäftigungsstatistik der Bundesagentur für Arbeit.

sicherungspflichtig Beschäftigten in der gewerblichen Wirtschaft) im Verlauf der Jahre weitestgehend den Unterschieden, die auch bei der Inanspruchnahme medizinischer Rehabilitationen dieses Sozialversicherungsträgers beobachtet werden können (vgl. Abb. 2).

4 Zugangs- und Wirksamkeitsbarrieren in der medizinischen Rehabilitation und bei Leistungen zur Teilhabe am Arbeitsleben

Die in Survey- und Routinedaten deutlich werdenden Unterschiede zwischen Menschen mit und Menschen ohne Migrationshintergrund bzw. zwischen ausländischen und deutschen Staatsangehörigen im Hinblick auf die Nutzung und Wirksamkeit von medizinischer Rehabilitation und LTA lassen sich durch Barrieren erklären, auf die diese Bevölkerungsgruppe im Rehabilitationssystem stößt. Darauf deuten Ergebnisse qualitativer Untersuchungen hin, die sich – am Beispiel von Menschen mit türkischem Migrationshintergrund – mit Zugangs- und Wirksamkeitsbarrieren im System der medizinischen Rehabilitation und LTA beschäftigen (vgl. Brzoska et al. 2010b; Brause et al. 2010). Hierfür wurden neben Nutzerinnen und Nutzern der medizinischen Rehabilitation und der LTA unterschiedliche Versorgungsanbieter (u. a. Ärztinnen und Ärzte, Krankenpflegerinnen und -pfleger, Sporttherapeutinnen und -therapeuten in der medizinischen Rehabilitation sowie Verantwortliche in Einrichtungen der LTA) mittels leitfadengestützter Fokusgruppeninterviews bzw. Experteninterviews in Nordrhein-Westfalen befragt. Ihre Antworten wurden inhaltsanalytisch ausgewertet.

Die Ergebnisse zeigen, dass Barrieren, denen Menschen mit Migrationshintergrund in der medizinischen Rehabilitation begegnen, in Informationsdefiziten und Kommunikationsproblemen liegen, die durch Schwierigkeiten mit der deutschen Sprache bedingt sind. Diese erhöhen die Zugangsschwelle zur Rehabilitation und wirken sich dadurch negativ auf die Inanspruchnahme rehabilitativer Angebote aus. Kommunikationsprobleme behindern aber nicht nur den Zugang zu rehabilitativen Leistungen, sondern auch den Rehabilitationsprozess. Sie entstehen hier einerseits ebenfalls durch Schwierigkeiten mit der deutschen Sprache, die die Interaktion zwischen Personal in Einrichtungen und Rehabilitandinnen und Rehabilitanden erschweren und die Rehabilitation in allen Phasen nachteilig beeinflussen können – angefangen bei der Anamnese, über die Anleitung zu Therapien bis hin zur Besprechung der Zeit nach der Rehabilitation. Kommunikationsprobleme entstehen andererseits auch durch Bedürfnisse und Bedarfe von Menschen mit Migrationshintergrund, für die Rehabilitationskliniken und ihr Personal nicht genügend sensibilisiert sind. Hierzu zählen zum Beispiel kulturspezifische Krankheitssymptome, -ausdrücke und -vorstellungen, Scham und kulturelle Tabus sowie ein unterschiedliches geschlechtsspezifisches Rollenverständnis, die im Rehabilitationsprozess nicht ausreichend berücksichtigt werden und so zu Missverständnissen und Unzufriedenheit führen können (vgl. Brzoska et al. 2010b; Brause et al. 2010).

Die Auswertung der qualitativen Befragungen, die im Setting der LTA geführt wurden, zeigt, dass sich Probleme mit der deutschen Sprache auch hinderlich auf Angebote der LTA auswirken können. Insbesondere fehlt es Menschen mit Migrationshintergrund, die Maßnahmen der LTA nutzen, nach Meinung befragter Expertinnen und Experten häufig an ausreichenden Kenntnissen der deutschen Schriftsprache. Die größten Sprachschwierigkeiten seien dabei bei LTA-Nutzerinnen mit türkischem Migrationshintergrund zu sehen. Menschen mit türkischem Migrationshintergrund berichten auch von Zugangsbarrieren bei der Nutzung von Angeboten der LTA. Hierzu zählen Informationsdefizite über Maßnahmen, fehlendes Engagement von zuständigen Behörden bei der Informationsvermittlung, bei Antragsverfahren und bei der Aufnahme in die LTA sowie kommunikationsbedingte Hindernisse im Antragsverfahren (vgl. Brzoska et al. 2010b).

5 Auf dem Weg zu einer bedarfs- und bedürfnisgerechteren Versorgung

Am Beispiel der medizinischen Rehabilitation und der Leistungen zur Teilhabe am Arbeitsleben wird deutlich, dass viele Menschen mit Migrationshintergrund in der Versorgung auf Barrieren stoßen, die sich auch negativ auf die Nutzung und Wirksamkeit dieser Angebote auswirken können.

In den vergangenen Jahren wurden zahlreiche migrationsspezifische Angebote und Modellprojekte geschaffen, die das Ziel verfolgen, die gesundheitliche Versorgung von Menschen mit Migrationshintergrund in unterschiedlichen Versorgungsbereichen, einschließlich der Rehabilitation, bedarfs- und bedürfnisgerechter zu gestalten. Beispiele umfassen das Vorhalten von Informationsmaterial in den Muttersprachen der größten Bevölkerungsgruppen mit Migrationshintergrund sowie das Angebot von Speisen, die gemäß religiöser Speisevorschriften zubereitet wurden. Diese Angebote haben jedoch den bedeutenden Nachteil, dass sie in der Regel nicht ergebnisevaluiert und außerdem nicht in der Lage sind, eine flächendeckende nutzerorientierte Versorgung für Menschen mit Migrationshintergrund sicherzustellen. Sie fokussieren sich außerdem nur auf den Migrationshintergrund von Menschen und werden dadurch nicht der Tatsache gerecht, dass es auch andere Merkmale gibt, die die Vielfalt unserer Gesellschaft kennzeichnen und die ebenfalls mit spezifischen Versorgungsbedürfnissen und -bedarfen einhergehen. Beispiele hierfür sind die Merkmale Alter, Geschlecht, sozioökonomischer Status und Behinderung. Auch in den oben berichteten Untersuchungen von Brzoska et al. (2010a) und Voigtländer et al. (2013) konnte beobachtet werden, dass Faktoren wie das Alter und der sozioökonomische Status einen Einfluss auf die Inanspruchnahme und die Wirksamkeit der Rehabilitation haben. Ein nachhaltiges Konzept einer nutzerorientierten Versorgung muss daher auch diese Merkmale und die sich daraus ergebende Bedeutung für die Versorgungsgestaltung beachten. Diversity Management stellt ein solches Konzept dar, indem es die Vielfalt von Versorgungsnutzerinnen und Versorgungsnutzern und daraus resultierender Bedürfnisse und Bedarfe anerkennt. Konkret bedeutet die Implementierung von Diversity-Management-Strategien in der Gesundheitsversorgung zum Beispiel die Benennung von Diversity-Beauftragten und die Einführung von Leitbildern, die die Diversität von aktuellen und zukünftigen Akteuren und Akteurinnen der Gesundheitsversorgung als Chance begreifen. Dadurch kann ein kontinuierlicher Prozess der Personal- und Organisationsentwicklung initiiert werden. Da Diversity Management nicht spezifisch die Bedürfnisse und Bedarfe von Menschen mit Migrationshintergrund adressiert, sondern Einrichtungen und ihr Personal für die Vielfalt aller Menschen sensibilisiert, leistet es einen wichtigen Beitrag, um die Versorgung für alle Nutzerinnen und Nutzer des Gesundheitssystems bedarfs- und bedürfnisgerechter zu gestalten. Die Implementierung von Diversity-Management-Strategien in bestehende Versorgungsangebote statt der Schaffung migrationsspezifischer Parallelstrukturen kann überdies auch ein Umdenken in der Gesellschaft anregen, damit der Migrationshintergrund nicht länger als Merkmal von Fremdheit und Andersartigkeit aufgefasst wird (vgl. Geiger 2006; Brzoska et al. 2012; Geiger und Razum 2012). Bevor Maßnahmen des Diversity Managements flächendeckend eingesetzt werden, müssen sie allerdings auf ihre Wirksamkeit hin evaluiert werden. Erste Schritte dazu sind Modellprojekte.

Literatur

Brause, Michaela, Barbara Reutin, Thomas Schott, und Yüce Yilmaz-Aslan. 2010. *Migration und gesundheitliche Ungleichheit in der Rehabilitation. Abschlussbericht.* Bielefeld: Universität Bielefeld.

Brzoska, Patrick, und Oliver Razum. 2012. Das Risiko einer Erwerbsminderung nach Abschluss der medizinischen Rehabilitation. Ein Vergleich von Rehabilitanden deutscher und ausländischer Staatsangehörigkeit im Längsschnitt. Präsentation auf der 7. Jahrestagung der Deutschen Gesellschaft für Epidemiologie, Regensburg, 26.–29. September 2012.

Brzoska, Patrick, Ingrid Katharina Geiger, Yüce Yilmaz-Aslan, und Oliver Razum. 2012. Diversity Management in der (rehabilitativen) Gesundheitsversorgung – heute ein Muss. In *Rehabilitation bei sozial benachteiligten Bevölkerungsgruppen*, hrsg. Ruth Deck, Nathalie Glaser-Möller, und Thomas Kohlmann, 99–111. Lage: Jacobs Verlag.

Brzoska, Patrick, Sven Voigtländer, Jacob Spallek, und Oliver Razum. 2010a. Utilization and effectiveness of medical rehabilitation in foreign nationals residing in Germany. *European Journal of Epidemiology* 25 (9): 651–660.

Brzoska, Patrick, Sven Voigtländer, Jacob Spallek, und Oliver Razum. 2013. Arbeitsunfälle, Berufskrankheiten und Erwerbsminderung bei Menschen mit Migrationshintergrund. In *Migration und gesundheitliche Ungleichheit in der Rehabilitation*, hrsg. Thomas Schott, und Oliver Razum, 49–61.Weinheim: Beltz Juventa.

Brzoska, Patrick, Sven Voigtländer, Barbara Reutin, Yüce Yilmaz-Aslan, Irina Barz, Klara Starikow, Katharina Reiss, Angela Dröge, Julia Hinz, Anne-Kathrin Exner, Lena Striedelmeyer, Elzbieta Krupa, Jacob Spallek, Gabriele Berg-Beckhoff, Thomas Schott, und Oliver Razum. 2010b. *Rehabilitative Versorgung und gesundheitsbedingte Frühberentung von Personen mit Migrationshintergrund in Deutschland. Forschungsbericht 402.* Berlin: Bundesministerium für Arbeit und Soziales.

Bundesarbeitsgemeinschaft für Rehabilitation. 2011. *Wegweiser Rehabilitation und Teilhabe behinderter Menschen.* Frankfurt a. M.: Bundesarbeitsgemeinschaft für Rehabilitation.

Deutsche Rentenversicherung Bund. 2009. *Leistungen zur Teilhabe am Arbeitsleben (LTA). Rahmenkonzept der Deutschen Rentenversicherung.* Berlin: Deutsche Rentenversicherung Bund.

Geiger, Ingrid Katharina. 2006. Managing Diversity in Public Health. In *Globalisierung – Gerechtigkeit – Gesundheit. Einführung in International Public Health*, hrsg. Oliver Razum, Hajo Zeeb, und Ulrich Laaser, 163–175. Bern: Hans Huber.

Geiger, Ingrid Katharina, und Oliver Razum. 2012. Mit Diversity zu Mehrwert. Facetten und Optionen im Blick halten. *KU Gesundheitsmanagement 81* (3): 17.

Oldenburg, Claudia, Anke Siefer, und Beate Beermann. 2010. Migration als Prädiktor für Belastung und Beanspruchung? In *Fehlzeiten-Report 2010,* hrsg. Bernhard Badura, Helmut Schröder, Joachim Klose, und Katrin Macco, 141–151. Berlin: Springer.

Razum, Oliver, Hajo Zeeb, Uta Meesmann, Liane Schenk, Maren Bredehorst, Patrick Brzoska, Tanja Dercks, Susanne Glodny, Björn Menkhaus, Ramazan Salman, Anke-Christine Saß, und Ralf Ulrich. 2008. *Migration und Gesundheit.* Berlin: Robert Koch-Institut.

Spallek, Jacob, Hajo Zeeb, und Oliver Razum. 2011. What do we have to know from migrants' past exposures to understand their health status? A life course approach. *Emerging Themes in Epidemiology 8* (1): 6.

Statistisches Bundesamt. 2012. *Bevölkerung und Erwerbstätigkeit. Bevölkerung mit Migrationshintergrund. Ergebnisse des Mikrozensus 2011.* Wiesbaden: Statistisches Bundesamt.

Voigtländer, Sven, Patrick Brzoska, Jacob Spallek, Anne-Kathrin Exner, und Oliver Razum. 2013. Die Inanspruchnahme medizinischer Rehabilitation bei Menschen mit Migrationshintergrund. In *Migration und gesundheitliche Ungleichheit in der Rehabilitation,* hrsg. Thomas Schott, und Oliver Razum, 92–104. Weinheim: Beltz Juventa.

Teil V
Anti-Diskriminierung und Geschlecht

Additive oder intersektionale Diskriminierung?
Behinderung, „Rasse" und Geschlecht im Antidiskriminierungsrecht

Julia Zinsmeister

1 Einleitung

Jeder Mensch erfährt Zuschreibungen, Vor- oder Nachteile aufgrund tatsächlicher oder mutmaßlicher Merkmale wie seiner Hautfarbe, seines Lebensalters, Geschlechts, der sexuellen Identität, Nationalität oder ethnischen Herkunft.

Die soziologische Ungleichheitsforschung vermag dies zum einen qualitativ, zum anderen quantitativ durch den Vergleich der Lebenslagen anhand von Indikatoren zu verschiedenen Dimensionen wie dem Bildungsstatus, der Arbeits- und Erwerbslosenquote, der Höhe des Einkommens, dem Risiko, Opfer von (sexualisierter) Gewalt zu werden, abzubilden. Mit dem Lebenslagenkonzept werden nicht nur verstärkt nichtökonomische Dimensionen sozialer Ungleichheit, sondern zugleich auch Art und Ausmaß sozialer Teilhabe bzw. Exklusion (als mehrdimensionaler Ausschluss von Teilhabechancen) sichtbar gemacht (vgl. Wansing 2005, S. 61).

Hierdurch wird zunehmend wissenschaftlich abgebildet, worauf vor allem afroamerikanische und behinderte Frauen schon lange hingewiesen haben: Benachteiligungen haben oft mehrdimensionalen Charakter. Bildet man Vergleichsgruppen nicht nur anhand einer, sondern mehrerer Kategorien, so eröffnet die Sozialforschung den Blick auf die mannigfaltigen Wechselwirkungen zwischen Gender und (Dis-)ability, der Herkunft, dem Lebensalter, dem rechtlichen Aufenthaltsstatus und Migrationsstatus, der sexuellen Orientierung oder Religion mit all ihren Folgen für die mehrfach kategorisierten Personen.

Die hohe Gewaltbetroffenheit behinderter Frauen oder der hohe Anteil von Jungen mit Migrationshintergrund an den Förderschulen zeigen: An den Achsen der Differenz können Formen sozialer Ungleichheit und rechtliche Diskriminierungen von eigenem Charakter entstehen, die in der Politik und Gesetzgebung meist als „mehrfache",[1] in sozial- und rechtswissenschaftlichen Diskursen bevorzugt als „mehrdimensionale" oder „intersektionelle" Diskriminierung bezeichnet werden (vgl. Crenshaw 1991, S. 1241 ff.; Zinsmeister 2007; Schiek und Chege 2009; Baer et al. 2010). Diesen wurde von der Politik lange Zeit keine Rechnung getragen. Die Rechtswissenschaftlerin und Rassismusforscherin Kimberlé Crenshaw hat anschaulich herausgearbeitet, wie in eindimensionalen Gleichstellungspolitiken andere als die als zentral angesehenen gesellschaftlichen Dominanzverhältnisse ausgeblendet oder zum Nebenwiderspruch erklärt werden (vgl. Crenshaw 1993, S. 383). Hierarchien innerhalb der Gruppe der Frauen, der Gruppe behinderter Menschen oder derjenigen mit Migrationshintergrund wirken so meist ungehindert fort. Auch in der deutschen Frauenpolitik wurden die Interessen *der* Frauen lange Zeit ausschließlich aus der Sicht weißer Mittelschichtsfrauen ohne Behinderung formuliert, die Migrationspolitik orientierte sich an den Interessenlagen nichtbehinderter Männer. Die staatliche Behindertenpolitik zeigt bis heute kaum interkulturelle Ansätze, das sozialstaatliche Engagement zielte vor allem auf die (Wieder-)Eingliederung behinderter Menschen in den Arbeitsmarkt. Andere Beeinträchtigungen ihrer gesellschaftlichen Teilhabe, wie im Bereich der Familienplanung und Elternschaft, wurden lange Zeit ausgeblendet oder als „Frauenthemen" in die Zuständigkeit der Frauenpolitik verwiesen. Die Frauenpolitik wiederum sah in der Sexualität und Reproduktion behinderter Menschen aber ein behindertenpolitisches Thema.

Vor allem „Minderheitenfrauen" liefen und laufen daher stets Gefahr, zwischen den Stühlen der verschiedenen Interessenpolitiken zu landen.

In der UN-Konvention über die Rechte von Menschen mit Behinderungen heißt es entsprechend in Art. 6 (Frauen mit Behinderungen):

> „Die Vertragsstaaten anerkennen, dass Frauen und Mädchen mit Behinderungen mehrfacher Diskriminierung ausgesetzt sind und (…) treffen alle geeigneten Maßnahmen zur Sicherung der vollen Entfaltung, der Förderung und der Stärkung der Autonomie der Frauen, um zu garantieren, dass sie die in diesem Übereinkommen genannten Menschenrechte und Grundfreiheiten ausüben und genießen können."[2]

---

1 Vgl. bspw. Frauen-Union der CDU/Netzwerk behinderte Frauen: Behinderte Frauen – doppelt diskriminiert! Dokumentation der Fachtagung vom 07. Oktober 1997, o. O.; Fraktion B'90/Die Grünen: Entschließungsantrag vom 27. 05.1998 BT-Drs.13/10818; § 4 Allgemeines Gleichbehandlungsgesetz (AGG) und die deutsche Übersetzung des Art. 6 der UN-Behindertenrechtskonvention (UN-BRK).
2 Bundesgesetzblatt Teil II Nr. 35 v. 31. 12. 2008, S. 1419–1457; vgl. auch die Schattenübersetzung des Netzwerks Artikel 3 unter www.nw3.de, Zugegriffen: 01. Mai 2013, und das Abkommen in englischer Sprache unter www.ohchr.org/english, Zugegriffen: 01. Mai 2013; zur Entstehungsgeschichte der Konvention vgl. Degener 2006, S. 104 ff.

Sind Menschen, die sowohl wegen einer Behinderung als auch wegen ihres Migrationshintergrundes, ihres Geschlechts oder ihrer Religion diskriminiert werden, auf besonderen Rechtsschutz angewiesen? Wie lassen sich solche Benachteiligungen feststellen und überwinden?

Um dies beleuchten zu können, soll zunächst festgestellt werden, was rechtlich unter einer Diskriminierung zu verstehen ist und die Bandbreite des Rechtsschutzes gegen Diskriminierung in Deutschland skizziert werden. Da sich nur wenige Menschen gerichtlich gegen individuell widerfahrene Diskriminierung wehren, setzt Antidiskriminierungsrecht zunehmend auch an den strukturellen Ursachen von Exklusion an. Gerade diese Instrumente – so die These der Verfasserin – können und müssen auch wirksamen Schutz vor mehrdimensionalen Diskriminierungen bieten.

2 Rechtlicher Diskriminierungsschutz in Deutschland

Deutschland galt im Bereich des Antidiskriminierungsrechts im internationalen Vergleich lange als Entwicklungsland (vgl. Degener 2008, S. 68). Unter dem politischen Einfluss der Vereinten Nationen und durch die Gleichbehandlungs-Richtlinien der Europäischen Union bzw. Europäischen Gemeinschaft konnten in den letzten Jahren aber eine Reihe von Regelungen durchgesetzt werden, die auf den Schutz vor bzw. Abbau von Diskriminierung gerichtet sind. Teilweise handelt es sich um ganze Gesetze, wie z. B. die Gesetze des Bundes und der Länder zur Förderung der Gleichstellung der Geschlechter und von Menschen mit Behinderungen oder das Allgemeine Gleichbehandlungsgesetz, meist aber um einzelne Vorschriften, von denen einzelne nachfolgend vorgestellt werden.

Was aber genau ist unter Diskriminierung im rechtlichen Sinne zu verstehen?

2.1 Rechtsformen von Diskriminierung

Eine Ungleichbehandlung von Menschen stellt nicht immer eine rechtliche Benachteiligung dar. Unterschiedliche Interessenlagen können es aus Gerechtigkeitserwägungen heraus vielmehr erforderlich machen, Gruppen von Menschen ungleich zu behandeln. Im Europäischen Gemeinschaftsrecht und dem Allgemeinen Gleichbehandlungsgesetz werden drei Formen der rechtlichen Diskriminierung bzw. Benachteiligung unterschieden: Unmittelbare Benachteiligungen, mittelbare Benachteiligungen und Belästigungen.

Eine *unmittelbare Benachteiligung* liegt vor, wenn eine Person ungünstiger behandelt wird, als eine andere Person in einer vergleichbaren Situation, ohne dass ein sachlicher Grund dies rechtfertigen würde.

Wenn in Köln beispielsweise ein privater Fernsehsender einer Gruppe von behinderten Menschen den Zugang zu einer Live-Aufzeichnung in seinen Studios verweigert mit der Begründung, man wolle bei der Ausstrahlung der Sendung keine „Behinderten" im Publikum sitzen haben, handelt es sich um eine unmittelbare Diskriminierung.

Die Gerichte befassen sich gegenwärtig mit unmittelbaren Diskriminierungen vor allem im Bereich von Altersdiskriminierung (vgl. Sacksofsky 2010). Meist geht es um die Frage, in wieweit durch Altersgrenzen in gesetzlichen Regelungen, Tarifverträgen oder Stellenausschreibungen bedingte Ungleichbehandlungen sachlich begründet sind.[3] Unsere Rechtsordnung unterscheidet zudem häufig zwischen deutschen und ausländischen Staatsangehörigen. So können Ausländer bzw. Ausländerinnen – abhängig von Aufenthaltsstatus und Beschäftigungserlaubnis – vom Bezug bestimmter Sozialleistungen ausgeschlossen sein. In den internationalen Abkommen und Europäischen Richtlinien zum Schutz vor ethnischer und rassistischer Diskriminierung sind Unterscheidungen wegen der Staatsangehörigkeit ausgenommen. Dies wird damit begründet, dass es zur Grundkonzeption von Nationalstaaten gehört, zwischen eigenen und fremden Staatsangehörigen zu unterscheiden (vgl. Frings 2008, S. 119). Es stellt sich aber die Frage, ob die in unseren Gesetzen gegenwärtig vorgenommenen Unterscheidungen auch verfassungsgemäß sind. Das Grundgesetz in Deutschland enthält wenige „Deutschen-Grundrechte" (z. B. die Versammlungs- und Vereinigungsfreiheit Art. 8 und 9 GG) und mehr Grundrechte, die für alle Menschen gelten. Grundrechte, die für alle gelten, dürfen gegenüber einzelnen aber nicht mit der bloßen Begründung eingeschränkt werden, sie seien Ausländer respektive Ausländerinnen. Das Bundesverfassungsgericht hat 2012 das Asylbewerberleistungsgesetz für verfassungswidrig erklärt mit der Begründung, dass alleine der Aufenthaltsstatus eines Menschen es nicht rechtfertigen kann, ihm existenzsichernde Leistungen vorzuenthalten, die nach Art. 1 Abs. 1 und Art. 2 GG erforderlich sind, um ein der Würde des Menschen entsprechendes Leben zu führen (soziokulturelles Existenzminimum).[4]

Klagen wegen unmittelbarer Geschlechterdiskriminierung werden in der deutschen Rechtspraxis immer seltener und eher von Männern als von Frauen erhoben (vgl. Sacksofsky 1996, S. 156). Arbeitgeberinnen und Arbeitgeber wissen

---

3   Vgl. Bundesarbeitsgericht, Beschluss v. 18. 8. 2009 – 1 ABR 47/08.
4   Vgl. ebd.; BVerfG, Urt. v. vom 18. 7. 2012 – 1 BvL 10/10. http://www.bverfg.de/entscheidungen/ ls20120718_1bvl001010.html, Zugegriffen: 10. März 2013.

in aller Regel nicht nur, dass sie Stellen geschlechtsneutral ausschreiben müssen, sondern auch, dass sie Bewerberinnen respektive Bewerber nicht aus rassistischen Motiven oder mit dem pauschalen Verweis auf die Behinderung ablehnen dürfen. Sie werden ihre Entscheidung gegen bestimmte Bewerberinnen und Bewerbern gegenüber diesen – möglicherweise auch sich selbst – regelmäßig merkmalsneutral begründen. Über die tatsächliche Neutralität ihrer Entscheidung ist damit noch nichts gesagt.[5] Weil Menschen oft nicht beweisen können, dass sie wegen ihres Geschlechts und bzw. oder des Migrationshintergrundes benachteiligt werden, sieht das Allgemeine Gleichbehandlungsgesetz eine Beweislastumkehr vor: Tragen die Betroffenen Indizien vor, die eine Benachteiligung vermuten lassen, so hat die Gegenseite zu beweisen, dass sie nicht gegen ein Benachteiligungsverbot verstoßen hat.

Eine *mittelbare Benachteiligung* liegt vor, wenn sich dem Anschein nach neutrale Vorschriften, Kriterien oder Verfahren auf eine Personengruppe ungünstiger auswirken als auf eine andere, ohne dass dies durch sachliche Gründe gerechtfertigt wäre.

Anders als unmittelbare Diskriminierungen vollziehen sich mittelbare Diskriminierungen oft unbemerkt. Sie entstehen durch Regelungen, Kriterien, Einrichtungen und Verfahren, die formal für alle gleichermaßen gelten, sich jedoch einseitig an den Interessenlagen, Kenntnissen, Fähigkeiten und Möglichkeiten einzelner Bevölkerungsgruppen orientieren und darum im Ergebnis überwiegend Zugehörige der anderen Gruppe schlechter stellen. Diese Ungleichbehandlung muss nicht intendiert, sondern kann ebenso Ausdruck von Unwissen, Ignoranz und dem Wunsch nach schnellen Lösungen sein. Wird bei der Gestaltung der Infrastruktur und in der Kommunikation unbewusst voraus gesetzt, dass alle Menschen uneingeschränkt mobil, des Hörens und Sehens und des Lesens und Schreibens der deutschen Sprache mächtig sind, sind hiervon zwar formal alle Menschen betroffen. Schlechter gestellt werden durch solche Regelungen aber nur diejenigen, die diesen Vorstellungen von Normalität nicht entsprechen.

Der Schutz vor mittelbarer Benachteiligung gebietet es u. a., Schulkonzeptionen und Lehrpläne daraufhin zu überprüfen, ob sie dem Anspruch aller Kinder auf Schulbildung – abzuleiten aus der allgemeinen Schulpflicht des Art. 7 GG – gerecht werden, oder ob sie sich nicht einseitig an den Kenntnissen und Fähigkeiten nichtbehinderter Kinder mit ausschließlich deutschem Hintergrund orientieren (vgl. Frings 2008). Ein weiteres Beispiel von hierarchisierenden Normalitätsvor-

---

5 Die Antidiskriminierungsstelle des Bundes geht davon aus, dass sich durch anonymisierte Bewerbungsverfahren die Einstellungschancen von Bewerberinnen und Bewerbern mit ausländisch klingenden Namen, einer Behinderung und von Frauen mit Kindern wesentlich verbessern (vgl. Antidiskriminierungsstelle des Bundes 2012.

stellungen ist das „Normalarbeitsverhältnis": Es beschreibt eine Vollzeitbeschäftigung, die Möglichkeit von Überstunden und die Erwartung von möglichst viel Flexibilität. Arbeitsbedingungen also, die nur von denjenigen erfüllt werden können, die keine Verantwortung für die Versorgung und Unterstützung von Kindern und pflegebedürftigen Angehörigen tragen. Werden betriebliche Arbeitsbedingungen so gestaltet, dass sie sich nicht mit der Familienarbeit vereinbaren lassen, sind hiervon formal alle Beschäftigten gleichermaßen betroffen. Je mehr Familienarbeit die einzelnen leisten, umso weniger werden sie als Bewerberinnen respektive Bewerber für eine Arbeitsstelle in Betracht gezogen, umso häufiger werden sie ihre bereits aufgenommene Erwerbstätigkeit reduzieren oder aufgeben müssen. Dies sind de facto noch immer überwiegend Frauen. Arbeitsbedingungen, wie z. B. die ausnahmslose Pflicht zu Nacht- oder Wechselschichten, können auch eine mittelbare Diskriminierung wegen einer Behinderung oder des Alters darstellen, wenn sie typischerweise von Mitarbeitenden mit bestimmten chronischen gesundheitlichen Einschränkungen nicht (mehr) erfüllt werden können.[6]

Eine *Benachteiligung in Form der Belästigung* liegt vor, wenn sozial unerwünschte Verhaltensweisen darauf gerichtet werden, die Würde eines Menschen zu verletzten, z. B. in dem ein von Einschüchterungen, Anfeindungen, Erniedrigungen, Entwürdigungen oder Beleidigungen gekennzeichnetes Umfeld geschaffen wird. Hierzu zählen insbesondere auch sexuelle Belästigungen.

Die UN-Behindertenrechtskonvention nennt in Art. 5 Abs. 3 eine weitere Form der Diskriminierung, die vor allem Menschen mit Behinderung vielfach daran hindert, ihre Menschenrechte zu verwirklichen: Die *Vorenthaltung angemessener Vorkehrungen*.

Angemessene Vorkehrungen sind gem. Art. 2 der UN-BRK notwendige und geeignete Änderungen und Anpassungen, die keine unverhältnismäßige oder unbillige Belastung darstellen und die in einen bestimmten Fall erforderlich sind, um zu gewährleisten, dass Menschen mit Behinderungen gleichberechtigt mit anderen alle Menschenrechte und Grundfreiheiten genießen und ausüben können. Die Pflicht, angemessene Vorkehrungen zu treffen, ergänzt den in der UN-BRK verankerten Grundsatz und die Verpflichtung, Barrierefreiheit zu gewährleisten. Zur Herstellung von Barrierefreiheit sollen Standards und Normen so verändert werden, dass die physische Umwelt und Kommunikationsangebote für alle möglichst ohne fremde Hilfe nutzbar sind. Angemessene Vorkehrungen zielen auf die einzelfallbezogene Beseitigung konkreter Hindernisse und sonstige Anpassung der bisherigen Bedingungen (vgl. Aichele und Althoff 2012, S. 104).

---

6 Vgl. Landesarbeitsgericht Berlin-Brandenburg vom 04.12.2008, Az. 26 Sa 343/08 (zwingende Übernahme von Nachtschichten).

Mehrdimensionale Diskriminierungen sind in allen genannten Erscheinungsformen und verschiedenen Kombinationen möglich. Eine mehrdimensionale Diskriminierung liegt z. B. vor, wenn von den weiblichen Bewohnerinnen einer Wohneinrichtung für Menschen mit der Diagnose einer geistigen Behinderung ohne Rücksicht auf ihren Bedarf, ihre individuellen Wünsche, ihre Lebensplanung oder religiösen Überzeugungen verlangt wird, Schwangerschaften zu verhüten oder sich sogar sterilisieren zu lassen (unmittelbare Diskriminierung wegen des Geschlechts und der Behinderung).[7] Erforderliche angemessene Vorkehrungen für Frauen und Männer in diesem Kontext sind z. B. die Öffnung und Zugänglichmachung allgemeiner Beratungs- und Unterstützungsangebote im Bereich der Geburtenkontrolle und Familienplanung, absenkbare Stühle in der gynäkologischen und urologischen Versorgung, Geburtsvorbereitungskurse in leichter und Gebärdensprache (und dies nicht nur in deutsch) sowie die Sicherstellung staatlicher Leistungen für behinderte Eltern(-teile) bei der Versorgung und Erziehung ihrer Kinder im eigenen Haushalt.

2.2 Wirkungsweisen von Antidiskriminierungsrecht

Ausgangspunkt von Diskriminierung bilden häufig unreflektierte stereotype Vorstellungen von menschlicher Normalität und die Konstruktionen von Andersartigkeit. Bereits die Benennung von Menschen als Frauen, Männer, Schwarze, Behinderte, Homo- oder Heterosexuelle erweist sich, um mit Pierre Bourdieu zu sprechen, als Ergebnis einer „expliziten und öffentlichen Durchsetzung einer legitimen Sicht von sozialer Welt" (ebd. 1985, S. 23) vollzogen von denjenigen, die die gesellschaftliche Macht haben, ihre Sichtweise zu legitimieren.

Antidiskriminierungsrecht muss daher Entscheidungsträger in der Politik, Verwaltung, Wissenschaft und Wirtschaft dazu anhalten, sich nicht länger einseitig an den Perspektiven, Interessen und Bedarfen dominierender Gruppen zu orientieren, sondern der Diversität innerhalb der Bevölkerung Rechnung zu tragen. Dieses substanzielle Gleichheitsverständnis kommt auch in dem Wandel vom Konzept der Integration zum Konzept der Inklusion zum Ausdruck: faktische Gleichheit wird in der Gesellschaft nicht dadurch erzielt, dass sich Randgruppen den Normen und Erwartungen der gesellschaftlich dominierenden Bevölkerungsgruppen unterwerfen. Vielmehr ist die gesamte Gesellschaft aufgefordert, die gewachsenen, verfestigten Strukturen, Kulturen und Praktiken kritisch zu hinterfragen und ggf. aktiv umzugestalten.

---

7 Eine entsprechende Einflußnahme auf die Frauen kann unter bestimmten Voraussetzungen auch strafbar sein (vgl. Zinsmeister 2012, S. 227).

Recht kann hierzu beitragen, in dem Entscheidungsträger verpflichtet werden, ihre Verfahren und Kriterien und Maßnahmen so zu gestalten, dass sie die Belange und Interessen aller Menschen gleichberechtigt berücksichtigen. So verpflichtet beispielsweise § 2 der Gemeinsamen Geschäftsordnung der Bundesministerien sämtliche Ressorts der Bundesregierung, bei politischen, normgebenden und verwaltenden Maßnahmen stets möglichen Unterschieden in den Lebens- und Interessenlagen von Frauen und Männern Rechnung zu tragen, da es keine geschlechtsneutrale Wirklichkeit gibt (Gender Mainstreaming). Mit Inkrafttreten der UN-Behindertenrechtskonvention in Deutschland ist auch (Dis-)ability im politischen Mainstream verankert worden: Art. 4 Abs. 1 lit. c–d der UN-BRK verpflichtet die Vertragsstaaten, „den Schutz und die Förderung der Menschenrechte von Menschen mit Behinderungen in allen politischen Konzepten und allen Programmen zu berücksichtigen, Handlungen oder Praktiken, die mit diesem Übereinkommen unvereinbar sind, zu unterlassen und dafür zu sorgen, dass die staatlichen Behörden und öffentlichen Einrichtungen im Einklang mit diesem Übereinkommen handeln."

Die UN-BRK basiert auf einem modernen Verständnis von Diskriminierungsschutz, das sich anhand der „menschenrechtlichen Pflichtentrias" beschreiben lässt: Die Mitgliedstaaten haben 1) Menschenrechte zu achten und Diskriminierungen nach Möglichkeit zu unterlassen (respect), 2) Menschen vor Diskriminierungen durch andere zu schützen (protect) und 3) die Voraussetzungen zu schaffen, die erforderlich sind, damit die Einzelnen auch tatsächlich gleichberechtigt mit anderen teilhaben können (fulfil) (vgl. Degener 2009, S. 200). Die Schutz- und Gewährleistungsfunktionen erweitern den Rechtsschutz behinderter Menschen vor Diskriminierung in den privatrechtlichen Bereich hinein. Die UN-Behindertenrechtskonvention verpflichtet die Mitgliedstaaten in Art. 4 Abs. 1 (e) „alle geeigneten Maßnahmen zur Beseitigung der Diskriminierung aufgrund von Behinderung durch Personen, Organisationen oder private Unternehmen zu ergreifen (…)". Diese Erweiterung ist deswegen so bedeutsam, weil es der aktiven Mitwirkung der Privatwirtschaft bedarf, um in allen Bereichen der gesellschaftlichen Teilhabe die bestehenden baulichen, kommunikativen und strukturellen Barrieren abzubauen und auch die freien Träger sozialer Einrichtungen und Dienste stärker in die Verantwortung genommen werden können, die Selbstbestimmung und Autonomie behinderter Menschen zu achten und aktiv zu fördern und sie in alle sie betreffenden Entscheidungen aktiv einzubeziehen.

2.3 Unterschiedliche Schutzniveaus

Der Rechtsschutz bei Diskriminierung wird in Deutschland dadurch erschwert, dass die Regelungen über die gesamte Rechtsordnung verstreut und damit vielfach nicht bekannt sind.[8] Darüberhinaus gelten unterschiedliche Schutzniveaus. Ob und in welchem Umfang Diskriminierung verboten oder Gleichstellung aktiv gefördert werden muss, hängt davon ab, in welchen Strukturen Menschen ungleichbehandelt werden (staatlich oder privat), welche Bereiche tangiert sind (Bildung, Beschäftigung, Wohnen, Freizeit, Soziales etc.) und nach welcher Kategorie (Geschlecht, Ethnie, Behinderung, Alter etc.) unterschieden wurde. Diese Unterschiede sind nur zum Teil mit der unterschiedlichen Schutzbedürftigkeit der jeweiligen Gruppe oder der Wirkungsweise der Diskriminierung zu erklären. Nicht nachvollziehbar ist z. B., dass es Sozialversicherungsträgern gesetzlich explizit verboten ist, die Empfängerinnen und Empfänger von Sozialleistungen wegen ihrer sexuellen Identität zu diskriminieren (§ 19a Viertes Sozialgesetzbuch – SGB IV), den Sozialhilfeträgern und den Trägern der Kinder- und Jugendhilfe aber nicht. Eine solche Diskriminierung könnte darin bestehen, dass ein Sozialleistungsträger einer Versicherten, die in einem 400 km von ihrem Wohnort entfernten Berufsförderungswerk eine Umschulung in eine behinderungsgerechten Beruf absolviert, die Übernahme der Kosten für die Familienheimfahrten zu ihrer eingetragenen Lebenspartnerin verweigert mit der Begründung, Familienheimfahrten könnten nur Eheleuten bzw. Eltern von Kindern bezuschusst werden.

Wer welche Rechte für sich beanspruchen kann, muss stets im Einzelfall geprüft werden. Die Antidiskriminierungsstelle des Bundes und örtliche Antidiskriminierungsbüros bieten hier ihre kompetente, kostenlose Beratung an. Diese bezieht sich nicht nur auf Fragen des individuellen Rechtsschutzes bei Benachteiligung, sondern auch auf Wege zur Überwindung struktureller Diskriminierung (vgl. http://www.antidiskriminierungsstelle.de).

Nachfolgend können nur beispielhaft Antidiskriminierungsvorschriften für ausgewählte Handlungsfelder vorgestellt werden.

2.3.1 Diskriminierungsschutz in der Behindertenhilfe und der Pflege

Das Grundgesetz schützt unmittelbar nur vor Diskriminierungen durch den Staat. Auch die Bundes- und Landesgesetze zur Gleichstellung der Geschlechter und von Menschen mit Behinderung verpflichten nur den Staat. Die deutsche Politik

---

8 Alleine die Normen, die dem Behindertengleichstellungsrecht zuzuordnen sind, finden sich in rund 200 unterschiedlichen Gesetzen bzw. Richtlinien oder Verordnungen (vgl. Welti und Frehe, 2013).

zeigt sich bislang sehr zurückhaltend, Unternehmen und privaten Einzelpersonen Diskriminierung zu verbieten oder sie gar in die Pflicht zu nehmen, aktiv zur Inklusion beizutragen.

Eine Ausnahme gilt für das Sozialrecht. Wo immer sich staatliche Sozialleistungsträger privater Einrichtungsträger oder Pflegedienste oder einzelner Fachleute wie Ärztinnen oder Therapeuten bedienen, um die Sozialleistungen auszuführen, haben sie sicherzustellen, dass die privaten Träger hierbei die für die staatlichen Sozialleistungsträger geltenden Diskriminierungsverbote und Gleichstellungsgesetze beachten und umsetzen.

§ 33c SGB I regelt hier zum Beispiel, dass bei der Entscheidung über staatliche Sozialleistungen *und* bei deren Ausführung niemand aus Gründen der Rasse (sic!), wegen der ethnischen Herkunft oder einer Behinderung benachteiligt werden darf. Dieses Diskriminierungsverbot haben alle Sozialleistungsträger, beginnend von den gesetzlichen Krankenkassen bis hin zu den Trägern der Sozialhilfe und der Kinder- und Jugendhilfe zu beachten und dafür Sorge zu tragen, dass es auch in den von ihnen in Anspruch genommenen Einrichtungen und Diensten der freien Wohlfahrtspflege und anderen freien Anbietern beachtet wird. Die Gleichstellung der Geschlechter haben die Träger der Kinder- und Jugendhilfe und die Träger der Rehabilitation und Teilhabe behinderter und von Behinderung bedrohter Menschen zu sichern, in dem sie stets den Bedürfnissen beider Geschlechter gleichwertig Rechnung tragen (§§ 9 Nr. 3 SGB VIII, 1 S. 2 SGB IX). Dies erfordert es zunächst, die Lebens- und Interessenlagen getrennt zu betrachten und möglichen Unterschieden dann angemessen Rechnung zu tragen. Das SGB IX sieht darüber hinaus noch weitreichendere Pflichten zur Förderung der Gleichberechtigung von Frauen und Männern mit Behinderungen vor, wie z.B. die Pflicht, Daten geschlechtsspezifisch zu erheben und Angebote so zu gestalten, dass sie sich mit Familienpflichten vereinbaren lassen.

Aus § 33 SGB I[9] wird auch das Recht assistenz- und pflegebedürftiger Menschen abgeleitet, Einfluss auf die Auswahl der Pflegeperson zu nehmen. Wünschen nach gleichgeschlechtlicher Pflege ist daher in der Regel Rechnung zu tragen (vgl. Igl und Dünnes 2002). Für den Bereich der Pflege hat der Gesetzgeber dieses Wunsch- und Wahlrecht im SGB XI explizit formuliert. Dort heißt es in § 2 Abs. 2: „Die Pflegebedürftigen können zwischen Einrichtungen und Diensten verschiedener Träger wählen. Ihren Wünschen zur Gestaltung der Hilfe soll, soweit

---

9 § 33 SGB I lautet: „Ist der Inhalt von Rechten oder Pflichten nach Art oder Umfang nicht im einzelnen bestimmt, sind bei ihrer Ausgestaltung die persönlichen Verhältnisse des Berechtigten oder Verpflichteten, sein Bedarf und seine Leistungsfähigkeit sowie die örtlichen Verhältnisse zu berücksichtigen, soweit Rechtsvorschriften nicht entgegenstehen. Dabei soll den Wünschen des Berechtigten oder Verpflichteten entsprochen werden, soweit sie angemessen sind."

sie angemessen sind, im Rahmen des Leistungsrechts entsprochen werden. Wünsche der Pflegebedürftigen nach gleichgeschlechtlicher Pflege haben nach Möglichkeit Berücksichtigung zu finden." Gemäß Abs. 3 sind auch auf die religiösen Bedürfnisse der Pflegebedürftigen Rücksicht zu nehmen. Auf ihren Wunsch hin sollen sie stationäre Leistungen in einer Einrichtung erhalten, in der sie durch Geistliche ihres Bekenntnisses betreut werden können. Die Pflegebedürftigen sind auf die Rechte nach den Absätzen 2 und 3 hinzuweisen.

In der Praxis fehlt es oft nicht nur an einer entsprechenden Beratung, sondern auch der erforderlichen Infrastruktur, um diese Regelung umzusetzen. Der Personalschlüssel in Einrichtungen und Diensten lässt oft keine Auswahl zwischen mehreren Fachkräften, die Menschen müssen sich von denjenigen assistieren lassen, die (als einzige) Dienst haben. Christen und Christinnen finden zwar ausreichend Einrichtungen, in denen sie durch Geistliche ihres Bekenntnisses betreut werden können, für jüdisch oder muslimisch Gläubige halten die Sozialleistungsträger hingegen kaum Infrastruktur vor. Hier werden die Sozialleistungsträger ihrer Strukturverantwortung (§ 17 SGB I) bislang nicht ausreichend gerecht.

2.3.2 Diskriminierungsschutz im Bereich des Waren- und Dienstleistungsverkehrs

Der Staat verbietet es in begrenztem Rahmen auch der zivilen Bevölkerung einschließlich der Privatwirtschaft, andere Menschen aufgrund bestimmter Kategorien zu diskriminieren. Diese Verbote sind unterschiedlicher Rechtsnatur und haben darum unterschiedliche Folgen. Wer z. B. Menschen aus rassistischen Gründen, Gründen der Religion oder ethnischen Herkunft verhetzt, beschimpft, verächtlich macht und den Hass gegen sie aufstachelt, kann wegen Volksverhetzung (§ 130 StGB) zu einer Freiheitsstrafe verurteilt werden. Die meisten Diskriminierungsverbote sind jedoch nicht strafrechtlicher, sondern zivilrechtlicher Natur, die die Vertragsfreiheit von Unternehmen und Privatpersonen einschränken und im Falle eines Verstoßes Unterlassungs- und Schadensersatzansprüche der diskriminierten Personen begründen können.

Für den zivilrechtlichen Diskriminierungsschutz bildete 2006 das Allgemeine Gleichbehandlungsgesetz einen Meilenstein. Der Bundesgesetzgeber setzte darin – wenn auch nicht umfassend – verschiedene Gleichstellungsrichtlinien der Europäischen Union um. Mit dem AGG wurde erstmals in Deutschland auch die Diskriminierung wegen des Alters und der sexuellen Identität verboten und der zivilrechtliche Schutz vor Diskriminierung über das Arbeitsrecht hinaus auf den allgemeinen Waren- und Dienstleistungsverkehr erstreckt (§ 19 AGG).

So dürfen die Anbieter privater (Auslands-)Krankenversicherungen und ähnlicher Vorsorgeprodukte nicht mehr grundlos Menschen wegen der Behinderung oder/und ihres Lebensalters als Vertragspartner ablehnen oder von Menschen mit Migrationshintergrund höhere Versicherungsprämien verlangen. Derartige Ungleichbehandlungen müssen versicherungsmathematisch gerechtfertigt sein. Im Geschlechterverhältnis hat der Europäische Gerichtshof sie generell ab Ende 2012 für rechtswidrig erklärt und die EU-Mitgliedstaaten damit gezwungen, Unisex-Tarife einzuführen.[10]

Der Wohnungsmarkt bildet in Deutschland aufgrund der knappen Ressourcen einen für die Bevölkerung ebenso bedeutsamen wie diskriminierungsanfälligen Wirtschaftszweig. In der Regel haben die Vermieter und Vermieterinnen die freie Auswahl zwischen vielen Interessentinnen respektive Interessenten und damit auch das Recht, diese nach beliebigen Kriterien zu selektieren. Grundsätzlich verboten ist nur die Ablehnung von Mietinteressentinnen respektive -interessenten aus rassistischen oder ethnischen Motiven (§ 19 AGG). Diskriminierungen wegen des Geschlechts, der Religion, des Alters, der sexuellen Identität oder Behinderung sind beim Abschluss eines Mietvertrages hingegen weiterhin zulässig, sofern es sich für den Vermieter in der Vermietung der Wohnung nicht um ein „Geschäft ohne Ansehung der Person" (Massengeschäft) handelt, d. h. er mehr als 50 Wohnungen vermietet.

Doch was gilt, wenn eine stark sehbehinderte Mietinteressentin türkischer Herkunft von der privaten Eigentümerin eines 8-Familienhauses mit der Begründung abgelehnt wird, im Haus seien keine Türken erwünscht und sie sei zudem mit ihrer Sehbehinderung möglicherweise nicht in der Lage, die Hausordnung angemessen zu erledigen? Da es sich im Beispielsfall in der Vermietung nicht um ein Massengeschäft handelt, wäre die Ablehnung der Bewerberin wegen der Behinderung nicht verboten, die Ablehnung unter Berufung auf ihre ethnische Herkunft hingegen schon.

Hier offenbart sich wieder das Problem der unterschiedlichen Schutzniveaus im deutschen Antidiskriminierungsrecht. Ob und in welchem Umfang die oder der einzelne Schutz vor Diskriminierung erfährt, richtet sich sowohl nach der Kategorie, aufgrund der er oder sie diskriminiert wird, als auch nach dem Kontext (Behördenkontakt, Ausbildung und Beschäftigung, allgemeiner Waren- und Dienstleistungsverkehr etc.), in dem die Diskriminierung erfolgt. Gelten wie im Beispielfall für eine Person aufgrund von mehrdimensionaler Diskriminierung zwei unterschiedliche Schutzniveaus, stellt § 4 AGG klar, dass eine Ungleichbehandlung wegen mehrerer Merkmale nur dann gerechtfertigt ist, wenn sich diese Rechtfertigung auf alle Merkmale bezieht. Da Privatvermieter bzw. -vermieterinnen Mietinteressentinnen und -interessenten nicht wegen ihrer ethnische Her-

---

10 EuGH Urt. vom 1. März 2011 – C-236/09.

kunft bzw. aus rassistischen Motiven ablehnen dürfen, wäre die Ungleichbehandlung der Bewerberin also insgesamt nicht gerechtfertigt.

In der Praxis sind solch offenkundige Diskriminierungen freilich selten geworden. Es ist für Diskriminierungsopfer schwer, herauszufinden und gar zu beweisen, dass sie wegen ihrer Herkunft oder Behinderung oder ihres Geschlechts benachteiligt wurden.

Hier greift aber die bereits oben erläuterte Beweislastumkehr des AGG: Lassen Indizien eine Benachteiligung vermuten, so hätten die Vermieter bzw. Vermieterinnen vorliegend zu beweisen, dass sie nicht gegen ein Benachteiligungsverbot verstoßen haben. Ein solches Indiz wäre z. B. der Umstand, dass ein Makler bei der Wohnungsbesichtigung nur den fünf Mietinteressentinnen und -interessenten mit deutschem Namen verspricht, ihre Unterlagen an die Vermieterin weiterzuleiten, und alle anderen sich Bewerbende wegschickt.

Menschen mit Behinderung und im Alter scheitern auf dem Wohnungsmarkt allerdings meist nicht erst an den Vorurteilen der Makler oder Vermieterinnen, sondern häufig bereits daran, dass es nicht ausreichend barrierefreien Wohnraum gibt.

Damit Menschen mit Behinderungen die bestehende Infrastruktur gleichberechtigt mit anderen nutzen können, genügt es also nicht, Einfluss auf die Mieterauswahl zu nehmen. Bauordnungsvorschriften sollen darüberhinaus sicherstellen, dass künftig mehr barrierefreie Wohn- und Geschäftsräume entstehen. Doch Menschen mit Behinderungen benötigen auch gleichberechtigten Zugang zum gegenwärtigen Baubestand. Hierzu müssen bestehende Barrieren systematisch abgebaut werden. Gemäß § 554a BGB können Mieter von den Vermieterinnen die Einwilligung in den barrierefreien Umbau ihrer Mietwohnung verlangen, wenn sie hieran ein berechtigtes Interesse haben. Sie haben diese Umbauten und deren Rückbau aber auf eigene Kosten vorzunehmen. Das AGG verpflichtet privatwirtschaftliche Unternehmen bisher nicht, angemessene Vorkehrungen zu treffen und bestehende Barrieren zu beseitigen. Dies haben Interessenvertretungen behinderter Menschen vielfach kritisiert.

Der in der UN-Behindertenrechtskonvention formulierten Pflicht des Staates und anderer Akteure, angemessene Vorkehrungen zu ergreifen, muss darum besser Geltung verschafft werden.

3 Wirkungsweisen mehrdimensionaler Diskriminierung

Mehrfachdiskriminierungen werden oft als additive („doppelte", „dreifache") Diskriminierung beschrieben: Frauen erfahren demnach ethnische oder behinderungsspezifische Diskriminierung wie Männer der gleichen Minderheit auch und sind zusätzlich wie nichtbehinderte Frauen geschlechtsspezifischer Diskriminierung ausgesetzt (vgl. für eine Übersicht Stötzer 2004; Schultz 1990).

Dass Diskriminierungsrisiken kumulieren können, zeigt u. a. der hohe Anteil an Jungen mit Migrationshintergrund auf den Förderschulen oder die Tatsache, dass Mädchen und Frauen mit Behinderung oder Migrationshintergrund oft in besonderem Maß von Armut, Arbeits- und Erwerbslosigkeit und Gewalt betroffen sind (vgl. etwa Deutsches Jugendinstitut e. V. und Statistisches Bundesamt 2005, S. 212 ff., 563 ff., 576 ff.; Zinsmeister 2003, S. 13 ff.; Schröttle und Khelaifat 2007, S. 46 ff.; Schröttle et al. 2013).

Ungleichbehandlungen aufgrund verschiedener Kategorien können sich aber auch relativieren oder überlagern. Mehr noch: Viele Aussagen über typische Nachteile und Problemlagen „der Frauen", „der Migranten" oder „der Behinderten" lassen sich von vornherein nicht 1:1 auf die Gruppe der Migrantinnen, der behinderten Migranten oder behinderten Frauen übertragen. So bezog sich die tradierte und einst auch vom Bundesverfassungsgericht (BVerfG) vertretene Ansicht, wonach die Mutterschaft der Bereich der Frau sei, „in dem ihr Wesen am tiefsten wurzelt und sich entfaltet",[11] offenbar stets nur auf das Wesen nichtbehinderter Frauen. Während diese in den 1970er-Jahren mit spektakulären Selbstbezichtigungskampagnen („Wir haben abgetrieben")[12] für ihr Recht auf eine selbstbestimmte Entscheidung *gegen* ein Kind kämpften, wurden und werden behinderte Mädchen und Frauen bis heute häufig zur Sterilisation oder Abtreibung gedrängt (vgl. Ewinkel et al. 1985, S. 71; Schröttle et al. 2013, S. 41). Im bundesweiten Durchschnitt sind 5 % aller Frauen, die aktuell verhüten, sterilisiert (vgl. TNS Emnid 2011). Bei Frauen mit Behinderungen und Beeinträchtigungen im Alter von 16 bis 65 sind es 17 %.[13] Diese Frauen sehen sich mit großen Vorbehalten in Bezug auf ihren Kinderwunsch oder ihre Eignung als Mütter konfrontiert, denn eine Behinderung wird gemeinhin mit Fürsorgebedürftigkeit gleichgesetzt und angenommen, dass Frauen, die selbst Hilfe benötigen, anderen nicht helfen können (vgl. Hermes 2004). Geschlechtsstereotype wie das der hilfebedürftigen asexuellen behinderten Frau oder des hypersexuellen schwarzen Mannes belegen, dass an den Schnittstellen der Kategorien Zuschreibungen von eigenem Charakter entstehen.

Führen diese Zuschreibungen zu einer spezifischen Form der Ungleichbehandlung, handelt es sich nicht mehr um eine additive, sondern intersektionelle Diskriminierung.

---

11 BVerfGE 10, S. 59 und 78 („Stichentscheid").
12 Titelzeile des Magazins STERN vom 06. Juni 1971.
13 Bezogen auf die Gruppen der Frauen, die im eigenen Haushalt oder in Einrichtungen für Menschen mit der Diagnose einer geistigen Behinderung befragt wurden (vgl. Schröttle et al. 2012, S. 41).

Daher gilt es in der Analyse von Ungleichheit folgende Grundprämissen zu beachten:

1) Soziale Kategorien sind stets gleichzeitig wirksam. Sie entfalten spezifische Wechselwirkungen. Hierdurch können mehrdimensionale Formen der Diskriminierung entstehen.
2) Die Analyse sozialer und rechtlicher Ungleichheit erfordert deshalb sowohl die Kategorisierung von Menschen nach Geschlecht, Alter, (Dis-)ability und anderen Kategorien, als auch die Differenzierung innerhalb dieser Gruppen.[14] Nur so kann dem Umstand Rechnung getragen werden, dass es je nach Geschlecht unterschiedliche Erfahrungen mit Diskriminierungen wegen des Alters, der sexuellen Identität, Behinderung und Ethnizität gibt oder sich ethnische, rassistische und religiöse Diskriminierung wechselseitig bedingen können.
3) Um feststellen zu können, ob und in welcher Form einzelne Kategorien Einfluss auf die unterschiedliche Behandlung von Menschen haben, ist in der Analyse von Ungleichbehandlungen zunächst stets von der Gleichwertigkeit aller in Betracht kommenden Diskriminierungsrisiken auszugehen.
4) Analysen, die nicht von der Gleichwertigkeit ausgehen, sondern von vornherein die Priorität einzelner Diskriminierungsgründe unterstellen, laufen Gefahr, einseitig die Diskriminierungserfahrungen derjenigen abzubilden, die eine Gruppe von „Merkmalsträgern" dominieren.
5) Die Wechselwirkungen zwischen den Kategorien erschließen sich erst aus der Perspektive derjenigen Individuen und Gruppen, die sich an den Schnittstellen bewegen (vgl. Zinsmeister 2007, S. 51f.).

Mehrdimensionale Diskriminierungen sind oft mittelbare Diskriminierungen. Ob sich einzelne Rechtsakte mittelbar diskriminierend auswirken, lässt sich erst an deren strukturellen Auswirkungen erkennen. Für diese Rechtsfolgenabschätzung sind die Rechtswissenschaften auf sozial-, politikwissenschaftliche und wirtschaftswissenschaftliche Erkenntnisse über die Wirkungsweisen sozialer und ökonomischer Ungleichheit angewiesen.

Viele Analysen sozialer Ungleichheit erfüllen aber die beschriebenen Anforderungen nicht und liefern daher keine Daten zu den Schnittstellen. Je kleiner die Schnittstellen, umso weniger Aussagekraft haben die dazu erhoben Daten. Schutz gegen mehrdimensionale Diskriminierungen ist (auch) daher in vielen Fällen gerichtlich schwer zu verwirklichen.

Der Rechtsweg ist aber auch nicht der einzige Weg, um mehrdimensionaler Diskriminierung zu begegnen. Weitreichenden Schutz können auch Entschei-

---

14 Berechtigte Kritik an der Kategorisierung äußern Susanne Dern et al. (2010, S. 43).

dungsträger bewirken, wenn sie sich an den formulierten Grundprämissen sozialer Ungleichheit orientieren, der Diversität innerhalb der Bevölkerung und den Durchkreuzungen der Achsen von Differenz Rechnung tragen und in der Planung und Durchführung von Maßnahmen möglichst viele Perspektiven und die Expertise der betroffenen Bevölkerungsgruppen einbinden.

4   Fazit

Nicht jede Form der sozialen Ungleichhandlung ist auch justiziabel. Der Rechtsschutz vor Diskriminierungen in Deutschland ist in den letzten Jahren aber erheblich erweitert worden. Er umfasst insbesondere auch den Schutz vor mittelbarer Diskriminierung. Es reicht es aber nicht, Diskriminierungen zu verbieten. Vielmehr gilt es, Entscheidungsträger in der Politik, Verwaltung, Wissenschaft und Wirtschaft davon zu überzeugen, sich nicht länger einseitig an den Perspektiven, Interessen und Bedarfen dominierender Gruppen zu orientieren, sondern der Diversität innerhalb der Bevölkerung Rechnung zu tragen. Die gesamte Gesellschaft ist aufgefordert, Strukturen, Kulturen und Praktiken so zu gestalten, dass alle gleichberechtigt teilhaben können.

Die Erkenntnis, wonach Diskriminierungen nicht nur eindimensional, sondern häufig mehrdimensional wirken, hat in den vergangenen Jahren Eingang in das internationale wie nationale Recht gefunden. Je nach Diskriminierungskategorie und Regelungsbereich gelten allerdings unterschiedliche Schutzniveaus. Mehrdimensionale Diskriminierungen vollziehen sich meist nicht additiv, sondern intersektionell. Sie vollziehen sich oft in Form mittelbarer Diskriminierungen. Diese sind im Einzelfall allerdings schwer zu erkennen und nachzuweisen. Das Innovationspotential der UN-Konvention wie auch anderer Menschenrechtsverträge und Antidiskriminierungsvorschriften erschöpft sich aber nicht in der Möglichkeit der individuellen Rechtsdurchsetzung der Einzelnen. Vielmehr bieten sie einen Ausgangspunkt für Strukturveränderungen, politische Kampagnen, neue Fördermaßnahmen und soziale Projekte. Sie bereiten den Weg zur Anerkennung gesellschaftlicher Vielfalt und Inklusion.

Literatur

Aichele, Valentin, und Nina Althoff. 2012. Nicht-Diskriminierung und angemessene Vorkehrungen. In *UN-Behindertenrechtskonvention mit rechtlichen Erläuterungen*, hrsg. Antje Welke, 104–118. Berlin: DV.

Antidiskriminierungsstelle des Bundes. Hrsg. 2012. Pilotprojekt „Anonym bewerben, weil Qualifikation zählt." http://www.antidiskriminierungsstelle.de/SharedDocs/Downloads/DE/publikationen/Abschlussbericht-anonymisierte-bewerbungsverfahren-20120417.pdf?__blob=publicationFile. Zugegriffen: 16. März 2013.

Baer, Susanne, Melanie Bittner, und Anna Lena Göttschke. 2010. Mehrdimensionale Diskriminierung – Begriffe, Theorien und juristische Analyse. Expertise hrsg. von der Antidiskriminierungsstelle des Bundes. http://www.antidiskriminierungsstelle.de/SharedDocs/Downloads/DE/publikationen/mehrdimensionale_diskriminierung_theorien.pdf?__blob=publicationFile. Zugegriffen: 28. Juni 2013.

Bourdieu, Pierre. 1985. *Sozialer Raum und Klassen*. Frankfurt a. M.: Suhrkamp.

Crenshaw, Kimberlé. 1993. Demarginalizing the Intersections of Race and Sex. In *Feminist Legal Theory*, hrsg. Kelly D. Weisberg, 383–398. Philadelphia: Temple University Press.

Crenshaw, Kimberlé. 1991. Mapping The Margins, Intersectionality, Identity Politics, and Violence against Women Of Color. *Stanford Law Review* 43 (6): 1241–1299.

Degener, Theresia. 2006. „Menschenrechtsschutz für behinderte Menschen. Vom Entstehen einer neuen Menschenrechtskonvention der Vereinten Nationen". *Zeitschrift für die Vereinten Nationen und ihre Sonderorganisationen* 54 (3): 104–110.

Degener, Theresia. 2008. Rechtswissenschaftliche Grundlagen. In *Antidiskriminierungsrecht. Handbuch für Lehre und Beratungspraxis*, hrsg. Theresia Degener, Susanne Dern, Heike Dieball, Dorothee Frings, Dagmar Oberlies, und Julia Zinsmeister, 68–100. Frankfurt a. M.: Fachhochschulverlag.

Degener, Theresia. 2009. Die UN-Behindertenrechtskonvention als Inklusionsmotor. *Recht der Jugend und des Bildungswesens* 57 (2): 200–219.

Degener, Theresia, Susanne Dern, Heike Dieball, Dorothee Frings, Dagmar Oberlies, und Julia Zinsmeister. 2008. *Antidiskriminierungsrecht. Handbuch für Lehre und Beratungspraxis*. Frankfurt a. M.: Fachhochschulverlag.

Dern, Susanne, Lena Inowlocki, Dagmar Oberlies, und Julia Bernstein. 2010. Mehrdimensionale Diskriminierung. Eine empirische Untersuchung anhand von autobiografisch-narrativen Interviews. Expertise im Auftrag der Antidiskriminierungsstelle des Bundes. http://www.antidiskriminierungsstelle.de/SharedDocs/Downloads/DE/publikationen/expertise_mehrdimensionale_diskriminierung_empirische_untersuchung.pdf?__blob=publicationFile. Zugegriffen: 28. Juni 2013.

Deutsches Jugendinstitut e. V., und Statistisches Bundesamt. 2005. 1. Datenreport zur Gleichstellung von Frauen und Männern in der Bundesrepublik Deutschland. 2. Fassung. http://www.bmfsfj.de/doku/Publikationen/genderreport/01-Redaktion/

PDF-Anlagen/gesamtdokument,property=pdf,bereich=genderreport,sprache=de,rwb=true.pdf. Zugegrifen: 28. Juni 2013.

Ewinkel, Carola, Gisela Hermes et al. Hrsg. 1985. *Geschlecht: Behindert, besonderes Merkmal: Frau*. München: AG SPAK.

Frings, Dorothee. 2008. Diskriminierung wegen Rasse oder ethnischer Herkunft. In *Antidiskriminierungsrecht. Handbuch für Lehre und Beratungspraxis*, hrsg. Theresia Degener, Susanne Dern, Heike Dieball, Dorothee Frings, Dagmar Oberlies, und Julia Zinsmeister, 68–137. Frankfurt a. M.: Fachhochschulverlag.

Hermes, Gisela. 2004. *Behinderung und Elternschaft leben – kein Widerspruch*. München: AG-SPAK.

Igl, Gerhard, und Sybille Dünnes. 2002. Das Recht auf Pflegekräfte des eigenen Geschlechts unter besonderer Berücksichtigung der Situation behinderter Frauen. Rechtsgutachten im Auftrag des BMFSFJ. http://www.bmfsfj.de/RedaktionBMFSFJ/Abteilung4/Pdf-Anlagen/PRM-24314-Rechtsgutachten,property=pdf.pdf. Zugegriffen: 10. März 2013.

Sacksofsky, Ute. 1996. *Das Grundrecht auf Gleichberechtigung. Eine rechtsdogmatische Untersuchung zu Art. 3 Abs. 2 des Grundgesetzes*. 2. Aufl. Baden-Baden: Nomos.

Sacksofsky, Ute. 2010. Mittelbare Diskriminierung und das Allgemeine Gleichbehandlungsgesetz. Expertise im Auftrag der Antidiskriminierungsstelle des Bundes. http://www.antidiskriminierungsstelle.de/SharedDocs/Downloads/DE/publikationen/mittelbare_diskriminierung.pdf?__blob=publicationFile. Zugegriffen: 03. März 2013.

Schiek, Dagmar, und Victoria Chege. Hrsg. 2009. *European Union Non-Discrimination Law, Comparative Perspectives On Multidimensional Equality Law*. London-New York: Routledge-Cavendish.

Schröttle, Monika, und Nadja Khelaifat. 2007. *Gesundheit – Gewalt – Migration. Eine vergleichende Sekundäranalyse zur gesundheitlichen und Gewaltsituation von Frauen mit und ohne Migrationshintergrund in Deutschland*. Berlin: BMFSFJ.

Schröttle, Monika, Claudia Hornberg, Sandra Glammeier, Brigitte Sellach, Henry Puhe, Barbara Kavemann, und Julia Zinsmeister. 2013. *Lebenssituation und Belastungen von Frauen mit Beeinträchtigungen und Behinderungen in Deutschland. Kurzfassung*. Berlin: BMFSFJ.

Schultz, Dagmar. 1990. Unterschiede zwischen Frauen – ein kritischer Blick auf den Umgang mit „den Anderen" in der feministischen Forschung weißer Frauen. *Beiträge zur feministischen Theorie und Praxis* 13 (27): 45–57.

Stötzer, Bettina. 2004. *InDifferenzen. Feministische Theorie in der antirassistischen Kritik*. Hamburg: Argument-Verlag.

TNS Emnid. 2011. *Verhütungsverhalten Erwachsener. Ergebnisse der im Auftrag der BzGA durchgeführten Befragung*. Köln: BzGA.

Wansing, Gudrun. 2005. *Teilhabe an der Gesellschaft. Menschen mit Behinderung zwischen Inklusion und Exklusion*. Wiesbaden: VS Verlag für Sozialwissenschaften.

Welti, Felix, und Horst Frehe. Hrsg. 2013. *Behindertengleichstellungsrecht*. 2. Aufl. Baden-Baden: Nomos.

Winkler, Gabriele, und Nina Degele. 2009. *Intersektionalität. Zur Analyse sozialer Ungleichheiten*. Bielefeld: transcript.

Zinsmeister, Julia. 2003. „Einführung". In *Sexuelle Gewalt gegen behinderte Menschen und das Recht. Gewaltprävention und Opferschutz zwischen Behindertenhilfe und Strafjustiz,* hrsg. Julia Zinsmeister, 11–22. Opladen: Leske + Budrich.

Zinsmeister, Julia. 2007. *Mehrdimensionale Diskriminierung. Das Recht behinderter Frauen auf Gleichberechtigung und seine Gewährleistung durch Art. 3 GG und das einfache Recht.* Baden-Baden: Nomos.

Zinsmeister, Julia. 2012. Zur Einflussnahme rechtlicher Betreuerinnen und Betreuer auf die Verhütung und Familienplanung der Betreuten. *BtPrax 2012* (6): 227.

Gewalt gegen Mädchen und Frauen im Kontext von Behinderung, Migration und Geschlecht

Monika Schröttle und Sandra Glammeier

1 Einleitung

Die Bekämpfung von Gewalt gegen Mädchen und Frauen konnte seit den 1970er Jahren entscheidende Erfolge verzeichnen. Nicht nur wird diese Gewalt heute als ein gesellschaftliches Problem und als Menschenrechtsverletzung anerkannt, es haben auch wichtige Weiterentwicklungen der Interventions- und Unterstützungspraxis stattgefunden (vgl. GiG-net 2008). Dennoch zeigt die insbesondere in Europa, den USA, Kanada und Australien inzwischen differenzierte internationale Prävalenzforschung[1], dass Gewalt gegen Frauen weiterhin ein gravierendes Problem ist, das nach wie vor einen hohen Anteil der Bevölkerung betrifft: Die Prävalenz körperlicher und/oder sexueller Gewalt durch aktuelle und/oder frühere Partner als die am häufigsten genannten Täter von Gewalt gegen Frauen liegt bei mindestens 15–33 % (vgl. Schröttle et al. 2006; Tjaden und Thoennes 2000; Collins et al. 1999; WAVE 2012).[2]

Betroffene werden heute in zentralen Bereichen der Politik, Praxis und Forschung zunehmend differenzierter wahrgenommen. So rücken bspw. verschiedene Muster von Gewaltbeziehungen und damit einhergehend unterschiedliche Unterstützungsbedarfe oder spezifische Betroffenengruppen in den Blick (vgl. GiG-net 2008; Schröttle und Ansorge 2008). Untersuchungen zu Gewalt gegen Frauen mit Migrationshintergrund (vgl. Schröttle und Khelaifat 2007; Lehmann 2008; Condon et al. 2011; Thiara et al. 2011) und gegen Frauen mit Behinderun-

---

[1] Die Gewaltprävalenzforschung befasst sich in quantitativ repräsentativen Studien mit dem Ausmaß, den Formen und Schweregraden von Gewalt in der Gesamtbevölkerung und/oder in Teilpopulationen. Zur Gewaltprävalenzforschung im Hinblick auf Gewalt gegen Frauen in Europa vgl. Martinez et al. 2006, 2007.
[2] Für einige Länger Afrikas, Südasien und Mittel- bzw. Südamerikas zeigten sich noch höhere Prävalenzen (vgl. World Health Organization – WHO 2005; Johnson et al. 2008).

gen (vgl. Nosek et al. 2001b; Marge 2003; Brownridge 2006; Smith 2008; Powers et al. 2009; Hall und Innes 2010; Foster und Sandel 2010; Schröttle et al. 2012, 2013) verweisen auf erhöhte Gewaltbetroffenheiten dieser Gruppen und auf mehrfach, auch durch Diskriminierungen und strukturelle Gewalt, belastete Lebenssituationen. Es handelt sich hier jedoch nicht um einen prinzipiellen Unterschied zum Problem der Gewalt gegen Frauen in der Mehrheitsgesellschaft, sondern um zum Teil erhöhte Vulnerabilitäten aufgrund der Lebenssituation und daraus resultierender Höherbelastungen.

Hinsichtlich intersektioneller Untersuchungen, die Gewalt an der Schnittstelle verschiedener Ungleichheiten in ihrer Einbettung in Macht-, Herrschafts- und Diskriminierungsprozesse analysieren und spezifische Vulnerabilitäten sichtbar machen – ohne an Prozessen der Stigmatisierung und des Othering[3] zu partizipieren (vgl. Condon et al. 2011) – bestehen noch große Forschungslücken. Größer angelegte Studien zu Gewalt gegen Migrantinnen bzw. gegen Frauen ethnischer Minderheiten mit Behinderungen liegen international noch nicht vor. Dass diese notwendig sind, sollen im Folgenden die Analysen zum Zusammenhang von Gewalt und Behinderung und zu Gewalt und Migration zeigen, aus denen abschließend Schlussfolgerungen für zukünftige Forschung, Praxis und Politik gezogen werden.

2 Gewalt gegen Frauen mit Behinderungen[4]

Mehrere Studien seit Beginn des Jahrtausends verweisen darauf, dass Frauen mit Behinderungen nicht nur anteilsmäßig häufiger Gewalt erleben, sondern auch von schwereren Formen von Gewalt (vgl. Brownridge 2006) und über einen län-

---

3 Unter „Othering" werden soziale Konstruktionsprozesse verstanden, in denen – zumeist marginalisierte – Personengruppen aufgrund von Merkmalszuschreibungen als „andersartig" konstruiert werden. Es geht darum, sich von den „Anderen" zu distanzieren und diese im Vergleich zum „Eigenen" bzw. dem „Normalen" abzuwerten. Der Begriff wurde ursprünglich von Spivak (1985) geprägt.

4 Obwohl die im Folgenden referierte Studie in ihrer Anlage und Analyse dem erweiterten Behinderungsbegriff der International Classification of Functioning, Disability and Health (ICF) und der UN-Behindertenrechtskonvention folgt, wonach unterschieden wird zwischen „impairment" im Sinne der funktionalen Beeinträchtigung und Behinderung, welche sich als Folge der Wechselwirkungen zwischen Beeinträchtigung und Kontext- bzw. Umweltfaktoren ergibt, werden im Folgenden bei der Beschreibung der empirischen Studienergebnisse die Begriffe Behinderung und Beeinträchtigung synonym im Sinne der Funktionsbeeinträchtigung verwendet. Diese Begriffsverwendung folgt dem Wortlaut der in der Studie verwendeten Screeninginterviews zur Auswahl der Zielpersonen der Studie, bei denen nach starken und dauerhaften Behinderungen und Beeinträchtigungen gefragt wurde. Sie stellt keine Abgrenzung zum erweiterten Behinderungsbegriff dar. Dem umweltbezogenen Behinderungsbegriff wird in der Studie dadurch Rechnung getragen, dass strukturelle Gewalt,

geren Zeitraum betroffen sind (vgl. Nosek et al. 2001a). Um den Erfahrungen von Frauen mit verschiedenen Behinderungen und in unterschiedlichen Lebens- und Wohnsituationen genauer nachzugehen, wurde am Interdisziplinären Zentrum für Frauen- und Geschlechterforschung (IFF) der Universität Bielefeld von 2010 bis 2011 erstmals eine breit angelegte bundesweite repräsentative Untersuchung durchgeführt (vgl. Schröttle et al. 2013; Schröttle und Glammeier 2013). In der Studie, die vom BMFSFJ in Auftrag gegeben worden war, wurden 1561 Frauen im Alter von 16 bis 65 Jahren in Haushalten und in Wohneinrichtungen der Behindertenhilfe mit standardisierten Fragebögen zu ihrer Lebenssituation, Belastungen sowie zu Gewalt- und Diskriminierungserfahrungen befragt. Einbezogen waren Frauen mit Körper-, Seh-, Hör- und Sprechbeeinträchtigungen sowie mit kognitiven und psychischen Erkrankungen, mit und ohne rechtlich anerkannter Behinderung (Behindertenausweis). Gehörlose Frauen wurden von gehörlosen Interviewerinnen in Deutscher Gebärdensprache interviewt, Frauen mit so genannten geistigen Behinderungen[5] durch ein spezifisch geschultes Team in vereinfachter Sprache befragt. Die Studie umfasste folgende Untersuchungsgruppen:

- eine repräsentative Befragung von 800 Frauen in Haushalten (Random Route Verfahren) (Gruppe 1),
- eine repräsentative Einrichtungsbefragung, in der 102 Frauen mit psychischen Erkrankungen (Gruppe 2) und 318 Frauen mit so genannten geistigen Behinderungen (Gruppe 3) interviewt wurden,
- eine nicht-repräsentative Zusatzbefragung von insgesamt 341 seh-, hör- und schwerstkörper-/mehrfachbehinderten Frauen (Gruppen 4–6).

---

beeinträchtigende Umweltfaktoren und Diskriminierungen als zentrale Faktoren in die Analyse von Lebenssituation und Gewalterfahrungen der Frauen einfließen.

5 Über die Begrifflichkeit der „so genannten geistigen Behinderungen" fand sowohl innerhalb des Forschungsteams als auch in Gesprächen mit Expertinnen aus Wissenschaft, Praxis und Lobbyarbeit im Kontext Behinderung eine intensive Auseinandersetzung statt. Da der Begriff der „geistigen Behinderung" von behinderten Menschen selbst als stigmatisierend empfunden und abgelehnt wird, sollte er in dieser Studie nicht ohne eine Distanzierung, wie es in der Ergänzung „so genannte" deutlich wird, verwendet werden. Obwohl Menschen mit entsprechenden Behinderungen selbst, z. B. repräsentiert durch Mensch zuerst, People First Deutschland, den Begriff „Menschen mit Lernschwierigkeiten" empfehlen, entschied sich das Forschungsteam für die Dokumentation der Studie gegen diesen Begriff, da er aufgrund seiner Unschärfe (z. B. hinsichtlich einer Abgrenzung von leichten Lernschwierigkeiten in der Schule und behinderungsrelevanten kognitiven Einschränkungen) in diesem Rahmen als problematisch eingeschätzt wurde. Darüber hinaus sollte ein Begriff verwendet werden, der für eine breite Öffentlichkeit, einschließlich der Behindertenhilfe und des medizinischen Sektors, welche den Begriff der „geistigen Behinderung" nach wie vor verwenden, anschlussfähig ist, aber nicht unkritisch bleibt. Für künftige Studien wäre vielleicht der Begriff intellektuelle Lernbeeinträchtigungen eine vermittelnde Lösung.

Die Fragebögen waren so gestaltet, dass sie mit einer vorangegangenen repräsentativen Befragung von Frauen in der allgemeinen Bevölkerung (vgl. Schröttle und Müller 2004) direkt vergleichbar sind. Darüber hinaus wurde eine zusätzliche qualitative Studie mit 31 gewaltbetroffenen Frauen mit Behinderungen durchgeführt, um vertiefende Erkenntnisse zu den Gewalterfahrungen, zur Bewältigung und zum Unterstützungsbedarf zu erhalten (vgl. Kavemann und Helfferich 2013).

Die Ergebnisse der Studie zeigen auf, dass Frauen mit Behinderungen im Lebensverlauf allen Formen von Gewalt deutlich häufiger ausgesetzt sind als Frauen im Bevölkerungsdurchschnitt. Auffällig sind die zwei- bis dreifach erhöhten Belastungen durch sexuelle Gewalt im Lebensverlauf und die fast doppel so häufige Betroffenheit durch psychische und körperliche Gewalt im Erwachsenenleben.

- Je nach Untersuchungsgruppe hat mehr als jede zweite bis dritte Frau der Studie sexuelle Gewalt in Kindheit/Jugend und/oder Erwachsenenleben erlebt. Am häufigsten waren Frauen mit psychischen Erkrankungen und gehörlose Frauen davon betroffen.
- Allein sexuellen Missbrauch in Kindheit und Jugend haben je nach Untersuchungsgruppe 25 % bis 52 % der Befragten angegeben, allen voran gehörlose Frauen (52 %), gefolgt von blinden (40 %), psychisch erkrankten (36 %) und schwerstkörper-/mehrfachbehinderten Frauen (34 %). Frauen mit sogenannten geistigen Behinderungen waren hiervon der Befragung nach zu einem Viertel (25 %) betroffen; es ist aber von einem hohen Dunkelfeld auszugehen, da viele dieser Frauen sich nicht mehr an Ereignisse aus Kindheit und Jugend erinnern konnten, und/oder dazu keine Angaben gemacht haben.
- Psychische Gewalt und psychisch verletzende Handlungen durch Eltern in Kindheit und Jugend haben – je nach Untersuchungsgruppe – etwa 50–60 % der befragten Frauen erlebt; von elterlicher körperlicher Gewalt waren 74–90 % der Frauen in Kindheit und Jugend betroffen.
- 68–90 % der Frauen berichteten von psychischer Gewalt und psychisch verletzenden Handlungen im Erwachsenenleben, die von verbalen Beleidigungen und Demütigungen über Benachteiligung, Ausgrenzung und Unterdrückung bis hin zu Drohung, Erpressung und Psychoterror reichten.
- Auch körperliche Übergriffe im Erwachsenenleben haben mit 58–75 % anteilsmäßig fast doppel so viele Frauen mit Behinderungen wie Frauen im Bevölkerungsdurchschnitt erlebt.

In der Studie wird darüber hinaus der wechselseitige Zusammenhang von Gewalt und gesundheitlicher Beeinträchtigung bzw. Behinderung im Leben von Frauen sichtbar. Frauen und Mädchen mit Behinderungen und Beeinträchtigungen haben ein deutlich höheres Risiko, Opfer von Gewalt zu werden; auch umgekehrt tragen (frühe) Gewalterfahrungen im Leben der Frauen maßgeblich zu späteren gesundheitlichen und psychischen Beeinträchtigungen und Behinderungen sowie zu erhöhten Gewaltbetroffenheiten bei. Von multiplen Gewalterfahrungen im Lebensverlauf waren Frauen mit Behinderungen gegenüber dem Bevölkerungsdurchschnitt um ein Vielfaches häufiger betroffen.

Je nach Untersuchungsgruppe unterschieden sich die Gewaltbetroffenheiten, aber auch die Diskriminierungserfahrungen. So konnte beispielsweise eine besonders hohe Betroffenheit von sexueller Gewalt bei gehörlosen Frauen und Frauen mit psychischen Erkrankungen gefunden werden. Besonders massive Diskriminierungen wurden insbesondere bei in Einrichtungen lebenden Frauen, aber auch bei den Frauen der Zusatzbefragung (blinde, gehörlose und schwerstkörper-/mehrfachbehinderte Frauen) festgestellt. Letztere sahen auch besonders häufig einen Zusammenhang zwischen Gewalterfahrungen und der Behinderung und fühlten sich häufiger in Gewaltsituationen wehrlos und bedroht.

Täter bei Gewalt sind, wie bei Frauen im Bevölkerungsdurchschnitt auch, am häufigsten Partner, in erhöhtem Maße aber auch Familienangehörige. Von Frauen in Einrichtungen wurden zudem, entsprechend ihres unmittelbaren sozialen Umfeldes, häufiger auch Mitbewohner und Mitbewohnerinnen und sowie Kollegen und Kolleginnen in Werkstätten als Täter und Täterinnen genannt, bei psychischer Gewalt auch Personal. Darüber hinaus waren aber Frauen mit schwereren körperlichen und Sinnesbehinderungen, insbesondere blinde und gehörlose sowie Frauen mit Schwerstkörper- und Mehrfachbehinderungen auch in anderen Lebensbereichen in erhöhtem Maße gefährdet, körperliche, sexuelle oder psychische Gewalt zu erleben, zum Beispiel an öffentlichen Orten durch unbekannte oder kaum bekannte Täter[6], im eigenen Freundes- und Bekanntenkreis, in den Familienbeziehungen und in hohem Maße auch im Kontext von Arbeitsleben, Ausbildung und Schule. Psychische Gewalt und psychisch verletzende Handlungen im Erwachsenenleben wurden darüber hinaus auch im Kontakt mit Ämtern/Behörden und dem Gesundheitssystem häufig genannt.

Wie kommt es zu diesen erhöhten Prävalenzen? Diese müssen in engem Zusammenhang mit gesellschaftlichen Diskriminierungsstrukturen verstanden werden, die bereits an der Kategorisierung „behindert versus nicht behindert" ansetzen (vgl. Köbsell 2010). „Grundlage von Diskriminierung sind (…) in Diskursen und Ideologien sowie ökonomischen, politischen, rechtlichen und institutionellen Strukturen verankerte Unterscheidungen von Personenkategorien oder sozialen Gruppen, denen der Status eines gleichberechtigten Gesellschaftsmitglieds

---

6 Für Täter und Täterinnen bei sexueller Gewalt bzw. Partnergewalt gegen Frauen mit Behinderungen wird im Rahmen dieses Beitrages die männliche Form verwendet, da es sich fast ausschließlich um männliche Täter handelt.

bestritten wird" (Scherr 2011, S. 36). Soziale Normen tragen zur Stigmatisierung von Frauen mit Behinderungen als defizitär, asexuell, naiv, abhängig, passiv und unattraktiv bei (vgl. Köbsell 2010, S. 18 ff.; Foster und Sandel 2010, S. 181). Ihre größere Vulnerabilität kann in einer intersektionellen Perspektive als sich überschneidende Diskriminierung in Bezug auf Behinderung und Geschlecht verstanden werden (vgl. Chenoweth 1996; Brownridge 2006; Köbsell 2010).

Die de-/konstruktivistische Geschlechterforschung hat herausgearbeitet, inwiefern es sich bei Geschlecht um eine soziale, symbolische und kulturelle Konstruktion handelt, welche Frauen im Gegensatz zu Männern als schwach, passiv und abhängig positioniert. Im Sozialisationsprozess entwickeln Frauen Subjektpositionen zwischen Selbst- und Fremdbestimmung. Hier spielt potentielle und erlebte Gewalt eine zentrale Rolle, weil sie auf der Basis der Konstruktion weiblicher Verletzungsoffenheit und männlicher Verletzungsmacht stattfindet. Nicht ein Unterschied in körperlicher Stärke, sondern die Verleiblichung der sozialen, symbolischen und kulturellen Geschlechterkonstruktionen ermöglicht, dass Gewalt gegen Frauen als ein „normaler" Bestandteil der Gesellschaft erscheint. Gewalt ist in diesem Sinne vergeschlechtlicht und vergeschlechtlichend (vgl. Glammeier 2011a und 2011b).

Die gesellschaftliche Abwertung behinderter Frauen schlägt sich auch in ihren Sozialisationsprozessen nieder, welche wiederum ihre Vulnerabilität erhöhen und in Fällen von Partnergewalt ein Verlassen des Partners erschweren. Die in der qualitativen Studie unseres Forschungsprojekts (vgl. Kavemann und Helfferich 2013) interviewten gewaltbetroffenen Frauen mit Behinderungen beschrieben die Gewalt durch den Partner bspw. als eine Fortsetzung der Erfahrungen in der Kindheit: „Weil das ein bekanntes Muster war (…). Ich wurde zu Hause sehr streng gehalten (…) und genau das Muster hatte ich in meiner Ehe auch." (ebd., S. 46) Die Erfahrung, dass Eltern sich für die behinderte Tochter geschämt haben, dass sie als eine Enttäuschung und eine Last wahrgenommen wurde, führte zu beständigen Scham- und Schuldgefühlen: „Auch heute noch fühl ich mich irgendwie immer so schuldig, als ob ich (…) schuld daran gewesen [wäre – d. Verf.], dass ich jetzt behindert bin oder beeinträchtigt." (ebd., S. 73)

Intensiviert wurden diese Gefühle noch dadurch, dass Eltern die Töchter lehrten, stets bescheiden und dankbar für jede Aufmerksamkeit zu sein und ihnen mitunter das Recht auf eigene Ansprüche absprachen, wie das im folgenden Zitat in extremer Weise zum Ausdruck kommt: „Was mein Vater immer wieder gesagt hat: Du hast nur ein Anrecht auf eine Hundehütte." (ebd., S. 46) Eine andere Interviewte beschrieb mit Bezugnahme auf einen gewalttätigen Partner: „[I]ch kam von ihm eigentlich nicht los, das ist ganz merkwürdig, also er hat mir nicht gut getan und trotzdem kam ich nicht von ihm los, wahrscheinlich weil mir meine Mutter (…) eingetrichtert hatte: Du musst das nehmen, was du kriegst, weil ich eben halt behindert bin." (ebd., S. 46) Eine große emotionale Bedürftigkeit war ein wiederkehrendes Thema in den Interviews, vor allem der Wunsch nach Zuneigung, Verbundenheit und Nähe. Diese steht in engem Zusammenhang mit den von den Frauen beschriebenen Mangel- und Diskriminierungserfahrungen in der Kindheit, welche mit der Entwicklung eines geringen Selbstwertgefühls einhergingen: „Ich hatte meine Mutter ja lieb auch und es war einfach nur: Ich hab ihr einfach nicht gefallen und das war halt so schlimm irgendwie. Das war das Schlimme." (ebd., S. 73) Die Bedürftigkeit und die Gefühle der Wertlosigkeit erhöhten die Vulnerabilität für die Dominanz und Gewalt durch Partner und für das Gefühl, dass es keine Alternative zu der gegebenen Situation gibt: „Wenn ich ihn los lassen würde, wär ich ein sehr einsamer Mensch, da hätt ich niemanden, also geh ich den schmalen Grat." (ebd., S. 81)

Die Diskriminierungen mit den beschriebenen Abwertungen begegnen einigen betroffenen Frauen auch von Seiten der Fachkräfte in Einrichtungen, so eine Befragte: „Und wenn ich damals gesagt hab, mit der möchte ich nicht mehr auf Toilette, weil sie hat mich angefasst: Ja und? Sei doch froh, dass du überhaupt was abkriegst. Hat noch keinen gestört, wenn er da angefasst wurde, du kriegst sowieso keinen Freund ab, so schwerbehindert, wie du bist, sei doch froh. Das war's dann." (ebd., S. 50)

Abhängigkeitsgefühle und Selbstwertproblematiken wirken sich sowohl bei behinderten wie bei nicht behinderten Frauen negativ auf ihre Unterstützungssuche im Fall von Gewalt aus (vgl. Glammeier et al. 2004). Aber behinderte Frauen beschreiben ihre Erfahrungen häufig als direkt mit der Behinderung verbunden. Die unter Umständen mit einer Behinderung, aber auch mit der Gewalt einhergehenden sozialen Isolierungstendenzen stellen eine weitere Barriere dar. Wenn der gewalttätige Partner gleichzeitig die Pflegekraft der behinderten Frau ist, erhält die Abhängigkeit noch einmal eine besondere Dimension und die Entscheidung, die Beziehung zu beenden bedeutet für die Betroffene vielleicht den Umzug in eine Wohneinrichtung. Hinzu kommt, dass die meisten Unterstützungseinrichtungen (noch) nicht barrierefrei im umfassenden Sinne sind.[7] Schwierigkeiten bei der Hilfesuche zeigten sich vor allem bei Frauen, die in Einrichtungen leben und die keine Möglichkeit hatten, selbstständig externe Hilfe zu suchen: „Wir können ja nicht zur Polizei gehen, wenn da was ist. Die andern können eher, die draußen wohnen (…), weil die sind ja selbständiger als wir." (ebd., S. 93) Darüber hinaus

---

7 Zu einer umfassenden Barrierefreiheit (neben rollstuhlgerechten Räumlichkeiten z. B. taktile Leitsysteme oder Assistenz für blinde Menschen, Kompetenz für „Leichte Sprache" oder Übersetzung in Gebärdensprache etc.) siehe z. B. Bundesverband Frauenberatungsstellen und Frauennotrufe – Frauen gegen Gewalt e. V. 2011 und Bundesverband Frauenberatungsstellen und Frauennotrufe et al. 2011.

werden Frauen mit kognitiven und psychischen Behinderungen oft als weniger glaubwürdig wahrgenommen.

In Bezug auf Studien zu häuslicher Gewalt weist Jennifer M. Mays (2006, S. 152 f.) darauf hin, dass Frauen mit Behinderungen vor allem als Gruppe mit spezifischen Bedürfnissen repräsentiert werden und hier psychopathologische Persönlichkeitsaspekte und dysfunktionales Verhalten in den Vordergrund gestellt werden, wie z. B. Abhängigkeit, ungünstiges Selbst-Konzept, übermäßige Anpassungsbereitschaft. „Although these features may be influencing factors, emphasising individual traits and features simply individualises and pathologises the nature of violence against women with a disability. This in turn leads to generating assumptions that victim blame, stereotype and marginalise women with disabilities" (ebd., S. 153). Diese Gefahr der Individualisierung von Gewalt sowie der Pathologisierung und Stigmatisierung betroffener Frauen mit Behinderungen besteht. Ihr kann aber begegnet werden, wenn die Vulnerabilitäten immer wieder in ihrem Entstehungskontext unterschiedlicher Erfahrungen mit gesellschaftlicher Diskriminierung gelesen werden, die es abzubauen gilt.

Eine Engführung der Gewaltbetroffenheit von Frauen mit Behinderungen auf Gewalt in Paarbeziehungen ist gerade auch vor dem Hintergrund der empirischen Ergebnisse der Bielefelder Studie (vgl. Schröttle et al. 2013) nicht gerechtfertigt. Die Untersuchung lässt ein hohes Ausmaß an Diskriminierungen und struktureller Gewalt in allen Lebensbereichen erkennen; zudem auch eine erhöhte Betroffenheit durch personale Gewalt im öffentlichen Raum, in Einrichtungen und Institutionen (Bildung und Ausbildung, Arbeitswelt, Einrichtungen des Gesundheitswesens und der Behindertenhilfe). So haben die in der Studie befragten Frauen fast durchgängig (zu 81–99 %) direkte diskriminierende Handlungen durch Personen und Institutionen im Zusammenhang mit der Behinderung angegeben; blinde, gehörlose und schwerstkörper-/mehrfachbehinderte Frauen waren davon besonders häufig betroffen. Erlebt wurden konkrete Benachteiligungen und Diskriminierungen durch Menschen oder Institutionen, das unzureichende Ernstgenommenwerden sowie belästigende, bevormundende, ignorierende oder Grenzen überschreitende Verhaltensweisen (z. B. ungefragt geduzt oder angefasst sowie angestarrt zu werden). Das Fehlen barrierefreier Umwelten, sei es aufgrund der unzureichenden räumlichen und infrastrukturellen Bedingungen, sei es aufgrund mangelnder Unterstützung durch Hilfsmittel und Dienste, sei es aber auch aufgrund der strukturellen Rücksichtslosigkeit von Ämtern und Behörden im Umgang mit und der Förderung von Menschen mit Behinderungen, wurde in der Studie häufig thematisiert. Für viele Frauen mit Behinderungen reichen zudem die vorhandenen finanziellen Mittel zum Leben nicht aus und die zusätzlichen Aufwendungen aufgrund der Behinderung können oftmals nicht bestritten werden. Mehr als die Hälfte der in Haushalten lebenden Frauen und jede dritte bis vierte in einer Einrichtung lebende Frau äußerte Angst vor finanzieller Not und Existenzverlust, was deutlich auf strukturelle Gewalt gegen Menschen mit Behinderungen verweist. Personale Gewalt gegen Frauen ist in hohem Maße eingebettet in diese verschiedenen Formen von struktureller Gewalt und Diskriminierung. Präventions- und Unterstützungsmaßnahmen müssen deshalb auch unmittelbar mit dem Abbau und der Bekämpfung entsprechender Diskriminierungen sowie hierarchisierender Strukturen und Konstruktionen einhergehen. Hier, aber auch im Hinblick auf erhöhte Vulnerabilitäten und Gewaltbetroffenheiten und ihre Einbindung in diskriminierende Strukturen und Umfelder, zeigt sich ein enger Zusammenhang mit bisherigen empirischen Ergebnissen zur Gewaltbetroffenheit von Migrantinnen.

3 Gewalt gegen Frauen mit Migrationshintergrund

Auch im Hinblick auf die Gewaltbetroffenheit von Frauen mit Migrationshintergrund kommen mehrere nationale und internationale Studien zu dem Ergebnis teilweise erhöhter Vulnerabilitäten und erhöhter Gewaltbelastungen, insbesondere durch häusliche Gewalt, die im Diskurs häufig kulturalisiert werden, in der Regel jedoch eingebunden sind in Systeme struktureller Gewalt und Diskriminierung (vgl. Schröttle und Khelaifat 2007; Schröttle und Ansorge 2008; Condon et al. 2011; Thiara et al. 2011; Condon 2007).

So wurden im Rahmen der bundesdeutschen Prävalenzstudie „Lebenssituation, Sicherheit und Gesundheit von Frauen in Deutschland" (Schröttle und Müller 2004) auch die Gewalterfahrungen der beiden damals größten Migrantinnengruppen des Landes – Frauen türkischer Herkunft und Frauen aus Ländern der ehemaligen Sowjetunion (SU) – abgebildet und (in Folgestudien) mit den Gewalterfahrungen von Frauen der Mehrheitsgesellschaft vergleichend untersucht (vgl. Schröttle und Müller 2004; Schröttle und Khelaifat 2007; Schröttle und Ansorge 2008). Die Ergebnisse zeigen zunächst – unabhängig vom Täter-Opfer-Kontext – auf, dass Frauen türkischer Herkunft tendenziell etwas häufiger körperliche Gewalt (46 % vs. 41 % bzw. 37 % bei Frauen deutscher und russischer Herkunft) erfahren haben; Frauen aus Ländern der ehemaligen SU waren dagegen etwas häufiger von sexueller Gewalt im Erwachsenenleben betroffen (17 % vs. 13 % bei den anderen beiden Befragungsgruppen (siehe Schröttle und Müller 2004, S. 120 f.). Stärkere Unterschiede zeigten sich im Hinblick auf die Betroffenheit durch Gewalt in Paarbeziehungen (vgl. ebd., S. 121 ff.; Schröttle und Khelaifat 2007; Schröttle und Ansorge 2008, S. 171 ff.).

Zwar wird in der Zusammenschau der Ergebnisse deutlich, dass die Mehrheit der von Beziehungspartnern misshandelten Frauen in Deutschland und die zumeist männlichen Täter keinen Migrationshintergrund haben und keiner Minderheiten- oder Randgruppe angehören (vgl. Schröttle und Ansorge 2008). Auch in der deutschen Mehrheitsgesellschaft ist die Gewaltbetroffenheit von Frauen in Paarbeziehungen hoch; so hat etwa jede vierte Frau der Durchschnittsbevölkerung in ihrem Erwachsenenleben körperliche und/oder sexuelle Gewalt durch einen Beziehungspartner erlebt. Zugleich ließen sich aber, insbesondere bei Frauen mit türkischem Migrationshintergrund, deutlich erhöhte Betroffenheiten durch körperliche, psychische und sexuelle Gewalt durch aktuelle Beziehungspartner feststellen und sie hatten zudem häufiger mehrmalig auftretende und schwerere Gewalt durch diese erlebt (vgl. ebd.). Nach der sich auf die Altersgruppe der 16- bis 65-Jährigen beziehenden vergleichenden Studie von Monika Schröttle und Nadia Khelaifat (2007) gab etwa jede siebte Frau deutscher Herkunft (14 %), jede sechste Frau aus Herkunftsländern der ehemaligen Sowjetunion (17 %) und jede dritte bis vierte Frau türkischer Herkunft (29 %) an, mindestens einmal körperliche und/oder sexuelle Übergriffe durch den *aktuellen* Beziehungspartner erlebt zu haben. Demnach waren Migrantinnen türkischer Herkunft etwa doppelt so häufig von Gewalt durch den *aktuellen* Partner betroffen wie Frauen ohne Migrationshintergrund. Eine Auswertung nach Mustern und Schweregraden der Gewalt (vgl. Schröttle und Ansorge 2008) ergab zudem, dass jede sechste Frau türkischer Herkunft (18 %) von Mustern wiederholter schwerer körperlicher, psychischer und/ oder sexueller Misshandlung durch den aktuellen Partner betroffen war, was auf 9 % der Frauen sowjetischer und 5 % der Frauen deutscher Herkunft zutraf. Mustern erhöhter psychischer Gewalt (ohne zusätzliche körperliche Gewalt) durch den aktuellen Partner waren 10 % der Frauen deutscher Herkunft und anteilsmäßig etwa doppelt so viele Frauen türkischer und sowjetischer Herkunft (21 %) ausgesetzt (vgl. ebd., S. 176 f.).

Auch in französischen und anderen europäischen Prävalenzstudien zeigten sich deutlich erhöhte und auch schwerere Gewaltbetroffenheiten bei einem Teil der Frauen mit Migrationshintergrund (vgl. Condon et al. 2011; Condon 2007, S. 60).

Vertiefende Auswertungen zu den Ursachenzusammenhängen dieser erhöhten Gewaltbetroffenheit, wie sie auch im Rahmen der genannten Prävalenzstudien vorgenommen wurden, verweisen darauf, dass weniger die ethnische Herkunft als vielmehr die Migrationsfolgen und die mit ihnen einhergehenden sozialen Spannungen und Belastungen im Geschlechterverhältnis eine gewaltfördernde Rolle einnehmen (vgl. Schröttle und Kheleifat 2007, 2011; Schröttle und Ansorge 2008; Condon et al. 2011). Die oftmals schwierigere soziale Lage von Frauen mit Migrationshintergrund, ihre oft fehlenden bildungs- und ökonomischen Ressourcen, eingeschränkte Deutschkenntnisse und teilweise traditionellere Werte und Normen, aber auch ausländerrechtliche Barrieren und die größere Unkenntnis über Unterstützungsmöglichkeiten erschweren die Loslösung aus Gewalt- und Misshandlungsbeziehungen und ließen damit das Risiko für schwere Gewalt ansteigen (vgl. ebd.). Hinzu kommen Diskriminierungen und rassistische Übergriffe durch die Mehrheitsgesellschaft. So berichteten Frauen mit Migrationshintergrund deutlich häufiger von psychisch-verbalen Übergriffen im öffentlichen Raum und von Benachteiligungen aufgrund von Geschlecht, Alter oder Herkunft (vgl. Schröttle und Müller 2004, S. 130).

Darüber hinaus stellt auch die Gewalt, die Frauen in den Herkunftsfamilien erlebt haben, einen wichtigen Einflussfaktor für spätere Gewalt in Paarbeziehungen dar. Frauen aus allen Kulturkreisen sind häufiger von Gewalt in Paarbeziehungen betroffen, wenn sie mit Gewalt in Kindheit und Jugend konfrontiert wurden. In der deutschen Studie unterschieden sich Frauen unterschiedlicher ethnischer Herkunft weniger hinsichtlich der Betroffenheit durch elterliche körperliche und psychische Gewalt sowie sexuellen Missbrauch in Kindheit und Jugend, als vielmehr im Hinblick auf das Miterleben von Gewalt zwischen den Eltern, welches am häufigsten von Frauen türkischer Herkunft genannt wurde (vgl. auch Schröttle und Khelaifat 2008). Interessanterweise waren nach den Ergebnissen der deutschen Prävalenzstudie und ihrer Sonderauswertung (vgl. Schröttle und Ansorge 2008) Frauen mit türkischem Migrationshintergrund dann nicht mehr in höherem Maße von Gewalt durch Partner betroffen als Frauen ohne Migrationshintergrund, wenn sie als Kinder und Jugendliche keine Gewalt zwischen ihren Eltern miterlebt hatten. Das unterstreicht die zentrale Rolle der intergenerationellen Vermittlung von Gewalt, welche ein wichtiger Ansatzpunkt für die Prävention von Gewalt gegen Frauen, auch unabhängig vom ethnischen, sozialen oder Migrationshintergrund darstellt.

Mit der öffentlichen Diskussion um Zwangsverheiratung, innerfamiliäre Kontrolle und Gewalt gegen Frauen und Mädchen mit Migrationshintergrund werden in Deutschland und Europa seit Jahren stereotype Darstellungen über – zumeist muslimischgläubige – Minderheiten transportiert, die in ihrer Polarisierung und mangelnden Differenzierung nicht den empirisch feststellbaren Realitäten der sozialwissenschaftlichen Forschung entsprechen (vgl. Schröttle 2009; Thiara et al. 2011). Die Thematisierung von Gewalt gegen Frauen mit Migrationshintergrund geht mit sehr unterschiedlichen politischen Interessen und Zielrichtungen einher (vgl. Schröttle 2009).

Auf der einen Seite steht das Anliegen der Frauenbewegungen und der Frauenunterstützungseinrichtungen, Frauen die erhöhten Risiken ausgesetzt sind, in Familien- und Paarbeziehungen Opfer von Gewalt, Zwang und psychischer wie gesundheitlicher Beeinträchtigung zu werden, zu unterstützen und kulturell legitimierte Gewalt gegen Frauen und Mädchen zu beenden. Die auch von Seiten der MigrantInnenselbstorganisationen angestoßene kritische Debatte zu häuslicher Gewalt gegen Migrantinnen, die sich streckenweise auch von Debatten zu rassistischer Gewalt und Diskriminierung entkoppelt hat, und das erhöhte Engagement von MigrantInnenverbänden in diesem lange Zeit vernachlässigten Bereich der als „privat" definierten Gewalt, sind eine wichtige Basis für Veränderungsprozesse in Richtung eines Abbaus von Gewalt und Menschenrechtsverletzungen gegenüber Frauen und einer besseren Unterstützung der Betroffenen (vgl. ebd.). Zugleich und parallel wird die Thematik jedoch von Teilen der Mehrheitsgesellschaft und konservativen Politik instrumentalisiert, um stereotype Sichtweisen auf Migrantinnen und Migranten zu befördern und Gewalt sowie die Gleichstellungsproblematik der Geschlechter einseitig ethnischen Minderheiten zuzuschreiben (vgl. ebd.).[8] Der Prozess der „Kulturalisierung" von Gewalt, den auch feministische Forscherinnen kritisieren (vgl. u. a. Sauer 2011; Römkens und Lahlah 2011; Condon et al. 2011), trägt fast unmerklich dazu bei, dass Probleme häuslicher Gewalt und die Gleichstellungsdefizite von Frauen und Männern in den Mehrheitsgesellschaften unsichtbar (gemacht) und verdeckt werden (vgl. Schröttle 2009).

Der nationale und internationale Diskurs um kulturbasierte Gewalt präsentiert vor allem muslimische Frauen als ultimative Opfer von Frauenunterdrückung in sogenannten muslimischen Communities. Täter als auch Opfer sind dann die „Anderen" (vgl. Römkens und Lahlah 2011, S. 79). In diesem Kontext werden Motive gewaltbereiter Männer aus Minderheitengruppen undifferenziert kulturalisiert, während die Motive gewalttätiger Männer der Mehrheitsgesellschaft individualisiert und psychologisiert werden. „Without glossing over the differences in the way masculinity is defined across cultures with respect to the concept of honour, and the public interest that is attached to honour as a family-value, it is important to recognize commonalities in the way honour and masculinity are intertwined in any patriarchal culture in order to avoid the selective culturalism of individual motivations for perpetrators from a Muslim background" (ebd., S. 88). Die Ähnlichkeit zwischen den mit den Männlichkeitskonstruktionen einhergehenden „westlichen" und bspw. „muslimisch" geprägten Konzepten von verletztem Stolz und Ehre zu verleugnen, dient dabei dem Ziel der Repräsentation der „Mehrheitskultur" als nicht gewaltförmig und nicht diskriminierend gegenüber Frauen (vgl. ebd., S. 91), und damit auch indirekt ihrer „Entlastung".

Andererseits konnten in den letzten Jahren Wissenschaftlerinnen mit einem Hintergrund aus muslimisch geprägten Ländern sehr gut herausarbeiten, worin sich die Ehrkonzepte auch unterscheiden und in welcher extremen Weise bei-

---

8   Ein prominentes Beispiel hierfür war die Instrumentalisierung einer Studie zur Zwangsverheiratung durch die Bundesfamilienministerin Kristina Schröder, die vom wissenschaftlichen Beirat der Studie scharf kritisiert wurde (siehe im Internet: http://www.sueddeutsche.de/politik/familienministerin-in-der-kritik-wissenschaftler-attackieren-schroeder-fuer-islamophobe-untertoene-1.1221681. Zugregriffen: 09. Juni 2013).

spielsweise Frauen in Teilen der muslimisch geprägten Gesellschaften (gerade auch im Kontext gesellschaftlicher Umbrüche) zu Trägerinnen von Tradition und Ehre (gemacht) werden. Im Falle von Überschreitungen der eng gezogenen geschlechtsspezifischen Verhaltenscodices kann dies zu einer offenen gesellschaftlichen und innerfamiliären Legitimierung der gegen Frauen und Mädchen gerichteten Gewalt beitragen, in die dann auch andere Familienmitglieder als Gewalt ausübende involviert sein können (vgl. Agel 2013; Çakir-Ceylan 2011; Yerlikaya 2012). Dies erhöht sowohl den Druck auf Frauen als auch deren Abhängigkeits- und Gefährdungssituation, wenn sie nicht auf Solidarität, Unterstützung und Schutz durch Familienangehörige und enge soziale Umfelder rechnen können.

Dennoch ist ein Großteil auch der gegen Frauen mit Migrationshintergrund gerichteten Gewalt nicht in diesen Kontext innerfamiliär legitimierter Gewalt einzuordnen; sie ähnelt vielmehr im Hinblick auf den Zusammenhang von Macht und Geschlecht häufig dem Grundmuster von Gewalt gegen Frauen in den jeweiligen Mehrheitsgesellschaften. Auch dort werden Frauen verstärkt dann Opfer von Gewalt durch den Partner, wenn sie sich aus Paarbeziehungen und/oder aus traditionellen Beziehungskonzepten lösen und damit geschlechtshierarchische Macht- und Eigentumsverhältnisse infrage stellen; oder aber, wenn geschlechtshierarchische Ordnungen und ungleiche Ressourcenverteilungen den Boden für Machtmissbrauch und Gewalt in Paarbeziehungen bereiten (vgl. Schröttle 1999; Schröttle und Ansorge 2008).

Um die erhöhten Vulnerabilitäten von Frauen ethnischer Minderheiten zu verstehen, muss jedoch auch die Herrschaftsstruktur der Mehrheitsgesellschaft gegenüber den Einwanderungsgruppen oder minorisierten Gruppen in den Fokus gerückt werden. Dabei ist in Betracht zu ziehen, dass manche Gewaltpraxen erst im Kontext der Migration unter den Bedingungen der Regelungen zum Aufenthaltsrecht, Familiennachzug, zu Arbeitsmöglichkeiten und im Kontext von Diskriminierungs- und Rassismuserfahrungen entstehen (vgl. Sauer 2011, S. 55) oder eskalieren. Die gesellschaftlichen Bedingungen beschränken auch die Möglichkeiten vieler gewaltbetroffener Frauen mit Migrationshintergrund, sich vor Gewalt zu schützen und z. B. einen gewalttätigen Partner zu verlassen.

Wie auch bei anderen Minderheiten können Bildung, berufliche und soziale Einbindung protektive Faktoren in Bezug auf Gewaltbetroffenheit und fortgesetzte Gewalt sein. So nehmen die Unterschiede in der Betroffenheit von Frauen mit und Frauen ohne Migrationshintergrund durch körperliche und sexuelle Gewalt, auch in ihren schwereren Ausprägungen, nachweislich ab, wenn erstere über einen höheren Schul- und Ausbildungsabschluss verfügen und/oder in erhöhtem Maße beruflich eingebunden und/oder beruflich höher positioniert sind (vgl. Schröttle und Khelaifat 2007; Schröttle und Ansorge 2008). Frauen türkischer Herkunft, die körperliche/sexuelle Gewalt durch den aktuellen Partner erlebt haben, verfügten fast durchgängig über keinen qualifizierten oder anerkannten Ausbildungsabschluss. Wenn sie allerdings höhere Schul- und/oder Ausbildungsabschlüsse hatten, dann waren sie nicht signifikant häufiger von Gewalt betroffen als andere Befragungsgruppen. Darüber hinaus waren Frauen türkischer Herkunft, wenn sie erwerbstätig waren, seltener als nicht Erwerbstätige von körperlicher/sexueller und psychischer Gewalt sowie von schwereren Formen der Misshandlung durch den Partner betroffen (vgl. Schröttle und Ansorge 2008).

Vor dem Hintergrund sich überschneidender Faktoren, die eine Viktimisierung beeinflussen können, wie soziale Isolation, Aufenthaltsstatus, unabhängiges Einkommen – Renée Römkens und Esmah Lahlah (2011, S. 85) bezeichnen diese auf der Basis empirischer Analysen als „a complex of intersecting variables" –, verweist die aktuelle europäische Forschung auf einen Zusammenhang zwischen den psychosozialen Folgen von Immigration und Gewalt gegen Frauen:

„Within Europe recent research indicates that the psycho-social impact of immigration is a major variable that is positively correlated to prevalence and severity of domestic violence of men against women." (ebd., S. 85, mit Verweis auf Echeburúa et al. 2009; Vatnar and Bjorkly 2010). In Bezug auf Migrantinnen im Frauenhaus betont Nadja Lehmann (2011, S. 99) ihre häufig komplex belastete Lebenssituation, die zusätzlich zur Gewalt durch den Partner noch weitaus drängendere Probleme mit sich bringen kann.

Eine Auswertung der bundesdeutschen Daten zum Zusammenhang von Gesundheit, Gewalt und Migration (vgl. Schröttle und Khelaifat 2007) verweist in diesem Zusammenhang auf die enge Verknüpfung von gesellschaftlichen Diskriminierungen, gesundheitlicher Situation und Gewaltbetroffenheit. Viele Migrantinnen sind aufgrund der oftmals schwierigeren sozialen und beruflichen Bedingungen, der offenen und verdeckten Diskriminierung in der deutschen Mehrheitsgesellschaft in höherem Maße gesundheitlich und psychisch belastet, was wiederum das Risiko für fortgesetzte Gewalt in Paarbeziehungen erhöhen kann (vgl. ebd.). Es handelt sich vielfach um ein ganzes Problembündel, bei dem nicht nur die Täterschaft von männlichen Familienmitgliedern, sondern auch die gesellschaftlich-politischen Rahmenbedingungen sowie fortbestehende ausländerrechtliche Barrieren die Gesundheit und Sicherheit sowie die Position von Frauen mit Migrationshintergrund im Geschlechterverhältnis beeinträchtigen. Insofern gehören soziale/berufliche/sprachliche Förderung und Stärkung, eine positive Einbindung und Anerkennung durch die Mehrheitsgesellschaft, gezielte Gesundheitsförderung und Gewaltprävention als untrennbare Bestandteile zusammen, wenn die Situation von Frauen mit Migrationshintergrund nachhaltig verbessert werden soll. Restriktive Maßnahmen im Rahmen der Ausländerpolitik, Stereotypisierungen und die Kulturalisierung von Gewalt sind mit Blick auf diese Zielsetzung kontraproduktiv (vgl. Schröttle und Khelaifat 2007; Schröttle 2009).

4 Gewalt an der Schnittstelle von Behinderung, Migrationshintergrund und Geschlecht

In der Diskussion über Menschen mit Behinderungen werden zumeist weitere, sich überschneidende Identitätsaspekte übersehen, wie z. B. der Migrationsstatus oder die sexuelle Orientierung (vgl. Foster und Sandel 2010, S. 182), während in der Diskussion über die Situation von Migrantinnen häufig Aspekte wie Behinderung und sexuelle Orientierung noch unzureichend berücksichtigt werden. Es liegen aber erste Ansätze intersektioneller Analysen und einer Theoretisierung von „understandings of the ‚embodiment' of women's impairment and the discrimination and possible abuse that they may therefore face, compounded by differences in ethnicity, culture, class and sexuality (Morris 1996; Vernon and Swain 2002)" (Thiara et al. 2012, S. 30) vor. Judy Gummich (2010) und Christiane Hutson (2010) sprechen bspw. die mehrdimensionalen Diskriminierungen von Frauen mit Migrationshintergrund an. Gummich (2010, S. 137f.) erläutert einige Parallelen von Migrationshintergrund und Behinderung:[9] In beiden Fällen handele es sich um soziale Konstruktionen, denen eine konstruierte Normalität zugrunde gelegt wird, vor deren Hintergrund bestimmte Menschen als „anders" und abweichend erscheinen. Menschen beider Gruppierungen werden vor allem als Bedürftige wahrgenommen und, so möchten wir ergänzen, werden als wehrlose und passive Opfer stigmatisiert und damit stärker als andere Frauen im Diskurs ihrer Opferwerdung als Subjekte und potentielle politische Akteurinnen ausgeblendet. Zusätzlich zur institutionalisierten Diskriminierung zeichnet sich ein paternalistischer Umgang mit den betroffenen Menschen ab. Auf eine weitere Verbindung zwischen Rassismus und disablism weist Mark Sherry (2007, S. 17) mit Bezug auf Susan Sontag (1989, S. 48) hin, nämlich auf den Zusammenhang zwischen den gesellschaftlichen Bildern von Krankheit und den Bildern von Fremdheit. „Racist themes of contamination (...) have been attributed to particular ethnic populations over many centuries" (z. B. Antisemitismus, Ethnisierung von AIDS, Eugenik, Sterilisation von Menschen mit Behinderungen). Sherry (2007, S. 18) verweist auf die „racist creation of disability" und führt mehrere Studienergebnisse zur systematisch unterschiedlichen Behandlung Afro-Amerikanischer Patientinnen und Patienten bei gesundheitlichen Beeinträchtigungen und Erkrankungen an.

Dennoch erläutern sowohl Sherry als auch Gummich zentrale Unterschiede zwischen den beiden Kategorisierungen, die sich etwa auf Unterschiede in der Beschneidung von Rechten sowie im Grad und den Strategien bzw. der Organisation gesellschaftlicher Ausschlüsse beziehen. Während Gummich (2010, S. 139 ff.)

---

9 Hier werden nur einige der von Gummich genannten Parallelen aufgegriffen, die den Autorinnen dieses Beitrages als in diesem Kontext besonders relevant erscheinen.

zufolge die Gruppe der Migrantinnen und Migranten mitunter als Gefahr für die Gesellschaft konstruiert werde, würden Menschen mit Behinderungen häufig ignoriert und nicht als Akteure gesellschaftlicher Veränderung wahrgenommen. „Hinsichtlich der Zuschreibung von Geschlechterrollen reicht das Bild von klar definierten Geschlechterrollen (Frau-Mann) bei MigrantInnen bis hin zur Ignoranz des Geschlechts bei Menschen mit Beeinträchtigung" (Gummich 2010, S. 140).

Wie die Empirie gerade aus einer intersektionalen Perspektive zeigt, ist jedoch bei jeder Pauschalisierung Vorsicht geboten. Stereotypisierungen sind selbst den kritischen feministischen Diskursen zum Zusammenhang von Geschlecht, Behinderungen und Migrationshintergrund nicht selten unterlegt, etwa wenn in Diskussionen zu Gewalt gegen Migrantinnen oder zu Gewalt gegen Frauen mit Behinderungen nur bestimmte diskriminierte und marginalisierte Gruppen mit geringen Ressourcen als wehrlose Opfer imaginiert werden. Die faktische Vielfalt der Behinderungen, des Grades der Einschränkungen und Abhängigkeiten in der aktuellen Lebenssituation (auf der Basis unterschiedlicher Ressourcen und unterschiedlicher sozialer Umfelder), der Art und des Grades der Diskriminierungen und der Möglichkeiten, ein selbstbestimmtes Leben frei von Gewalt und Diskriminierung aufzubauen, werden dabei oft nicht systematisch in Betracht gezogen. Bei der Diskussion um Gewalt gegen Migrantinnen geht es zum Beispiel nicht wirklich um alle Frauen mit Migrationshintergrund, etwa auch die immigrierte Amerikanerin oder Britin und deren Nachfahren, sondern unausgesprochen werden nur bestimmte, als besonders unterdrückt, abhängig und/oder wehrlos imaginierte Gruppen (z. B. Frauen türkischer Herkunft mit geringen Bildungs- und sozialen Ressourcen, schwarze Frauen) thematisiert; ebenso wird bei der Diskussion über Gewalt gegen Frauen mit Behinderungen immer wieder nur auf Frauen mit sogenannten geistigen Behinderungen, Frauen im Rollstuhl, Frauen in Einrichtungen Bezug genommen, obwohl die zugrunde liegenden Studien hier eine größere Vielfalt aufzeigen und zudem auch innerhalb dieser als besonders vulnerabel imaginierten Gruppen faktisch ganz erhebliche Unterschiede in der Lebenssituation und im Grad der Selbstbestimmung bestehen können. Auch die Lebenssituationen, Belastungen und Diskriminierungen, denen Migrantinnen mit Behinderungen ausgesetzt sind, dürften entsprechend stark variieren, obwohl dazu noch kaum differenziertes empirisches Material vorliegt.

Sowohl für die theoretische Diskussion als auch für die empirische Forschung im Bereich Behinderung, Migrationshintergrund und Geschlecht ist deshalb noch mehr Differenzierung notwendig im Sinne einer differenzierten Beschreibung und Analyse, welche konkreten Betroffenengruppen aufgrund welcher Mechanismen und Ausschlusskriterien oder Diskriminierungen in erhöhtem Maße mit Gewalt konfrontiert werden, und/oder vulnerabel bzw. gefährdet sind und wo dies in geringerem Maße oder nicht zutrifft. Dies stellt die Forschung vor erhebliche Herausforderungen, etwa die Anforderung, dass in der empirischen Forschung erhöhte Fallzahlen für die differenzierte Analyse unterschiedlicher marginalisierter Gruppen vorliegen müssen, oder auch, dass weniger entlang von „Gruppen" analysiert werden sollte und mehr entlang von Merkmalen und Merkmalskombinationen, die einen Einfluss auf die gesellschaftliche Positionierung und Hierarchisierung haben können, welche oft – aber nicht immer – die Folie für Gewalterfahrungen bilden. Auch müssen subjektive Einschätzungen der Betroffenen über deren konkrete Wahrnehmung von Diskriminierung sowie über bestehende Barrieren für die volle gesellschaftliche Teilhabe oder für die Beendigung von Gewalt einfließen, wie das zum Teil in der quantitativen Forschung (siehe Life-Opportunities Survey – LOS 2009; Schröttle et al. 2013), vor allem aber vertiefend im Rahmen der qualitativen Forschung geleistet werden kann (vgl. Glammeier et al. 2004; Hague et al. 2008; Kavemann und Helfferich 2013; Lehmann 2011; Mørck et al. 2011).

Birgit Sauer verweist mit einem kritischen Blick auf die kulturalisierenden Diskurse zu Gewalt gegen Migrantinnen darauf, dass die Gefahr bestehe, gerade durch diese Diskurse „Frauen aus Minderheiten zu entmächtigen und zu marginalisieren" (2011, S. 56; mit Bezugnahme auf Sokoloff und Dupont 2005, S. 40).

> „Die Rede über traditionelle Gewalt [gegenüber Migrantinnen – M. S./S. G.] läuft Gefahr, Frauen aus Einwanderungsgruppen stimmlos und handlungsunfähig, dadurch aber verletzlich zu machen. Erst die kritische Reflexion dieser interpretativen Gewaltdimension gibt Frauen ihre Handlungsmöglichkeit zurück. Denn durch die kritische Reflexion der je eigenen Deutungsmuster können von Gewalt betroffene Frauen auch der Mehrheitsgesellschaft Definitions- und Entscheidungsmacht entwickeln, und sie können ihre je eigenen Interpretationen und Deutungen spezifischer Praktiken in die öffentliche Debatte einbringen. Dies bildet schließlich die Voraussetzung dafür, dass sie sich gegen Gewalt zur Wehr setzen." (ebd., S. 56)

Die Tendenz der Entmächtigung von Minderheitengruppen gerade durch stereotypisierende Diskurse der Mehrheitsgesellschaft zur Vulnerabilität und Gewaltbetroffenheit „der anderen" hat sich eindeutig auch im Rahmen der bundesdeutschen Diskussion der letzten zehn Jahre abgezeichnet, in der vor allem türkische Migrantinnen immer wieder nur als Opfer und nicht als Handelnde, Entscheidende, ihre Situation Deutende und Akteurinnen, auch im politischen Kampf gegen Gewalt und Frauenunterdrückung, wahrgenommen und anerkannt wurden. Dies änderte sich erst im Zuge der aktiven Beteiligung und Besetzung der Diskussion durch MigrantInnenselbstorganisationen (Beispiel: Islamkonferenz)[10],

---

10 So erarbeiteten beispielsweise engagierte Frauen im Rahmen der Deutschen Islamkonferenz eigene Stellungnahmen, unter anderem zum Thema Gewalt gegen Frauen, wie sie in der

Wissenschaftlerinnen bzw. Wissenschaftler und Politikerinnen respektive Politiker mit Migrationshintergrund, die so die eigene Deutungsmacht wiedergewinnen und als politische Akteurinnen sichtbar werden konnten. Ähnliche Gefahren, aber auch Lösungen zeichnen sich bei der Thematisierung von Gewalt gegen Frauen mit Behinderungen ab. Auch hier besteht die Gefahr einer Schwächung und Entmächtigung, wenn Frauen mit Behinderungen (durch Menschen ohne Behinderungen) ausschließlich als schwache und wehrlose Opfer imaginiert und dargestellt werden, denen quasi „von außen" geholfen werden muss. Dies brachte die Interessensvertretung behinderter Frauen Weibernetz e. V. (2012) sehr deutlich zum Ausdruck: In einer Stellungnahme unter dem Titel: „Frauen mit Behinderung: Raus aus der Opferrolle!" kritisierte sie eine klischeehafte Fernsehberichterstattung zu den Ergebnissen der Bielefelder Gewaltprävalenzstudie.

> „So wird das Ergebnis der ersten repräsentativen Untersuchung, die das Vorkommen von Gewalt gegen Frauen mit Behinderung in Deutschland belegt, medial dargestellt. Skandalisiert und die Opferrolle manifestierend. Und wie so oft hat diese Medaille zwei Seiten. Es ist ein Skandal, dass Frauen in Einrichtungen Gewalt erfahren. Und einerseits freuen wir uns als Politische Interessenvertretung behinderter Frauen, dass dies in der Öffentlichkeit endlich wahrgenommen wird. Die Bewegung behinderter Frauen thematisiert das Ausmaß von Gewalt gegen Frauen mit Behinderung seit über 30 Jahren und fordert Gegenmaßnahmen und die Öffentlichkeit nimmt das Thema nicht auf. Andererseits würden wir uns eine differenziertere Berichterstattung wünschen. Denn nicht alle Frauen mit Behinderung leben in Einrichtungen und es stimmt wahrlich auch nicht, dass sie sich nicht wehren können! (…) Die Ergebnisse der Erhebung dürfen in der Öffentlichkeit nicht dazu führen, dass die Opferrolle von Frauen mit Behinderung manifestiert wird. Vielmehr muss mit unterschiedlichen Programmen gegengesteuert werden, dass sie selbstbestimmt und selbstbewusst ihre Grenzen erkennen und wahren können" (ebd.).

Erst durch die politischen Aktivitäten der Behindertenverbände und Interessensvertretungen behinderter Frauen und Männer, die im Zusammenhang mit Gewalt- und Diskriminierungserfahrungen auch auf die Umsetzung der UN-Behindertenrechtskonvention pochen und durch diese eine starke Rückendeckung erfahren, weil es nicht mehr um karitative Zuwendung und Schutz, sondern um die Ausdehung von Menschenrechtsverletzungen geht, erhält der Diskurs über

---

DIK-Erklärung „Keine Akzeptanz zu häuslicher Gewalt und Zwangsverheiratung" zum Ausdruck kommt. Siehe: http://www.deutsche-islam-konferenz.de/DIK/DE/DIK/ArbeitDIK/PGRollenbilder/ErklaerungHaeuslicheGewalt/erklaerung-gewalt-inhalt.html. Zugregriffen: 04. Februar 2013.

Gewalt gegen Menschen mit Behinderungen eine auch die Betroffenen stärkende und aktivierende Komponente. In diesem Sinne ist gerade auch partizipative Forschung, also die Einbeziehung von Angehörigen der Minderheiten in Forschungsprozesse (als selbst Forschende, die Forschung Begleitende und deren Richtung und Interpretation mit Bestimmende), sowie die Orientierung an Ressourcen statt ausschließlich an Defiziten, aber auch eine auf menschenrechtsgestützte Indikatoren ausgerichtete Forschung notwendig und weiterführend (vgl. auch Hirschberg 2012).

Was Sauer (2011, S. 57) mit Bezug auf die Theoretikerinnen und Theoretiker eines feministischen Multikulturalismus formuliert, ist auch für die künftige Forschung zu Gewalt und struktureller Benachteiligung gegenüber Frauen (und Männern) mit Behinderungen sowie jenen mit Behinderungen und Migrationshintergrund wichtig:

„(…) das Recht auf ‚Stimme‘, auf Beteiligung an der Interpretation und Deutung von Gewalthandeln, von Gewaltsituationen und -strukturen (…) Stimme und Raum in deliberativen Prozessen sowohl der Mehrheitsgesellschaft wie auch innerhalb ihrer eigenen Gemeinschaft (Deveaux 2000), um ihre eigenen Deutungen jener Gewaltpraktiken in die Diskussion einzubringen (Shachar 2007, S. 127 ff.). Dafür braucht es Ressourcen der Selbstorganisation und der Selbstrepräsentation. Darüber hinaus muss das Handeln minorisierter Frauen als eine selbstständige Entscheidung respektiert und nicht nur als Handeln unter Zwang gesehen werden. Dies wäre ein Weg gegen die Viktimisierung und Entmächtigung von Frauen."

Literatur

Agel, Carina. 2013. *(Ehren-)Mord in Deutschland: Eine empirische Untersuchung zu Phänomenologie und Ursachen von „Ehrenmorden" sowie deren Erledigung durch die Justiz*. Lengerich: Pabst Science Publishers.
Brownridge, Douglas A. 2006. Partner Violence Against Women with Disabilities: Prevalence, Risk, and Explanations. *Violence Against Women* 12 (9): 805–822.
Bundesverband Frauenberatungsstellen und Frauennotrufe – Frauen gegen Gewalt e. V. 2011. Barrierefreiheit in Fachberatungsstellen für Frauen und Mädchen. Ein Handbuch für die Praxis. https://www.frauen-gegen-gewalt.de/veroeffentlichungen.html#Informationen_FB. Zugegriffen: 31. März 2013.
Bundesverband Frauenberatungsstellen und Frauennotrufe – Frauen gegen Gewalt e. V., Frauenhauskoordinierung e. V., und Weibernetz e. V. 2011. Leitfaden für den Erstkontakt mit gewaltbetroffenen Frauen mit Behinderung. https://www.frauen-gegen-gewalt.de/veroeffentlichungen.html#Informationen_FB. Zugegriffen: 31. März 2013.

Çakir-Ceylan, Esma. 2011. *Gewalt im Namen der Ehre. Eine Untersuchung über Gewalttaten in Deutschland und in der Türkei unter besonderer Betrachtung der Rechtsentwicklung in der Türkei*. Frankfurt a. M. u. a.: Peter Lang.

Chenoweth, Leslie. 1996. Violence and Women with Disabilities: Silence and Paradox. Violence against Women 2: 391–411.

Collins, Karen Scott, Cathy Schoen, Susan Joseph, Lisa Duchon, Elisabeth Simantor, und Michelle Yellowitz. 1999. *Health Concerns across a Women's Lifespan: The Commonwealth Fund 1998 Survey of Women's Health*. New York: Commonwealth Fund.

Condon, Stephanie. 2007. Explanations with regard to research on ethnic minorities/migrant populations. In *Perspectives and standards for good practice in data collection on interpersonal violence at European Level*, hrsg. Manuela Martinez, Monika Schröttle, et al. 60. http://www.cahrv.uni-osnabrueck.de/reddot/FINAL_REPORT__29-10-2007_.pdf. Zugegriffen: 09. Juni 2013.

Condon, Stephanie, Maud Lesné, und Monika Schröttle. 2011. What Do We Know About Gendered Violence and Ethnicity Across Europe From Surveys? In *Violence Against Women and Ethnicity: Commonalities and Differences across Europe*, hrsg. Ravi K. Thiara, Stephanie A. Condon, und Monika Schröttle, 59–78. Opladen, Berlin u. Farmington Hills: Verlag Barbara Budrich.

Deveaux, Monique. 2000. *Cultural Pluralism and Dilemmas of Justice*. Ithaca, NY: Cornell University Press.

Echeburúa, Enrique, Javier Fernández-Montalvo, Paz de Corral, und José J. López-Goni. 2009. Assesing Risk Markers in Intimate Partner Femicide and Severe Violence: A New Assessment Instrument. *Journal of Interpersonal Violence* 24 (6): 925–939.

Foster, Kenneth, und Mark Sandel. 2010. Abuse of Women with Disabilities: Toward an Empowerment Perspective. *Sexuality and Disability* 28 (3): 177–186.

GiG-net (Forschungsnetz Gewalt im Geschlechterverhältnis). 2008. *Gewalt im Geschlechterverhältnis. Erkenntnisse und Konsequenzen für Politik, Wissenschaft und soziale Praxis*. Opladen: Verlag Barbara Budrich.

Glammeier, Sandra. 2011a. *Zwischen verleiblichter Herrschaft und Widerstand. Realitätskonstruktionen und Subjektpositionen gewaltbetroffener Frauen im Kampf um Anerkennung*. Wiesbaden: VS Verlag für Sozialwissenschaften.

Glammeier, Sandra. 2011b. Widerstand angesichts verleiblichter Herrschaft? Subjektpositionen gewaltbetroffener Frauen im Kampf um Anerkennung und ihre Bedeutung für die Prävention von Gewalt. *Gender. Zeitschrift für Geschlecht, Kultur und Gesellschaft* 3 (2): 9–24.

Glammeier, Sandra, Ursula Müller, und Monika Schröttle. 2004. Unterstützungs- und Hilfebedarf aus der Sicht gewaltbetroffener Frauen. Ergebnisse der Gruppendiskussionen. http://www.bmfsfj.de/bmfsfj/generator/BMFSFJ/Service/Publikationen/publikationen,did=20560.html. Zugegriffen: 06. Januar 2013.

Gummich, Judy. 2010. Migrationshintergrund und Beeinträchtigung. Vielschichtige Herausforderungen an einer diskriminierungsrelevanten Schnittstelle. In *Gendering Disability. Intersektionale Aspekte von Behinderung und Geschlecht*, hrsg.

Jutta Jacob, Swantje Köbsell, und Eske Wollrad, 131–152, Bielefeld: transcript Verlag.

Hague, Gill, Ravi Thiara, Pauline Magowan, und Audrey Mullender. 2008. Making the Links. Disabled women and domestic violence. Final report of Womens Aid England. http://www.womensaid.org.uk/domestic-violence-articles.asp?itemid=1722&itemTitle=Making+the+links%3A+disabled+women+and+domestic+violence&section=000100010022000080001&sectionTitle=Articles%3A+disabled+women. Zugegriffen: 04. Februar 2013.

Hall, Phillip, und Jennifer Innes. 2010. Violent and sexual crime. In *Crime in England and Wales 2009/10,* hrsg. John Flatley, Chris Kershaw, Kevin Smith, Rupert Chaplin, und Debbie Moon, 45–78. London: Home Office.

Hirschberg, Marianne. 2012. Menschenrechtsbasierte Datenerhebung – Schlüssel für eine gute Behindertenpolitik. Anforderungen aus Artikel 31 der UN-Behindertenrechtskonvention. http://www.institut-fuer-menschenrechte.de/de/publikationen/detailansicht.html?tx_commerce_pi1[showUid]=395&cHash=c8cf38964ebfa31bd667d9bcb3b88ecf. Zugegriffen: 04. Februar 2013.

Hutson, Christiane. 2010. Mehrdimensional verletzbar. Eine Schwarze Perspektive auf Verwobenheiten zwischen Ableism und Sexismus. In *Gendering Disability. Intersektionale Aspekte von Behinderung und Geschlecht,* hrsg. Jutta Jacob, Swantje Köbsell, und Eske Wollrad, 61–72, Bielefeld: transcript Verlag.

Johnson, Holly, Natalia Ollus, und Nevala. 2008. *Violence against Women. An international perspective.* New York: Springer.

Kavemann, Barbara, und Cornelia Helfferich. 2013. Lebenssituation und Belastungen von Frauen mit Behinderungen und Beeinträchtigungen in Deutschland Qualitative Studie. Endbericht. Untersuchung bei Frauen mit Behinderungen und Beeinträchtigungen zu ihren Erfahrungen mit Gewalt, Diskriminierung und Unterstützung (Qualitative Teilstudie). http://www.bmfsfj.de/RedaktionBMFSFJ/Broschuerenstelle/Pdf-Anlagen/Lebenssituation-und-Belastungen-von-Frauen-mit-Behinderungen-Langfassung-Qualitative-Studie,property=pdf,bereich=bmfsfj,sprache=de,rwb=true.pdf. Zugegriffen: 15. August 2013.

Köbsell, Swantje. 2010. Gendering Disability. Behinderung, Geschlecht und Körper. In *Gendering Disability. Intersektionale Aspekte von Behinderung und Geschlecht,* hrsg. Jutta Jacob, Swantje Köbsell, und Eske Wollrad, 17–34 Bielefeld: transcript.

Lehmann, Nadja. 2008. *Migrantinnen im Frauenhaus. Biographische Perspektiven auf Gewalterfahrungen.* Opladen und Farmington Hills: Verlag Barbara Budrich.

Lehmann, Nadja. 2011. Immigrant Women and Domestic Violence: Intersectional Perspectives in a Biographical Context. In *Violence Against Women and Ethnicity: Commonalities and Differences across Europe,* hrsg. Ravi K. Thiara, Stephanie A. Condon, und Monika Schröttle, 97–112. Opladen, Berlin u. Farmington Hills: Verlag Barbara Budrich.

Life Opportunities Survey (LOS). 2009. Office for Disability Issues. http://odi.dwp.gov.uk/disability-statistics-and-research/life-opportunities-survey.php. Zugegriffen: 04. Februar 2013.

Marge, Dorothy K. Hrsg. 2003. *A Call to Action: Ending Crimes of Violence against Children and Adults with Disabilities. A Report to the Nation.* Syracuse: State

University of New York Upstate Medical University Duplicating and Printing Services.
Martinez, Manuela, Monika Schröttle, et al. Hrsg. 2007. Perspectives and standards for good practice in data collection on interpersonal violence at European Level. http://www.cahrv.uni-osnabrueck.de/reddot/FINAL_REPORT__29-10-2007_.pdf. Zugegriffen: 09. Juni 2013.
Martinez, Manuela, Monika Schröttle, et al. 2006. State of European research on the prevalence of interpersonal violence and its impact on health and human rights. http://www.cahrv.uni-osnabrueck.de/reddot/190.htm. Zugegriffen: 04. Februar 2013.
Mays, Jennifer M. 2006. Feminist Disability Theory: Domestic Violence Against Women with a Disability. *Disability and Society 21* (2): 147–158.
Mørck, Yvonne, Bo Wagner Sørensen, Sofia Danneskiold-Samsøe, und Henrietta Hoberg. 2011. The Thin Line Between Protection, Care and Control: Violence Against Ethnic Minority Women in Denmark. In *Violence Against Women and Ethnicity: Commonalities and Differences across Europe*, hrsg. Ravi K. Thiara, Stephanie A. Condon, und Monika Schröttle, 276–290. Opladen, Berlin u. Farmington Hills: Verlag Barbara Budrich.
Nosek, Margaret, Carol A. Howland, und Rosemary B. Hughes. 2001a. The Investigation of Abuse and Women With Disabilities: Going Beyond Assumptions. *Violence Against Women 7* (4): 477.
Nosek, Magaret, Carol A. Howland, Diana H. Rintala, Mary E. Young, und Gail Chanpong. 2001b. National study of women with physical disabilities: Final report. *Sexuality and Disability 19* (1): 5–39.
Powers, Laurie E., Rosemary B. Hughes, und Emily M. Lund. 2009. Interpersonal Violence and Women with Disabilities: A Research Update. http://www.vawnet.org/Assoc_Files_VAWnet/AR_WomenWithDisabilities.pdf. Zugegriffen: 28. August 2012.
Römkens, Renée, und Esmah Lahlah. 2011. Particularly Violent? The Construction of Muslim Culture as a Risk Factor for Domestic Violence. In *Violence Against Women and Ethnicity: Commonalities and Differences across Europe*, hrsg. Ravi K. Thiara, Stephanie A. Condon, und Monika Schröttle, 79–96. Opladen, Berlin u. Farmington Hills: Verlag Barbara Budrich.
Sauer, Birgit. 2011. Migration, Geschlecht, Gewalt. Überlegungen zu einem intersektionellen Gewaltbegriff. *GENDER Zeitschrift für Geschlecht, Kultur und Gesellschaft 3* (2): 44–60.
Scherr, Albert. 2011. Was meint Diskriminierung? Warum es nicht genügt, sich mit Vorurteilen auseinander zu setzen. *Sozial Extra 35* (11/12): 34–38.
Schröttle, Monika. 1999. *Politik und Gewalt im Geschlechterverhältnis. Eine empirische Untersuchung über Ausmaß, Ursachen und Hintergründe von Gewalt gegen Frauen in ostdeutschen Paarbeziehungen vor und nach der deutsch-deutschen Vereinigung*. Bielefeld: Kleine-Verlag.
Schröttle, Monika. 2009. Gewalt gegen Frauen mit türkischem Migrationshintergrund in Deutschland. Diskurse zwischen Skandalisierung und Bagatellisierung. In

Islamfeindlichkeit. Wenn die Grenzen der Kritik verschwimmen, hrsg. Thorsten Geralds Schneiders, 269–288. Wiesbaden: VS Verlag für Sozialwissenschaften.

Schröttle, Monika, und Nicole Ansorge. 2008. Gewalt gegen Frauen in Paarbeziehungen – eine sekundäranalytische Auswertung zur Differenzierung von Schweregraden, Mustern, Risikofaktoren und Unterstützung nach erlebter Gewalt. http://www.bmfsfj.de/bmfsfj/generator/RedaktionBMFSFJ/Broschuerenstelle/Pdf-Anlagen/gewalt-paarbeziehung-langfassung,property=pdf,bereich=bmfsfj, sprache=de,rwb=true.pdf. Zugegriffen: 04. Februar 2013.

Schröttle, Monika, und Sandra Glammeier. 2013. Intimate Partner Violence Against disabled Women as a Part of widespread Victimisation and Discrimination over the lifetime. *International Journal of Conflict and Violence 7:* (im Erscheinen).

Schröttle, Monika, und Nadia Khelaifat. 2007. Gesundheit – Gewalt – Migration: Eine vergleichende Sekundäranalyse zur gesundheitlichen Gewaltsituation von Frauen mit und ohne Migrationshintergrund in Deutschland. http://www.bmfsfj.de/bmfsfj/generator/RedaktionBMFSFJ/Broschuerenstelle/Pdf-Anlagen/gesundheit-gewalt-migration-langfassung-studie,property=pdf,bereich=bmfsfj,sprache=de,rwb=true.pdf. Zugegriffen: 04. Februar 2013.

Schröttle, Monika, und Ursula Müller. 2004. Lebenssituation, Sicherheit und Gesundheit von Frauen in Deutschland. Eine repräsentative Untersuchung zu Gewalt gegen Frauen in Deutschland. http://www.bmfsfj.de/bmfsfj/generator/BMFSFJ/Service/Publikationen/publikationen,did=20560.html. Zugegriffen: 04. Februar 2013.

Schröttle, Monika, Manuela Martinez, et al. 2006. Comparative reanalysis of prevalence of violence against women and health impact data in Europe – obstacles and possible solutions. Testing a comparative approach on selected studies. http://www.cahrv.uni-osnabrueck.de/reddot/D_20_Comparative_ reanalysis_of_prevalence_of_violence_pub.pdf. Zugegriffen: 28. August 2012.

Schröttle, Monika, Claudia Hornberg, Sandra Glammeier, Brigitte Sellach, Henry Puhe, Barbara Kavemann, und Julia Zinsmeister. 2012. Lebenssituation und Belastungen von Frauen mit Beeinträchtigungen und Behinderungen in Deutschland. Kurzfassung. http://www.bmfsfj.de/RedaktionBMFSFJ/Broschuerenstelle/Pdf-Anlagen/Lebenssituation-und-Belastungen-von-Frauen-mit-Behinderungen-Kurzfassung,property=pdf,bereich=bmfsfj,sprache=de,rwb=true.pdf. Zugegriffen: 15. Juli 2013.

Schröttle, Monika, Sandra Glammeier, Brigitte Sellach, Claudia Hornberg, Henry Puhe, Barbara Kavemann, und Claudia Zinsmeister. 2013. Lebenssituation und Belastungen von Frauen mit Beeinträchtigungen und Behinderungen in Deutschland. Langfassung. http://www.bmfsfj.de/RedaktionBMFSFJ/Broschuerenstelle/Pdf-Anlagen/Lebenssituation-und-Belastungen-von-Frauen-mit-Behinderungen-Langfassung-Ergebnisse_20der_20quantitativen-Befragung,property=pdf, bereich=bmfsfj,sprache=de,rwb=true.pdf. Zugegriffen: 10. August 2013.

Shachar, Ayelet. 2007. Feminism and multiculturalism: mapping the terrain. In *Multiculturalism and Political Theory,* hrsg. Anthon Simon Laden, und David Owen, 115–147. Cambridge: Cambridge University Press.

Sherry, Mark. 2007. (Post)colonising Disability. *Wagadu 4:* 10–22.

Smith, Diane L. 2008. Disability, gender and intimate partner violence: Relationships from the behavioural risk factor surveillance system. *Sexuality and Disability* 26 (1): 15–28.

Sokoloff, Natalie J., und Ida Dupont. 2005. Domestic Violence at the Intersections of Race, Class, and Gender. *Violence Against Women* 11 (1): 38–64

Sontag, Susan. 1989. *AIDS and Its Metaphors.* New York, NY: Farrar, Straus and Giroux.

Spivak, Gayatari C. 1985. The Rani of Simur. In *Europe and its Others. Vol. 1*, hrsg. Francis Barker et al., 128–151. Colchester: University of Sussex.

Thiara, Ravi K., Stephanie A. Condon, und Monika Schröttle. Hrsg. 2011. *Violence Against Women and Ethnicity: Commonalities and Differences across Europe.* Opladen, Berlin u. Farmington Hills: Verlag Barbara Budrich.

Thiara, Ravi K., Gill Hague, Ruth Bashall, Brenda Ellis, und Audrey Mullender. 2012. *Disabled Women and Domestic Violence. Responding to the Experiences of Survivors.* London u. Philadelphia: Jessica Kingsley Publishers.

Tjaden, Patricia, und Nancy Thoennes. 2000. *Full Report of the Prevalence, Incidence, and Consequences of Violence against Women: Findings from the National Violence Against Women Survey.* Washington: U. S. Department of Justice.

Vatnar, Solveig Karin, und Stal Bjorkly. 2010. An Interactional Perspective on the Relationship of Immigration to Intimate Partner Violence in a Representative Sample of Help-Seeking Women. *Journal of Interpersonal Violence* 25 (10): 1815–1835.

WAVE. 2012. *Final Report. EIGE Study on the Area D of the Beijing Platform for Action: Violence against women in the European Union* (im Erscheinen).

Weibernetz e. V. 2012. Stellungnahme: „Frauen mit Behinderung: Raus aus der Opferrolle!" http://www.weibernetz.de/gewalt.html#gewalt1. Zugegriffen: 04. Februar 2013.

WHO (Claudia García-Moreno, Henrica A. F. M. Jansen, Mary Ellsberg, Lori Heise, und Charlotte Watts). 2005. *WHO Multi-country Study on Women's Health and Domestic Violence against Women.* Geneva: WHO Press

Yerlikaya, Hayriye. 2012. *Zwangsehen: Eine kriminologisch-strafrechtliche Untersuchung.* Nomos Verlag: Baden-Baden.

Lebenslagen und Diskriminierung behinderter Frauen mit Migrationshintergrund in Deutschland

Auswertung des Mikrozensus

Astrid Libuda-Köster und Brigitte Sellach

1 Einführung

Der Mikrozensus ist eine repräsentative amtliche Statistik zur Bevölkerung, zum Arbeitsmarkt sowie zur Wohnsituation der Haushalte. Erhoben werden Daten zur wirtschaftlichen und sozialen Lage der Bevölkerung sowie zur Erwerbstätigkeit, dem Arbeitsmarkt und zur Ausbildung.[1] Die amtlich festgestellte Behinderteneigenschaft wird im Abstand von vier Jahren erhoben, zuletzt im Jahr 2013. Grundlage für die Erfassung von behinderten Frauen (und Männern) ist die amtliche Anerkennung einer Behinderung durch die im Sozialgesetzbuch IX – Rehabilitation und Teilhabe behinderter Menschen – vorgesehenen Institutionen. Da der Mikrozensus auf der amtlichen Anerkennung basiert, werden darin nur Frauen mit einem amtlich anerkannten Behindertenstatus erfasst.[2] Ermittelt wurden im Mikrozensus 2005 ein Anteil von 7,4 % Frauen mit Behinderung an der weiblichen Bevölkerung im Alter von 18 bis 65 Jahren und ein Anteil von 9,7 % Männern mit Behinderung an der männlichen Bevölkerung. Der Mikrozensus enthält

---

1 Vgl. http://www.gesis.org/missy/missy-home/auswahl-datensatz/mikrozensus-2005/. Zugegriffen: 28. Juni 2013.
2 Zu berücksichtigen ist, dass vom Mikrozensus die Frauen mit einer Behinderung nicht erfasst werden, die keinen amtlichen Behindertenstatus haben. Die Anerkennung einer Behinderung wird in der Regel beantragt, wenn die gesetzlich vorgesehenen Vergünstigungen, die damit verbunden sind, z. B. in der Erwerbstätigkeit, in Anspruch genommen werden sollen. Vermutet wird, dass Frauen seltener die Anerkennung einer Behinderung bzw. einen Schwerbehindertenausweis beantragen als Männer, weil sie weniger häufig erwerbstätig sind und die Vergünstigungen daher nicht in Anspruch nehmen können. Ausgegangen wird von einer Dunkelziffer unter den behinderten Frauen. Inwieweit die Ergebnisse der Analyse des Mikrozensus davon beeinflusst wurden (z. B. die Relation der Erwerbstätigkeit oder die Zunahme der als behindert gemeldeten Frauen mit zunehmendem Lebensalter), kann ohne weitergehende qualitative Erhebungen nicht eingeschätzt werden.

mit der „amtlich festgestellten Behinderung" und mit dem „Geschlecht" die für die Charakterisierung der Lebensumstände behinderter Frauen zentralen Merkmale und bietet mit seinen Fragen bzw. Erhebungsmerkmalen eine gute Sammlung von Indikatoren.

Das Bundesministerium für Familie, Senioren, Frauen und Jugend (BMFSFJ) hat das Institut für Projektevaluation und sozialwissenschaftliche Datenerhebung (IPSE) in 2007 mit der Auswertung des Mikrozensus 2005 beauftragt mit dem Ziel, die besonderen Lebenslagen, Lebenswirklichkeiten und möglichen Diskriminierungsformen behinderter Frauen mit den Daten des Mikrozensus 2005 sichtbar zu machen. Zielgruppe der Analyse waren wegen der inhaltlichen Schwerpunkte im Mikrozensus Frauen im erwerbsfähigen Alter von 18 bis 65 Jahren. Der Artikel beruht im Wesentlichen auf den Ergebnissen der Autorinnen, die in der Publikation „Lebenslagen behinderter Frauen in Deutschland" dokumentiert sind (vgl. BMFSFJ 2009).

Die Analyseinstrumente wurden aus dem geschlechtsdifferenzierten Lebenslagen-Ansatz aus der Sozialpolitikforschung in seiner um die Geschlechterdimension erweiterten Form gewählt (vgl. Sellach et al. 2004). Im Begriff der „Lebenslage" wird das Zusammenwirken unterschiedlicher Faktoren in den konkreten Lebensverhältnissen von Individuen und sozialen Gruppen theoretisch gefasst. Die „Lebenslage" wird als individueller Handlungsrahmen definiert, der von einer Vielzahl von individuell eher nicht steuerbaren äußeren bzw. strukturellen Merkmalen bestimmt ist, zu denen neben den ökonomischen auch nicht-ökonomische und immaterielle, objektive und subjektive Dimensionen gehören.

Diesen Handlungsrahmen füllen Individuen jeweils in ihrem sozialen Kontext aus mit den ihnen zur Verfügung stehenden individuellen Fähigkeiten und Möglichkeiten. Individuell steuerbar ist dabei, inwieweit ein jeweiliger Handlungsspielraum ausgeschöpft bzw. erweitert werden kann, bzw. inwieweit darin liegende Potentiale nicht genutzt werden können. Insofern sind neben den objektiven – materiellen und immateriellen – Dimensionen einer Lebenslage auch die subjektiven Elemente von Handlungen und Entscheidungen in das Konzept einbezogen.

In diesem theoretischen Konzept wird Benachteiligung verstanden als eine weit reichende Begrenzung der individuellen und sozialen Handlungsspielräume in verschiedenen Lebensbereichen. Sie wird definiert als das Ergebnis der Kumulation von objektiv und subjektiv vermittelten Problemlagen bzw. sozialstrukturellen Defiziten. Für die Auswertung der Mikrozensusdaten 2005 wurden aufgrund seiner thematischen Schwerpunkte „Lebenslage" in drei „Handlungsspielräumen" geschlechtsdifferenziert operationalisiert (vgl. ebd.). Die thematischen Schwerpunkte sind bezogen auf den ökonomischen, den sozialen Handlungs- sowie auf den Bildungsspielraum. Wegen geringer Fallzahlen konnte jedoch nur begrenzt nach Altersgruppen gegliedert ausgewertet werden.

Da Behinderung häufiger im Lebenslauf erworben wird und die damit verbundenen Einschränkungen der Handlungsspielräume in unterschiedlichen Lebensphasen wirksam werden, wurden die Frauen nach einem theoretischen Modell von weiblichen Lebensphasen in drei Gruppen gegliedert:[3]

- Frauen, die bereits in Kindheit und Jugend behindert waren und die dadurch in ihren Handlungsspielräumen in der Ausbildungs- und Familienphase eingeschränkt wurden,
- Frauen, die in der mittleren Lebensphase behindert wurden und dadurch in der Familiengründungsphase beeinträchtigt wurden und
- Frauen, deren Behinderung erst nach der Ausbildung und der Familienphase eingetreten ist.

Diskriminierung wurde verstanden als weit reichende Begrenzung von individuellen Handlungsspielräumen durch strukturell vermittelte Bedingungen in Gesellschaft und Umwelt. Als mehrdimensionale Diskriminierung galt die „Ungleichbehandlung" nicht nur wegen eines Merkmals, sondern wegen mehrerer Merkmale, z. B. Geschlecht und Behinderung. Dabei wird von Wechselwirkungen mit Kumulationen oder Relativierungen von verschiedenen Merkmalen ausgegangen (vgl. Zinsmeister 2007). Empirisch können ungleiche Verteilungsstrukturen zwischen behinderten und nicht behinderten Frauen und Männern als mögliche Benachteiligung gelten. Um diese zu ermitteln, wurde die Bevölkerung differenziert nach Geschlecht und Behinderung in Gruppen gegliedert und in Bezug auf die Ausprägung von Merkmalen miteinander verglichen.[4] Eine statistisch ermittelte Ungleichverteilung gegenüber der Verteilung der Grundgesamtheit wurde als Indikator für eine positive bzw. negative Diskriminierung gewertet. Die Ursachen der Ungleichverteilung können aber erst durch eine weitergehende qualitative Analyse ermittelt werden.[5]

Insgesamt lebten nach den Ergebnissen des Mikrozensus 2005 in der Bundesrepublik Deutschland 1,685 Mill. Frauen mit und ohne Migrationshintergrund im

---

3   Weil aber im Mikrozensus die Frage nach dem Zeitpunkt des Eintritts der Behinderung nicht erfragt wurde, kann das Kriterium „lebensperspektivisch früher oder später Eintritt der Behinderung" in empirischen Analysen nur begrenzt berücksichtigt werden (vgl. auch Abbildung 14).
4   Die Signifikanz der Verteilungsstruktur wurde mit dem Chi^2-Test für den ungewichteten Datensatz geprüft.
5   Um zu prüfen, ob die Unterschiede zwischen behinderten und nicht behinderten Personen mit und ohne Migrationshintergrund zufällig oder systematisch sind, wurde nach den üblichen statistischen Regeln jeweils ein Signifikanztest gerechnet. In der Bildunterschrift unter den folgenden Grafiken wird das Ergebnis der Signifikanzprüfungen erläutert.

Alter zwischen 18 und 65 Jahren mit einer amtlich anerkannten Behinderung aller Schweregrade. Das waren 3,2 % der weiblichen Bevölkerung in diesem Alter. Als Ergebnis der Analyse der Daten von allen Frauen und Männern zeigte sich, dass Geschlecht und Behinderung statistisch nachweisbar in unterschiedlicher Weise diskriminierend wirkten. So war der ökonomische Handlungsspielraum von Frauen generell begrenzter als der von Männern. Behinderte Frauen waren in Bezug auf Erwerbstätigkeit, Alterssicherung und Einkommen doppelt diskriminiert, insofern sie gegenüber Männern mit und ohne Behinderung benachteiligt waren sowie gegenüber Männern und Frauen ohne Behinderung. Das wurde auf die Problematik der Vereinbarkeit von Familie und Beruf zurückgeführt, die durch eine Behinderung verstärkt wurde. Frauen mit und ohne Behinderung verfügten darüber hinaus über ein deutlich niedrigeres persönliches Einkommen als Männer und waren weitgehender als Männer auf Unterhalt angewiesen.

Auch in Bezug auf ihre sozialen Lebensformen waren behinderte Frauen doppelt diskriminiert, denn sie lebten am häufigsten alleine oder mit einem Partner im Haushalt, aber ohne Kinder. Ebenso wurde im Vergleich zu den übrigen Teilgruppen im Handlungsspielraum Bildung eine doppelte Benachteiligung von Frauen mit Behinderung erkennbar, weil sich die Diskriminierung in der Erwerbsarbeit auch in ihrer Teilhabe an beruflicher und persönlicher Weiterbildung wiedergefunden hat.[6] Darüber hinaus könnte Behinderung aber auch als eine Folge von unzureichender Bildung und schlechten Erwerbsmöglichkeiten gedeutet werden. Denn das Bildungsniveau von Frauen (und Männern) mit Behinderung war insgesamt niedriger als das der Menschen ohne Behinderung, obwohl die Behinderung später im Lebensverlauf eingetreten war, also nach der Bildungs- und Ausbildungsphase, bzw. die Anerkennung der Behinderung erst danach beantragt wurde.[7]

Im Folgenden wird untersucht, inwieweit die Handlungsspielräume behinderter Frauen mit Migrationshintergrund weitgehender als die der anderen behinderten Frauen begrenzt sind, inwieweit also, im Konzept der mehrdimensionalen Diskriminierung, die Benachteiligung behinderter Frauen durch ihren Migrationsstatus verstärkt wird.

---

6 Die Teilgruppen, deren Verteilung in Bezug auf ein Merkmal jeweils verglichen wurden, waren: Männer mit, Männer ohne, Frauen mit und Frauen ohne Behinderung.
7 In der Interpretation der Ergebnisse wurde von der Annahme ausgegangen, dass die Eltern behinderter Kinder eine amtliche Anerkennung dann beantragen, wenn die Behinderung festgestellt wird, um alle Fördermöglichkeiten für die Kinder ausschöpfen zu können.

2 Behinderte Frauen mit Migrationshintergrund

Das Statistische Bundesamt klassifiziert mit den Daten des Mikrozensus 2005 die Bevölkerung nach ihrem Migrationsstatus auf der Grundlage der Merkmale Staatsangehörigkeit und Geburtsland. Nach ihrem Geburtsland wird unterschieden zwischen Personen mit und Personen ohne eigene Migrationserfahrung. Personen ohne Migrationserfahrung sind alle die, deren Eltern zum Zeitpunkt ihrer Geburt bereits in Deutschland waren, unabhängig von ihrer Staatsangehörigkeit. Zu diesen Gruppen gehören daher jeweils Frauen und Männer mit deutscher und ausländischer Staatsangehörigkeit. Nach der Staatsangehörigkeit wird unterschieden zwischen deutschen und nicht-deutschen Personen, unabhängig davon, ob sie in Deutschland oder im Ausland geboren sind. Zur Kennzeichnung der Personen, deren Eltern bzw. ein Elternteil im Ausland geboren waren, ausgesiedelt waren oder eingebürgert wurden, wurde der Begriff „Migrationshintergrund" eingeführt.

In die Auswertung des Mikrozensus zu den Lebenslagen von Migrantinnen mit Behinderung wurden alle Personen mit Migrationshintergrund im weiteren Sinne mit einbezogen. Das waren 17,5 % Prozent der Bevölkerung im Alter von 18 bis 65 Jahren; 50,4 % von ihnen waren männlich und 49,6 % weiblich.[8] Die Gruppe der Frauen mit Migrationshintergrund, die den amtlichen Behindertenstatus haben, ist hinsichtlich ihrer Herkunft und ihren Lebensverhältnissen sehr heterogen.[9] Wegen der geringen Fallzahlen von Menschen mit Behinderung und Migrationshintergrund wurde auf Analysen nach Herkunftsregionen verzichtet. Mit den Ergebnissen der Analyse der Daten des Mikrozensus kann daher lediglich ein erster Eindruck von den Lebenslagen und der Diskriminierung von behinderten Frauen mit Migrationshintergrund in Deutschland vermittelt werden.

7,7 % der Frauen ohne Migrationshintergrund im Alter zwischen 18 und 65 Jahren waren behindert, dagegen waren nur 5,9 % der Frauen mit Migrationshintergrund behindert (vgl. Abbildung 1). 2005 gehörten der letzten Gruppe rund

---

8 Die Abweichung von etwa 1 % gegenüber den Ergebnissen des Statistischen Bundesamtes, die mit dem aus Datenschutzgründen Fehlen der Variable Migration im Scientific Use Files 2005 zu begründen ist, wird in Kauf genommen. Die Auswertung wurde begrenzt auf erwachsene Frauen im erwerbsfähigen Alter. Minderjährige (unter 18 Jahren) und Seniorinnen (über 65 Jahre) wurden nicht untersucht.
9 Um der Heterogenität der Gruppe gerecht werden zu können, müssten ergänzend zu der quantitativen Analyse qualitative Studien für einzelne Gruppen behinderter Frauen mit Migrationshintergrund durchgeführt werden, z. B. für die Gruppe der Frauen aus der Türkei und aus arabischen Ländern, für die Frauen aus südeuropäischen Ländern oder die so genannten Russlanddeutschen (vgl. BMFSFJ 2007).

Abbildung 1 Als behindert anerkannte Personen nach Geschlecht und Migrationshintergrund

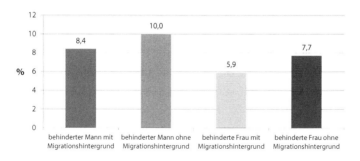

Abbildung 2 Behinderte Frauen nach Alter und Migrationshintergrund

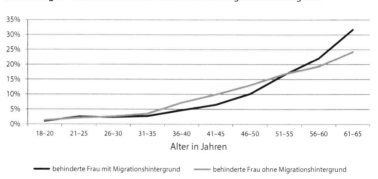

Abbildung 3 Behinderte Frauen nach Migrationshintergrund und Familienstand

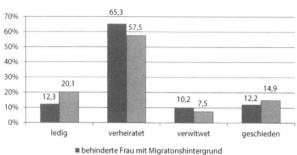

Signifikanzniveau der ungewichteten Datenbasis p = 0,000: migrationsbedingte Verteilungsstruktur.

248 000 Frauen in Deutschland an. Von den Männern waren 10 % (ohne Migrationshintergrund) bzw. 8,4 % (mit Migrationshintergrund) behindert.

Etwa 15 % der Frauen mit Behinderung hatten einen Migrationshintergrund. Gemessen an ihrem Anteil an der Bevölkerung müssten etwa 18 % eine Behinderung haben. Der Anteil der behinderten Männer mit Migrationshintergrund entsprach dagegen ihrem Anteil an der männlichen Bevölkerung. Frauen mit Migrationshintergrund hatten daher ebenso wie Frauen ohne Migrationshintergrund seltener eine amtlich anerkannte Behinderung. Das Dunkelfeld „Behinderung" war also bei Frauen insgesamt größer als bei Männern.

Behinderte Frauen haben sich nicht nach vorliegendem Migrationshintergrund und nach dem Schweregrad ihrer Behinderung unterschieden. Etwa 70 % waren schwerbehindert mit einem Grad der Behinderung von über 50, etwa 30 % hatten einen geringeren Schweregrad der Behinderung. Nach Altersgruppen gegliedert waren jüngere Frauen mit Migrationshintergrund ähnlich häufig behindert wie Frauen ohne Migrationshintergrund. In der mittleren Altersgruppe der 28- bis 45-Jährigen waren Frauen ohne Migrationshintergrund häufiger behindert, während Frauen mit Migrationshintergrund in den älteren Altersklassen deutlich häufiger behindert waren als die anderen Frauen (vgl. Abbildung 2).

Zu vermuten ist, dass Frauen mit Migrationshintergrund in jüngeren Jahren eher keinen Antrag auf Anerkennung ihrer Behinderung stellen wegen ihrer schlechteren ökonomischen Situation verbunden mit der Sorge, wegen der Behinderung am Arbeitsmarkt benachteiligt zu werden. Das könnte dann dazu führen, dass sie im Alter stärker beeinträchtigt sind. Deutlich wurde, dass die Wahrscheinlichkeit für Frauen mit Migrationshintergrund behindert zu werden, ab der Jahrgangsgruppe der 51- bis 55-Jährigen höher ist, als die der Frauen ohne Migrationshintergrund, bzw. dass Frauen mit Migrationshintergrund häufiger erst später im Lebensverlauf den Antrag auf Anerkennung ihrer Behinderung stellen.

Aus der Analyse der Daten zum Familienstand (vgl. Abbildung 3) wurde sichtbar, dass behinderte Frauen ohne Migrationshintergrund häufiger ledig sind als Migrantinnen und diese wiederum signifikant häufiger verheiratet waren (65 % der behinderten Migrantinnen, gegenüber 57 % den anderen Frauen, vgl. BMFSFJ 2007).

3 Ökonomischer Handlungsspielraum

Zur Prüfung einer möglichen Benachteiligung von behinderten Frauen mit Migrationshintergrund im ökonomischen Handlungsspielraum wurden aus dem Mikrozensus Daten zur Beteiligung am Erwerbsleben, zum persönlichen Einkommen und zum Haushaltseinkommen ausgewählt.

Das Statistische Bundesamt bildet für die Auswertung der Daten zur Erwerbstätigkeit der Bevölkerung die Variable „Erwerbstyp".[10] Darin werden Erwerbspersonen und Nichterwerbspersonen zusammengefasst. Erwerbspersonen sind Erwerbstätige und Erwerbslose, Nichterwerbspersonen werden differenziert in Erwerbsarbeit suchende und sonstige Nichterwerbspersonen.[11] Die durchschnittliche Verteilung der Bevölkerung im erwerbsfähigen Alter nach den Erwerbstypen wurde durch Geschlecht und Behinderung beeinflusst (vgl. Abbildung 4). Das bedeutet zum einen, dass behinderte Menschen häufiger zur Gruppe der Nichterwerbspersonen gehörten als nicht behinderte. Nicht behinderte Frauen waren wiederum weniger häufig erwerbstätig als nicht behinderte Männer. Die Verteilung der Menschen nach ihrer Stellung im Erwerbsleben wurde auch durch die Variable „Migrationshintergrund" beeinflusst. So war die Gruppe mit Migrationshintergrund häufiger nicht erwerbstätig als alle anderen Vergleichsgruppen. Mit über 60 % gehörten behinderte Frauen mit Migrationshintergrund anteilig am häufigsten zur Gruppe der Nichterwerbspersonen. Sie waren daher sowohl durch Geschlecht als auch durch Behinderung und Migrationshintergrund in ihrer Teilhabe am Erwerbsleben beeinträchtigt.[12]

Das persönliche Nettoeinkommen wird bestimmt vom hierarchisch strukturierten Arbeitsmarkt. Da Frauen häufiger nicht erwerbstätig sind bzw. zur Vereinbarkeit von Familie und Beruf einer Teilzeitbeschäftigung nachgehen, wurde die Verteilung der Vergleichsgruppen nach ihrem persönlichen Einkommen durch die Geschlechtszugehörigkeit bestimmt. Behinderte Frauen mit und ohne Migrationshintergrund hatten das niedrigste Einkommensniveau.

Behinderte Frauen mit Migrationshintergrund sind häufiger in der Gruppe vertreten, die ein persönliches Einkommen von weniger als 500 Euro haben (vgl. Abbildung 5). Insgesamt war das durchschnittliche Einkommen der behinderten Frauen mit Migrationshintergrund (zwischen 500 und 700 Euro) deutlich niedriger als das der behinderten Frau ohne Migrationshintergrund (zwischen 700 und

---

10 Mit dem Konzept des Erwerbsstatus folgt der Mikrozensus 2005 der International Labour Organization (ILO); vgl. auch: http://www.gesis.org/missy/variablen/variablenliste/?ext=NONE&periodlist&order=nname&chunk=-1&slice=0&selcat=2005%3E%3E&selres=7312#7312. Zugegriffen: 13. Juni 2013.
11 Nach der Definition des Statistischen Bundesamtes sind Erwerbsarbeit suchende Personen, die in den letzten vier Wochen aktive Schritte der Arbeitsuche unternommen haben, aber für den Arbeitsmarkt nicht sofort verfügbar sind. Diesem Personenkreis wurden auch jene nicht sofort verfügbaren Nichterwerbstätigen zugerechnet, die ihre Arbeitsuche bereits abgeschlossen haben und innerhalb von drei Monaten eine Tätigkeit aufnehmen. Nichterwerbspersonen sind Personen, die keine – auch keine geringfügige – auf Erwerb gerichtete Tätigkeit ausüben oder suchen. http://www.gesis.org/missy/fileadmin/missy/erhebung/schluesselverzeichnis/SV_2005.pdf#nameddest=EF29. Zugegriffen: 13. Juni 2013.
12 Dies belegt das sehr hohe Signifikanzniveau von p = .000.

Lebenslagen und Diskriminierung behinderter Frauen

Abbildung 4 Erwerbstyp nach Migrationshintergrund, Behinderung und Geschlecht

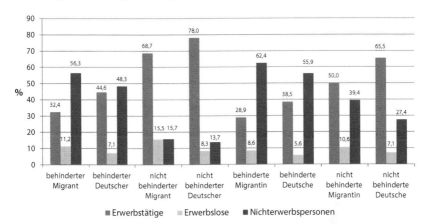

Signifikanzniveau der ungewichteten Datenbasis p = 0,000: geschlechts-, behinderungs- und migrationsbedingte Verteilungsstruktur.

Abbildung 5 Behinderte Frauen nach Migrationshintergrund und persönlichem Einkommen

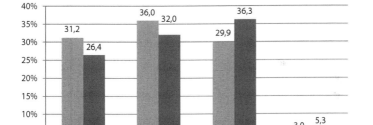

Signifikanzniveau der ungewichteten Datenbasis p = 0,000: migrationsbedingte Verteilungsstruktur.

900 Euro), allerdings wurde von beiden Gruppen das gleiche Einkommen, zwischen 500 und 700 Euro (Modus), am häufigsten erreicht. Dennoch wirkten sich die beiden Dimensionen Behinderung und Migrationshintergrund nachteilig auf die Höhe des persönlichen Nettoeinkommens aus. Die durchgängige Benachteiligung von behinderten Frauen auf dem Arbeitsmarkt wurde in Bezug auf die Höhe ihres persönlichen Einkommens noch einmal verstärkt durch den Migrationshintergrund.

Das Haushaltseinkommen ist insoweit auf Haushalte bezogen, als davon ausgegangen wird, dass in jedem Haushalt alle Haushaltsangehörigen mehr oder weniger dazu beitragen. Durch die Differenzierung der Haushalte nach Geschlecht, Behinderung und Migrationshintergrund der Bezugsperson, die den Erhebungsbogen ausgefüllt hat, wurde vermieden, dass das Haushaltseinkommen als individuelles Merkmal einer Person zugerechnet wird.

Haushalte mit männlichen Bezugspersonen hatten insgesamt ein deutlich höheres Haushaltseinkommen als die Haushalte mit weiblichen Bezugspersonen (vgl. Abbildung 6). In der Binnendifferenzierung waren alle Haushalte von Bezugspersonen mit Migrationshintergrund schlechter gestellt als die Haushalte der Männer ohne Migrationshintergrund. Ebenso verfügten Haushalte mit Frauen ohne Migrationshintergrund über ein höheres Einkommen als die Haushalte der Migrantinnen. Deutlich wurde jedoch auch hier, dass ein geringes persönliches Nettoeinkommen von Frauen in Haushalten mit männlicher Bezugsperson eher kompensiert werden konnte durch die Einkommen anderer Haushaltsmitglieder als in Haushalten mit weiblicher Bezugsperson.

Bei einem insgesamt niedrigeren Einkommensniveau von allen Frauen wurde die Verteilung der Einpersonenhaushalte aller behinderter Frauen nach ihrem persönlichen Nettoeinkommen, das zugleich ihr Haushaltseinkommen war, ebenfalls durch den Migrationshintergrund weiter beeinflusst (vgl. Abbildung 7). So hatten behinderte Frauen mit Migrationshintergrund häufiger ein geringeres Einkommen als die anderen behinderten Frauen. Während 10 % der allein lebenden behinderten Männer mit Migrationshintergrund ein Einkommen von mehr als 2 000 Euro im Monat hatten, konnten die allein lebenden behinderten Frauen insgesamt dieses Einkommensniveau nur ausnahmsweise erreichen.

Die Verteilung der Teilgruppen nach ihrem überwiegenden Lebensunterhalt (vgl. Abbildung 8) wies ebenfalls signifikant behinderten-, migrations- und geschlechtsspezifische Dimensionen aus. Behindertenspezifisch war, dass für alle behinderten Frauen und Männer der überwiegende Lebensunterhalt ein Renteneinkommen war. Migrationsspezifisch hatten behinderte Migrantinnen und Migranten weniger häufig ein Einkommen aus Erwerbstätigkeit als behinderte Frauen und Männer ohne Migrationshintergrund und bezogen häufiger Arbeitslosengeld I oder II. Geschlechtsspezifisch zeigte sich, dass alle Teilgruppen der

Lebenslagen und Diskriminierung behinderter Frauen 319

Abbildung 6 Nettoeinkommen der Haushalte nach Geschlecht, behinderten Haushaltsangehörigen und Migrationshintergrund

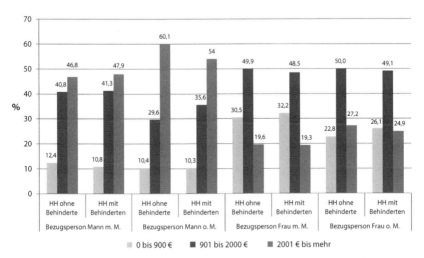

Signifikanzniveau der ungewichteten Datenbasis p = 0,000: geschlechts-, behinderungs- und migrationsbedingte Verteilungsstruktur.

Abbildung 7 Haushaltseinkommen allein lebender behinderter Frauen nach Migrationshintergrund

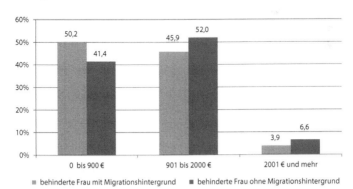

Signifikanzniveau der ungewichteten Datenbasis p = 0,000: migrationsbedingte Verteilungsstruktur.

Abbildung 8 Überwiegender Lebensunterhalt nach Geschlecht, Behinderung und Migrationshintergrund

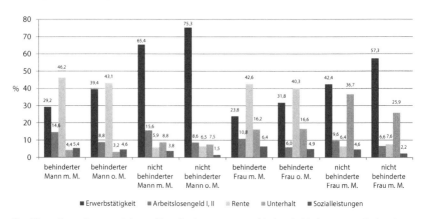

Signifikanzniveau der ungewichteten Datenbasis p = 0,000: geschlechts-, behinderungs- und migrationsbedingte Verteilungsstruktur.

Frauen häufiger Unterhalt als überwiegenden Lebensunterhalt angegeben haben als Männer, am häufigsten nicht behinderte Frauen mit Migrationshintergrund. Die Verteilung nach dem Merkmal „überwiegender Lebensunterhalt" wurde daher als Folge der Benachteiligung von Migrantinnen und Migranten am Arbeitsmarkt einerseits und der Benachteiligung von allen Frauen durch die gesellschaftliche Arbeitsteilung andererseits gedeutet.

Zusammenfassend kann festgehalten werden, dass der ökonomische Handlungsspielraum von behinderten Frauen mit Migrationshintergrund deutlich eingeschränkter war als der der übrigen Teilgruppen mit einer Behinderung. Geschlecht, Behinderung und Migrationshintergrund wirkten negativ auf ihre Chancen auf eine Teilhabe am Erwerbsarbeitsmarkt und ein existenzsicherndes Einkommen.

4 Sozialer Handlungsspielraum

Den sozialen Handlungsspielraum bilden soziale Bindungen und Beziehungen in Familie, Partnerschaft, dem Leben in einem Haushalt zusammen mit anderen und dem sozialen Umfeld. Diese sozialen Bindungen sind entscheidend für den Zugang zu Ressourcen, den Zugang zur Befriedigung von materiellen und sozialen Bedürfnissen und für Sicherheit und Unterstützungsleistungen, z. B. bei Krankheit oder einer Behinderung.

Lebenslagen und Diskriminierung behinderter Frauen

Abbildung 9 Personenzahl im Haushalt nach Geschlecht, Behinderung und Migrationshintergrund

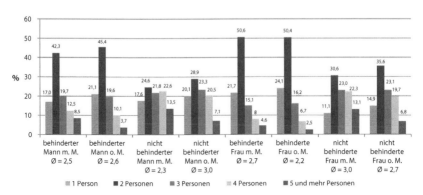

Signifikanzniveau der ungewichteten Datenbasis p = 0,002: geschlechts- und behinderungsbedingte Verteilungsstruktur mit migrationsspezifischer Dimension.

Im Mikrozensus werden soziale Beziehungen, in denen die Bevölkerung in Deutschland lebt, mit verschiedenen Fragen zu den familiären Lebensverhältnissen erhoben. Mit Daten zur Zahl der Personen im Haushalt, der Zahl der Kinder unter 14 Jahren im Haushalt und zu den Lebensformen wurde der soziale Handlungsspielraum von behinderten Frauen mit Migrationshintergrund geprüft. Die Personengruppen ohne Behinderung mit Migrationshintergrund lebten häufiger in größeren Haushalten (vgl. Abbildung 9). Während etwa 58 % aller nicht behinderten Frauen und Männer mit Migrationshintergrund in Haushalten mit drei und mehr Personen lebten, waren das von den übrigen Frauen und Männern nur 50 % bzw. 51 %. Allerdings wurde nur bei einem Vergleich der Vier- und Mehrpersonenhaushalte der Unterschied in Bezug auf die Anzahl der Haushaltsangehörigen bei den Migrantinnen deutlich. Bei den Ein- bis Zweipersonhaushalten waren die Unterschiede nur minimal.

Für beide Gruppen behinderter Frauen galt allerdings auch hier, dass sie eher kleinere Haushalte hatten. So lebten 24 % der behinderten Frauen ohne und 22 % der behinderten Frauen mit Migrationshintergrund alleine, gegenüber 15 % bzw. 11 % der anderen Frauen. Dennoch gehörten auch behinderte Frauen und Männer mit Migrationshintergrund häufiger als die Vergleichsgruppen Drei- und Mehrpersonenhaushalten an.

Zur Einschätzung dieses Ergebnisses ist die Heterogenität der Gruppe der Menschen mit Migrationshintergrund zu berücksichtigen, denn die Größe ihrer

Haushalte wird ebenso bestimmt durch ihre kulturellen Lebensformen und Traditionen wie durch die sozialen Lebensbedingungen in Deutschland und die unterschiedliche soziale Akzeptanz, die sie als Ausländerinnen und Ausländer oder Aussiedlerinnen und Aussiedler jeweils erfahren (vgl. BMFSFJ 2007).

Die Verteilung der Gruppen nach dem Zusammenleben mit Kindern ergab ein ähnliches Bild zu den sozialen Lebensformen. Nicht behinderte Personen mit Migrationshintergrund lebten am häufigsten mit minderjährigen Kindern in einem Haushalt zusammen. Interessant war auch hier, dass behinderte Männer insgesamt häufiger mit Kindern zusammen lebten als behinderte Frauen. Als Ergebnis ist festzuhalten, dass Frauen und Männer mit Migrationshintergrund häufiger mit minderjährigen Kindern im Haushalt zusammen waren als Menschen ohne Migrationshintergrund.

In allen Haushalten mit Behinderten lebten weniger Kinder als in den übrigen Haushalten (vgl. Abbildung 10). Dies wurde als mittelbarer Effekt der Altersstruktur gedeutet, weil Kinder von behinderten Frauen und Männern vermutlich bereits älter waren, als die Behinderung eingetreten ist und daher zum Zeitpunkt der Befragung den elterlichen Haushalt bereits verlassen hatten.[13]

Als signifikant für die Verteilung der Bevölkerung insgesamt nach ihrer Lebensform wurden Geschlecht und Behinderung ermittelt. Danach war die häufigste Lebensform von Frauen und Männern mit Behinderung die des Ehepaares ohne ledige Kinder (40 %; 40,3 %).[14] Menschen ohne Behinderung lebten dagegen am häufigsten als Ehepaar mit ledigen Kindern (46 %; 43 %). Allein stehend waren am häufigsten Frauen mit Behinderung, gefolgt von nicht behinderten Männern (26 %; 22 %). Allein erziehend waren am häufigsten Frauen (9 % ohne und 8 % mit Behinderung).

Wenn behinderte Frauen in Bezug auf ihre Lebensform verglichen werden, so erweist sich der Migrationshintergrund als signifikant für die Verteilungsstruktur. So lebten behinderte Frauen mit Migrationshintergrund häufiger mit einem Partner zusammen in einer Ehe mit (23 %) oder ohne ledige Kinder (43 %) oder in einer nichtehelichen Lebensgemeinschaft mit und ohne ledige Kinder (3 %), während 65 % der behinderten Frauen ohne Migrationshintergrund einen gemeinsamen Haushalt mit einem Partner und mit und ohne ledige Kinder hatten. Sie waren wiederum häufiger alleinerziehend oder alleinstehend als behinderte Frauen mit Migrationshintergrund (vgl. Abbildung 11).

---

13 Der statistisch gemessene geringe migrationsspezifische Einfluss auf die Anzahl der Kinder unter 14 Jahren im Haushalt muss wegen der Heterogenität der Gruppe der Frauen mit Migrationshintergrund in der Analyse unberücksichtigt bleiben.

14 Kinder sind hier nach dem Konzept des Statistischen Bundesamtes alle Abkömmlinge der 2. Generation, also auch volljährige, verheiratete Kinder. Diese Ehepaare können daher dennoch volljährige Kinder haben, die aber nicht mit ihnen in einem Haushalt leben.

Lebenslagen und Diskriminierung behinderter Frauen 323

Abbildung 10 Kinder (unter 14 Jahren) im Haushalt nach Geschlecht, Behinderung und Migrationshintergrund

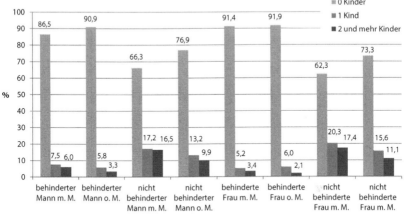

Signifikanzniveau der ungewichteten Datenbasis p = 0.017: geschlechts- und behinderungsbedingte Verteilungsstruktur mit geringer migrationsspezifischer Dimension.

Abbildung 11 Behinderte Frauen nach Lebensform und Migrationshintergrund

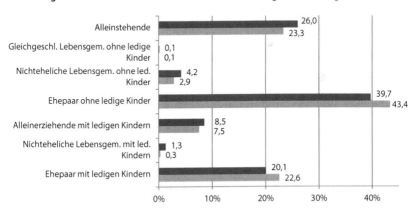

Signifikanzniveau der ungewichteten Datenbasis p = 0,005: migrationsbedingte Verteilungsstruktur.

Für den sozialen Handlungsspielraum wurde festgehalten, dass behinderte Frauen mit Migrationshintergrund signifikant häufiger mit anderen Familienmitgliedern zusammenlebten und daher, abhängig von der Stärke des Zusammenhaltes in der Familie, möglicherweise in der Familie eher unterstützt wurden. Sie hatten vermutlich häufiger in einer größeren Familie gelebt, bevor ihre Behinderung eingetreten war, und waren dann, wenn sie behindert waren, häufiger in einem größeren familialen Unterstützungsnetz. Die starke familiäre Einbindung könnte sich daher für behinderte Frauen mit Migrationshintergrund als ein Vorteil erweisen. Das ist allerdings wiederum nur ein statistisch ermittelter Zusammenhang, der durch qualitative Untersuchungen weitgehender aufbereitet werden muss. Das Ergebnis gilt darüber hinaus vermutlich auch nicht für die Gruppe von behinderten Frauen mit Migrationshintergrund, deren Behinderung bereits in Kindheit und Jugend, also vor der Familiengründung, eingetreten ist.

5 Bildungsspielraum

Das Bildungsniveau der Bevölkerung in Deutschland wird im Mikrozensus erhoben mit Fragen zum Besuch von Schule und Hochschule, zu Bildungs- und Ausbildungsabschlüssen und zur allgemeinen und beruflichen Weiterbildung und Lehrveranstaltungen. In der Analyse der Daten wurde Benachteiligung in Anlehnung an die Armuts- und Reichtumsberichterstattung der Bundesregierung angenommen bei „Bildungsarmut", d. h. einem durchschnittlich niedrigeren Bildungs- und Ausbildungsniveau als bei Vergleichsgruppen. Zur Untersuchung auf eine mögliche Benachteiligung von behinderten Frauen mit Migrationshintergrund wurden die Daten des Mikrozensus zum höchsten allgemeinen Schulabschluss und zum Abschluss einer beruflichen Ausbildung herangezogen.[15]

Für die Einordnung der Bildungsdaten von Frauen mit Behinderung sind auch ihre Bildungschancen im Lebensverlauf zu berücksichtigen. So hatten die Männer und Frauen, die von Geburt an behindert sind, bzw. während ihrer schulischen und beruflichen Ausbildung behindert wurden, häufig schlechtere Bildungschancen als die, die behindert wurden, nachdem sie die Ausbildung abgeschlossen hatten und bereits erwerbstätig waren. Für Menschen, die nicht von Geburt an oder vor Ausbildungsbeginn eine Behinderung haben, gilt, dass sie in ihren Bildungs-

---

15 Zu berücksichtigen ist allerdings, dass für bis zu 17 % der Menschen mit Migrationshintergrund der Schulabschluss als nicht bekannt ausgewiesen wurde. Gründe dafür können sein, dass sie die Frage danach nicht beantwortet haben, weil ihr Schulabschluss, den sie im Ausland erworben haben, hier nicht anerkannt wurde oder nicht den im Fragebogen vorgegebenen Kategorien entsprach.

und Ausbildungschancen weniger durch eine Behinderung beeinträchtigt waren als vielmehr durch andere Faktoren, z. B. durch Migration. Daher kann aus den Ergebnissen zum Bildungsniveau der Bevölkerung mit Behinderung zum Zeitpunkt der Erhebung des Mikrozensus nicht geschlossen werden, inwieweit Behinderung ursächlich war für eine mögliche Benachteiligung oder inwieweit sie nicht eher die Folge war von anderen, den Bildungsspielraum begrenzenden, Faktoren. Darüber hinaus weisen erste qualitative Ergebnisse darauf hin, dass für Menschen, die zum Zeitpunkt des Eintretens der Behinderung in ihrem erlernten Ausbildungsberuf gearbeitet haben, Wege gefunden wurden, auch mit der Behinderung den Arbeitsplatz zu behalten.[16] Dieser Aushandlungsprozess zwischen den im Berufsleben von Behinderung betroffenen Personen und Vorgesetzten bzw. Kolleginnen und Kollegen scheint von Männern eher und erfolgreicher ausgehandelt zu werden, als von Frauen. Dies wird für beide Geschlechter u. a. durch Rehabilitationsmaßnahmen unterstützt, allerdings werden berufliche Rehabilitationsmaßnahmen von Männern umfangreicher genutzt als von Frauen. In dieser kritischen Passage in das weitere Berufsleben mit Behinderung scheint es Frauen, insbesondere Frauen mit Migrationshintergrund, wesentlich seltener zu gelingen, mit der Behinderung am Arbeitsplatz verbleiben zu können oder einen gleichwertigen alternativen Arbeitsplatz zu finden und ihren Beruf nicht aufgeben zu müssen. Besonders schwierig scheint der berufliche Wiedereinstieg nach Kindererziehungszeiten für Frauen zu sein, deren Behinderung in ihrer mittleren Lebensphase eingetreten ist. Für diese Frauen ist der berufliche Wiedereinstieg wegen der Ausgrenzungsmerkmale: Migrantin, behindert und Berufsrückkehrerin nach längerer Erziehungszeit besonders schwierig.

Im Vergleich zur Verteilung von allen Frauen und Männern nach ihrem Schulabschluss fiel als Unterschied auf, dass Personen mit Migrationshintergrund weniger häufig die mittlere Schullaufbahn abgeschlossen, aber fast gleich häufig eine Fach- oder Hochschulreife erworben hatten wie die übrigen Frauen und Männer (vgl. Abbildung 12). Daher war das Bildungsniveau der Migrantinnen und Migranten, von denen es bekannt ist, insgesamt niedriger als das der Frauen und Männer ohne Migrationshintergrund, wobei das der Frauen allerdings höher war als das der Männer.

Das Ergebnis der Analyse war dennoch eindeutig: Nur etwas mehr als die Hälfte aller Frauen mit Migrationshintergrund hatten eine Ausbildung abgeschlossen; bei den Männern waren es in jeder der Teilgruppen mehr als 60 %. Aus der Grafik (vgl. Abbildung 13) wird weiter deutlich, dass Frauen und Männer mit Migrationshintergrund unabhängig von einer Behinderung häufiger keinen Ausbildungsabschluss hatten, dabei aber Männer wiederum häufiger als Frauen, ver-

---

16 Bisher unveröffentlichte Forschungsergebnisse des IPSE.

Abbildung 12 Bildungsniveau nach Geschlecht, Behinderung und Migrationshintergrund

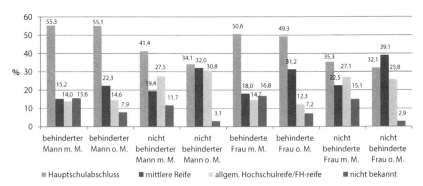

Signifikanzniveau der ungewichteten Datenbasis p = 0,000: geschlechts-, behinderungs- und migrationsbedingte Verteilungsstruktur.

Abbildung 13 Beruflicher Abschluss nach Geschlecht, Behinderung und Migrationshintergrund

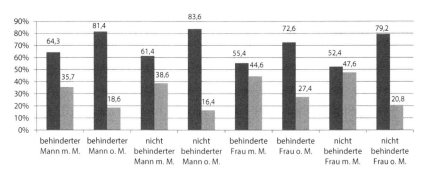

Signifikanzniveau der ungewichteten Datenbasis p = 0,000: geschlechts-, behinderungs- und migrationsbedingte Verteilungsstruktur.

gleichbar der Verteilung der Teilgruppen ohne Migrationshintergrund. Zu berücksichtigen war hier wiederum, dass die Mehrheit der Frauen (und Männer) mit Migrationshintergrund ebenso wie die anderen die Ausbildungsphase ohne Behinderung durchlaufen hatten. Das bedeutet, dass aufgrund des niedrigen Bildungsniveaus und der fehlenden Ausbildung, verbunden mit den Arbeitsbeschränkungen für verschiedene Gruppen der Menschen mit Migrationshintergrund die ökonomischen Handlungsspielräume begrenzt waren, z. B. für den Zugang zum Erwerbsarbeitsmarkt. Eine Behinderung könnte daher für diese Gruppe u. a. auch eine Folge von schlechten Arbeitsbedingungen und mangelnder gesundheitlicher Versorgung sein.

Eine Differenzierung der Gruppen nach dem höchsten beruflichen Abschluss war nicht möglich, weil für fast die Hälfte der Frauen mit Migrationshintergrund der Berufsabschluss nicht bekannt war.

Für den Bildungsspielraum konnte festgehalten werden, dass behinderte Frauen mit Migrationshintergrund aufgrund ihrer schlechteren Bildungsniveaus häufiger in ungünstigen Arbeitsverhältnissen mit hohen gesundheitlichen Belastungen unterkommen und dadurch ein höheres Risiko tragen, behindert zu werden als Frauen ohne Migrationshintergrund. Zu den Risikofaktoren gehört nicht zuletzt die Diskriminierung durch die unzureichende Anerkennung im Herkunftsland erworbener Abschlüsse.

6 Gruppen behinderter Frauen mit Migrationshintergrund

Trotz ihrer Heterogenität und Vielfalt wurde für Migrantinnen mit amtlich anerkannter Behinderung nachgewiesen, dass sie in fast allen der untersuchten Handlungsspielräume schlechter gestellt waren als die übrigen behinderten Frauen. Einzig im sozialen Handlungsspielraum schienen behinderte Frauen mit Migrationshintergrund bevorzugt gegenüber den anderen Gruppen zu sein, weil sie seltener allein und häufiger in größeren Familien lebten.

Der Bedarf bzw. Wunsch, einzelne Handlungsspielräume optimal auszunutzen, variiert im Lebensverlauf. So liegt die Präferenz für den Handlungsspielraum „Bildung" im Alter der Berufsausbildung und verliert danach an Bedeutung. Natürlich werden Fortbildungen und Weiterbildungen besucht, aber diese „Bildung" ist weitaus weniger wichtig als die grundlegende Berufsausbildung. Nach der Ausbildung sehen Männer und Frauen für sich oft unterschiedliche Präferenzen. Die Familiengründung führt bei Frauen eher zu einem Schwerpunkt im sozialen Handlungsspielraum. Männer haben ihren Schwerpunkt eher im ökonomischen Handlungsspielraum. Sie etablieren sich im Beruf, während Frauen Beruf,

Kindererziehung und Hausarbeit vereinbaren. Sind die Kinder „aus dem Haus" („empty nest" Phase, vgl. BMFSFJ 2012, S. 41) ist für beide Geschlechter die aktive Erwerbsarbeit wieder zentral (vgl. BMFSFJ 2009, S. 76 f.). Lineare Einflüsse auf den zu nutzenden Handlungsspielraum können anhand ausgewählter Merkmale immer dann statistisch nachgewiesen werden, wenn sie bezogen auf eine Lebensphase untersucht werden, nicht jedoch bezogen auf die gesamte Lebenszeit von 18 bis 64 Jahren.[17] Daher wurden für differenzierte Analysen drei Altersgruppen gebildet (vgl. ebd., S. 73):

- 18- bis 27-Jährige: Ausbildungsphase
- 28- bis 45-Jährige: Balance Familie-Beruf
- 46- bis 64-Jährige: passive Elternphase; aktive Erwerbsarbeitsphase.

Zu berücksichtigen ist, dass in allen Altersgruppen Frauen vertreten sind, die bereits seit Kindheit und Jugend behindert sind, ebenso wie die, deren Behinderung in einem späteren Lebensalter eingetreten ist. Im Mikrozensus wird jedoch nicht nach dem Zeitpunkt des Eintritts der Behinderung gefragt. Zu vermuten ist aber, dass in der Gruppe der 18- bis 27-Jährigen eine überwiegende Mehrheit bereits von Geburt an behindert war oder die Behinderung in Kindheit und Jugend eingetreten ist. In der Gruppe der 46- bis 64-Jährigen hingegen sind überwiegend Frauen und Männer, die ihre Behinderung im Lebensverlauf erworben haben und die entscheidende Übergänge in die nächste Lebensphase (mehr oder weniger erfolgreich) vor Eintritt der Behinderung passiert haben (vgl. Abbildung 14).

Für Migrantinnen können nachteilige Übergänge im Lebensverlauf eher kumulieren, z. B. wenn durch die Migration eine berufliche Tätigkeit in dem im Herkunftsland erlernten Beruf nicht möglich ist (Problem der Anerkennung der Berufsabschlüsse) oder wenn nach Eintreten der Behinderung ein neuer, behindertengerechter Arbeitsplatz gefunden werden muss.

Abschließend wurde mit dem Verfahren der Clusteranalyse (vgl. BMFSJ 2009) untersucht, ob sich Frauen mit Behinderung, mit und ohne Migrationshintergrund, bei gleichzeitiger Berechnung mehrerer Indikatoren bzw. Typisierungskriterien als spezifische Teilgruppen (Cluster) ausweisen lassen. Die Auswahl der Typisierungskriterien, wie Alter (in Jahresschritten), Migrationshintergrund, Grad der Behinderung, persönliches Nettoeinkommen, Arbeitsstunden je Woche, Abhängigkeit vom Unterhalt, Zusammenleben mit einem Partner/einer Partnerin, mit Kindern unter 14 Jahren, Personenzahl im Haushalt und Schul- und Berufsabschluss, wurden aus den bisherigen Ergebnissen abgeleitet. Die drei Altersgrup-

---

17 Modellfit R^2 zwischen 47 % und 56 % Aufklärung (vgl. auch – mit umfangreichen Modellrechnungen – BMFSFJ 2009, S. 77 ff.).

Abbildung 14 Behinderte Menschen nach Alter[18]

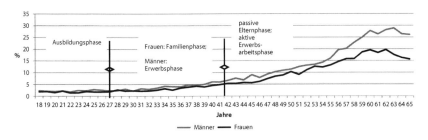

pen (Frauen in der Ausbildungsphase, Frauen in der Phase der Balance Familie und Beruf und Frauen in der „empty nest" Phase) wurden jeweils gesondert untersucht.

Für jede Lebensphase konnten Teilgruppen (Cluster) gefunden werden (vgl. Tabelle 1). Je älter und damit größer die Population der behinderten Frauen wurde, desto mehr Teilgruppen wurden identifiziert, für die Altersgruppe der 18- bis 27-Jährigen fünf Gruppen, für die 28- bis 45-Jährigen sechs Gruppen und für die Älteren sieben Gruppen.

6.1 Lebensphase Ausbildung: die 18- bis 27-jährigen Frauen

Nur in der Altersgruppe zwischen 18 und 27 Jahren waren die Migrantinnen in allen ermittelten fünf Teilgruppen vertreten. Mit 33 % gehörten sie am häufigsten der Gruppe der behinderten Frauen mit „hohem Behinderungsgrad, Partner und geringem Einkommen" an (vgl. Abbildung 15). Frauen in dieser Gruppe hatten einen Behinderungsgrad von über 80, waren aber mit einer halben Wochenarbeitszeit erwerbstätig. 82 % lebten mit einem Partner und anderen Personen zusammen in einem Haushalt, allerdings ohne Kinder unter 14 Jahren. Einen Schulabschluss hatten weniger als die Hälfte von ihnen, eine Ausbildung hatten sie nicht abgeschlossen. Sie wurden als besonders vulnerabel eingeschätzt, weil sie am schwers-

---

18 Ein ähnliches Modell wird im Vierten Armuts- und Reichtumsbericht der Bundesregierung (vgl. Bundesministerium für Arbeit und Soziales 2013, S. IV, Grafik: „Entscheidende Übergänge für Teilhabe in den Lebensphasen") in vergleichbarem Ansatz ausgearbeitet. Auch der Erste Gleichstellungsbericht der Bundesregierung orientiert sich an der „Lebensverlaufsperspektive" und weist explizit darauf hin, dass „Knotenpunkte" (vgl. BMFSFJ 2012, S. 109) im Erwerbslebensverlauf von besonderer Bedeutung seien und „mehr Konsistenz" (ebd., S. 239) im Lebensverlauf der Gleichstellung förderlich sei.

Tabelle 1 Teilgruppen von Frauen mit Behinderung

Lebensphase	Clustergruppen Frauen mit Behinderung	Migrantinnenanteil
„Ausbildung": 18- bis 27-Jährige	Unterhaltsempfängerinnen	7 %
	Berufstätige mit Einkommen	6 %
	hoher Behinderungsgrad, Partner + geringes Einkommen	33 %
	junge Mütter	17 %
	Auszubildende	21 %
„Balance Familie-Beruf": 28- bis 45-Jährige	Single-Verdienerinnen	0 %
	bildungsferne Frauen mit höherem Grad der Behinderung	0 %
	Migrantinnen ohne Unterhalt	100 %
	berufstätige Mütter	0 %
	Partnerfrau-Verdienerin	0 %
	„Familienfrau"	14 %
„empty nest", überwiegend keine Teilhabe am Erwerbsleben: 46- bis 65-Jährige	Migrantinnen	100 %
	berufstätige Verdienerinnen	11 %
	Frauen mit Partner	0 %
	Unterhaltsbezieherinnen	14 %
	ältere Rentenempfängerinnen	0 %
	Großfamilienfrauen	14 %
	ohne Berufsabschluss	0 %

ten behindert waren und nur ein geringes persönliches und Haushaltseinkommen hatten. Vermutet wurde, dass in dieser Gruppe der Anteil der jungen Frauen, die von Geburt an behindert waren oder bereits in Kindheit und Jugend eine Behinderung erworben hatten, sehr hoch ist.

Mit 21 % und 17 % war der Anteil der behinderten Frauen mit Migrationshintergrund in der Gruppe „der Auszubildenden" und der „jungen Mütter" ebenfalls überdurchschnittlich hoch. Die „Auszubildende" war im Gegensatz zu den anderen behinderten Frauen ihrer Altersgruppe in der beruflichen Ausbildung und arbeitete daher als einzige der Altersgruppe 39 Stunden wöchentlich, mit einer Ausbildungsvergütung von 150 bis 300 Euro monatlich. Sie hatte mindestens Hauptschulabschluss. Sie lebte ebenfalls in einem Mehrpersonenhaushalt, ver-

Lebenslagen und Diskriminierung behinderter Frauen

Abbildung 15 Gruppen 18- bis 27-jähriger behinderter Frauen in der Ausbildungsphase

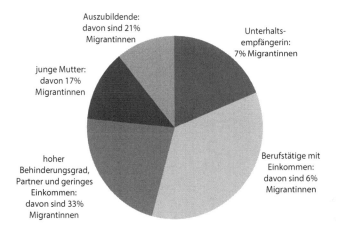

mutlich im Haushalt der Herkunftsfamilie, weil sie eher selten mit einem Partner zusammen war.

Die Frauen in der Gruppe „junge Mütter" (17 % der Frauen) erzogen ein Kind unter 14 Jahren und lebten in Familien mit mehr als vier Personen. Sie hatten überwiegend einen Hauptschulabschluss, aber keinen Berufsabschluss. Sie verdienten zwischen 150 bis 300 Euro monatlich mit wenigen Stunden Erwerbstätigkeit in der Woche. Obwohl sie ein Kind hatten, lebten sie seltener mit einem Partner zusammen als die Auszubildenden.

Ihrem Anteil entsprechend repräsentiert waren behinderte Frauen mit Migrationshintergrund in den Gruppen der Frauen, die überwiegend von Unterhaltszahlungen lebten (7 %), kaum erwerbstätig waren und durchschnittlich häufig einem Haushalt mit mehr als drei Personen angehörten. Ihr Bildungs- und Ausbildungsniveau war eher niedrig.

Auch in der Teilgruppe der „berufstätigen Behinderten mit Einkommen" waren Frauen mit Migrationshintergrund ihrem Anteil entsprechend repräsentiert. In dieser Gruppe waren die Frauen eher älter (24,4 Jahre). Sie verdienten mit etwas mehr als einer halben Wochenarbeitszeit über 500 Euro im Monat. Sie hatten überwiegend die mittlere Reife; drei von vier Frauen hatten bereits eine Berufsausbildung abgeschlossen. Sie lebten am seltensten (44 %) mit einem Partner zusammen. Ihr persönliches Einkommen lag zwar unterhalb der Armutsgrenze, sie lebten aber in der Regel mit wenigstens einer Person zusammen in einem Haushalt.

6.2 Lebensphase Balance Familie und Beruf: die 28- bis 45-jährigen Frauen

Waren die jungen behinderten Migrantinnen in allen Teilgruppen behinderter Frauen vertreten, so fand sich in der mittleren Altersgruppe der 28- bis 45-Jährigen eine Teilgruppe, ausschließlich behinderter Migrantinnen, die Gruppe der „Migrantinnen ohne Unterhalt" (vgl. Abbildung 16). In weiteren vier Teilgruppen waren keine Migrantinnen vertreten. Nur in der Gruppe der „Familienfrauen" hatten 15 % der Frauen einen Migrationshintergrund. In der mittleren Altersgruppe war also eine stärkere Segregation zu beobachten.

„Die Migrantin ohne Unterhalt" verdient durchschnittlich 500–700 Euro mit Teilzeitarbeit mit weniger als einer halben Wochenarbeitszeit, bezieht überwiegend keinen Unterhalt und lebt mit mehr als zwei Personen im Haushalt. Dabei hatte nur jede zweite Migrantin einen Partner und nur jede dritte war verantwortlich für ein Kind unter 14 Jahren: Behinderte Migrantinnen dieser Gruppe lebten offensichtlich eher in der Herkunftsfamilie. Eine vergleichbare Gruppe findet sich auch in der Altersgruppe der 46- bis 65-Jährigen.

Frauen, die als „Familienfrauen" charakterisiert wurden (Migrantinnenanteil 14 %), lebten überwiegend vom Unterhalt. 94 % von ihnen hatten einen Partner. Jede Zweite hat ein Kind unter 14 Jahren erzogen. Im Durchschnitt hatten sie einen Hauptschul- oder einen höheren Schulabschluss. Obwohl etwa 70 % von ihnen einen Beruf erlernt hatten, waren sie kaum erwerbstätig. Sie betreuten jedoch eine mehr als dreiköpfige Familie.

6.3 Lebensphase überwiegend keine Teilhabe am Erwerbsleben: die 46- bis 65-jährigen Frauen

In der Altersgruppe der 46- bis 65-jährigen behinderten Frauen waren behinderte Frauen mit Migrationshintergrund in drei weiteren der insgesamt sieben Teilgruppen überrepräsentiert. So gehörten jeweils 14 % von ihnen den beiden Gruppen an, die als „Unterhaltsbezieherinnen" und als „Großfamilienfrauen" charakterisiert wurden, 11 % der Gruppe der „berufstätigen Verdienerin" (vgl. Abbildung 17). Darüber hinaus bilden Migrantinnen eine eigene Teilgruppe. Frauen in dieser Gruppe waren kaum noch erwerbstätig. 60 % von ihnen lebten mit einem Partner zusammen; durchschnittlich lebten 1,85 Personen im Haushalt. Das bedeutet, dass nur wenige von ihnen einem Singlehaushalt vorstanden, sondern überwiegend in Partnerhaushalten lebten. Nach dem Grad ihrer Behinderung, zwischen 50–59, waren sie mehrheitlich schwerbehindert. Diese Frauen verfügten über 700–900 Euro.

Lebenslagen und Diskriminierung behinderter Frauen

Abbildung 16 Gruppen 28- bis 45-jähriger behinderter Frauen in der Lebensphase „Balance Familie-Beruf"

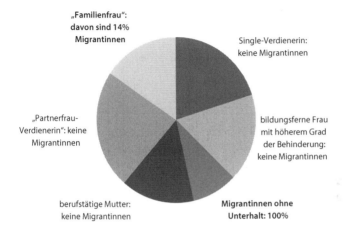

Abbildung 17 Gruppen 46- bis 65-jähriger behinderter Frauen in der Lebensphase „empty nest"

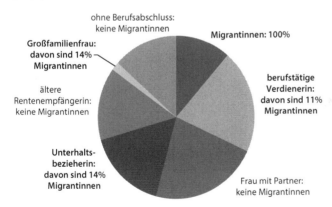

Frauen in der Gruppe der „Unterhaltsbezieherinnen" hatten von allen Frauen dieser Altersgruppe das geringste Einkommen und lebten überwiegend vom Unterhalt. Sie hatten fast immer (99 %) einen Partner und gelegentlich (36 %) war ein weiteres Familienmitglied im Haushalt. Sie hatten mindestens einen Hauptschulabschluss. Sie waren durchschnittlich 57 Jahre alt und „überbrückten" möglicherweise mit Hilfe des Einkommens vom Partner die Jahre bis zur Rente, denn ein beruflicher Wiedereinstieg schien ihnen trotz Hauptschulabschluss mit Tendenz zur mittleren Reife und mehrheitlich mit einer abgeschlossenen Berufsausbildung nicht (mehr) zu gelingen oder wurde nicht angestrebt.

Frauen mit Verantwortung für die Großfamilie waren die jüngsten in dieser Altersgruppe und versorgten (mindestens) ein Kind unter 14 Jahren im Haushalt. Sie bildeten mit durchschnittlich mehr als drei Personen im Haushalt die größte Familie, obwohl nur 69 % der Frauen mit einem Partner im Haushalt lebten. Vermutlich gehörten zu dieser Gruppe die allein erziehenden behinderten Frauen, die mit mindestens 50 Grad Schwerbehinderung in Teilzeit erwerbstätig waren. Nur bei 18 % von ihnen war Unterhalt die überwiegende Lebensbasis.

Mit 11 % gehörten behinderte Frauen mit Migrationshintergrund zu der Gruppe von „behinderten Berufstätigen". Frauen in dieser Altersgruppe, die im Gegensatz zu allen anderen Gruppen nicht schwerbehindert waren, waren möglicherweise aber Schwerbehinderten gleichgestellt. Sie hatten mit 1 100–1 300 Euro das höchste Einkommen und gingen mit 34,5 Wochenarbeitsstunden nahezu einer Vollzeitbeschäftigung nach. Sie waren die einzigen behinderten Frauen über 45 Jahren, die noch (oder wieder) voll ins Berufsleben integriert waren.

7 Fazit

In der Analyse der Daten des Mikrozensus wurde deutlich, dass behinderte Frauen mit Migrationshintergrund aufgrund von Geschlecht, Behinderung und Migrationshintergrund generell benachteiligt sind. Die variable Kumulation dieser drei „Diskriminierungsoptionen" scheint immer wieder für die behinderte Migrantin in der Vielfalt der Lebenssituationen behinderter Frauen mit Migrationshintergrund zu verschwinden. Doch mit der Methode der Clusteranalyse wurden verschiedene Gruppen von behinderten Frauen mit Migrationshintergrund – als Teil eines Clusters behinderter Frauen, aber auch in der mittleren und älteren Lebensphase als separate, abgrenzbare Migrantinnengruppe – erkennbar. Obwohl im Konzept des Mikrozensus die Vielfalt der Lebensverhältnisse von Frauen (und Männern) mit Migrationshintergrund nicht ausreichend genau abgebildet ist, z. B. in Bezug auf ihre Bildung und Ausbildung, wird die Diskriminierung von Frauen mit Migrationshintergrund in verschiedenen Lebensbereichen sichtbar. In den Altersgruppen 28 bis 45 und 46 bis 65 gibt es je eine Teilgruppe von Migrantinnen.

Gruppen, die im theoretischen Konzept als „Menschen mit Migrationshintergrund" zusammengefasst wurden, sind sehr vielfältig, abhängig von der Herkunft, der eigenen oder vermittelten Migrationserfahrungen und Staatsangehörigkeit. Die Daten des Mikrozensus auf kleinere Gruppen herunter zu brechen, ist jedoch methodisch nicht vielversprechend, weil die Fallzahlen zu klein werden und weil sich der Mikrozensus für die Gruppe der Menschen mit Behinderung hinsichtlich seiner Repräsentativität zunehmender Kritik stellen muss. Daher sind weitere, auch qualitative Erhebungen notwendig, um vertiefende Erkenntnisse zu den Lebenslagen und den Diskriminierungen von behinderten Frauen mit Migrationshintergrund zu erhalten. Weitere Untersuchungen sind auch deswegen notwendig, um einer inklusiven Behindertenpolitik, gemäß der am 26. März 2009 ratifizierten UN-Behindertenrechtskonvention entsprechen zu können.

Literatur

BMFSFJ. 2007. Der Mikrozensus im Schnittpunkt von Geschlecht und Migration. http://www.bmfsfj.de/RedaktionBMFSFJ/Broschuerenstelle/Pdf-Anlagen/mikrozensus-geschlecht-migration-pdf,property=pdf,bereich=bmfsfj,sprache=de,rwb=true.pdf. Zugegriffen: 17. Mai 2013.

BMFSFJ. 2009. Lebenslagen behinderter Frauen in Deutschland – Auswertung des Mikrozensus 2005 (Langform und Kurzform). http://www.bmfsfj.de/BMFSFJ/Service/Publikationen/publikationsliste,did=132950.html. Zugegriffen: 17. Mai 2013.

BMFSFJ. 2012. Erster Gleichstellungsbericht – Neue Wege – Gleiche Chancen – Gleichstellung von Frauen und Männern im Lebensverlauf. http://www.bmfsfj.de/BMFSFJ/Service/Publikationen/publikationen,did=174358.html. Zugegriffen: 17. Mai 2013.

Bundesministerium für Arbeit und Soziales. 2013. Lebenslagen in Deutschland. Der 4. Armuts- und Reichtumsbericht der Bundesregierung. http://www.bmas.de/SharedDocs/Downloads/DE/PDF-Publikationen-DinA4/a334-4-armuts-reichtumsbericht-2013.pdf?__blob=publicationFile. Zugegriffen: 17. Mai 2013.

Sellach, Brigitte, Uta Enders-Dragässer, und Astrid Libuda-Köster. 2004. Geschlechtsspezifische Besonderheiten der Zeitverwendung – Zeitstrukturierung im theoretischen Konzept des Lebenslagen-Ansatzes. In *Alltag in Deutschland. Analysen zur Zeitverwendung*, hrsg. Statistisches Bundesamt, 149–159. Wiesbaden: Ohne Angabe.

Zinsmeister, Julia. 2007. *Mehrdimensionale Diskriminierung. Das Recht behinderter Frauen auf Gleichberechtigung und seine Gewährleistung durch Art. 3 GG und das einfache Recht*. Baden-Baden: Nomos.

Barrieren, Diskriminierung und Widerstand
Erfahrungsbezogene intersektionale Analysen und Handlungspraxen in Bezug auf Behindert-Werden und Rassismus

Petra Flieger, Claus Melter, Farah Melter und Volker Schönwiese

> „Werdet so wie wir! Aber wir werden euch nie als Teil von uns und als Gleichberechtigte und Gleichwertige ansehen und behandeln." (vgl. Gloria Wekker 2002)
>
> „Diskriminierung bedeutet immer auch, jemanden zu behindern." (Jan Weisser 2010, S. 318)
>
> „Tragender Grund der Menschenrechte (…) ist die Würde des Menschen. Der Respekt vor der Würde des Menschen hat axiomatischen Stellenwert für sämtliche Bereiche von Moral und Recht, da ohne die Achtung der Menschenwürde moralische und rechtliche Verbindlichkeiten zwischen Menschen überhaupt nicht denkbar wären; sie könnten weder zustande kommen noch aufrechterhalten werden." (Heiner Bielefeldt 2010, 22)

1 Einleitung

Der Ausgangspunkt für diesen Beitrag sind unsere eigenen Alltagserfahrungen, da wir aufgrund unterschiedlicher Zuschreibungen diskriminierende Situationen selbst erleben. Wir sind entweder selbst als Person mit Migrationserfahrung bzw. mit Behinderung betroffen oder durch unsere Rolle als Partner oder Partnerin durch Assoziation betroffen. Wir erleben ähnliche Phänomene: Z.B. beim Versuch, in Veranstaltungsräume eingelassen zu werden. Dann ist für einen Rollstuhlfahrer eine Stufe eine ebenso unüberwindbare und diskriminierende Barriere wie für eine Frau mit Migrationshintergrund die Weigerung, sie einzulassen. Analoge Erlebnisse ergeben sich auch beim gemeinsamen Auftreten, wenn z.B. die als „anders" wahrgenommene Person im Kaufhaus oder bei Ämtern etwas fragt, aber der begleitenden, als „normal" angesehenen Person geantwortet wird.

Die Intersektionen von uns als Autorinnen und Autoren sind vielfältig, nicht zuletzt durch die Überkreuzung der Geschlechter: Bei einem Paar ist die Frau direkt betroffen, der Mann durch Assoziation, beim anderen Paar ist es umgekehrt. Der informelle Austausch und das intensive gemeinsame Nachdenken über Ähnlichkeiten und Unterschiede von diskriminierenden Alltagserfahrungen haben zur Idee für diese intersektionale Kooperation geführt. Neben der Beschreibung und der theoretischen Erfassung von Diskriminierungsphänomenen geht es dabei nicht nur um die Entwicklung von Widerstandspraxen für die Einzelnen, sondern auch um eine Veränderung der Verhältnisse. Im Sinne der Tradition der Handlungs- und Aktionsforschung sollen durch den Einbezug von verschiedenen Analyseperspektiven und Handlungsansätzen Ideen für Interventionen in die Verhältnisse entwickelt werden.

Generell ist die differenzierte Beschreibung unterschiedlicher Erfahrungen, Handlungen und Differenzverhältnisse in ihrer Verschränkung für diskriminierungs- und herrschaftskritische Forschung eine große Herausforderung. Diese muss unserer Ansicht nach sowohl das historisch Gewaltförmige von Diskriminierungsstrukturen und -praxen sowie von struktureller Gewalt berücksichtigen, als auch mit subtilen und alltäglichen Diskriminierungserfahrungen behutsam und den Schmerz anerkennend umgehen und in jedem Fall eine Hierarchisierung oder Wertung von individuellen Erfahrungen und unterschiedlichen Formen von Identitätsmanagement vermeiden.

Im Folgenden werden jeweils zwei ähnliche Erfahrungen im Kontext von Behinderung und Migration/Rassismus geschildert und dann theoretisch entlang der Aspekte Diskriminierung, Barrieren, Herrschaftsverhältnisse sowie Widerstandsmöglichkeiten eingeordnet.

2 Diskriminierungen

2.1 Diskriminierungserfahrungen

Szene 1 Flughafen

Wir waren von Innsbruck über Wien nach Pecs in Ungarn geflogen und befanden uns auf dem Rückweg in Wien, um den vierten und letzten Abschnitt dieser Reise hinter uns zu bringen. Bisher war alles ohne Komplikationen verlaufen, mein Mann, unser Sohn und ich waren ohne Aufsehen durch alle Check-Ins und durch alle Security-Checks durchgeschleust worden, mein Mann hatte die erforderliche Unterstützung beim Ein- und Aussteigen in die Flugzeuge erhalten und sein Elektrorollstuhl war immer heil am jeweiligen Zielflughafen angekommen. Nun befanden wir uns am Wiener Flughafen bereits am Gate und warteten auf das Boarding, als ein Mitarbeiter der Fluglinie auf uns zukam und meinte, mein Mann müsse bekannt geben, welche Diagnose er habe, sonst könne er nicht mitfliegen. Mein Mann zeigte sich darüber äußerst verwundert und antwortete, dass er gerne seinen Unterstützungsbedarf bekannt gebe, welche medizinische Diagnose er habe, spiele jedoch keine Rolle und daher werde er darüber auch keine Auskunft geben. Der Mitarbeiter bestand immer vehementer darauf, dass er die Art der Beeinträchtigung meines Mannes wissen müsse, dies sei eine interne Vorschrift. Ich mischte mich in die Diskussion ein, und so argumentierten wir gemeinsam, dass dies die vierte und letzte Teilstrecke einer längeren Reise sei, die wir bis jetzt ohne nähere Angaben über die Behinderung meines Mannes durchführen hatten können. Doch wir hatten keine Chance, unser Gegenüber bestand darauf, dass die Fluggesellschaft die Diagnose wissen müsse. Er drohte damit, unser Gepäck wieder ausladen zu lassen, sollte mein Mann nicht kooperieren. Neben uns hatten die anderen Passagiere bereits mit dem Boarding begonnen, als eine ranghöhere Mitarbeiterin der Airline auftauchte und meinen Mann energisch aufforderte, seine Diagnose endlich bekannt zu geben, sonst könnten wir nicht mitfliegen. Nach kurzer Zeit dann eine letzte Drohung: „Wir lassen jetzt Ihr Gepäck aus dem Flugzeug ausladen." Die Stimmung war mittlerweile sehr aufgeheizt, als mein Mann und ich uns kurz absprachen und verlautbarten: „OK, wir bleiben hier. Und wir verständigen sofort die Presse, zu der wir in Wien gute Kontakte haben." Schlagartig änderte sich alles. Nach ein paar Minuten kamen wir gerade noch als letzte an Bord. Mein Mann hatte über seine Behinderung keine Auskunft gegeben, aber die Androhung der Presse hatte ihm und mir ausreichend Gegenmacht verliehen, um diesen unsinnigen Machtkampf am Wiener Flughafen zu gewinnen.

Szene 2 Flughafen

Ich fahre mit meiner Mutter zum Flughafen Bremen. Sie war zwei Wochen bei mir in Deutschland und fliegt heute wieder zurück nach Schweden. Meine Mutter ist vor 30 Jahren aus dem Iran nach Schweden ausgewandert und ist schwedische Staatsbürgerin. An der Passkontrolle ist eine Schlange. Endlich ist meine Mutter dran. Ich sehe durch das Schutzglas, dass meine Mutter dem Bundesgrenzschutzbeamten ihren Pass zeigt. Der Polizist nimmt den schwedischen Reisepass, verlässt die Kabine und geht in ein anderes Zimmer. Ich beobachte, dass viele andere Passagiere problemlos durch die Passkontrolle gehen und ihnen die Polizisten keine Extraprüfung durchführen. Fast eine halbe Stunde ist vergangen und sie haben meiner Mutter noch immer nicht erlaubt zu fliegen. Ich mache mir Sorgen, dass sie ihren Flug verpasst. Ich gehe zu einem Bundesgrenzschutzpolizisten und frage nach: „Gibt es ein Problem mit dem Reisepass meiner Mutter? Wieso lassen Sie sie nicht durch?" Der Polizist antwortet: „Sie hat einen schwedischen Pass, aber sie sieht nicht schwedisch aus. Wir müssen überprüfen, ob dies ein echter Reisepass ist." Ich erwidere: „Natürlich ist er echt. Er wurde direkt von den schwedischen Behörden ausgestellt. Wenn Sie noch länger brauchen mit Ihrem Überprüfen, verpasst meine Mutter ihren Flug."

Meine Mutter blickt mich unsicher und verzweifelt durch das Schutzglas an. Sie versteht kein Wort Deutsch und weiß nicht, was sie von ihr wollen. Der Polizist fragt mich: „Woher kommen Sie? Wir können anhand des Geburtsortes Ihrer Mutter nicht feststellen, woher sie kommt." Ich bin genervt.

„Es spielt keine Rolle, woher sie oder ich kommen! Sie haben einen Reisepass in der Hand, und der ist völlig in Ordnung. Was wollen Sie noch?"

„Wir müssen alle Passagiere kontrollieren, damit keine Mitglieder terroristischer Organisationen in eines der Flugzeuge einsteigen oder Personen illegal nach Schweden einreisen."

„Glauben Sie, dass eine 70-jährige Frau eine Bombe in der Tasche hat? Außerdem haben Sie ihr Gepäck durchsucht", erkläre ich dem Polizisten.

„Warum möchten Sie mir nicht sagen, woher Sie kommen?" will er wissen.

„Ich komme aus Deutschland."

„Sie sehen aber nicht originaldeutsch aus."

Dieses Wort vergesse ich nie: Originaldeutsch. Im ersten Moment denke ich: Ich werde dir nicht verraten, wo ich oder meine Mutter ursprünglich geboren sind. Lass uns mal mit anderen darüber diskutieren, wie Originaldeutsche aussehen!

„Wie sieht denn ein Originaldeutscher aus?" frage ich ihn.

„Natürlich blonde Haare und helle Augen, meistens blau", antwortet er.

„Sie haben auch keine blonden Haare, dann sind Sie also kein Deutscher."

„Doch, natürlich bin ich ein Deutscher!", entgegnet er beleidigt.

„Aber wie können Sie originaldeutsch sein, wenn Sie keine blonden Haare haben?", hake ich nach.

„Man sieht es an der Gesichtsform, auch wenn die Haarfarbe anders ist."

„Dann glauben Sie, dass man, damit man originaldeutsch genannt wird, eine bestimmte Gesichtsform haben muss? Wie sieht so eine originaldeutsche Gesichtsform aus?"

„Ich erkenne sofort, ob jemand deutsch oder allgemein europäisch aussieht oder nicht. Und Ihre Mutter sieht so aus, als ob sie nicht aus Europa kommt," entgegnet er mit Expertenmine.

Ich frage mich, wie viele Menschen in Europa leben und wie viele Gesichtsformen und Menschentypen es hier gibt. Der Polizist lässt sich nicht beirren: „Wieso wollen Sie denn nicht sagen, woher sie wirklich kommen?" Ich schaue meine verzweifelte Mutter an. Bestimmt ist sie müde, da sie lang stehen und auf ihren Reisepass warten muss. Außerdem macht sie sich sicher Sorgen, ob sie ihren Flug noch schafft.

„Meine Mutter ist in einer Kleinstadt im Iran geboren und ich in dessen Hauptstadt Teheran."
Er schlussfolgert: „Dann sind Sie Iranerinnen. Das ist nicht schlimm. Warum haben Sie das nicht gleich gesagt?"
Sie geben meiner Mutter den Pass und sie darf nach Schweden fliegen. Ich verlasse den Flughafen Bremen und fahre „nach Hause" (vgl. Melter 2011, S. 110 ff.).

Szene 3 Alltag
Ich habe den Auftrag, einen Film über Jugendliche mit Migrationshintergrund zum Thema ihrer Zugehörigkeit in Deutschland und die wahrscheinlichen Diskriminierungserfahrungen im Bereich Rassismus zu drehen. Ich sitze am Videoschnittplatz und schneide die Interviews, die ich mit ihnen geführt habe. Die meisten von ihnen sind hier in Deutschland geboren, aber sie fühlen sich nicht zur deutschen Gesellschaft zugehörig. Damit ich die Interviews richtig schneiden kann, muss ich die Sätze ganz oft noch mal anhören. Einige berichten von sehr heftigen Diskriminierungen in ihren Erzählungen.
Ein Mädchen sagt: „Als ich gesagt habe, dass ich Deutsche bin, hat meine Lehrerin mich ausgelacht und anschließend alle anderen in der Klasse." Ein Junge berichtete: „Der Türsteher sagte zu mir: Ausländer raus!, und zwei Männer haben mich mit Gewalt aus der Disco geworfen." Die Sätze drehen sich in meinem Kopf: „Hat meine Lehrerin mich ausgelacht ...Ausländer raus! ... Ausländer raus! ... Ausländer raus!"
Draußen ist es sehr heiß und schwül. Eine neue junge Kollegin steht auch da und macht eine Raucherpause. Damit ich mit ihr ins Gespräch komme, sage ich einen üblichen Kommentar zum Wetter: „Heute ist aber ein sehr heißer Tag, finde ich."
„Ja, finde ich auch. Ich kann so was nicht aushalten, aber du bist ja an so heißes Wetter gewohnt", antwortet sie. Sie redet so selbstverständlich über mich und meine Wettergewohnheiten, obwohl wir uns erst vielleicht zweimal über den Weg gelaufen sind.
Ich denke: „Hätte ich sie bloß nicht angesprochen, dann könnte ich in Ruhe meine Zigarette rauchen und müsste jetzt nicht mit ihr diskutieren."
Ich will sagen: „Wir kennen uns doch gar nicht. Wie kannst du so überzeugt über mich reden?" Aber vielleicht sollte ich besser sagen: „Ich glaube, ich bin wie du aus Fleisch und Blut und kein Mensch kann das extreme Wetter, ob es nun sehr heiß oder sehr kalt ist, aushalten." Ich entscheide mich für eine harmlose Antwort, um nicht mit ihr diskutieren zu müssen: „Für mich ist es aber auch sehr heiß heute." Ich habe keine Lust, mit ihr weiterzureden, aber sie hört nicht auf: „Aber ihr Südländer habt euch an der Hitze mehr gewöhnt als wir Deutschen. Du kommst ja aus dem Iran. Schließlich ist es in der Wüste das ganze Jahr über 40 oder 50 Grad."

Ich hätte sagen sollen: „Informiere dich bitte über das Wüstenklima, bevor du so einen Kommentar abgibst." Oder aber: „Ich komme nicht aus der Wüste. Frage mich bitte zuerst, wie das Klima in meinem Geburtsland ist, bevor du einen Vortrag darüber hältst."

Stattdessen schweige ich. Ich versuche, nicht zu antworten und nicht nachzudenken.

Als ich Feierabend mache, möchte ich zu Fuß nach Hause gehen. Dabei sehe ich ein Werbeplakat mit der Ankündigung einer Lesung eines bekannten Autors. Ich bleibe stehen und schaue, wann und wo sie stattfindet.

Hinter mir geht eine Gruppe junger Männer und Frauen vorbei. Einer von den Männern fragte die anderen: „Hehe, kann sie überhaupt Deutsch lesen?" Alle lachen und starren mich an. Ich weiß wieder nicht, was ich sagen oder ob ich überhaupt eine Antwort geben soll.

Ich gehe weiter in Richtung meiner Wohnung. Auf dem Bürgersteig liegen viele Glasscherben. Zwei Jungs stehen neben der zerbrochenen kleinen Fensterscheibe einer Kneipe und fragen sich, wer die Scheibe kaputtgemacht hat. Sie sind etwa zwölf oder dreizehn Jahre alt, würde ich schätzen. Einer sagt zum anderen: „Das waren sicher die Araber. Die haben echt Probleme" (vgl. Melter 2011, S. 27 ff.).

Szene 4 Alltag

Mein Mann wollte für einen Freund ein Geburtstagsgeschenk einkaufen, ein Buch sollte es sein. Also gingen wir zur Buchhandlung in der kleinen, mittelalterlich geprägten Stadt, die wir zu Fuß von unserer Wohnung aus gut erreichen können. In die Buchhandlung führt eine kleine Stufe, die aufgrund der steilen Straße, in der sich das Geschäft befindet, auf einer Seite sehr niedrig, auf der anderen Seite etwas höher ist. Mein Mann benutzt einen Rollstuhl und kann diese Stufe nicht alleine bewältigen. Ich erinnerte mich, dass für meinen Mann bei unserem letzten gemeinsamen Besuch eine provisorische Metallrampe zur Überwindung dieser Stufe angelegt worden war. Also betrat ich das Geschäft und ersuchte um Bereitstellung der Rampe. „Wir haben keine Rampe", hieß es sofort von einer Verkäuferin. Auf meinen Hinweis, dass es schon einmal eine Rampe gegeben habe, meinte sie: „Das gibt es nicht, ich bin seit Jahren hier, es hat nie eine Rampe gegeben. Wir helfen eh." Ich erwiderte, dass es für meinen Mann viel angenehmer sei, mit Hilfe einer Rampe in die Buchhandlung zu kommen und warum nicht überhaupt endlich die kleine Stufe beim Eingang entfernt würde. Das sei wegen dem Denkmalschutz nicht möglich, wurde mir mitgeteilt.

Ich verließ das Geschäft, um mit meinem Mann die Situation zu besprechen, war bereits reichlich verärgert und wäre am liebsten gegangen, aber mein Mann wollte dringend das Geschenk für seinen Freund besorgen. Ich stellte mich etwas abseits, und nun versuchte eine Verkäuferin, meinem Mann über die kleine Stufe in das Geschäft zu helfen. Es gelang ihr nicht: Der Rollstuhl mit meinem Mann war zu schwer und kippte nach rechts, weil die Stufe zu schief war. Ein Passant wurde auf die Situation aufmerksam, und half der Verkäuferin. Zu zweit hoben, schoben und zogen sie meinen Mann in die Buchhandlung. Ich empfand dieses Heben, Schieben und Ziehen als außerordentlich entwürdigend. Es verletzte mich zu sehen, wie mein Mann behandelt werden musste, um eine Buchhandlung zu betreten. Nach dieser Szene habe ich die Buchhandlung monatelang nicht mehr betreten, zu tief saß meine Wut und brauchte Zeit zum Abklingen.

Die Allgegenwärtigkeit von Stufen lässt mich mitunter verzweifeln. Hin und wieder, beim Durchqueren einer Stadt oder beim Schlendern durch eine Fußgängerzone, sehe ich nur noch Stufen, wie mit einem Tunnelblick. Jede Stufe ist ein potentieller Akt der Aussonderung meines Mannes, jede Stufe führt zu einem Ort, den wir nicht ohne Aufsehen zu erregen gemeinsam betreten können. Jede Stufe ist eine potentielle Benachteiligung und Diskriminierung.

2.2 Diskriminierungsmuster und -strukturen

In Anlehnung an Frantz Fanon konzipiert Jan Weisser (2010) Diskriminierung anhand folgender vier Strukturelemente, die eine diskriminierende Situation oder Erfahrung kennzeichnen:

1) Es erfolgt ein (stummer) Angriff, der mit einer Entwertung verbunden ist.
2) Unterscheidungsmerkmale werden verwendet (z. B. vermuteter Migrationshintergrund, Behinderung).
3) Dies hat zur Folge, dass die soziale Welt über (Nicht-)Zugehörigkeiten strukturiert wird.
4) Dies führt zur Legitimation von ungleichen Zugangsmöglichkeiten zu materiellen und immateriellen Gütern der Gesellschaft (vgl. ebd., S. 307).

Die beschriebenen Situationen illustrieren diese Strukturelemente sehr gut: Der entwertende Angriff ist die Frage nach der Diagnose ebenso wie nach der Herkunft, die Bemerkung über das Klima in einem anderen Land genauso wie die Ablehnung eine Rampe bereit zu stellen. Als Unterscheidungsmerkmal fungieren körperliche Beeinträchtigung und das Aussehen, die Nicht-Zugehörigkeit zu den als „normal" definierten Personen konstituieren und in Folge die Zugänglichkeit zur unbeeinträchtigten gesellschaftlichen Teilhabe beeinträchtigen, sei es der Zugang zum Flugzeug, zur Buchhandlung oder der ungestörte Genuss einer Zigarette in einer Arbeitspause. Für die diskriminierten Personen sind solche Situationen immer mit Herabsetzung und Entwürdigung verbunden (vgl. ebd.). Dies kann zu großer emotionaler Belastung nicht nur bei den direkt Betroffenen, sondern auch bei den sie begleitenden Personen führen. Szene 3 und Szene 4 machen deutlich, wie extrem häufig alltägliche Diskriminierungen sein können. Sie sind gewissermaßen zur Normalität für die Betroffenen geworden.

In solchen Situationen geäußerte Kritik an Barrieren und Diskriminierung wird oft als persönliche Betroffenheit oder Überempfindlichkeit gedeutet. Meistens sehen die Menschen, die solche Diskriminierungen ausüben bzw. sie z. B. im Fall von Stufen rechtfertigen müssen, ihre Handlungen nicht als Diskriminierung und wundern sich, wenn betroffene Personen eine Situation oder Handlung als diskriminierend oder sogar als rassistisch empfinden. „Wieso bist du so sensibel? Ich meinte das nicht so." Oder: „Ich war nur neugierig." Oder: „Wir helfen eh", auch wenn dies gar nicht möglich ist. Das sind die Antworten, die oft verwendet werden, um die Diskriminierung zu verharmlosen, die Verantwortung von sich zu schieben und sich mit den eigenen Handlungen und deren Wirkungen nicht auseinander setzen zu müssen.

Im gemeinsamen Handeln von direkt diskriminierten Personen und assoziierten Personen ist uns aufgefallen, dass es unterschiedliche Wahrnehmungen und Reaktionsformen in den diskriminierenden Situationen gibt. Während sich die assoziierten Personen in einigen Phasen über bestimmte Barrieren und Diskriminierung empören und schnell etwas ändern wollen, betonen direkt diskriminierte Personen die Alltäglichkeit, die Omnipräsenz und das Fortdauern von Barrieren und Diskriminierung. Um diese Alltagsbedingungen zu bewältigen, ist Stigma- und Identitätsmanagement nötig (vgl. Goffman 1970; Schönwiese 2011). Es ist einerseits für direkt Betroffene oft notwendig, die ständige Konfrontation mit Barrieren und Diskriminierungen emotional nicht zu nahe an sich herankommen zu lassen, eher auszublenden und Diskriminierung vermeidende Handlungsstrategien zu entwickeln und andererseits gezielt in bestimmten Situationen zu kritisieren und Veränderungen einzufordern. Im gemeinsamen Unterwegssein lernen privilegierte und gleichzeitig indirekt von Diskriminierung betroffene Personen – von Erving Goffman „Weise" genannt (Goffman 1970, S. 40) – oft langsam, Diskriminierungen und Barrieren zu erkennen, die für diskriminierte Personen seit Jahrzehnten bestimmend sind.

Diskriminierung kennt viele Spielarten, diese müssen als komplexe gesellschaftliche Phänomene verstanden werden. Heiner Bielefeldt (2010) schreibt: „Es hat sich darüber hinaus in den letzten Jahrzehnten das Bewusstsein dafür geschärft, dass es neben direkten auch indirekte bzw. neben intentionalen auch strukturelle Formen von Diskriminierung gibt, die oft nicht auf den ersten Blick evident sind, für die Betroffenen gleichwohl einschneidende Wirkung haben können (…). Indirekte Diskriminierungen können intendiert sein oder auch ohne entsprechende Intentionen bestehen; sie können bewusst oder auch unbewusst stattfinden – entscheidend ist das Ergebnis, die faktische Benachteiligung bestimmter Menschen." (ebd., S. 30) Strukturelle Diskriminierung ist vor allem auch dadurch gekennzeichnet, dass sie nicht an bestimmten Akteurinnen respektive Akteuren festgemacht werden kann, sondern in Form von gesellschaftlichen Strukturen und Rahmenbedingungen wirken. „Der Ausschluss Behinderter aus dem gesellschaftlichen Leben geschieht nicht nur durch Akte bewusster Herabsetzung und Ausgrenzung, sondern vor allem auch durch das Fehlen barrierefreier Zugänge zu öffentlichen Gebäuden oder Verkehrsmitteln." (ebd.) Vor allem indirekte und strukturelle Diskriminierungen sind als strukturelle Gewalt (vgl. Galtung 1975) häufig (noch) nicht bewusst und nicht einfach erkennbar.

In der Debatte darum, was als Diskriminierung verstanden werden kann, gibt es einerseits Definitionen und Aufmerksamkeitsrichtungen, die vor allem auf Gruppenkonstruktionen, Homogenisierungen, Negativwirkungen und die Einstellung und Motivation der situativen Täterinnen und Täter schauen. Andererseits gibt es in Forschungen zu Gleichbehandlung und Institutionen ein Diskriminierungsverständnis, welches vor allem danach fragt, ob und welche gruppenbezogenen Effekte von räumlichen, ökonomischen Verhältnissen sowie Regelungen und Handlungen in Institutionen vorhanden sind und wie gerechtere Ressourcenzugänge und Handlungsmöglichkeiten hergestellt werden können oder Diskriminierungsverhältnisse trotz des Wissens um diese fortgesetzt und unkritisiert bleiben (vgl. Gomolla 2010; Melter 2012). Anders ausgedrückt: Werden alle Gruppen fair behandelt und haben gleiche bzw. gleich faire Möglichkeiten?

Diskriminierung verstehen wir also nicht primär als Frage individueller Vorurteile, sondern als systematische Handlungsmuster, die bestimmte Gruppen benachteiligen. So kann in Institutionen und öffentlichen Räumen gefragt werden, ob und wie unterschiedliche, auch interaktiv hergestellte Barrieren systematisch Personengruppen den Zugang zu Räumen, Ressourcen und/oder Handlungsmöglichkeiten erschweren oder verunmöglichen.

3 Barrieren

Die Auseinandersetzung mit Barrieren bzw. mit dem Anspruch auf umfassende Barrierefreiheit hat vor allem seit der Ratifizierung der UN-Konvention über die Rechte von Menschen mit Behinderung auch in der öffentlichen Wahrnehmung und Diskussion stark zugenommen. Dabei geht es keineswegs nur um bauliche Barrieren, sondern um mehrere Dimensionen, die ineinander übergehen bzw. einander gegenseitig bedingen können. In Anlehnung an Marianne Schulze (2011) werden auf Basis der UN-Behindertenrechtskonvention folgende Formen von Barrieren differenziert:

- Kommunikative Barrieren, z. B. Texte, die nicht in alternativen Formaten wie Brailleschrift zur Verfügung gestellt werden oder fehlende Bereitstellung von Dolmetscherinnen bzw. Dolmetschern bei Ämtern
- Barrieren beim Zugang zu Informationen, z. B. Texte in schwerer Sprache
- Physische, bauliche Barrieren, z. B. fehlende Rampen und rollstuhlgerechte Toiletten, fehlende Blindenleitsysteme, schlechte Beleuchtung
- Soziale Barrieren, z. B. Vorurteile oder das automatische Duzen von Erwachsenen, die Migrationshintergrund oder eine Behinderung haben
- Zugangshemmnisse im ökonomischen Sinn, z. B. Dienstleistungen, die sich nicht alle leisten können (vgl. ebd., S. 16).

Neben den in der Konvention genannten Barrieren gibt es insbesondere im Bereich Migration rechtliche Barrieren, die

a) den Zugang zu Territorien verbieten oder einschränken,
b) Bildungs- und Erwerbsmöglichkeiten einschränken und
c) die Handlungs- und Bewegungsmöglichkeiten innerhalb zugänglicher/„erlaubter" Territorien und Räume einschränken.

3.1 Barrieren und Diskriminierung stellen machtvoll „die Normalen" und „die Anderen" her

Das machtvolle, immer wieder durch Diskriminierungen und verschiedene Barrieren und Privilegierungen hergestellte Konstrukt der „Normalität" und das Konstrukt der „Abweichung von der Normalität" wird im Alltag durch und mit Barrieren und Diskriminierungen auf verschiedenen Ebenen immer wieder neu ausgehandelt, hergestellt, kritisiert und ist doch überaus wirksam und beeinflusst Lebensmöglichkeiten. Die so genannte „Normalität" und die Privilegierten schweigen in der Regel über die eigenen machtvollen Normen und sich selber als Privilegierte, die direkt oder indirekt von Ausgrenzungen anderer profitieren. Die Diskurse, Handlungspraxen sowie die Barrieren und Diskriminierungen beeinflussen alle Personen, sie beeinflussen unser Denken, Handeln und Fühlen und führen zu Verinnerlichungen über „Normalität" und „Anderssein" in machtvoll unterscheidender Weise.

Die „Normalen" markieren sich nicht selbst als „Normale", Bevorzugte, Privilegierte, sondern markieren scheinbar selbstverständlich „Andere" als „abweichend", „anders", „weniger wertvoll" und sich selber dadurch indirekt als „normal", „leistungsfähig", „berechtigt" oder schweigen oftmals zu den Barrieren und

Diskriminierungen, den Ausgrenzungen der „Anderen", sehen diese nicht oder wollen diese nicht sehen oder wehren Forderungen nach Teilhabe offensiv ab.

Falls sich Privilegierte, oftmals durch diskriminierte Personen darauf hingewiesen, mit Barrieren und Diskriminierung auseinandersetzen, lassen sich verschiedene, sich zeitlich und inhaltlich überlagernde, nicht strikt hierarchisch zu sehende Handlungsweisen beobachten:

- Nicht-Sehen und Nicht-Verstehen
- Abwehr-Leugnung von Diskriminierung und Barrieren
- Rechtfertigungen, warum z. B. Barrieren nicht abgebaut werden können
- Ablehnen bzw. Nicht-Übernahme von Verantwortung
- Erkennen von Barrieren und Diskriminierung
- Auseinandersetzung mit diesen und der eigenen sozialen Position
- vermehrte Kontakte mit diskriminierten und widerständigen Personen
- Ausüben von Kritik gegenüber Barrieren und Diskriminierung
- Analysieren von Barrieren und Diskriminierung von Gesellschaftsverhältnissen
- Verantwortungsübernahme innerhalb der eigenen sozialen Position im Sinne eines Einsatzes für mehr Teilhabe und Inklusion sowie gegen Barrieren und Diskriminierungen (vgl. Helms 1990; Markowetz 2000; Marschner 2009, Flieger 2012).

Die Analyse von Situationen und Diskriminierungserlebnissen ist im Alltag und auch aus wissenschaftlicher Perspektive komplex und anspruchsvoll, weil stets zu klären ist, wer aus wessen Perspektive und mit welchen Kategorien einordnet, analysiert und deutet. Wie spielen Geschlechterverhältnisse mit hinein? Ist die Kategorisierung als „Migrantin" oder als „Behinderter" alleine bedeutend oder spielen andere Faktoren und Differenzverhältnisse hinein. Insbesondere wissenschaftliche Analysen haben oft etwas Klassifizierendes und Festschreibendes und stehen vor der Herausforderung, persönliche Erfahrungen, intersubjektiv geteilte oder nachvollziehbare Kriterien und Theorien sowie historische Konstellationen und die konkreten Situationen und Interaktionen zu erfassen, zu beschreiben und zu deuten. Da es nicht möglich ist, stets alle Differenzverhältnisse und Diskriminierungsebenen zu thematisieren, bedarf es einer Auswahl, die vom Erleben der Personen oder/und theoretischen Aufmerksamkeiten und der Situation beeinflusst ist.

Als alltäglich durch Diskriminierung und Barrieren angegriffene Personen und assoziierte Begleitpersonen sowie als Forscherinnen respektive Forscher und Wissenschaftlerinnen respektive Wissenschaftler erscheint es uns zum einen wichtig, Diskriminierungs- und Leiderfahrungen ernst zu nehmen und nicht zu hierarchisieren. Zum anderen geht es darum, dass unterschiedliche Erfahrungen und Ambivalenzen im Nebeneinander, in Überschneidungen und im Konflikt wahrgenommen werden. Interventionen von Partnerinnen und Partnern können als hilfreich, solidarisch oder auch als paternalistisch und neuerliche Diskriminierung wahrgenommen werden – auch, wenn sie sich gegen die Diskriminierung durch Dritte richten. In Situationen ist die Kommunikation miteinander sicherlich ein wichtiger Aspekt. Es geht situativ und danach also erst einmal um ein wertschätzendes, genaues und differenziertes Wahrnehmen. Dies gilt es dann mit Theorien und Analysen zu verbinden, die sicherlich auch schon Teil der Wahrnehmung und Beschreibung sind.

3.2 Theoretische Zugänge

Im Folgenden wollen wir vier theoretische Zugänge darstellen, die für die Analyse von Barrieren und Diskriminierungserfahrungen sinnvoll erscheinen. Der eine betrifft die Dominanz von Phänomenen der Angstabwehr in diskriminierenden Interaktionsverhältnissen. Projektiv werden Eigenanteile mobilisiert. Das betrifft zum Beispiel Eigenanteile, die jeder Mensch hat, die er nicht mag, bei sich selbst ablehnt oder in denen er Normen nicht nachkommt: Nicht schön genug, nicht leistungsfähig genug, nicht reich genug. Fragen von Ästhetik, gesellschaftlicher Positionierung, Leistungsanforderungen sowie den großen gesellschaftlichen Verteilungsfragen vermischen sich mit fundamentalen Existenzfragen.

Dies führt, so zeigen Analysen aus den Bereichen Inklusion und Disability (vgl. Schönwiese 2011) zu

- Erschrecken und Distanz beim Anblick von als „fremd" oder als „abweichend" angesehenen Personen,
- zum meist unbewussten Wunsch, dass diese Personen nicht so sein sollten, wie sie sind bzw. nicht hier sein sollen (sondern an eigenen Orten ausgesondert, dort wo sie herkommen, immer wo anders in der konsequentesten Form verbunden mit Aggression und „Euthanasie"/Todeswunsch)
- oder zu unmittelbar empfundenen Abwehr-Mitleidsgefühlen, die in spontanen Aktionen wie z. B. Spenden umgesetzt werden (wobei solches Mitleid streng von „einfühlendem Verstehen" zu unterscheiden ist, auf das wir alle existentiell angewiesen sind).

Die Erkenntnis, dass Andere zum Spiegelbild des Eigenen werden, ist – wenn sie bewusst gemacht werden kann – eine der wirksamsten Schutzmechanismen gegen die Errichtung von Feindbildern und Entmenschlichung. Die frühe Erkenntnis des Eigenen im Fremden ist Schutz gegenüber einem Mechanismus, den Josef Berghold (2002) in einer Analyse politischer Psychologie über Fremdheit und Feindbilder beschreibt. Er geht davon aus, dass so definierte „Fremde"

- „(…) einerseits als Menschen wahrgenommen werden, denen man im Prinzip ihre Menschlichkeit abspricht, und die daher im Grunde aus der menschlichen Gesellschaft auszuschließen wären
- die aber andererseits auch – als solche aus der menschlichen Gesellschaft auszuschließende Menschen – für den eigenen Gefühlshaushalt unbedingt benötigt werden
- wobei aber (…) gerade dieser Umstand nicht bewusst eingestanden werden kann." (ebd., S. 122)

Als zweiter allgemeiner Aspekt sollte beachtet werden, dass sich für den gesamten Zeitraum der überschaubaren menschlichen Geschichte zeigen lässt, dass große gesellschaftliche Krisen, wie Kriege, ökonomische Zusammenbrüche, Krankheitsepidemien, wie z. B. die Pest oder Naturkatastrophen, immer wieder über die Verfolgung von zu „Sündenböcken" gemachten Juden, Fremden, „Hexen", Missgebildeten usw. abgehandelt wurden (vgl. Schönwiese 2008). Rene Girard (1992) geht davon aus, dass es ein historisches, kulturübergreifendes Schema kollektiver Gewalt im Sinne einer Sündenbock-Bildung gibt. Dies ist nicht als Notwendigkeit, aber als anthropologisch festgelegte Möglichkeit menschlichen kollektiven Handelns zu sehen. Er schreibt dazu: „(…) jene Krisen, die Auslöser breiter kollektiver Verfolgung sind, werden von den Betroffenen stets mehr oder weniger gleich erlebt. Als stärkster Eindruck bleibt in jedem Fall das Gefühl eines radikalen Verlustes des eigentlich Sozialen zurück, der Untergang der die kulturelle Ordnung definierenden Regeln und ‚Differenzen'." (ebd., S. 23 f.) „Es gibt also allgemeingültige Merkmale der Opferselektion (…). Neben kulturellen und religiösen gibt es auch rein physische Kriterien. Krankheit, geistige Umnachtung, genetische Mißbildungen, Folgen von Unglücksfällen und körperliche Behinderungen ganz allgemein sind dazu angetan, die Verfolger anzuziehen (…). Das Wort ‚abnormal' selbst hat, wie der Ausdruck Pest im Mittelalter, etwas von einem Tabu an sich; es ist zugleich edel und verflucht – ‚sacer' in jedem möglichen Wortsinn" (ebd., S. 31). Wir leben derzeit global mit einer großen gesellschaftlichen Krise (vgl. Wehler 2013, S. 13) und sind mit dem Phänomen konfrontiert, dass allenthalben das Soziale unter Druck gerät und kulturelle Tendenzen der Entdifferenzierung zu beobachten sind. Stereotypisierungen sind auf vielen Ebenen beobachtbar, die die Welt in „Gut" und „Böse" teilen, die „die Fremden" für Kulturverfall verantwortlich machen, die Kopftücher (aber nicht das Kreuz) zu Staatsproblemen erklären, die „Sozialschmarotzer" für die Krise des Sozialstaates verantwortlich machen, die den

„Osten" (wer auch immer damit gemeint ist) als Bedrohung für die nationale Ökonomie und Identität sehen.

Als dritter Aspekt soll darauf verwiesen werden, dass ökonomische Krisen, Individualisierungsphänomene, schwer durchschaubare Entscheidungsstrukturen und Hierarchisierungen von einer Unsichtbarkeit der Akteurinnen und Akteure der Verteilungskämpfe geprägt sind. Naturalisierungseffekte, die ökonomische, soziale und kulturelle Phänomene betreffen, sind dabei als wichtige Phänomene der Gestaltung von Alltagsbewusstsein zu bemerken. Pierre Bourdieu (1998) nennt dies „Ortseffekte": „In einer hierarchisierten Gesellschaft gibt es keinen Raum, der nicht hierarchisiert wäre und nicht Hierarchien und soziale Abstände zum Ausdruck brächte. Dies allerdings in mehr oder weniger deformierter Weise und durch Naturalisierungseffekte maskiert, die mit der dauernden Einschreibung sozialer Wirklichkeiten in die natürliche Welt einhergehen." (ebd., S. 160)

Die alltäglich erlebbare und scheinbar objektive Schwierigkeit bauliche Barrieren zu überwinden entspricht einem solchen Naturalisierungseffekt. Stufen müssen wohl Natur sein, weil sie so schwer abbaubar sind. Weil aus dieser Sicht Behinderung eben Behinderung ist – eben Schicksal. „Andere Hautfarbe" ist Natur, also müssen auch die Differenzwahrnehmungen natürlich sein und den natürlichen Orten ihrer Herkunft folgen. Die Wahrnehmung von Anwesenheit an bestimmten Orten, die Frage der Zugänglichkeit oder des Ausschlusses brennt sich in Denkstrukturen und auch emotionale Prädispositionen ein: „Die heimlichen Gebote und stillen Ordnungsrufe der Strukturen des angeeigneten Raums, spielen die Rolle eines Vermittlers, durch den sich die sozialen Strukturen sukzessiv in Denkstrukturen und Prädispositionen verwandeln" (ebd., S. 162). Im Kontext von Rassismus wird das Thematisieren von Ängsten als anscheinend quasi „natürliches/biologisches Gefühlsmuster" oft funktionalisiert, um Herrschafts- und Privilegierungsstrukturen nicht zu besprechen. Eine Differenz von der als homogen imaginierten dominanten Gruppe auf einem nationalen Territorium zu den ethnisierten und rassialisierten „Anderen" wird dabei scheinbar selbstverständlich vorausgesetzt. „Allein der Hinweis auf diese Angst genügt, um Rassismus und Gewalttätigkeiten zu rechtfertigen – als ob das Recht auf Angstfreiheit der einen über dem Recht auf körperliche Unversehrtheit der anderen Menschen stünde. (…) Die eigene Norm zur Richtschnur zu machen und die anderen für das eigene Wohl- bzw. Unwohlbefinden verantwortlich zu machen, basiert auf einem Verständnis, das die anderen nicht als Subjekte mit eigenen Bedürfnissen und Interessen wahrnimmt, sondern sie ausschließlich als Andere konstituiert." (Rommelspacher 1995, S. 178 f.) In der Regel werden die Ängste der Mehrheitsangehörigen besprochen und die Ängste der rassistisch Diskriminierten ebenso nicht thematisiert wie Gesellschaftsstrukturen.

Ein vierter Aspekt ist die bewusste Nutzung von Konstruktionen über so genannte „Andere", um entgegen auch eigener Gerechtigkeitsideale Ungerechtigkeiten zu begehen. So wurde im Zeitalter der Aufklärung mit Forderungen von Freiheit, Gleichheit, Brüderlichkeit (die Schwesterlichkeit wurde erst später von Frauen erkämpft) gleichzeitig der koloniale Rassismus propagiert, der die Ausbeutung, Deportation und Ermordung von Menschen in afrikanischen Ländern (vgl. Plumelle-Uribe 2004) zu rechtfertigen anstrebte. In Bezug auf die Qualifikationen von Menschen mit Migrationsgeschichte wurden hingegen lange Zeit Diskriminierungsabsichten (also der Wille der Mehrheitsangehörigen, der Weißen, die als migrantisch, „anders" und „nicht-weiß" angesehen Personen zu erniedrigen, abzuwerten, auszugrenzen oder gar zu töten) als wichtiger erachtet, als ökonomische Ausbeutung (vgl. Melter 2006, S. 78). Ein gleiches Muster zeigt sich in temporären oder dauerhaften Arbeitsverboten für Flüchtlinge im Asylverfahren. In Bezug auf Behinderung gibt es Konstruktionspraxen, um Ausbeutung zu ermöglichen. So ist die Konstruktion von Menschen mit Behinderung z. B. aktuell als „nicht fähig für den ersten Arbeitsmarkt" wirkungsvoll, um Werkstätten für Menschen mit Behinderung zu legitimieren, wo Menschen mit Behinderung als günstige Arbeitskräfte mit Taschengeld-Entlohnung im Sinne von Zulieferbetrieben für Industrieunternehmen ausgebeutet werden können.

4 Widerstand

Die oben genannten Naturalisierungseffekte verweisen das Problem immer als individuelles Problem auf die diskriminierte oder ausgeschlossene Person selbst zurück bzw. auf ihre Fähigkeit, Kompensationsstrategien zu entwickeln oder Raummanagement zu betreiben. Dabei entsteht eine fatale Doppelbindung: Sich den verweigerten Raum mit Hilfe von Kompensationsstrategien zu erobern (sich von Freundinnen respektive Freunden oder Assistentinnen respektive Assistenten tragen zu lassen, sich begleitend schützen zu lassen), stabilisiert den deprivierenden symbolischen Raum genauso, wie sich den nicht zugänglichen Räumen aktiv zu verweigern – einfach nicht hinzugehen, den „stillen Ordnungsrufen" zu folgen, sich zu isolieren oder in privatisierte Subkulturen/Kulturräume zurückzuziehen. Die Alltags-Handlungs-Situation der Doppelbindung zeigt: Jede Option ist falsch, jede Option stabilisiert entfremdende und Identität beschädigende Verhältnisse.

Der Ausstieg aus der genannten Struktur der Produktion von Barrieren ist durch Reflexion der mit Barrieren verbundenen (Macht-)Verhältnisse verbunden und erfordert einen nicht immer leichten Wechsel auf eine Metaebene. Zivilgesellschaftlicher Widerstand betrifft die Mikroebene alltäglicher Szenen, eine institutionelle Mesoebene und die gesellschaftliche Makroebene. Die Auseinandersetzung mit den alltäglichen Reaktionsformen erfordert zuerst einmal, den Anspruch auf Anwesenheit aufrecht zu erhalten, nicht aus dem „Feld" zu weichen. Die Strategie auf alltägliche Diskriminierungen bezogen kann im Sinne eines Stigma-Managements (vgl. Goffman 1970) vielfältig lavierend ausfallen. Dies beinhaltet Widerstandspotenzial, da das Anwesend-Sein den Ordnungsrufen der strukturierten Orte, den genannten Ortseffekten widerspricht. Die alltäglichen Strategien können aber auch konfrontativ sein, was viel Kraft erfordert und sich nur Personen leisten können, die einen großen inneren und äußeren Rückhalt haben, sodass sie entsprechend sicher agieren können. Die Gefahr ist sonst groß, in die Falle einer individualisierten Pathologisierung („aggressive Behinderte") oder allgemeiner Zuschreibungsmächte („die Türken machen nur Probleme") zu geraten. Sehr wichtig ist es deshalb an der Entwicklung von Unterstützungsformen mitzuwirken, wie sie in Anti-Diskriminierungs-Netzwerken,[1] Klagsverbänden[2] oder Selbstvertretungsgruppen[3] zu finden sind. Bei Einbindung dieser Unterstützungsformen können manche alltägliche Diskriminierungen in symbolischen Aktionen öffentlich aufgegriffen werden und dadurch der individualisierende Charakter von alltäglichen Diskriminierungen durchbrochen werden. Manchmal gelingt es auch durch Klagen exemplarisch Menschenrechte durchzusetzen. Aus unserer Erfahrung ist die Kooperation von direkt Betroffenen und Privilegierten („Weisen", wie Goffman sie nennt), die von Assoziierten zu Verbündeten werden können eine wichtige Kraft in diesem Zusammenhang. Diese Kooperation ist aber auch immer prekär, da sie gesellschaftliche Diskriminierungsverhältnisse und private Lebensverhältnisse verbindet und ein privates Störpotenzial enthält, das vielfältige auch private Verhandlungssituationen produziert. Ein hohes Maß an Ambiguitätstoleranz ist erforderlich.

Dies verweist auf Orte des Lernens von Ambiguitätstoleranz, die sich den oben genannten Ortseffekten entziehen. Aktuelle Inklusions-Diskussionen (vgl. Flieger und Schönwiese 2011) gehen davon aus, dass Angst als Identität stiftender Funktion nur entgegengetreten werden kann, wenn alltägliche Begegnungsmöglichkeiten unter günstigen (institutionellen) Bedingungen geschaffen werden, die konflikthafte aber entsprechend begleitete Aushandlungsprozesse (dialogische Validierungen, vgl. Markowetz 1998) ermöglichen. Der Kampf um derartige institutionelle Änderungen (z. B. in den Bereichen Bildung und Arbeit) auf einer gesellschaftlichen Mesoebene ist an der Nahtstelle von Selbst- und Interessenver-

---

1 Vgl. z. B. die Beratungsstelle für Gleichbehandlung – gegen Diskriminierung des Antidiskriminierungsnetzwerkes Berlin: http://www.adnb.de/.
2 Vgl. z. B. den Klagsverband zur Durchsetzung der Rechte von Diskriminierungsopfern: http://www.klagsverband.at/.
3 Vgl. z. B. das Europäische Selbstvertretungsnetzwerk ENIL – European Network on Independent Living: http://www.enil.eu/.

tretungen und Politik angesiedelt. Das allgemeine Stichwort für die Makroebene ist die „Neugestaltung der Umwelt als inklusive Gesellschaft" (Hinz 2006) als wie auch immer reale oder zu erkämpfende (und nicht mit neoliberalen Anpassungsakten über Individualisierung erkaufte) Utopie. Dazu gehört der Einstieg in einen gesetzlich gesteuerten konsequenten Abbau von Barrieren, der hohe symbolische Bedeutung und große Auswirkungen auf Aushandlungsprozesse zwischen Personen, die als different wahrgenommen werden, hat.

5   Ausblick

„Gesellschaftliche Barrieren, dies wird zusehends erkannt, sind zu Strukturen geronnene Diskriminierungen, durch die die Betroffenen absichtlich oder – wahrscheinlich viel öfter – unabsichtlich ausgegrenzt werden." (Bielefeldt 2010, S. 28) Dies gilt für von Rassismus betroffene Menschen ebenso wie für Menschen mit Behinderungen. Die prioritäre Verankerung von Nicht-Diskriminierung in Menschenrechtsdokumenten sowie die Betonung der Bedeutung von Barrierefreiheit für Nichtdiskriminierung in der UN-Behindertenrechtskonvention stellen diese Verhältnisse in Frage.

Um als systematisch diskriminiert werdende und uns dagegen wehrende Personen gegen Barrieren, Diskriminierung und Herrschaft auftreten und gut überleben und leben zu können, stehen für uns grundsätzlich Selbstbewusstsein und Handlungsstrategien sozialer Selbsthilfe- und Selbstorganisations-Bewegungen und zivilgesellschaftlicher Widerstand im Vordergrund.

Im Sinne eines Ausblicks sollen unsere Fragen stehen, um die unsere Auseinandersetzung persönlich alltäglich, in unserer Interessens-Vertretungs-Arbeit, künstlerisch und wissenschaftlich kreist:

- Wie sind die Verhältnisse der Differenz- und Herrschaftsverhältnisse zueinander zu verstehen?
- Wie können wir die Kooperation derjenigen diesseits und jenseits der Barrieren beschreiben und verstärken?
- Gibt es – und falls ja, welche – Gemeinsamkeiten in den Diskriminierungen, den Erlebensweisen und Situationen sowie in den Logiken und Handlungspraxen der diskriminierenden „Normalen", der durch Herrschaft privilegierten und diese eher Herstellenden in den Bereichen Migration/Rassismus und Behinderung?
- Wenn der Kapitalismus und dessen Nützlichkeitslogiken nicht als ausschließliche Hauptrahmungen von Diskriminierungspraxen gegen Menschen mit Behinderung und Migrationsgeschichte sowie People of Colour gesehen werden,

wie können wir unterschiedliche Herrschafts- und Differenzverhältnisse zusammen denken?
- Wie kann das Verhältnis verschiedener Ebenen eines Differenz- und Herrschaftsverhältnisses in Relation zu anderen Differenz- und Herrschaftsverhältnissen beschrieben werden?
- Wie können wir Diskriminierungs- und Herrschaftsverhältnisse in Relation zu Widerständigkeit beschreiben?
- Wie kann eine erfolgreiche Veränderungsstrategie gegen Diskriminierung und Barrieren aussehen und sich auf verschiedene Differenzverhältnisse beziehen?

Literatur

Berghold, Josef. 2002. *Feindbilder und Verständigung. Grundfragen einer politischen Psychologie.* Opladen: Leske + Budrich.
Bielefeldt, Heiner. 2010. Das Diskriminierungsverbot als Menschenrecht. In *Diskriminierung. Grundlagen und Forschungsergebnisse,* hrsg. Ulrike Hormel, und Albert Scherr, 21–34. Wiesbaden: VS Verlag für Sozialwissenschaften.
Bourdieu, Pierre. 1998. Ortseffekte. In *Das Elend der Welt. Zeugnisse und Diagnosen alltäglichen Leidens an der Gesellschaft,* hrsg. Pierre Bourdieu, 159–167. Konstanz: UVK Universitätsverlag.
Flieger, Petra. 2012. Die Zugänglichkeit ist nicht ganz perfekt. *Monat. Sozialpolitische Rundschau der Österreichischen Arbeitsgemeinschaft für Rehabilitation 37* (10): 1, 3.
Flieger, Petra, und Volker Schönwiese. Hrsg. 2011. *Menschenrechte – Integration – Inklusion. Aktuelle Perspektiven aus der Forschung.* Bad Heilbrunn: Klinkhardt.
Galtung, Johan. 1975. *Strukturelle Gewalt. Beiträge zur Friedens- und Konfliktforschung.* Reinbeck: Rowohlt.
Girard, Rene. 1992. *Ausstoßung und Verfolgung. Eine historische Theorie des Sündenbocks.* Frankfurt a. M.: Fischer.
Goffman, Erving. 1970. *Stigma. Über Techniken der Bewältigung beschädigter Identität.* Frankfurt a. M.: Suhrkamp.
Gomolla, Mechthild. 2010. Institutionelle Diskriminierung. Neue Zugänge zu einem alten Problem. In *Diskriminierung. Grundlagen und Forschungsergebnisse,* hrsg. Ulrike Hormel, und Albert Scherr, 61–93. Wiesbaden: VS Verlag für Sozialwissenschaften.
Helms, Janet E. 1990. *Black and White Racial Identity.* Westport: Praeger.
Hinz, Andreas. 2006. Inklusion und Arbeit – wie kann das gehen? http://bidok.uibk.ac.at/library/imp-39-06-hinz-inklusion.html. Zugegriffen: 20. Dezember 2012.
Markowetz, Reinhard. 1998. Dialogische Validierung identitätsrelevanter Erfahrungen – ein Konzept zur Entstigmatisierung von Schülerinnen und Schülern mit Behinderungen als Gegenstand und Ziel einer integrativen Pädagogik. http://bidok.uibk.ac.at/library/markowetz-validierung.html. Zugegriffen: 20. Juni 2013.

Markowetz, Reinhard. 2000. Identität, soziale Integration und Entstigmatisierung. *Gemeinsam leben – Zeitschrift für integrative Erziehung 8* (3): 112–12.
Marschner, Aileen. 2009. *Ich sehe was, was du nicht siehst und das ist Weiß. Das machtvolle Konstrukt Weiß in der Sozialen Arbeit.* Wiesbaden (unveröffentlichte Diplomarbeit).
Melter, Claus. 2006. *Rassismuserfahrungen in der Jugendhilfe. Eine empirische Studie zu Kommunikationspraxen in der Sozialen Arbeit.* Münster u. a.: Waxmann.
Melter, Claus. 2012. Barriere- und Diskriminierungskritische Soziale Arbeit in der behindernden Migrationsgesellschaft. *Migration und Soziale Arbeit 32* (1): 16–22.
Melter, Farah. 2011. *Rassis-Mus? Nein danke, ich bin satt.* Berlin: Aurora Verlag.
Plumelle-Uribe, Amalia Rosa. 2004. *Weiße Barbarei. Vom Kolonialrassismus zur Rassenpolitik der Nazis.* Zürich: Rotpunktverlag.
Rommelspacher, Birgit. 1995. *Dominanzkultur. Texte zur Fremdheit.* Berlin: Orlanda.
Schönwiese, Volker. 2008. Warum auf schulische Integration/Inklusion nicht verzichtet werden kann. In *Schule im Umbruch*, hrsg. Paul Resinger, und Michael Schratz, 51–63. Innsbruck: Innsbruck University Press.
Schönwiese, Volker. 2011. Behinderung und Identität. Inszenierungen des Alltags. In *Behinderte Identität*, hrsg. Christian Mürner, und Udo Sierck, 43–162. Neu Ulm: AG Spak Verlag.
Schulze, Marianne. 2011. Menschenrechte für alle: Die Konvention über die Rechte von Menschen mit Behinderung. In *Menschenrechte – Integration – Inklusion. Aktuelle Perspektiven aus der Forschung*, hrsg. Petra Flieger, und Volker Schönwiese, 11–25. Bad Heilbrunn: Klinkhardt.
Wehler, Hans-Ulrich. 2013. *Die neue Umverteilung. Soziale Ungleichheit in Deutschland.* München: C. H. Beck.
Wekker, Gloria D. 2002. *Gender, Ethnicity and Multiculturality in the Netherlands. Humanity in Action Programme.* Amsterdam: Netherlands America Committee for Educational Exchange.
Weisser, Jan. 2010. Behinderung als Fall von Diskriminierung – Diskriminierung als Fall von Behinderung. In *Diskriminierung. Grundlagen und Forschungsergebnisse*, hrsg. Ulrike Hormel, und Albert Scherr, 307–322. Wiesbaden: VS Verlag für Sozialwissenschaften.

Autorenverzeichnis

Baldin, Dominik, Dipl. Soz., Wissenschaftlicher Mitarbeiter Max-Planck-Forschungsgruppe Inklusion bei Behinderung sowie am Lehrstuhl für Diversitätssoziologie der Technischen Universität München. Forschungsschwerpunkte: Intersektionalitätsforschung, Soziologie sozialer Ungleichheit, Inklusion und Exklusion von Menschen mit Behinderung und Migrationshintergrund.

Brzoska, Patrick, Dr., Wissenschaftlicher Mitarbeiter in der AG3 Epidemiologie & International Public Health der Fakultät für Gesundheitswissenschaften der Universität Bielefeld. Forschungsschwerpunkte: Gesundheit von Menschen mit Migrationshintergrund, International Public Health, Epidemiologie und quantitative Forschungsmethoden.

Flieger, Petra, Mag. phil., freie Sozialwissenschaftlerin. Forschungsschwerpunkte: Gleichstellung und Integration von Menschen mit Behinderungen in der Gesellschaft. Sie versteht sich als Verbündete der Selbstbestimmt Leben Bewegung.

Glammeier, Sandra, Dr., Wissenschaftliche Mitarbeiterin im BMBF-Projekt „Sexualisierte Übergriffe und Schule – Prävention und Intervention" am Institut für Erziehungswissenschaft der Universität Paderborn. Forschungsschwerpunkte: Handlungsorientierungen und Professionalisierung pädagogischer Fachkräfte, AdressatInnenforschung, Geschlechterforschung, intersektionale Forschung zu Diskriminierung und Gewalt.

Dannenbeck, Clemens, Dr., Professor für Soziologie und Sozialwissenschaftliche Methoden und Arbeitsweisen in der Sozialen Arbeit an der Fakultät für Soziale Arbeit der Hochschule Landshut. Forschungsschwerpunkte: Inklusionsforschung, Diversity, Cultural Studies, Disability Studies, Biografieforschung.

Exner, Anne-Kathrin, MSc, Wissenschaftliche Mitarbeiterin in der Methodenberatung des NRW-Forschungsverbunds Rehabilitationswissenschaften an der Universität Bielefeld, Fakultät für Gesundheitswissenschaften in der AG3 Epidemiologie & International Public Health. Forschungsschwerpunkte: medizinische Rehabilitation, Versorgung onkologischer Patienten.

Haji Mohammadi, Jamal, Senior Researcher des ESF-Projektes „Netzwerk Partizipation mehrfach diskriminierter Menschen" am Center of Participation Research an der Fakultät Wirtschafts- und Sozialwissenschaften der Universität Hamburg. Forschungsschwerpunkte: Assemblage, Mehrdimensionalität der Diskriminierung, Dynamische Partizipation, neue Formen der Kollektivität und Solidarität im Arbeitsleben.

Libuda-Köster, Astrid, Dr., Leiterin des Institutes für Projektevaluation und sozialwissenschaftliche Datenerhebung (IPSE) in Bad Salzuflen. Forschungsschwerpunkte: sozialwissenschaftliche Methodenlehre, Gender und Disability, Durchführung von Evaluationen.

Sellach, Brigitte, Dr., Staatssekretärin a. D., Vorstand der Gesellschaft für Sozialwissenschaftliche Frauen- und Genderforschung e. V. (GSF e. V.) in Frankfurt am Main. Forschungsschwerpunkte: Sozialpolitikforschung mit dem Schwerpunkt „Frauen in schwierigen Lebenssituationen", bezahlte und unbezahlte Frauenarbeit, Implementierung von Gender Mainstreaming und Verwaltungsmodernisierung.

Melter, Claus, Dr., Professor für Soziale Arbeit in der Migrationsgesellschaft an der Hochschule Esslingen. Forschungsschwerpunkte: Rassismuskritische sowie diskriminierungs- und barrierekritische Soziale Arbeit und Bildung in intersektional-herrschaftsreflexiver Perspektive.

Melter, Farah, Dipl., Filmwissenschaftlerin, Mediengestalterin, Filmemacherin und Buchautorin satirischer Geschichten zu den Themen Vorurteile, Diskriminierung und Rassismus.

Merz-Atalik, Kerstin, Dr., Professorin für Pädagogik bei Behinderung und Benachteiligung/Inklusion an der Fakultät für Sonderpädagogik der Pädagogischen Hochschule Ludwigsburg. Forschungsschwerpunkte: Lehrerbildung und Inklusion, Inklusive Fachdidaktik, Pädagogik bei migrationsbedingter Vielfalt, Schulentwicklungsbegleitung.

Pieper, Marianne, Dr., Professorin mit einem Lehrstuhl für Kulturen, Geschlechter, Differenzen und qualitative Sozialforschung an der Fakultät für Wirtschafts- und Sozialwissenschaften der Universität Hamburg. Leiterin der EU-Projekte: Partizipation mehrfach diskriminierter Menschen am Arbeitsmarkt und MIG@NET (Migration, Gender and Digital Networks). Forschungsschwerpunkte: Gender, Queer und Postcolonial Studies, kritische Rassismusforschung, Migrationsforschung.

Powell, Justin J. W., Dr., Professor für Bildungssoziologie an der Universität Luxemburg. Forschungsschwerpunkte: Vergleichende-institutionelle Analysen von Bildungssystemen zu Fragen von Persistenz und Wandel an den Schnittstellen zwischen Sonderpädagogik und inklusiver Bildung, Beruflicher Bildung und Hochschulbildung sowie Hochschul- und Wissenschaftssystemen, Disability Studies und soziale Ungleichheit.

Razum, Oliver, Dr., Professor an der Fakultät für Gesundheitswissenschaften der Universität Bielefeld und Leiter der AG3 Epidemiologie & International Public Health. Forschungsschwerpunkte: Migration und Gesundheit, soziale Ungleichheit und Gesundheit sowie Epidemiologie übertragbarer sowie nicht übertragbarer chronischer Erkrankungen.

Schönwiese, Volker, Dr., Professor für Inklusive Pädagogik und Disability Studies am Institut für Erziehungswissenschaft der Universität Innsbruck. Leiter der digitalen Bibliothek bidok: http://bidok.uibk.ac.at/ und Aktivist der Selbstbestimmt Leben Bewegung.

Schröttle, Monika, Dr., Leitung verschiedener Forschungsprojekte, u. a. des Forschungsschwerpunktes zu „Gewalt – Geschlecht – Diskriminierung" der Arbeitsstelle Gender Studies an der Justus-Liebig-Universität Gießen sowie Leitung des Projektes „Access to specialised victim support services for women with disabilities who have experienced violence". Institut für empirische Soziologie (IfeS) an der Friedrich-Alexander Universität Erlangen-Nürnberg. Forschungsschwerpunkte: Interdisziplinäre Frauen- und Geschlechterforschung, Gewaltforschung, soziale Ungleichheiten, Behinderungs- und Teilhabeforschung, Migration sowie empirische Sozialforschung.

Seifert, Monika, Dr., Vorsitzende der DHG – Deutsche Heilpädagogische Gesellschaft e. V., Forschung und Lehre an der kath. Hochschule Berlin und der Universität Köln im Fachgebiet Behindertenpädagogik/Heilpädagogik. Forschungsschwerpunkte: aktuelle Entwicklungen der Behindertenhilfe, insbesondere im

Bereich des Wohnens und Lebens in der Gemeinde, Sozialraumorientierung, Lebensqualität, Lebenslagen von Erwachsenen mit (schwerer) Behinderung, Situation von Familien mit behinderten Angehörigen.

Spallek, Jacob, Dr., Juniorprofessor für Sozialepidemiologie in der AG3 Epidemiologie & International Public Health der Fakultät für Gesundheitswissenschaften der Universität Bielefeld. Forschungsschwerpunkte: Migration und Gesundheit, gesundheitliche Ungleichheit bei Kindern.

Thielen, Marc, Dr., Professor für Erziehungswissenschaft mit dem Schwerpunkt Bildungsinstitutionen/-verläufe und Migration am Fachbereich Erziehungs- und Bildungswissenschaften und am Institut Technik und Bildung (ITB) der Universität Bremen. Forschungsschwerpunkte: Übergänge in Ausbildung und Beruf unter Migrationsbedingungen, qualitative Forschung zu Bildungsgängen im Übergangssystem.

Tuider, Elisabeth, Dr., Professorin für Soziologie der Diversität unter besonderer Berücksichtigung der Dimension Gender am Fachbereich Gesellschaftswissenschaften der Universität Kassel. Forschungsschwerpunkte: Diversity: Gender- und Queer-Studies, Cultural- und Postcolonial-Studies, Sexualpädagogik, Migrationsforschung, Qualitative Forschungsmethoden, Lateinamerikaforschung.

Voigtländer, Sven, Dr., Epidemiologe im Sachgebiet GE 6 „Versorgungsqualität, Gesundheitsökonomie, Gesundheitssystemanalyse" am Bayerischen Landesamt für Gesundheit und Lebensmittelsicherheit. Forschungsschwerpunkte: Versorgungs- und Sozialepidemiologie sowie Multilevel-Modellierung.

Wagner, Sandra J., Dr., Dozentin für Bildungs- und Familiensoziologie sowie Medienpädagogik, Fachschule für Sozialpädagogik, Pestalozzi-Fröbel-Haus, Berlin. Forschungsschwerpunkte: Soziale Ungleichheit, Lebensverlaufsforschung, Inklusion als Handlungskonzept in Kita, Schule und beruflicher Bildung.

Wansing, Gudrun, Dr., Professorin für Behinderung und Inklusion am Fachbereich Humanwissenschaften, Institut für Sozialwesen der Universität Kassel. Forschungsschwerpunkte: Theorien und Konzepte von Inklusion, Exklusion, Behinderung und Teilhabe, Lebenslagen behinderter Menschen (Teilhabeforschung), Behinderung und Migration, Steuerungskonzepte der Rehabilitation und Teilhabe.

Weinbach, Christine, Dr., PD, Vertretung des Lehrstuhls Soziologie der Geschlechterverhältnisse an der Wirtschafts- und Sozialwissenschaftlichen Fakultät der Universität Potsdam, Forschungsschwerpunkte: Geschlechtersoziologie, politische Soziologie, Theorie der Ebenendifferenzierung.

Westphal, Manuela, Dr., Professorin für Sozialisation mit Schwerpunkt Migration und Interkulturelle Bildung am Fachbereich Humanwissenschaften, Institut für Sozialwesen der Universität Kassel. Forschungsschwerpunkte: Migration und Geschlecht, Migration und Behinderung, interkulturell-vergleichende Sozialisations- und Bildungsforschung, Heterogenität in Erziehung und Bildung.

Windisch, Matthias, Dr., Wissenschaftlicher Mitarbeiter im Fachgebiet Behinderung und Inklusion am Fachbereich Humanwissenschaften, Institut für Sozialwesen der Universität Kassel. Forschungsschwerpunkte: Lebensqualität und Inklusion behinderter Menschen, Soziale Selbsthilfe (Selbstorganisation), Selbstbestimmung und Selbstvertretung behinderter Menschen, Interventionskonzepte und Hilfen zur Lebensbewältigung, Professionalisierung und Arbeitssituation in der Sozialen Arbeit bei Behinderung.

Yilmaz-Aslan, Yüce, Dipl. Soz./Dipl. Päd., Wissenschaftliche Mitarbeiterin in der AG3 Epidemiologie & International Public Health der Fakultät für Gesundheitswissenschaften der Universität Bielefeld. Forschungsschwerpunkte: Gesundheit von Menschen mit Migrationshintergrund, International Public Health und qualitative Forschungsmethoden.

Zinsmeister, Julia, Dr., Professorin für Zivil- und Sozialrecht an der Fakultät für Angewandte Sozialwissenschaften der Fachhochschule Köln. Forschungsschwerpunkte: Gleichstellungs- und Antidiskriminierungsrecht mit Fokus auf die Geschlechterverhältnisse und Konstruktionen von Behinderung, das Recht der Rehabilitation und Teilhabe und der Rechtsschutz vor Gewalt in sozialen Einrichtungen und Diensten.

Printed in Great Britain
by Amazon.co.uk, Ltd.,
Marston Gate.